首都经济贸易大学出版基金资助
国家自然科学基金项目（71503176）资助

中国个人所得税工薪所得综合费用扣除标准化设计

——基于对收入等级、区域、家庭规模及结构的细分

李林君 ◎ 著

ZHONGGUO GEREN SUODESHUI
GONGXIN SUODE ZONGHE FEIYONG KOUCHU
BIAOZHUNHUA SHEJI
JIYU DUI SHOURU DENGJI QUYU
JIATING GUIMO JI JIEGOU DE XIFEN

首都经济贸易大学出版社

Capital University of Economics and Business Press

·北 京·

图书在版编目(CIP)数据

中国个人所得税工薪所得综合费用扣除标准化设计:基于对收入等级、区域、家庭规模及结构的细分/李林君著. --北京:首都经济贸易大学出版社,2018.10

ISBN 978 - 7 - 5638 - 2860 - 9

Ⅰ.①中⋯　Ⅱ.①李⋯　Ⅲ.①个人所得税—税收管理—中国　Ⅳ.①F812.424

中国版本图书馆 CIP 数据核字(2018)第 209612 号

中国个人所得税工薪所得综合费用扣除标准化设计

李林君著

责任编辑	陈雪莲　彭芳
封面设计	砚祥志远·激光照排　TEL: 010-65976003
出版发行	首都经济贸易大学出版社
地　　址	北京市朝阳区红庙(邮编100026)
电　　话	(010)65976483　65065761　65071505(传真)
网　　址	http://www.sjmcb.com
E - mail	publish@cueb.edu.cn
经　　销	全国新华书店
照　　排	北京砚祥志远激光照排技术有限公司
印　　刷	人民日报印刷厂
开　　本	700 毫米×1000 毫米　1/16
字　　数	422 千字
印　　张	24
版　　次	2018 年 10 月第 1 版　2018 年 10 月第 1 次印刷
书　　号	ISBN 978 - 7 - 5638 - 2860 - 9/F·1579
定　　价	59.00 元

前　言

　　中共十八届三中全会通过的《中共中央关于全面深化改革若干重大问题的决定》做出了一个重大的理论贡献,即把"国家治理"这个概念由学术语言转变为官方语言,标志着中国进入一个国家治理现代化的时代,用国家治理现代化来统领各方面的改革推进(高培勇,2014)。国家(政府)与个人的关系是国家治理现代化的一个重要方面(刘尚希,2014)。西方发达国家的历史表明,税收治理现代化是国家治理现代化的起始工程(杨斌,2010)。就这一维度而言,一个国家的个人所得税制度设计既可以反映国家治理现代化的水平,又是国家治理现代化的重要手段。然而中国的个人所得税制度设计及改革现状并不尽如人意,诟病已久。

　　成熟的个人所得税制度设计是一套复杂的系统工程,包括若干个子系统:收入确定系统、费用扣除确定系统、税率系统、税收优惠系统、个人所得税收入使用去向系统。但是,无论设计哪个子系统,都是以对个人所得税的整体性认知为前提,这个整体认知就是对个人所得税功能定位的认知和把握,即"想通过个人所得税实现什么目的"。学术界、官方及民众长期以来受"调节收入分配论"和"筹集财政收入论"的左右和困扰,并由此形成一些根深蒂固的错误认识:①个人所得税就是用来调节收入分配的;②在"逐步提高直接税比重"的背景下,要强化个人所得税的"筹集财政收入"功能;③个人所得税改革只能通过中央政府顶层设计推动;④个人所得税的使用和安排只能遵循中央主导下的"央地共享"原则。基于上述认识,我国个人所得税的方案探讨基本上停留在"宏观意义"层面和"局部调整"层面,相应的历次改革和调整如同"隔靴搔痒",停滞不前。本书认为传统的、来自西方经验总结的个人所得税"调节收入分配功能论"和"筹集财政收入功能论"已不能统领(或指导)中国个人所得税改革。

　　首先,我们来看"调节收入分配功能论"。虽然目前已有大量实证文献利用多种方法、不同数据源验证出中国个人所得税调节收入分配效果不显著(或者没有),但依然有不少学者和官员强调"中国个人所得税应该具有调节收入分配功能"。事实上,目前学界的相关探讨忽略了一个重要的问题:个人所得税的调节收入分配功能,不能光考虑收入端,更重要的是看支出端,即个人所得税收入的使用"最终流向哪里"(这里涉及二次分配的问题)。因此,本书强调应严格界定"调节收入差距"和"调节收入分配",重新解读传统表述"个人所得税具有的调节收入分配功能"。个人所得税具有天然的"调节收入差距"的能力,不必然具有"调节收入分配"的功能。由于我们无法获知中国个人所得税收入使用去向情况,与此同时,结合目前中国个人所得税收入"体量"和权重(占整个税收收入6%～7%的比重),我们基本上可以得出明确的结论:目前的中国个人所得税不(也不可能)具有调节收入功能,与此同时,不能否认中国个人所得税"调节收入差距"的作用。

其次,我们来看"筹集财政收入功能论"。现阶段以间接税为主体的税制结构是和我国经济发展阶段相匹配的,这一国情决定了"以间接税为主体的税制结构"在未来很长时间内是很难改变的。虽然近年来中国个人所得税增速可观(2017年达到18.6%),但体量小的特点决定了其并不能给政府"筹集财政收入"带来多大的改观,这一点对于"个人所得税收入共享"制下的中央政府更为明显。因此,就筹集财政收入而言,个人所得税的"鸡肋"角色定位也在未来很长时期内很难改变。

基于此,本书结合中国国情,尝试提出可以统领未来中国个人所得税改革的个人所得税功能定位,即"政府与纳税人有效互动功能论"。这一功能定位弱化了"调节收入分配"和"筹集财政收入"功能,强调让更多的人参与到个人所得税制度的形成中来(即"征税面"的问题),强调个人所得税的"直接税"属性(即将个人所得税"收入"与"使用"勾连起来的有效互动)。

在此功能定位认知前提下,应调整"个人所得税设计及改革必须由中央顶层推动完成""个人所得税收入的使用必须由中央主导"等思路。本书认为中国的个人所得税制度设计不能操之过急,须从长计议。纵观历史和国外经验,成熟的个人所得税制度均经历了漫长的演变,夹杂着各方的博弈和讨价还价,这个演变的过程也就是不断成熟的过程。而我国未来个人所得税制度设计(改革)应具有"系统性"和"长远性"以及"本土性",并强调"可操作性"。本书提出"中国个人所得税制度要经历一个转型期,而个人所得税地方化是转型期的主要任务和必经之路"的观点。

主张个人所得税不必然归属"中央"，至少现阶段应"彻底"下放到地方，建议由省级政府来主导并自主设计，中央负责信息支持。个人所得税制度中的各子系统，如收入确定系统、费用扣除系统、税率系统、税收优惠系统、个人所得税收入使用去向系统也都将具有"本地区域"特征。同之前由中央政府负责相比，就推行难度而言，由省级政府来主导并自主设计实际上是化整为零，设计及推行成本大大降低。待"个人所得税地方化"推行相当长一段时期，基层已经积累了足够的个人所得税制度设计经验，并且其他条件也逐渐成熟（如间接税比重下降到次要位置），再将"个人所得税中央化"，从而实现个人所得税"调节收入分配功能"。

本书基于以上基本观点（认知），专门探讨中国个人所得税工薪所得的费用扣除问题。理论上讲，个人所得税在课征之前要进行一定的扣除，这里的扣除大致可分为两大类：一类是费用类，即为获得收入而发生的必要费用，这一类因收入来源、性质不同而不同；另一类是生计类，即纳税人及其家人必要的生活开支，这一类与收入无关。

随着经济活动的复杂化，人们获取收入的来源和渠道呈现多元化趋势。即便如此，工薪所得仍是一项普遍、稳定、持续、可靠、可预期的收入来源。与此同时，在各方面条件还不具备的情况下，将"与收入无关"的生计类扣除和"哪类收入"进行捆绑将变得尤为重要。鉴于"工薪所得"所具备的优良特性，笔者将"生计类扣除"与"工薪所得"进行捆绑，即"生计类扣除"与"为获得工薪所得而发生的必要费用"共同构成本书中所说的"综合费用扣除"。

本书按照"个税功能定位—工薪所得征税面—工薪所得综合费用扣除水平"的逻辑思路，在我国收入信息系统、诚信系统、征管技术等短期内很难完善的前提下，吸收借鉴美国联邦个人所得税"标准扣除"理念，提出一套以权威并且连续的微观数据作支撑，能将地区差异、家庭规模和结构差异、不同收入阶层的消费支出差异等因素考虑进来，具有自动调整功能的，可供选择的中国个人所得税工薪所得综合费用扣除标准化设计方案。

本书是在笔者博士论文的基础上，又增添了近年来对于中国个人所得税制度设计的思考而形成。虽要付梓，但心情百感交集。看着旁边《美国税法典》（精选本）、《税法的起草与设计》（第一、二卷）、《美国联邦税制》等参考文献的厚度以及内容中所反映出的复杂、多元、精妙且富有弹性的设计细节，与中国个人所得税制度及改革现状形成了鲜明的对比，深知中国个人所得税制度之完善还有很长的路要走。作为一名财税领域的青年教师，立志终身从事财税理论、政策及管理研究，为我国财税领域的管理与改革贡献一份力量！

在本书出版之际，中国个人所得税再次做了调整，将工资薪金所得、劳务报酬所得、特许权使用费所得进行了合并，称为综合所得。由于时间关系，本书对此次税法调整不做讨论。但从本质上讲，此次税法调整不影响对工薪所得费用扣除的讨论。

本书的出版是在首都经济贸易大学出版社杨玲社长、赵杰总编室主任的大力支持下，以及多位编辑的帮助下完成的。本书也是笔者主持的国家自然科学基金项目《中国个人所得税工薪所得综合费用扣除标准化设计——基于对区域、家庭规模及结构的细分》（批准号：71503176）的基础性成果之一。同时，本书的出版也离不开首都经济贸易大学财政税务学院各位领导和老师们的大力支持和鼓励，在此一并表示感谢！

李林君

目 录
CONTENTS

4 美国个税"生计扣除和费用扣除"的标准设定与变更

1 引 言

1.1 选题意义

工薪所得①是个人或家庭的重要收入来源，也是覆盖面最广的一类所得。同时，费用扣除设计是成熟所得税制度的重要组成部分。如何设计适应中国国情的工薪所得扣除制度是我国个人所得税改革的攻坚难点。按照国际通行做法，个人所得税（简称"个税"）工薪所得的扣除大致由费用扣除和生计扣除两部分组成，即为获得应税收入而支付的必要的成本费用扣除和赡养纳税人本人及其家庭成员的最低生活费用扣除，统称为综合费用扣除。因此，个税工薪所得综合费用扣除标准的确定主要集中在两个方面：一是如何确定费用扣除的具体内容和额度？二是如何确定生计扣除的具体内容和额度？中国现行分类制个人所得税下工薪所得综合费用扣除实行以个人为对象的免征额形式。因此，每次免征额的调整都会引来各方面的质疑：免征额到底包括哪些费用？其额度确定的依据何在？全国是否应该实行统一的免征额？等等。如何设计将家庭、城乡差异、地区差异、收入差异、生活成本差异、征管技术、传统生活、文化习惯等因素考虑进来的"综合费用扣除标准"，这将是本书要解决的主要问题，它也是中国个人所得税转型改革必须解决的首要问题，因此本书的研究具有重大的现实意义。

1.2 国内研究综述

现有的关于中国个人所得税工薪所得费用扣除的相关研究主要从以下几个方面展开。

---

① 工薪所得指工资、薪金所得，本书统称为"工薪所得"。

一是对确定费用扣除标准遵循原则的讨论。杨斌（2006）提出，应遵循以人为本并促进公益原则、最低生活费用不纳税原则、发挥个人所得税财政功能和调节功能双重作用原则。李斌（2004）指出，应遵循三项基本的税收原则，即公平原则、受益原则、征管便利原则来确定哪些费用可以扣除或哪些费用不能扣除。

二是对费用扣除范围的讨论。李斌（2004）认为，应在扣除家庭负担、老人赡养及子女抚养、教育、医疗等费用后计征个人所得税。汤贡亮等（2005）主张，将城镇居民个人为取得工资薪金支付的继续教育费用、购买自用住房所发生的贷款利息支出等作为个人支出项目纳入扣除范围。杨斌（2006）提出，"综合费用扣除"包括费用扣除（为获得应税收入而支付的必要的成本费用）和生计扣除（赡养纳税人本人及其家庭成员的最低生活费用）两部分，费用扣除包括直接费用（与应税收入有关的费用）扣除和间接费用（与获取应税收入没有直接联系，要么属于获取应税收入所必需的开支，要么属于法定和社会公德所提倡的开支）扣除；他同时指出，在我国目前的国情下，对直接费用可不予考虑，对间接费用可以规定允许扣除一个定额或应税所得的一定比例。

三是对费用扣除标准测算依据的讨论。刘佐等（2005）建议，以城镇居民的个人基本生活费为标准对个人所得税减除费用额进行测算。汤贡亮、陈守中（2005）分别运用基数分析法、因素分析法测算从 2005 年开始的 3～5 年个人所得税工资、薪金所得的费用扣除标准。潘明星（2005）提出社会贫困线是制定个人所得税免征额的重要参照依据，同时还应考虑我国企业的最低工资标准水平。曹贺（2006）提出了最低生活保障个人所得税费用扣除额计算方法，即在考虑各地经济水平、物价涨幅、基本收支结构等因素的条件下，建立一个基于各地最低生活保障倍数的费用扣除额计算模型。钟磐（2006）则对我国和广东省的个人所得税费用扣除标准进行了具体分析，并以此为依据，建议扣除标准应像我国最低工资标准一样，随着个人收入与支出的变化随时做出调整，每两年至少调整 1 次。杨斌（2006）则认为，确定我国个人所得税费用减除标准的核心问题在于如何确定间接发生费用及生计费用，确定之后，将二者相加就可以得到当年的减除费用额。沈玉平、叶颖颖、董根泰（2008）认为，个人所得税的费用扣除标准应该以宪政原则为指导，以综合计征制或分项综合计征制为基础，以家庭为申报单位，以保障"基本生活费用"为准则，在社会统计调查基础上合理确定。杨卫华（2009）建议，个人所得税以家庭为纳税单位，并最大限度地发挥个人所得税缩小贫富差距、调节收入分配的功能。陈庆海（2010）主张，工薪所得费用扣除标准应以某年城镇居民最高收入家庭每一就业者负担的月消费支出作为衡量指标，并充分考虑家庭人口和物价变动因素。洪皵、宋良荣（2012）通过考察我国城镇居民人均可支配收入、定基城镇居民消费者价格指数以及时间对城镇居民人均消费性支出的影响，利用模型对 2012—2016 年我国城镇居民人均消费性支出进行预测，并根据 2006—2009 年工薪所得费用扣除额与当年"平均每一就业者负担的月消费性支出"的平均比例关系，测算 2012—2016 年合理的工资薪金所得费用扣除标准。

四是对费用扣除额度的讨论。高培勇（2008）、贾康等（2010）等认为，提高工资薪金费用扣除标准对高收入者有利。李哲（2003）提出个人所得税免征额指数化的设想，认为可将免征额与物价等指数挂钩，并进行动态调整。杨斌（2006）建议减除费用标准执行指数化，授权国务院每年定期调整一次，形成稳定的自动调整机制。汤贡亮等（2005）认为，费用扣除标准应该提高至一个符合全国人均收入水平和支出水平的程度。杨卫华（2009）建议，应同步调整劳务报酬等收入的减除费用额，平衡工资薪金与劳务报酬等收入的减除费用标准。李炯（2010）认为提高个人所得税费用扣除标准势在必行，并指出此举有利于扩大中等收入者比重、调节高收入、防止全国贫富差距继续扩大、提高居民的消费需求水平等。也有学者认为应当维持当前的费用扣除额度，其理由是：参照国际惯例，个人所得税的税基基本涵盖所有的工薪阶层，扣除标准一般略高于当地的贫困线标准，当前的扣除额已经远远高出我国的贫困线标准，所以不应继续提高。岳树民（2004）提出，基于纵向公平考虑，可以通过扩大最低税率级距来减轻中等收入者的负担，不宜继续提高我国个人所得税的费用扣除标准。

五是对费用扣除标准是否全国统一的讨论。我国学者主要存在考虑地区差异区别对待和全国统一两种观点。汤贡亮等（2005）、童丽丽等（2008）、杨卫华（2009、2011）认为，费用扣除标准应考虑地区差异，建议由国务院委托各地区人民代表大会或政府在 30% 的幅度范围内调整。刘剑文（2009）认为，扣除标准是城镇居民基本生计的平均数，并不是真实反映各地区客观实际的应该扣除的基本生计支出标准。马福军（2010）主张基于生存权的要求，个人所得税的费用扣除标准应建立全国统一标准下的浮动扣除机制。黄洪、严红梅（2009）通过对1982—2007 年与个人所得税工资、薪金扣除标准相关的城镇居民人均消费支出同定基物价发展速度之间的变化规律进行实证研究，建议应允许各地区在基准费用扣除标准的 30% 以内，实行适应当地实际情况的费用扣除标准。陈彦云（2005）

则指出，如果确定高低不同的费用扣除标准，将造成各地个税征收标准的千差万别，而全国统一的费用扣除标准有利于法律的严肃性和统一性。杨斌（2006）认为，为防止越富有的地区纳税负担越轻、税负差别导致人才逆向流动（即从不发达地区向发达地区流动），综合费用扣除标准应当全国统一，不宜实行基本额加各地浮动的办法，更应防止各地自行规定扣除额的行为。岳树民（2004）认为，基于横向公平的考虑，应实行全国统一的个税费用扣除标准。

六是对在国外经验借鉴方面的讨论。杨斌（2005）对英国、美国、法国、意大利等国家在费用扣除和生计扣除上的方法进行比较，为我国个人所得税综合费用扣除标准的方法设计提供借鉴。刘佐、李本贵（2005）对美国等12个国家的费用扣除制度、数额进行比较，发现发达国家个人所得税的税前扣除额比较大，非标准扣除（据实扣除）项目多，而发展中国家恰好相反。毛亮等（2009）通过个税起征点的国际比较和提高起征点的效应估算，认为应该将个税起征点与劳动就业率、社会公平以及社会福利水平联系在一起进行考察。

七是对费用扣除变动对经济影响的讨论。白彦锋、许嫚嫚（2011）分析了个税免征额的调整对居民收入分配和财政收入的冲击影响。研究发现，个人所得税工资薪金税目免征额调整对财政收入"减收"效应并不明显，同时免征额的调整对缩小我国当前收入差距的作用也很有限。郝朝艳、梁爽、毛亮等（2011）通过数值模拟，考察了个人所得税起征点和劳动就业率、社会公平及社会福利水平的相互关系。潘梅、宋小宁（2010）采用中国健康与营养调查的微观工薪数据，以1996年为基期，考察了财政拖累和提高综合费用扣除对工薪收入者2008年平均税负的影响，并进一步对费用扣除标准调整的福利效应进行评估。刘怡、聂海峰、邢春冰（2010）利用中国人民大学和香港科技大学联合进行的中国综合社会调查（CGSS）项目2005年和2006年的全国抽样调查数据，估计了税制改革对劳动供给的影响。王鑫、吴斌珍（2011）采用2004—2007年36个大中城市的季度面板数据，对2006年个人所得税起征点提高对消费的影响进行了实证分析。

通过对现有文献的梳理和总结，我们发现现有文献有以下几方面的不足。

一是对到底哪些项目应该列入个税工薪所得综合费用扣除的范围没有全面、系统的说明，现有文献只是进行简单的列举。

二是制定个税工薪所得综合费用扣除标准到底有何依据？如何确定？没有发现相关文献。现有文献大都属于判断性的论述。

三是对以家庭为对象的综合费用扣除标准到底如何设计？没有发现相关研

究。现有少量文献也只是主观地提出应该以家庭为单位扣除综合费用。

四是现行个税免征额的确定以及相关研究陷入这样一个误区，即以收入水平作为推算免征额大小的依据。事实上，个税工薪所得综合费用扣除标准更多的是对费用、成本、支出等的反映。

五是到底如何将城乡差异、地区差异、收入差异、生活成本差异、征管技术、传统生活、文化习惯等因素考虑到"综合费用扣除标准"中，现有文献并没有给出具体的方案。

六是对个税工薪所得"综合费用扣除标准"是否应该全国统一，现有文献只是停留在简单论述层面，并没有提出具体的、可操作的方案建议。

1.3 研究思路、内容及方法

1.3.1 研究思路

本书在梳理总结美国个税扣除理论及实践基础上，深入分析其"费用扣除 + 生计扣除"的内容选择及标准确定和变更的依据。在借鉴发达国家成熟的个人所得税扣除制度设计的同时，将城乡差异、地区差异、生活成本差异、收入差异、生活与文化习惯、征管技术等国情因素考虑进来，尝试提出较为完整、规范和系统的中国个税工薪所得"综合费用扣除标准"的确定方案，并将此方案与现行措施进行比较分析，为未来个人所得税改革提供参考。

1.3.2 研究内容

第1章主要对论文的选题意义，国内研究现状，本书的研究思路、内容及方法进行简要介绍。第2章主要从经济学和税法学语境差异的角度论述"所得""应纳税所得"等概念的理论解释，探讨上述概念在现行税法中的运用，并通过数据分析中国个人所得税中来源于工薪所得的税额的基本情况。第3章主要从有关扣除、工薪所得扣除等税法概念入手，严格界定了研究对象——"工薪所得综合费用扣除"的概念范围；探寻了个税工薪所得综合费用扣除的理论依据；并从税法实践的角度探讨个税工薪所得综合费用扣除所应遵循的原则；最后比较分析了各国实施工薪所得扣除实践。第4章是本书的核心之一。在美国联邦个税综合费用扣除标准确定过程中，"贫困线"数据起到了基础性、标杆性作用。与此同时，扣除标准确定过程中还考虑到政策意图、可操作性等因素。第5章是本书的核心之二，主要由以下几部分内容构成：中国个税工薪所得"免征额"设定及变更的背景、动机和论辩；当前个税工薪所得"免征额"设计方案综述及本研究方案设想；中国个税"家庭结构标准"的理论设计——基于社会学研究视角；中国个税工薪所得"综合费用扣除"具体内容选择；中国个税工薪所得"综合费用扣除"标准测算。第6章是本书的核心之三。本章利用第5章的测算模型计算各种方案的结果，并以附录形式给出，接着从区域、时间、家庭规模、家庭结构等多个维度与现行方案进行比较分析，最后给出本研究方案今后的完善思路。

1.3.3 研究方法

本书研究的内容具有一定的特殊性，它涉及多个学科，包括管理学、经济学、历史学、社会学、人口学等。在研究过程中，研究方法[①]的选择会根据具体研究内容而定，与此同时，还会将多种研究方法结合使用。通常情况下，研究方法包括：调查法、观察法、实验法、文献研究法、实证研究法、定量分析法、定性分析法、个案研究法、功能分析法、数量研究法、模拟法（模型方法）、经验总结法、描述性研究法，等等。各章研究方法使用情况大致如表1.1所示。

表1.1 本书各章研究方法使用情况

章	使用的研究方法
2	调查法、文献法、数量研究法、经验总结法、描述性研究法
3	调查法、文献法、经验总结法、功能分析法
4	调查法、文献法、数量研究法、经验总结法、个案研究法、定性分析法、功能分析法、经验总结法、描述性研究法
5	调查法、文献法、数量研究法、经验总结法、个案研究法、定性分析法、功能分析法、经验总结法、描述性研究法、实验法、模拟法
6	数量研究法、经验总结法、个案研究法、定性分析法、功能分析法、经验总结法、描述性研究法、实验法、模拟法

---

① 研究方法是指在研究中发现新现象、新事物或提出新理论、新观点，揭示事物内在规律的工具和手段。

2 所得与应纳税所得的理论及实践

2.1 经济学和税法意义下"所得"的理论解释

如何理解"所得"① 是个人所得税②设计的前提。从经济学意义上讲，不同学者的"所得"观点实际上是一个"范围宽窄"的问题。

阿宾菲舍和尼考拉斯卡尔德提出，"当期只有消费了的才算作'所得'"③。该观点的最大特点是认为当期的储蓄不算作所得。日本经济学家金子宏将其描述为"消费型（支出型）所得"④。杨斌教授将其称为"所得"的"流量学说"⑤。

普伦提出"具有循环性、反复性、周期性的收入才能算作'所得'"。该观点最大特点是认为"一时性、偶然性收入"不算作"所得"。日本经济学家金子宏将其描述为"取得型（发生型）所得"⑥。杨斌等国内学者将其总结为"所得"的"周期说或源泉说"，具体来看，"所得"包括工资、薪金、利息、利润等具有反复出现特点的收入。

---

① 在中文表述中，"所得"实际上更多地体现为税法上的术语，而在经济学研究中，则更多地使用"收入"的概念。但在英文中都用"income"一词。

② 美国的所得税的概念是关于个人所得的税——个人所得税（personal or individual income tax）和关于法人所得的税——法人所得税（corporate income tax），即将这两者结合起来理解的统一的所得税概念。同美国相反，德国和日本把关于个人所得税称为所得税（Einkommensteuer），把关于法人所得税称为法人税（Korperschaftssteuer），即把个人所得税和法人所得税相互区别开来的所得税概念，在说所得税时，只是指个人所得税，当然，法人税在其性质上也是所得税，只是德国和日本将之区别开来罢了。

③ Irving Fisher's definition, making income synonymous with consumption, is clear and unambiguous. 转引自：Haig R M. The Concept of Income：Economic and Legal Aspects [J]. The Federal Income Tax, 1921, 38 (1)：14-25；Simons H C. Personal Income Taxation：The Definition of Income as a Problem of Fiscal Policy [M]. Chicago：University of Chicago Press, 1938.

④ 金子宏. 日本税法 [M]. 战宪斌，郑林根，等，译. 北京：法律出版社，2004.

⑤ 杨斌. 税收学 [M]. 2版. 北京：科学出版社，2011.

⑥ 金子宏. 日本税法 [M]. 战宪斌，郑林根，等，译. 北京：法律出版社，2004.

德国学者夏恩滋（Schanz）进一步扩大"周期说或源泉说"的所得范围，将"一时的、偶然性收入"也算作"所得"，提出"纯资产增加说"。这一观点认为，所得是某人的经济力量在两个时点之间净增长的货币价值，强调"所得"的货币价值是该观点的最大特点。

美国学者海格（Haig）和西蒙斯（Simons）则彻底颠覆了之前学者对"所得"的理解，提出"S－H－S"所得概念①。他们强调所得是个人财富的增加，凡能增加一个人享受的东西就应认为是所得。各种来源的所得不论是经常的还是偶然的、规则的还是无规则的、已实现的还是未实现的，都应看作"所得"。该观点的最大特点是将"非货币性""非交易性"②收入也纳入所得的范围。从理论上讲，截至目前，"S－H－S"所得概念是涵盖范围最广的所得含义。

"所得"实际上是个人所得税法范畴的概念。现行税法对某一概念的解释有3个特点：①税法的国家个性，即不同国家的税法在解释某一概念时有一定的差异性。②税法的预测性，即当某个税法术语在时间上和空间上不具有确定性，则税法对该术语的概念解释必须考虑到该不确定性。③税法的可操作性，即税法概念解释应尽可能具体，不能像经济学概念解释一样对现象进行高度抽象。"所得"在经济学意义上的不同理解反映到税法领域则表现为对"所得"概念及范围的模糊处理。美国《国内收入法典》中根本没有"所得"这一名词的定义。或许国会很精明，不想定义"所得"这一名词。1913年的税收立法草案预见到20世纪90年代甚至以后经营的复杂性，不规定一个精确的定义，使所得的组成部分能够随社会的变化而发展。在这一点上，法院在指导纳税人处理各种不清楚是否符合立法和执法定义的所得概念的交易时，出任了一个重要的角色③。简言之，广义的所得包括应税的和不应税的各种所得，包括属于纳税人的全部所得，而税法上通

---

① The Haig－Simons definition of income："Personal income may be defined as the algebraic sum of the market value of rights exercised in consumption and the change in the value of the store of property rights between the beginning and end of the period in question." 转引自：Haig R M，The Concept of Income：Economic and Legal Aspects [J]. The Federal Income Tax，1921，38（1）：14－25；Simons H C，Personal Income Taxation [M]. Chicago：University of Chicago Press，1938.

② 所得不仅包括货币所得，而且包括房屋改良、机器修理后的重估溢价；不仅包括商品或劳务交换过程中发生的所得，即交易所得，也包括不经交易产生的所得，如因自有房屋而不必支付的房租，视同发生收入房租所得；家庭主妇缝制衣服、打扫庭院、料理家务，与裁缝、园丁等为他人服务而获取的所得相同；自己生产的产品供自己使用，视同发生销售所得。

③ 墨菲. 美国联邦税制 [M]. 谢学智，译. 大连：东北财经大学出版社，2010：86.

常用"总"所得①表述。

在税法中，总所得中的一些所得项目是不需要纳税的。美国税法将这些项目称为不予计列项目，这些不予计列所得包括遗产、赠予和某些地方公债的利息，等等，它们都必须由国会专门立法并被严格地应用和解释。设计这些不予计列项目通常是期望利用税制促进某些社会的、经济的或者政治的目标的实现。例如，美国税法规定，来源于雇主提供的健康保险计划的所得就是一个不予计列项目。

2.2 税法意义下"应纳税所得"的界定及分类

何为"应纳税所得"？应纳税所得是一个净额，它实际上定义了所得税的税基，它乘以税率表中适用的税率就得出"应纳税额"。一个人在一个纳税期内的应纳税所得，通常被定义为一个人在该纳税期内扣除不予计列项目后的总所得减去同期内对该主体被允许适用的总扣除额的差额。不同国家对"应纳税所得"的表述有所差异，但大致意思相同②。美国税法中引入了"毛所得"概念，毛所得实际上就是总所得减去不予计列项后剩下的部分，而毛所得减去费用扣除就得到应纳税所得。

对于"应纳税所得"的分类，理论上从所得来源的角度可以将其分为四大类：来自劳动的所得、来自资本的所得、来自劳动和资本合体的所得、来自其他的所得。美国税法下的"应纳税所得"被划分为四大类：勤劳所得、非勤劳所得、从其他地方转移而来的所得、推定所得。

最普通的个人所得形式是支付给他们所提供的劳务的报酬。也就是说，个人为生产货物和提供劳务进行劳动，作为对他们劳动的回报，他们从事工作的实体对他们进行补偿。从事一项经营活动得到的所得被视作经营所有者的勤劳报酬。

---

① 加拿大解释为"全部收入，每一部分都是纳税义务人的所得"；爱沙尼亚解释为"有住所的纳税义务人的所得是取得的全部所得……"；美国解释为"不论其来源的全部所得"。转引自：图若尼. 税法的起草与设计 [M]. 2 卷. 国际货币基金组织，国家税务总局政策法规司，译. 北京：中国税务出版社，2004：501.

② 在澳大利亚，表述为"应纳税所得 = 应课税所得 - 扣除"；在加拿大，表述为"应纳税所得是所得加上特定的附加值，再减去特定的扣除额"；在美国，表述为"毛所得减去扣除额"。转引自：图若尼. 税法的起草与设计 [M]. 2 卷. 国际货币基金组织，国家税务总局政策法规司，译. 北京：中国税务出版社，2004：500.

需要注意的是，美国将来自非法活动（赌博、买卖毒品、敲诈等）的所得也视为勤劳所得，并要对其征税①。勤劳所得的最普通的形式有：①工资、薪金、小费、奖金和佣金；②来自一项交易和经营的积极行为的所得；③来自提供劳务的所得；④来自从事非法活动的所得。

非勤劳所得类的所得包括投资所得和从所投资资产的销售、交易或处置中所获的利得。这类所得的特点是，它由一项投资的回报构成，并且不需要投资所有者的任何劳动。非勤劳所得的最常见的形式有：①利息所得；②股息所得；③来自租赁或特许权使用行为的所得；④来自年金的所得；⑤来自管道实体②的所得；⑥来自产生上述五种非勤劳所得的投资的出售所得。

从其他地方转移而来的所得虽然不是劳动或资本的结果，但是它们构成纳税人财富增加的现实，因此对领受者来说是应税所得。常见的此类所得有 4 种：①奖品和奖金；②失业补偿；③社会保障收益；④收到的赡养费。

美国现行税法对来源于个人生产的供自己消费的商品或劳务以及个人对其住所和其他耐用商品的使用等大部分推定所得不予征税，但税法还是专门规定了几个必须课税的推定所得项目。最常见的应纳税的推定所得形式有：①低于市场利率的贷款；②他人负担的费用；③低价购买。

在具体的税法实践中，各国对应纳税所得的规定差别较大。美国等极少数国家采取"反列举"的办法，即未规定不征税的所得项目都必须纳税。绝大多数国家采取"正列举"的方法，即在税法中详细列举课税所得项目，未列举的一般不予征税。我国就采取"正列举"的方法，个人所得税的应纳税所得范围包括：①工资、薪金所得；②个体工商户的经营所得；③对企事业单位的承包经营、租赁经营所得；④劳务报酬所得；⑤稿酬所得；⑥特许权使用费所得；⑦利息、股息、红利所得；⑧财产租赁所得；⑨财产转让所得；⑩偶然所得。该应纳税所得范围已涵盖了国际通行的几大类所得。

---

① 美国最高法院规定了非法活动的所得要计入毛所得。转引自：墨菲. 美国联邦税制 [M]. 谢学智，译. 大连：东北财经大学出版社，2010：91.

② 管道实体是没有纳税义务的实体。在管道实体中，实体的税收属性（所得、扣除、亏损、抵免）通过该实体被转移给应税实体的所有者。这类实体记录应税实体从事的交易，向政府报告经营成果，但这些实体对它们的经营成果不缴税。这些经营成果的税收特征（即所得、扣除、亏损、税收抵免等）通过管道实体转出，由它们的所有者缴税。

2.3　中国个税工薪所得税额现状描述性统计分析

工薪所得，从经济学属性上讲就是前面所述的来自于勤劳的所得。工薪所得具有周期性、连续性、稳定性等特征，是整个所得中最重要的组成部分，也是个人取得所得的主要方式。由于技术、管理等方面的原因，工薪所得往往是各国所得税收入的主要来源。以我国个税收入情况为例，从规模来看，来源于工薪所得的个税收入稳步增长，从2000年的283.07亿元增长到2015年的5 621.27亿元，15年间平均增速达22.48%；从结构来看，来源于工薪所得的个税收入比重一枝独大且呈上升趋势，从2000年的42.87%增加到2015年的65.23%（见图2.1和表2.1）。因此，对工薪所得的考量是个人所得税设计的重要内容，也是本书研究的主要内容所在。

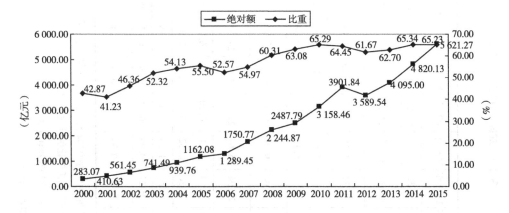

图2.1　2000—2015年来源工薪所得的个税收入情况

注：数据根据相关年份《中国税务年鉴》整理与计算。

2.4　本章小结

本章从经济学和税法学语境差异的角度论述了"所得""应纳税所得"等概念的理论解释，探讨了上述概念在现实税法中的做法和处理。用数据分析了中国个人所得税中来源于工薪所得的税额的基本情况。由于本书研究内容是关于工薪所得的，因此有关其他所得将不作具体论述。

表 2.1 2000—2015 年个税收入来源结构情况

单位：%

分项 \ 年度	2000 年	2001 年	2002 年	2003 年	2004 年	2005 年	2006 年	2007 年	2008 年	2009 年	2010 年	2011 年	2012 年	2013 年	2014 年	2015 年
1. 工资、薪金所得	42.87	41.23	46.36	52.32	54.13	55.50	52.57	54.97	60.31	63.08	65.29	64.45	61.67	62.70	65.34	65.23
2. 个体工商业户的生产、经营所得	20.12	16.07	15.29	14.15	14.18	14.15	13.60	12.56	12.81	12.20	12.56	11.30	10.25	8.84	7.06	5.60
3. 企事业单位的承包、承租经营所得	3.19	2.70	1.95	1.79	1.56	1.32	1.25	1.16	1.39	1.64	1.27	1.36	1.54	1.87	2.09	1.77
4. 劳务报酬所得	2.08	1.90	1.87	1.98	1.99	2.09	2.00	1.96	2.14	2.26	2.25	2.28	2.62	2.67	2.81	3.08
5. 稿酬所得	0.14	0.12	0.11	0.13	0.13	0.11	0.10	0.08	0.07	0.06	0.06	0.06	0.06	0.07	0.06	0.06
6. 特许权使用费所得	0.02	0.02	0.05	0.03	0.03	0.02	0.03	0.03	0.06	0.06	0.02	0.03	0.04	0.03	0.06	0.04
7. 利息、股息、红利所得	28.70	34.94	31.72	26.96	25.64	24.54	27.16	24.94	18.42	14.16	11.14	10.91	12.99	11.11	10.55	10.49
8. 财产租赁所得	0.31	0.20	0.16	0.19	0.21	0.20	0.24	0.24	0.26	0.28	0.29	0.33	0.42	0.43	0.48	0.46
9. 财产转让所得	0.14	0.17	0.14	0.30	0.32	0.47	1.34	2.29	2.65	4.24	5.29	7.67	8.32	10.35	9.57	11.40
10. 偶然所得	1.29	1.66	1.67	1.51	1.28	1.07	1.17	1.16	1.15	1.29	1.15	1.12	1.33	1.19	1.27	1.16
11. 其他所得	0.84	0.71	0.34	0.27	0.20	0.21	0.24	0.41	0.57	0.55	0.50	0.35	0.56	0.57	0.52	0.49
12. 税款滞纳金、罚款收入	0.31	0.28	0.33	0.37	0.34	0.32	0.30	0.21	0.22	0.21	0.18	0.16	0.20	0.18	0.19	0.22

注：(1) 自 2006 年开始，"利息、股息、红利所得"中开始有"储蓄存款利息所得"这一项；

(2) 自 2008 年开始，"财产转让所得"中开始有"房屋转让所得"这一项；

(3) 自 2012 年开始，"财产转让所得"中开始有"限售股转让所得"这一项；

(4) 数据据相关年份的《中国税务年鉴》整理与计算。

3　个税工薪所得扣除理论及实践

从第 2 章我们可知"应纳税所得"是一个净值概念，是通过税法上的除去不予计列项目后的总所得减去一定的扣除得到的。那么，何谓扣除？何谓工薪所得综合费用扣除？为什么要进行扣除？工薪所得综合费用扣除应遵循哪些原则？当今各国税法中是如何处理这一问题的？以上就是本章所要论述的主要内容。

3.1　有关扣除、工薪所得扣除的税法解释

扣除是税法的专门规定，是允许从除去不予计列项目后的总所得中减去的数额。同抵免一样[1]，扣除是法定优惠概念下有关税收减免的一个基本规定。根据税法规定确定计算可以扣除的项目。该规定要求，除非是税法专门规定允许扣除的，其他项目不得扣除。扣除按性质可分为费用、亏损和宽免。

在美国税法解释中，费用是现期发生的、为取得所得的支出，是在交易或经营中、在取得所得的活动中（投资活动）发生的个人费用及某些专门允许扣除的个人费用的扣除[2]。亏损是年度亏损，是因纳税年度允许的扣除额超过了该年申报的所得形成的。对年度亏损的处理取决于发生亏损的行为。宽免则发生于个人、信托和遗产中应税所得的计算。个人宽免的扣除是美国国会认识到人们必须有一个最小数额的所得，以维持他们的基本生活，因此这一最小的所得额可以作为宽免的扣除，不必缴税。

费用扣除如果从所得类型的角度，可分为有关勤劳所得的费用扣除、有关非勤劳所得的费用扣除、有关从其他地方转移而来的所得的费用扣除、有关推定所得的费用扣除。与工薪所得有关的费用扣除称为工薪所得费用扣除。工薪所得在

---

[1]　税收抵免是从个人的应纳税额（也就是在对个人的应纳税所得按税率计税后得到的数额）中减去的数额。

[2]　详见《美国税法典》第 162 节、第 212 节。

雇佣所得这个大的概念范畴下，因此工薪所得费用扣除也就在雇佣所得费用扣除范畴下。工薪所得费用扣除是指为取得工薪所得而发生的费用是可以扣除的。这里就有一个费用边界的问题，即雇佣费用和个人费用。大量的法律规定都试图解决这个问题，但效果并不明显。一般的扣除规定：可扣除费用和收入的取得之间存在直接关系①，即个人因某种职位而取得收入所发生的费用是不可扣除的，而在赚取收入的过程中直接发生的费用是可扣除的。这种一般性规定通常用来明确地或含蓄地禁止对个人费用的扣除②。一般性规定可能通过那些对各种不同类型的费用予以具体规定来实施。

很多税收理论都认为，在对按照支付能力征收的所得税方面，对被抚养人提供资助而发生的费用应该不考虑在税收目的内。绝大多数的所得税制度都对向被抚养人提供资助的费用予以减免，具体来说，通过宽免扣除的形式对纳税人及家人的基本生活费给予减免。因此，根据研究需要，本书将工薪所得费用扣除与纳税人本人及家人宽免扣除之和称为"工薪所得综合费用扣除"。

3.2 个税工薪所得综合费用扣除的理论依据

我们常说的理论依据是指从学理、学术的角度讲某一现象存在的根据。前面一直强调"应纳税所得"是一个净值概念，这一点对将要纳税的工薪所得也不例外。从现实的税法操作上讲，纳税人的工薪所得需要扣除一定数额后，才能计算其应纳税所得额。至于为什么要进行扣除，税法并没有给出理论解释。下面本书将从多个角度给出工薪所得综合费用扣除的理论依据。这里的工薪所得综合费用扣除正如上面所讲，为工薪所得费用扣除与纳税人本人及家人宽免扣除之和。

从社会再生产的角度来看。马克思在《哥达纲领批判》一书中批判了拉萨尔所谓的"公平分配不折不扣的劳动所得"之类口号的虚伪性和荒谬性，提出在生产资料公有制条件下，社会总产品分配所应遵循的顺序及其分配原则，即社会总

---

① 例如，在澳大利亚、奥地利、比利时、德国、西班牙等国。转引自：图若尼. 税法的起草与设计 [M]. 2 卷. 国际货币基金组织，国家税务总局政策法规司，译. 北京：中国税务出版社，2004：512.

② 例如，澳大利亚禁止对"私人或家庭性质"的费用予以扣除；法国允许对"工作或雇佣内在的"费用予以扣除；英国允许对"官员或工作人员"因（在工作单位）"履行职责所必须的和专属性的"费用予以扣除；印度不允许对"纳税义务人或其被抚养人的特殊需要而发生的费用"予以扣除；美国不允许对"个人的、生活的或家庭的费用"予以扣除。转引自：图若尼. 税法的起草与设计 [M]. 2 卷. 国际货币基金组织，国家税务总局政策法规司，译. 北京：中国税务出版社，2004.

产品对社会成员进行分配时，必须根据社会再生产和社会公共消费的需要，以此进行一系列扣除，这就是著名的"社会扣除理论"。这些扣除包括："第一，用来补偿消费掉的生产资料的部分。第二，用来扩大再生产的追加部分。第三，用来应付不幸事故、自然灾害等的后备基金或保险基金……剩下的总产品中的其他部分是用来作为消费资料的。在把这部分进行个人分配之前，还得从里面扣除：第一，和生产没有直接关系的一般管理费用。第二，用来满足共同需要的部分，如学校、保健设施等。第三，为丧失劳动能力的人等等设立的基金。"① 马克思关于社会总产品分配的"六项扣除"理论指明了社会总产品分配的顺序和原则，阐述了社会总产品分配的内部结构要求，在社会总产品分配时，既要满足社会再生产的需要，又要保证社会消费的需要，这是整个社会经济进步和发展不可或缺的重要条件。马克思在《＜政治经济学批判＞导言》、恩格斯在《家庭、私有制和国家的起源》中都分析过社会生产是两种再生产——人的再生产与物的再生产。物质资料的生产推动着人类自身生产并对其起决定性作用，人类自身生产又反作用于物质资料生产并对其起加速或延缓的作用。对应到个人所得税的设计上就是，不应将纳税人为获取工薪所得而支付的费用纳入"应纳税所得"中，从而影响"物"的再生产。同时也不应将纳税人以及其家人的基本生活费纳入"应纳税所得"中，从而影响"人"的再生产。税收制度设计尽可能减少对这两种再生产活动的影响，因为这两种再生产活动是一个国家经济社会可持续发展的前提和保障。

从财政收入的可持续性来看，所得税为主体的税制结构是成熟的现代国家筹集财政收入的共同特征，同时也是很多发展中国家未来的发展方向。而工薪所得涉及的纳税人覆盖面最广，并且是纳税人收入的重要组成部分。因此，财政收入无论从暂时的规模上还是将来的发展上，与工薪所得有关的所得税设计都将是紧密联系的，工薪所得带来的税额大小直接取决于税基与税率。而与其税基体量有直接关系的就是相关的扣除。扣除的多了，直接影响当时的财政收入规模；扣除的少了，直接影响纳税人的工作，进而间接影响未来的财政收入规模。因此，财政收入的可持续性是工薪所得综合费用扣除的理论依据之一。

从人的基本需求保障来看，美国心理学家亚伯拉罕·马斯洛于 1943 年在《人类激励理论》一文中提出需求层次理论（Maslow's hierarchy of needs），也称

---

① 马克思. 哥达纲领批判［M］. 北京：人民出版社，2015.

"基本需求层次理论"。马斯洛将需求分成生理需求（physiological needs）、安全需求（safety needs）、爱和归属感（love and belonging needs）、尊重需求（esteem needs）、自我实现（self-actualization）五类。马斯洛认为，人的需求有一个从低级向高级发展的过程，这在某种程度上符合人类需求发展的一般规律。并且一个国家多数人的需求层次结构，是同这个国家的经济水平、科技发展水平、文化和人民受教育的程度直接相关的。在发展中国家，生理需求和安全需求占主导的人数所占比例较大，而高级需求占主导的人数比较少。在发达国家则刚好相反。因此，个人所得税设计不能忽略人的基本需求，即使这种基本需求随着社会的发展与进步不断提高。所以，人的基本需求保障也就成为工薪所得综合费用扣除的理论依据之一。

3.3　个税工薪所得综合费用扣除所遵循的原则

在税法实践中，个税工薪所得综合费用扣除多还是少？依据什么原则？这些都是必须要明确的。

对于工薪所得费用扣除应该遵循什么样的原则，各国虽然根据各自的国情有所差异，但大体上都会按照几个原则来判断和确定：①与能够产生收入的活动有直接关系；②费用正常且有用的；③费用在数额上应该是合理的。例如，每天上班的交通费、午餐费等，但是通常在不影响工作进而不影响获取收入的情况下，应为大众所普遍认可的交通费和午餐费水平，不能因为这些费用是要扣除的而超常规水平支出。

对于工薪所得综合费用中的纳税人及家人的生计费用扣除遵循什么样的原则，国内学者杨斌教授认为：一是最低生活费不纳税原则。生计扣除的目的是让纳税人在缴纳个人所得税前留足维持本人及家庭成员的基本生活需要的收入，理论上讲是为了维持纳税人简单再生产，而超过基本需要的收入部分视为具有纳税能力，可根据能力大小贡献一部分收入给社会用于公共产品的提供。即个税工薪所得综合费用扣除中的生计扣除额的确定应当以纳税人本人及家庭成员的最低生活费用为基础依据，而不能以平均收入、平均消费支出为依据。二是发挥财政功能与调节功能双重作用原则。个人所得税具有两大功能：作为获得财政收入的手段，即财政性功能；作为调节收入分配的杠杆，即调节性功能。如果个人所得税主要承担财政性功能，那么其生计扣除额可定得低一些，让具有纳税能力的多数工薪阶层人士成为纳税人；如果个人所得税主要承担对高收入者收入的调节作用，则应当将生计扣除额定得高一些，使多数工薪所得者不被征税。①

3.4　各国个税工薪所得扣除实践比较

与工薪所得有关的扣除办法从大的方面讲有两个：一是综合法，即综合部分费用和生计，按一定标准数额法定扣除。例如，我国的个人所得税对纳税人的工资、薪金所得每月减除 3 500 元作为必要费用扣除额和个人宽免额，只就其超过部分依率征税。二是分别法。根据一定的原则，将费用和个人宽免额分开，从毛收入中分别加以扣除。这是西方国家个人所得税的普遍做法。第二种方法适应性强，可以考虑各种具体情况，能做到按能力征税，但计算比较复杂。

英国现行所得税制度建立在分类表基础上，费用扣除按不同的所得类别做出不同的规定。6 个分类表中最主要的是 E 表和 D 表，前者涉及工资、薪金收入，后者涉及交易利润、利息等。对 E 表的费用扣除，遵循"在执行应税业务中"发生的必要、全部、唯一的准则②。什么样的费用是执行应税业务中发生的必要、全部、唯一的费用，英国通过判例法作了极其详细的规定。

日本所得税法列举 10 个项目的所得为征税所得，费用扣除的方法与英国类似，分别在各个所得项目中进行③。纳税人获得的收入扣除费用后为"所得的金额"。如事业所得④的金额，是指该年度内有关事业所得的总收入扣除必要费用的金额。又如，给予所得⑤的金额，是指该年度内属于给予所得的全部收入总额减除可扣除额之后的剩余金额。日本所得税法规定，对给予所得项目中的必要费用按收入数额大小采取超额累退比例扣除的办法（见表 3.1）。如一个纳税人给予所得项目的年收入总额为 900 万日元，那么，该纳税人此应税项目的可扣除金额为199.5 万日元。

①　杨斌. 论确定个人所得税工薪所得综合费用扣除标准的原则和方法 [J]. 涉外税务，2006 (1).

②　John Tiley. Butterworths UK Tax Guide 1997—1998 [M]. Boston：Butterworths，1997.

③　陈汝议，武梦佐. 日本国所得税法 [M]. 北京：中国展望出版社，1984：29 - 35.

④　所谓事业所得，实际上就是营业所得，是指农业、渔业、制造业、批发业、零售业、服务业及其他由法律准许的事业所产生的所得。

⑤　所谓给予所得，又称酬金所得，是指俸禄、薪水、工资、年俸、年金、互助年金、奖金及此类性质的给予有关的所得。

表3.1 日本所得税法规定的费用扣除比率

总收入额（千日元）		扣除比率（%）
超过	不超过	
	1 650	40
1 650	3 300	30
3 300	6 000	20
6 000	10 000	10
10 000		5

注：此表转引自：John Graham, ed. The International Handbook of Corporate and Personal Taxes ［M］. London：Chapman&Hall，1994：299.

3.5 本章小结

本章从扣除、工薪所得扣除的税法概念入手，严格界定了研究对象——"工薪所得综合费用扣除"的概念范围。接着探寻了个税工薪所得综合费用扣除的理论依据，并从税法实践的角度，探讨了个税工薪所得综合费用扣除所应遵循的原则。最后，比较分析了各国实施工薪所得扣除实践。这些工作对后面如何设计我国个税工薪所得综合费用扣除标准具有指导意义。

4 美国个税"生计扣除和费用扣除"的标准设定与变更

美国个税费用扣除制度的最大亮点就是"标准扣除"和"以家庭为单位"的操作设计。

4.1 美国个税"标准扣除"制度设计及实践

美国个税费用标准扣除制度建立于 1944 年，在此之前，扣除不必划分为线上扣除与线下扣除，只要能确定是否可以扣除即可。个税费用标准扣除制度建立以后，美国个税规定首先要对毛所得进行线上扣除（above – the – linedeductions），这些线上扣除项目包括：离婚或分居扶养费、迁居费用、个人退休账户储蓄、营业亏损、资本利亏、适格教育费用①（2006 年 12 月 31 日终止）、教育贷款利息②（2010 年 12 月 31 日终止）等。涉及个人工薪所得范围的线上扣除项目至少具有下面某一项特征：一是普遍特殊性，如离婚或分居抚养费。离婚、分居对于每个家庭都有可能发生，所以是普遍的，同时对已经造成离婚、分居既定事实的家庭，相关的费用与完整家庭相比又是不可避免的一项特殊支出，所以又具有一定规模群体的特殊性。适格教育费、教育贷款利息、迁居费用也是如此。二是政策性，如个人退休账户储蓄。作为退休保障体系的重要组成部分，《美国税法典》第 219 节规定，允许参与个人退休账户计划③的纳税人扣除其存入个人退休账户

---

① 适格教育费是指纳税人本人、其配偶或符合被抚养者宽免扣除的被抚养者在适格教育机构注册入学或上学而应当支付的学杂费。

② 教育贷款利息是指纳税人可以扣除为支付本人、其配偶或受抚养者的适格教育费用而发生的贷款债务的利息。

③ 个人退休账户属于享有缓税（tax deferred，也译延税）优惠的个人长期储蓄养老账户，允许个人在该账户内存入限定额度的资金以获取利息或投资收益，并可以延缓缴纳资本利得税（capital gain tax），直到退休后提取资金时才缴纳相应的所得税。

的储蓄额。总而言之，"线上扣除"同下面要讲的"线下扣除"相比，更强调"具有一定规模群体的特殊性"，而"线下扣除"则更强调每一个家庭费用支出的"特殊性"。

接下来对调整后的毛所得进行线下扣除（below‐the‐line deductions），纳税人可以依据对自己有利的原则，要么选择分项扣除，要么选择标准扣除，即由纳税人选择其中较大数额进行扣除。分项扣除项目包括纳税人用于支付或补偿住宅抵押贷款利息①、医疗费用②、已缴纳的州和地方所得税与财产税、慈善捐赠③、偶然损失和盗窃损失④以及某些杂项费用⑤。从分项扣除项目的内容可以看出，这些支出都是一些个体家庭特性明显的费用，每个家庭都根据各自的实际情况产生上述各种不同的支出，很难像上述"线上扣除"中的项目具有共性。最理想的"费用扣除制度"就是将每个家庭费用支出的特殊性均考虑进来，但执行操作成本就非常高了。因此，为了降低征管成本与遵从成本，以及向纳税者提供纳税便利及一定程度的税收优惠，国会设立标准扣除以代替分项扣除项目，并允许纳税人的标准扣除大于分项扣除项目总额时选择标准扣除额代替分项扣除项目。事实上，国会通过分项扣除给予纳税人扣除某些特定个人费用时，通常将分项扣除项目限制于超过纳税人调整后毛所得的一定比例的个人费用数额。换言之，只有特定个人费用超过限额的部分可以扣除。通过这种限制，许多纳税人不会有很多的分项扣除，从而选择标准扣除，而使用标准扣除显然会降低税收成本，因为纳税人不必为小额个人费用保存记录，税务机关也无须对标准扣除进行审计。与此同

---

① 可扣除的住宅抵押贷款利息是指纳税人在纳税年度因任何适格住所的住宅购置贷款或住宅权益贷款而发生或支付的利息。

② 纳税人可以对本人、配偶及被抚养者的医疗费用进行扣除，对于可扣除医疗费用有具体规定。

③ 可扣除的慈善捐赠是指纳税人向宗教、慈善、教育、科学、文化以及防止对动物或孩子的野蛮行为而设立的实体或各级政府机构做出的具有社会公益性质的捐赠。慈善捐赠既可以采取现金捐赠，也可以采取非现金财产捐赠，对于非现金财产捐赠的价值确定已有相关规定。而政治捐赠、奖券、宾戈赌博票或彩票、私立学校的学费、个人时间的价值、捐赠给血库或红十字会的血的价值、给个人的礼品以及劳务捐赠都是不可扣除的捐赠。

④ 扣除的偶然损失是指火灾、风暴、海啸、盗窃等具有突然性、未预见性及异常性的偶然事件所造成的个人财产全部或部分损坏。而白蚁造成的财产损坏或类似渐进式财产损坏因缺乏足够的"突然性"不构成偶然损失。对于因盗窃发生的财产损失，纳税人负有举证责任证明盗窃的发生，而仅仅丢失财产不构成偶然损失。只有当纳税人在有关纳税年度具有净偶然损失时，才可主张扣除偶然损失。

⑤ 杂项费用扣除包括因未被报销的雇员经营费用而进行的付款、投资费用（投资利息除外）、与爱好有关的扣除以及不超过赌博收入额的赌博损失。联邦税法将这一类费用分为全额扣除的支出及限额扣除的支出两类。

时,"费用扣除额"实际上是各项被允许扣除费用的加总,而"标准扣除额到底定为多少"可以体现出个税的政策取向(因为这个额度可以定为"平均费用水平",也可以定为达到"3/4 家庭的费用水平",或者其他水平),一定程度上取决于政策要求"个税"覆盖面达到多少。这一点对中国个税工薪所得费用扣除标准的确定具有一定的借鉴意义。

在美国,每个纳税人的标准扣除额由基本标准扣除额与额外标准扣除额两部分组成。基本标准扣除额是因纳税人的申报身份①不同而依法确定的扣除数额,并且每年进行通货膨胀指数化调整。例如,1996 年,四种纳税身份的基本扣除额分别为 4 000 美元、6 700 美元、3 350 美元、5 900 美元;1997 年,经通货膨胀指数化调整为 4 150 美元、6 900 美元、3 450 美元、6 050 美元。额外标准扣除分为失明附加标准扣除(对失明有解释)与老年附加标准扣除②两种。例如,1997年,适用于单身纳税人的失明附加标准扣除额或老年附加标准扣除额皆为 1 000美元,适用于已婚纳税人(包括鳏夫或寡妇)的失明附加标准扣除额或老年附加标准扣除额皆为 800 美元。美国的这种做法实际上是将"家庭"作为征收对象,并以可以选择的形式对家庭进行了分类,同时也将含有失明成员的家庭、含有老年成员的家庭考虑进来。

最后一个就是宽免扣除,它又分为个人宽免和被抚养者宽免。《美国税法典》第 151 节规定了个人宽免扣除,是指纳税人最基本的个人生活费法定扣除。为了克服通货膨胀对个人基本生活费用的不利影响,个人宽免扣除额实行通货膨胀指数化调整方法,即每年根据通货膨胀率进行相应的调整③。按照《美国税法典》第 152 节的规定,除了个人宽免扣除外,纳税人还可以按照符合条件的被抚养者人数获得被抚养者宽免扣除④,该宽免扣除也实行通货膨胀指数化,实际上每个人的被抚养者的宽免扣除等于同年度的个人宽免扣除。那么,这里无论是纳税人还是被抚养者的最基本个人生活费到底包括哪些内容?宽免额度的依据到底是什么?调整幅度的依据是什么?

———————————

① 美国个人所得税纳税人的申报身份可以分为:单身纳税人、已婚联合申报(包括鳏夫或寡妇)、已婚单独申报、户主四种类型。

② 纳税人在纳税年度末年满 65 周岁才能获得老年人附加标准扣除。

③ 譬如,1986 年个人宽免扣除额为 2 550 美元,1997 年为 2 650 美元,2002 年为 3 000 美元。

④ 纳税人要想就某个被抚养者获得被抚养者宽免扣除,该被抚养者必须同时符合五项条件,对于条件已有相关规定。需注意的是,由于被抚养者最基本生活费法定扣除已经列为被抚养者宽免,因此,该抚养者不能再主张个人宽免扣除。

本书在下面先列举一个真实的案例，通过该案例，可以对标准扣除和个人宽免的具体费用内容有一个初步的认识和分析。徐放①的著作《税收与美国社会》②讲述了一位美国会计师史密斯先生（Mr. Smith）的故事，介绍了这位会计师的收入和他家庭的衣、食、住、行费用情况。

史密斯及其家庭基本情况：史密斯是一个普通的美国会计师，已有十几年的工龄。史密斯十几年前结婚，3 年前他们的第一个孩子出生，1 年前第二个孩子出生，他的妻子目前辞去工作在家带孩子。史密斯现在年薪 4.6 万美元，在美国属于中产阶级。

史密斯每两周领到一次工资，报酬按每周 40 小时标准工作时间计算，他两周工资总数为 1 769 美元，但除去各种税收扣除和其他扣除，每次实得工资只有 1 100 多美元。下面逐项看各种税收扣除的缘由以及对史密斯一家生活的影响。

第一项是联邦养老基金。在美国，所有领工资的人都要从自己的工资中扣除 7.65% 放到联邦养老基金中。这个由联邦政府负责的养老基金包括两部分：一部分是养老生活费，另一部分是老年医疗补助费。政府以强制的方式要求所有在职人员都必须为自己退休后的经济负责，工作人员从工作第一天起就必须开始为自己退休攒钱，钱由联邦政府代管。

第二项是联邦政府征收的个人收入所得税。该税可根据个人情况的不同随时调整，例如，可以根据小孩多少、配偶工作与否、扶养不扶养老人来调整扣除的百分比。与联邦养老基金扣除办法不同，个人收入所得税扣除多少完全可以由雇员自己决定。史密斯每次从固定工资中上缴 170 多美元的个人所得税。扣除以上两项，史密斯 1 700 多美元的工资只剩下 1 400 多美元。

第三项是州政府（相当于中国的省政府）和地方政府（近似于中国的市县政府）的税收。此项与联邦政府的个人所得税大同小异，但所占工资份额比联邦政府税略低一点。史密斯需要缴纳大概 80 多美元。

第四项是医疗费用。史密斯为了防止小家庭不被医疗费用搞垮，不得不花钱

---

① 徐放，1958 年出生于北京，1984 年留学加拿大，1986 年留学美国，现为美国注册会计师，在美国马里兰州从事会计工作。徐放留学美国期间正值美国实施最大税改，并且因其所从事的职业，我们有理由相信，他著作中所反映的是其对当时情况细微观察的结果，可靠性强。

② 徐放. 税收与美国社会 [M]. 北京：中国税务出版社，2000.

买医疗保险①，史密斯全部医疗保险费用每月 60 多美元。

第五项是史密斯自愿选择的，即为退休后生活和老婆养老额外存的一笔养老金②，大约 200 美元。

这样算来，史密斯每两周的收入是 1 700 多美元，除去联邦养老基金 130 多美元，联邦个人所得税 170 多美元，州政府和地方政府收入税 80 多美元，医疗保险 60 多美元，养老金 200 美元，剩下一家四口每月的平均净收入不过 2 200 多美元。

下面我们来看看，史密斯一家每月 2 200 多美元是怎么消费的？

第一笔是最大的也是最重要的开销，即还房贷③。史密斯为买房从银行借了 22.5 万美元，每月连本带息要还给银行 1 496.94 美元，除本利之外，还要缴纳 300 多美元的地方政府房地产税。这样史密斯家每月就剩下 300 多美元了。

第二笔是伙食费。史密斯家每月伙食费 200 多美元④。美国人午餐多以快餐为主，开支较小⑤。晚餐相对要贵一点⑥。这样，史密斯一家每月手头净收入除去吃住，只剩下 100 多美元。

---

① 在美国，替职工缴 100% 医疗费用的公司不多，多数公司让职工自己选择提供医疗保险服务的公司，公司付 80% 的保险费，职工自付 20% 的保险费，公司代表所有雇员加入保险公司，缴纳保险费用，再从职工的工资中扣除其应缴的 20%。

② 美国联邦政府为了不重蹈 20 世纪 30 年代国家大萧条、百姓贫困的覆辙，规定所有工作人员都要存联邦养老金。此外，政府为了鼓励所有自己攒养老金的家庭和个人，如果你自己除了缴联邦养老金基金外还存养老金，只要 59 岁半以前不取，这部分钱就可暂时不缴个人所得税，所得税可以在存款人取款时再缴。因为职工退休后，从理论上讲就不再有任何工资收入，届时逐步取出养老金可少缴很多税。对退休人员来说，即使退休后与退休前缴同样百分比的个人所得税，因为没有工资，被课税的基数比退休前有固定工资的基数要小得多。

③ 史密斯的家在美国东北部麻省波士顿的郊区，他买房时，波士顿地区在 20 世纪 80 年代位居全美住房最贵十大城市之首。他家有 4 个卧室、1 个客厅、1 个饭厅、1 个厨房和 2 个洗漱卫生间。为了买房，史密斯与其他美国家庭一样，不得不从银行贷款，一般在美国买房有 15 年和 30 年的房地产贷款。

④ 这里包括每星期买牛肉、猪肉 5 至 7 美元，鸡肉 3 至 4 美元，鱼类、鸡蛋 2 至 3 美元，奶制品 4 至 5 美元，蔬菜水果 6 至 8 美元，早餐麦片制品 4 至 7 美元，再加上杂七杂八的食品，史密斯家每星期至少花 50 美元。

⑤ 在美国，快餐需求量大，竞争激烈。麦当劳遍布各地，它的主要竞争对手之一汉堡王快餐店就经常推出 0.99 美元一个汉堡：1/4 磅牛肉末 + 两片西红柿 + 几片洋葱和青菜叶 + 番茄汁和调料汁，胃口小的人只用吃一个，胃口大的人吃两个也足够了，午餐再加上一些炸土豆和 1 杯可口可乐，午饭一般也就是 4 至 5 美元。

⑥ 在美国，一顿像样的晚饭，两人至少也要花 20 美元，再加上在饭馆吃还要付服务员 10% 至 15% 的小费，全部费用二三十美元一顿是很正常的。

第三笔是衣着费用①。美国白领阶层的工作人员虽然不用天天换西装，但衬衫和领带要天天换，这已是不成文的规定。但史密斯夫妇已人到中年，该买的都买了，他们现在已经很少再给自己买新衣服。同时，史密斯每月工资剩下的100多美元只够给小孩买点衣服和玩具。

第四笔是交通费用。交通费用的多少很大程度上取决于日常活动距离和交通方式的选择。美国国土面积辽阔，地势又相对平坦，公路交通相当发达，因此，美国大部分居民住在大城市的郊区而不住在市区。如果没有车，不要说工作不方便，生活、买菜也不方便，因为最近的购物超级市场也在住宅十几英里（1英里约等于1.61千米）以外的情况比比皆是。但美国的公共交通远不如欧洲国家发达②。在美国使用公共交通不仅不方便，费用可能比个人开车还贵。美国各城市的公共汽车公司因为多多少少都要赔钱，只有以减少行车次数来控制支出、减少赤字。有公共汽车的中、小城市平时可能要一两个小时才有一趟车，很不方便。绝大多数小城市则根本没有公共交通。在有公共交通的城市，公共汽车行驶的范围也非常有限，多数只在城区以内，不开往居民分散的郊区。在大城市，乘公共汽车或地铁按单程1.50美元、每月22个工作日计算，搭乘公共交通的车马费一个月需要66美元。如果开车，油费按每千米花费0.22美分计算，66美元可行车300千米，即每工作日可驾驶小汽车13.6千米。也就是说，如果家住在城市近郊，自己开车上班与使用公共交通的费用相差不多。从用时来看，从住宅走到车站和从车站再走到工作单位都要再额外花不少时间，搭乘公共汽车或地铁要比自己开车慢得多。基于以上种种原因，在美国，自己开车上班的人比使用公共交通的人多得多，完全靠公共交通生活的人所占比例很小。史密斯夫妇家里现有1辆汽车，除了油费外，还要花费十几美元进行每三个月一次的汽车保养。同时，美国法律规定，每部车子都要有行车保险才能上路，因此，史密斯每年还要为汽车缴1 000多美元的行车保险。

第五笔可以称为孝敬父母支出。按照美国人的惯例，史密斯夫妇在每年11月

---

① 据1986年统计，美国25岁以下的年轻人每年在服装上要花费871美元，25岁至64岁的成年人每年要花1300多美元，65岁以上的老年人在衣着上每年只花583美元。如果把美国分为四部分：东北部（包括纽约和波士顿）、中西部、南部和西部（包括加州），史密斯的家位于东北部，在衣着上的花销名列第一，每人每年平均1 300多美元，西部为1 200多美元，南部最少，约为1 000美元。

② 在法国巴黎，地皮昂贵，没有地方停车，很多买得起汽车的城市居民也不买小汽车，巴黎地铁四通八达且票价比开车便宜，故能吸引大多数老百姓。与法国相似的荷兰，国土面积更小，寸土寸金，但荷兰阿姆斯特丹市的居民则选用自行车作为城区个人交通工具，这在发达的资本主义国家也算独树一帜。

份的感恩节和 12 月份的圣诞节都要去双方父母家拜访一下。

第六笔是教育经费支出。在美国，孩子上公立小学、公立中学是接受义务教育，国家包办，所以父母只需攒钱供孩子上大学。便宜点的州立大学，学费和吃住加起来每年至少要 1 万多美元，私立大学每年全部费用则高达二三万美元。因此，绝大多数美国人都是靠父母资助、向政府借钱和勤工俭学完成学业的。孩子长大后不必扶养父母，父母也大可不必替孩子大包大揽。因此，史密斯夫妇并没有把供养孩子上大学作为自己的义务，这一点与中国父母截然不同，因此在设计中国个税工薪所得费用扣除问题时必须将此差异考虑进来。

4.2 美国个税"以家庭为单位"的征收制度设计及实践

美国联邦个人所得税征税对象不断演变的过程是联邦政府尝试谋求各种平衡的过程，也是尽可能追求不同层面的公平的过程。如单身和已婚夫妇家庭适用同一个税率表是否公平？与已婚夫妇有类似家庭责任的纳税单位①的税负是否公平？相同收入下的已婚夫妇家庭税负是否公平？已婚夫妇家庭联合申报和单独申报是否有悖公平？"义务联合申报"和"可选择的联合申报"哪个更趋于公平？等等。具体来说，美国联邦个人所得税征税制度的演变经历了：从"以个人为征税对象"到"以家庭为征税对象"；从"个人、家庭适用同一税率表"到"个人、家庭适用不同税率表"；当收入从工薪所得、职业小费扩大到股利、利息、租金和其他形式的投资收入，导致"收入均分"联合申报方式的产生；"共同财产法"制度和"习惯法"制度的差异导致"义务联合申报"（或称强制联合性申报）方案的产生；从"义务联合申报"到"收入均分的联合申报"再到"可选择的联合申报"。

4.2.1 劳动所得与投资所得的区别对待与"收入均分的联合申报"方案的提出——对"夫妻间通过转移收入来逃税"的应对

1916 年，美国国会税收立法明确指出：对于每个人的总的净所得征税，已婚夫妇联合申报（1918 年第一次被法律认可）不是个人主义偏见的例外情况。早期国会决定对个人而非家庭征税，这是有一系列司法判决依据的。法院认为，已获

---

① 比如，带有被抚养的小孩或父母的未婚个人。

得收入或有权利获得收入的纳税人不能因为税收目的而让渡所得给另一方纳税人，即使这种转移在州法律中是有效的。最重要的案件：卢卡斯诉厄尔案（Lucas v. Earl），涉及一项夫妻之间的对他们结婚以来的所有劳动所得、投资收入、礼品和其他收入进行均等划分的协议。① 由于当时均适用于同一税率表，因此，已婚夫妇单独申报和联合申报无异，尤其是夫妻之间对来自工薪或职业小费的收入的转移变得事实上不可能。但是对股利、利息、租金和其他形式的投资收入，通过在夫妻间的转移来逃税依然是有可能的。于是，1921 年，对资本利得设立专门的税率。1924 年，为防止逃避遗产税，设立赠与税。这种对劳动所得和投资所得的不同对待一直持续到 1948 年实施收入均分的联合申报才结束。

4.2.2 "强制性联合申报"方案的提出——试图消除相同收入家庭联邦个税税负的地区差异

美国地方州政府采取两种不同的征税制度："共同财产法"制度和"习惯法"制度。前者允许夫妻先把他们的总收入均分，然后夫妻双方再分别填报纳税申报单；后者则不允许居民通过这种方式在家庭内部进行收入转移。纳税制度的不同导致按照"共同财产法"申报的税负要远低于按照"习惯法"申报的税负。② 1941 年，财政部劝说众议院筹款委员会（The Committee on Ways and Means）建议实施义务联合申报的条款，此举通过使总收入相同的已婚夫妇的税负相同，达到消除使用共同财产法和习惯法两种制度的州之间的差异。

4.2.3 具有相同收入的已婚夫妇和单身个人的税负公平问题——设计单独的联合申报税率表

1941 年，众议院建议对已婚夫妇征收与具有同样收入的单身个人一样的税收。此提议意味着增加了实施共同财产法的州的所有已婚夫妇的税负，也增加了习惯法下双方都有收入的夫妇的税负。反之，两个单独收入的未婚个人，如果选择结婚的税负更重，许多已婚夫妇通过离婚可以减轻他们的税负。提议的反对者攻击这是对道德的征税。尽管众议院没有明显表示，但有一个更有效的办法可以

---

① Brown E J. The Growing Common Law of Taxation [J]. S. Cal. L. Rev., 1960, 34: 235.
② 马君，詹卉. 美国个人所得税课税单位的演变及其对中国的启示 [J]. 税务研究，2010 (1).

去除这种税收的不道德，对联合申报设计一个单独的税率表，使已婚夫妇支付的税收是拥有夫妇总收入一半的单身个人支付的税收的两倍。但这会大幅度降低习惯法下的州的已婚夫妇的所得税，在第二次世界大战前夕政府对财政收入需求剧增的背景下，这个成本高昂的保护婚姻制度的方法没有通过，屈从于社会动荡，众议院投票从1941年的法案中除去义务联合申报的条款。直到1948年的税收法案才通过了为联合申报单独设计税率的方案。

4.2.4 "可选择的联合申报"方案的提出和实施——"共同财产法"制度普遍推广的结果

俄克拉荷马州（Oklahoma）在1939年允许已婚夫妇选择被新制定的共有财产体系所管理。俄勒冈州（Oregon）紧随其后，在1943年制定类似的法律。1944年，最高法院在国内税收专员诉哈蒙案（Commissioner of Internal Revenue v. Harmon）案件[1]中，认为俄克拉荷马州和俄勒冈州的法律实质上和夫妻之间收入划分的契约是一样的，而基于联邦税收目的进行的夫妻间收入划分在卢卡斯诉厄尔案里是无效的。法院进一步表示，在坡诉西伯案（Poe v. Seaborn）[2]里，只有在不可随意选择的共有财产体系才符合进行收入划分的条件。司法认为，共有财产即便在最初实施共有财产法的州也只是一个可选的安排，因为可依靠婚姻来决定生活在共有财产的州，并会选择把婚姻期间的所得作为单独财产而非共有财产，这种选择在大多数实施共有财产法的州都是可行的。因此，Harmon案件的结果是：如果夫妇可以退出当地法律的管辖，那么，共有财产体系对联邦所得税目的来说是有效的。很快，夏威夷州（Hawaii）、内布拉斯加州（Nebraska）、密歇根州（Michigan）和宾夕法尼亚州（Pennsylvania）也加入共有财产法的行列。共有财产法的流行使国会再次面对已婚夫妇税负因地理区域而不同。但这一点上，立法的选择范围是相当有限的。第一种：众议院筹款委员会于1941年提出义务联合申报的复苏，但这可能引来原有攻击（对道德征税）的复活。第二种：参议院1941年提出的"限制共同收入"，即"个人服务税（personal service income）+投资税收（investment income）"方案的复苏，但这可能引来实施共有财产制度的州的人反对，并且过度关注个人服务收入，而让已婚夫妇通过夫妻间赠与来自由划分他

---

① Trigg P R. Some Income Tax Aspects of Community Property Law [J]. Mich. L. Rev. , 1947, 46: 1.

② Kalinka S. Taxation of Community Income: It is Time for Congress to Override Poe v. Seaborn [J]. La. L. Rev. , 1997, 58: 73.

们的投资收入。第三种：国会什么也不做。这一做法可能被运用共有财产体系的州广泛采用，而不必为任何各种非税因素的功过担忧。因此，国会最终选择了"可选择的联合申报"方案，即允许所有已婚夫妇把他们的收入和扣除进行加总以联合申报，所负担的税收是一个单身个人就他们总应税收入所负担税收的两倍。此举对于联邦收入的影响与"国会什么也不做"实际上差不多，但是实行收入划分联合申报意味着减税的政治功劳集中在国会而非分散在各州的立法机构。

4.2.5 与已婚夫妇有类似家庭责任的纳税单位的税负公平问题——设计单独的户主税率表及户主身份的扩展

对已婚夫妇采用收入划分的办法被视为对家庭责任的一种税收津贴，对类似家庭责任的其他纳税单位来说是不公平的。例如，带有需抚养的小孩或需赡养的父母的未婚个人，他们的纳税能力不比具有同样收入的已婚夫妇更强。任何人带有一个被抚养者都有资格获得宽免，但宽免额（1948 年税法下，每个被抚养者为600 美元）远低于适用于已婚夫妇联合申报的特别税率表。国会意识到这一问题后，于 1951 年为单身但需要负担家庭及他人生活的户主设计了一个单独的税率表，这个安排产生的税负介于单身个人和已婚夫妇联合申报之间。

对户主（head of household）给予的税率，与联合申报的税收优惠相比，只能算作"半杯羹"了。但是《美国国内收入法典》并没有要求户主合并他们同伴住户的所得，这有可能使两个户主负担的税收比具有同样所得的已婚夫妇联合申报负担的税收更少。但如果户主是唯一养家糊口的人，那么，户主的税负比已婚夫妇的税负要重，即使他们的收入和家庭开支是一样的。1951 年的改革在实施三年后被国会重新考虑。1954 年，参议院提议把收入划分的福利扩大到任何一家之主（head of family），并建议摒弃众议院的提案，因为这个提案没有将所有收入人群同等对待而主要受益于中等收入和高等收入人群。当议案被提上议会时，众议院和参议院之间的争论停止，条件是通过扩充现有的户主条款到包括被赡养的父母（即使父母和纳税人分开生活），和通过按照收入划分的全部福利适用于未亡人（surviving spouse）[①]。

---

① 被定义为有小孩负担的寡妇或鳏夫，在配偶死亡后的两年内可以通过这种身份享受税收优惠。

4.2.6 已婚个人和单身个人的税负公平问题——设计单独的单身个人税率表

1951 年的户主条款和 1954 年的未亡人条款是对有被抚养者的未婚个人和已婚夫妇税负差别的回应。虽然 1948 年建立起来的已婚夫妇和具有同样收入的单身个人之间的税负差异（见表 4.1 和表 4.2）没有受到质疑，但这些差异渐渐成为公众关注的对象，导致 1969 年的税收改革法案对单身个人制定了一个单独的税率表，以确保单身个人的税负最高不超过同等收入下已婚夫妇税负的 120%。尽管已婚个人联合申报的税率表没有改变，但 1969 年法案有效增加了某些已婚个人的税负（相比较单身个人而言），特别是夫妻双方收入相近时，婚姻可能导致所得税负的显著增加。

表 4.1　单身纳税人和已婚纳税人的纳税义务（1970 年税率）

美元

应纳税所得	单身个人	夫妻共同申报
10 000	2 190	1 820
20 000	6 070	4 380
50 000	22 590	17 060
100 000	55 490	45 180

注：基于应税收入，表格没有反映扣除和个人宽免的影响，这要因纳税单位而异。该表转引自：Richards. Single Versus Married Income Tax Returns under the Tax Return Act of 1969 ［J］. Taxes, 1970：301 – 302.

表 4.2　关于 1971 年的应纳税所得调整后的毛收入表

十亿美元

	全部收入（all returns）	10 000 ≤ AGI ≤ 25 000	AGI ≥ 25 000
全部申报（all returns）	674.40	341	110
夫妻共同申报（joint returns）	525	307	102
夫妻单独申报（Separate Husband and Wife Returns）	10	3	0.6
家庭户主申报（head of household returns）	24	6	1.4
单身个人申报（single returns）	$ 111	25	6

注：包含未亡人的申报（surviving spouse returns）。该表转引自：U. S. Dep't of Treasury. Statistics of Income—1971 Individual Income Tax Returns ［M］. Washington：Government Printing office, 1972：8 – 10.

1969 年，单身个人税率的降低对许多双方收入相当的夫妇来说，单独申报比联合申报更有利。因此，国会通过禁止对已婚夫妇单独申报适用新的单身个人税率表而完成了 1969 年的改革。对于受限制的纳税群体，则保持了 1969 年之前的单身个人税率表。因此，和 1948 年到 1969 年期间相比，1969 年进行的单独申报对已婚夫妇来说不那么有利了。因为已婚夫妇进行单独申报需要使用一个特别的税率表，而不是适用未婚个人的税率表，1969 年改革对收入相当的两个人选择结婚并且婚后收入不变的造成了一种"婚姻惩罚"①。

4.2.7 历次税收法案对"按家庭"征税的考量和调整

两种政策意图受到强烈的拥护：一是同等收入的已婚夫妇税负相同；二是单身和已婚夫妇税负差别比 1948 年到 1969 年之间进行纯收入划分时更小。如果不考虑夫妇双方之间收入的分配，而对拥有同样总收入的已婚夫妇征收同样的税收，那么婚姻不可避免地增加或降低所有人结婚的税负。这种目标的冲突可以表述为一对已婚夫妇应纳税额一定是下面其中一种情况：①比结婚前税负更高，造成婚姻惩罚；②比结婚前税负更低，未婚个人造成单身惩罚；③婚前婚后保持不变，同等收入的已婚夫妇税负却不同。

1948 到 1969 年期间，单身和已婚夫妇的税负差别体现为对单身的惩罚。1969 年，对单身惩罚有所减轻或消除，但这种改革的代价——"要么对某些已婚夫妇的惩罚，要么放弃 1948 年的原则，即对同等收入的夫妇征收同等的税收"。考虑到这种选择，国会更偏好婚姻惩罚。

1969 年税收改革法案通过提出对已婚夫妇联合申报适用 1969 年之前的税率表，以此同适用单身个人的税率表分开，从而技术性地废除了收入划分。该法案对单身和联合申报提供了同样的标准扣除额，这对已婚夫妇不利，1975 年减税法案对联合申报稍微提高了标准扣除额以减轻这一问题。

1981 年《经济恢复税收法案》引入对家庭中第二收入人收入的税收扣除（the secondary earner deduction）条款，同时实施低税率和开放式儿童信贷（liberalized child care credit），这导致了一个更具有"婚姻中性"的税制。

---

① 比如约翰（John）和玛撒（Martha）各自拥有应税收入 16 000 美元，结婚前的税收是每人 3 830 美元，或者总税负为 7 660 美元。如果他们结婚进行联合申报，他们的税负达到 8 660 美元。如果他们进行单独申报，由于不再适用单身个人的税率，他们各自的税负为 4 330 美元，总税负为 8 660 美元，这样和联合申报的税负相同。

1986 年税收改革法案取消了"对家庭中第二收入人收入的税收扣除"条款，但增加了其他条款以降低家庭税负和居民个人税负的差异，如增加了家庭报税的扣除款项、降低了家庭报税的边际税率。总的来说，1986 年税收改革法案降低了税收的平均婚姻惩罚。

没有一个累进的税制可以同时达到完全的婚姻中性和家庭间的横向公平，这已成为共识。通过收入划分选择家庭作为征税单位，美国暗含了选择同等收入的家庭税负相同的做法。然而，收入划分也暗示了所得税会随婚姻状况而变。[1]

2001 年的《经济增长和恢复法案》提高了对家庭的扣除标准，在税率表中新增了 10% 这一档超额累进税率，同时拓宽了 15% 这一档的范围，力争达到夫妻双方的税负基本与两个个人的税负之和相当。

总之，1948 年的根据婚姻状况设计不同税收待遇的思想引发了之后一系列变革，最终导致美国如今的纳税身份。第一种，已婚联合申报（含丧偶者）。联合申报表是面向夫妻两人制定的，如果一个人（夫妻中丧偶的一方）被允许适用这个表，那么显然是一种很大的优惠（如丧偶者可以享有两个人的扣除数）。因此，对允许使用的条件限制得较严。丧偶者至少应有一个需抚养的子女，才可以享受这个优惠，但是这种优惠只能享受两年，以后该丧偶者将适用户主的身份。第二种，户主申报。作为户主申报要满足三个条件：一是纳税人应是未婚或视同未婚[2]；二是在纳税年的半年以上时间里，该纳税人提供了家庭一半以上的生活费；三是这个家庭成员与户主的关系应是满足一定条件的亲属关系[3]。第三种，已婚分别申报。在某些情况下，夫妻可能愿意分别申报[4]，这时和联合申报适用的税率有差异。第四种，单身申报。这是针对未婚并且不符合户主填报条件、不符合丧偶者填报条件的纳税人。

4.3 美国个税"个人宽免和标准扣除"设定及变更的历史分析

本部分力争从历史变迁的角度，选取南北战争时期、1894—1909 年、1913—

---

① James Alm, Whittington L A. Income Taxes and the Timing of Marital Decisions [J]. Journal of Public Economics, 1997: 219 –240.

② 如被抛弃的妻子。

③ 如兄弟、岳父、姑姑等。

④ 比如甲乙夫妻正在计划离婚，甲不愿承担乙的税金，于是选择分别申报。

1943 年、1944 年至今这几个关键的时段来探究美国标准扣除额、个人宽免额规定及变动的依据。

4.3.1 南北战争时期个税有关宽免的规定及分析

南北战争时期，由于财力需要，国会同意征税以充实军费①，于是美国在 1861 年通过第一部所得税法，并于 1862 年生效。当时规定："对于年所得在 600 美元以上的个人，适用的税率为 3%；年所得在 1 000 美元以上的，税率为 5%。" 1864 年税率略有增加。美国这部最初的所得税法有两个特点：一是没有对"年所得"进行定义；二是虽然没有提到"费用扣除"的概念，但类似的思想已经体现出来了，即年所得在 600 美元及以下，不用缴纳所得税，因此这 600 美元可以看作美国最初所得税的免征额。我们力求寻找当时制定 600 美元的政策依据，但鉴于资料的可获得性，我们尝试通过以下内容来侧面反映当时的政策依据，即在美国当时的经济社会发展状况下，人们的基本生活水平和基本生活费用支出水平如何？"任何经济秩序的目的，都是在人民之中进行商品和劳务的生产与分配，而一种经济制度的成就可以用人民的消费水平来衡量。"② 在 1860 年以前的半个世纪，美国人民的总收入可以显示美国的全面经济福利，这项总收入可以用生产、消费或个人收入进行衡量。1815—1860 年，按人口平均的实际收入增长了约 50%，1860 年全年实际收入达到 292 美元，然而在南北战争以前，并不是所有的人都能享受繁荣，南部的穷苦白人、奴隶、成千上万的低工资工人以及其他人在国民财富和收入增长中并没有分享繁荣或享受得极少。我们再来看消费情况。美国人的食品消费中肉类消费量很大，许多农民一日三餐有肉吃，而且一顿饭吃好几样肉。据估计，19 世纪 50 年代，美国人口平均肉类消费量每年约为 184 磅，而 1950 年为 142 磅。面粉、玉米粉的消费量也高。蔬菜和水果不是主要的食品，但其消费量也比其他国家都高。食糖消费量不高，但蜂蜜、糖浆和甜秆的消费量比现代的美国人多。总之，食品支出在家庭总支出中所占百分比也比今天高，达到 40% ~ 50%。关于衣着，上等阶级的服饰由裁缝做，中、下层的居民买现成的

---

① 南北双方都需要依靠征收个人所得税来筹集战争资金，虽然当时的税率很低，再加上各种各样的税收豁免，联邦政府依靠个人所得税所筹集的战争资金依然达到了 3.76 亿美元。

② 吉尔伯特·菲特，吉姆，里斯. 美国经济史 [M]. 司徒淳，方秉铸，译. 沈阳：辽宁人民出版社，1981：306.

衣服或在自己家里做①。关于住房，南北战争以前，美国人总的住房情况比欧洲人好，富裕的人住砖石结构的房子，中下层的人住木板房，边疆地区普遍住在用圆木建成的小木屋。19 世纪 50 年代，美国人家庭支出的 95% 用于食品、居住和衣着，可以看出 1860 年的美国家庭开支几乎仅能够提供衣、食、住的基本需要，留给娱乐、医疗、教育以及类似开支的钱就不多了，然而美国人花在这些项目上的比重可能比欧洲人还要大一些。1851 年，纽约《每日论坛报》发表了五口之家的最低预算，每周金额为 10 美元 37 美分。多数技术工人每周收入为 14 美元或更多，也有一些工人每周收入少于 10 美元。普通劳动力和工厂男工每周平均工资约为 6 美元，女工则低得多。1853 年，《纽约时报》发表了一家四口人的预算，全年支出为 600 美元（见表 4.3）。因为 1853 年的物价比 1851 年略高，所以两报的预算大致相同。1853 年的预算很可能是大多数工人达不到的。可以肯定的是，一个工人的平均工资若没有他们妻子和孩子赚钱来补助是不足以维持生活的。②

表 4.3　1853 年纽约市工人阶级四口之家的全年预算

美元

房租	食品杂货	衣着被褥	炊事用具	燃料	照明	税款、折偿金等	医药费	旅行费	报纸和邮费	教堂费等	合计
100	273	132	20	18	10	5	10	12	10	10	600

资料来源：约翰·康芒斯. 美国劳工史［M］. 1 卷，纽约：麦克米伦公司，1918（1）：487.

再来看看整体就业情况，1837 年，纽约市有 1/3 的工人失业，政府成立了公共粥棚对苦难者进行救济。1857 年的情况也是如此，估计接受国家救济的达几百万人，仅纽约州据说就有 26 万人接受救济。1860 年，纽约州 380 万人口中有22.8 万人靠施舍度日。即使很幸运能够保持工作的工人，在危机时期也要被迫接受更低的工资。③

由此我们可以推断：一是 600 美元的个人年免征额标准很可能依据的是一个家庭的支出水平而不是个人支出水平；二是当时所得税提出的背景和意图明确地

---

①　在很多地区人们的衣服仍是自己家里做的，先把棉花和羊毛织成布料，再用布料做成衬衫、衣服、裤子和其他服装。

②　吉尔伯特·菲特，吉姆，里斯. 美国经济史［M］. 司徒淳，方秉铸，译. 沈阳：辽宁人民出版社，1981：316.

③　吉尔伯特·菲特，吉姆，里斯. 美国经济史［M］. 司徒淳，方秉铸，译. 沈阳：辽宁人民出版社，1981：317.

告诉我们是出于财政收入需求考虑，而与调节收入分配无关；三是 600 美元的年免征额已经把大多数收入排除在了所得税之外，而所得税主要是针对一些生活富足的人，这部分人在当时来说比例并不高，因此个人所得税并不是财政收入主要来源①。

4.3.2 1894—1909 年个税有关宽免的规定及分析

南北战争结束后，由于各种原因，所得税被废止。1894 年，美国国会再次颁布有关所得税的草案②，该草案规定，"对年收入超过 4 000 美元的来自各类财产、租金、利息、股息或工薪、特许权、贸易、雇佣或行业的'收益、利润和所得'的人征收，适用 2% 的税率"，但该规定最终由于不符合宪法而被判无效③。1909 年，美国国会通过税法设置了一个税种，对公司利润征税。该税对剔除来自其他公司股息后的公司净所得超过 5 000 美元的部分适用 1% 的税率④。1909 年 7 月 12 日，美国国会通过了第 16 次宪法修正案，该宪法修正案规定：国会应有权对各类来源的所得设置税种并征税，而不是在几个州之间分摊，也不必考虑其人口或统计项目。1913 年 2 月 25 日，该修正案最终获得批准，美国国会终于获权对各类来源的所得课税。从现存的文献来看，1894 年的《税法草案》与 1909 年的税法差别很小，只是进行了几个词表达方式的转换，从"对所得的课税（tax upon income）"转换为"以所得衡量的税（tax measured by income）"⑤。这意味着在上述两个时期，只要"所得"分别不超过 4 000 美元和 5 000 美元的标准，就不用缴纳"所得"税。下面我们尝试解读这两个标准的依据。

美国在内战后不仅仍然是世界上主要的生产农产品的国家，而且到 1894 年已经成为工业上领先的大国，工人的工资水平不断提高。工业工人平均年工资按当年价格表示，1890 年为 427 美元，1900 年为 435 美元。从行业来看，1900 年，

---

① 比如，1868 年，联邦税收主要依赖于酒税和土豆税。1868 年至 1913 年，约 90% 的收入来源于货物税。转引自：郑幼锋. 美国联邦所得税变迁研究 [M]. 北京：中国财政经济出版社，2006：83.

② "威尔逊关税法"的草案中包含一项允许征收所得税的修正案。

③ 1895 年"波洛克诉农民信贷和信托"一案中，争论焦点集中于：对来自财产的所得课税是否是宪法规定那种的"直接税"？美国最高法院裁定，"所得税"是一种"直接税"，并且宪法规定直接税应根据人口比例征收。该案的判决也是美国最高法院最长的判决之一，判决书超过 200 页，在表决结果为 5：4 的情况下，法院判决该直接税是不符合宪法的、无效的。

④ 该做法获得最高法院的支持。因为在 1908 年消除了宪法"按人口比例征税"这一规定，同时最高法院一致通过，判定该税种不是直接税，而是间接税，一种对"以公司实体从事经营的特许权"征收的消费税。

⑤ 夏琛舸. 所得税的历史分析和比较研究 [M]. 大连：东北财经大学出版社，2003：72.

天然气和电力部门的工人平均工资还可多得近 200 美元，即他们的平均工资为 620 美元；煤矿工人每年平均工资只有 419 美元；农业工人工资最低，一年平均只有 247 美元；中小学教师的工资也不高，每年约为 328 美元；联邦邮政职工工资却相当高，每年平均收入达 925 美元[①]。根据西蒙·库兹涅茨的统计，在 1889—1898 年、1894—1903 年、1899—1908 年、1904—1913 年等时间段，美国人分别消费了他们收入的 85.9%、86.4%、87.4%、87.9%（见表 4.4）。而 1910 年，美国家庭平均人口为 4.5 人，略少于 50 年前的家庭平均人口数 5.3 人[②]。我们尝试估算下美国不同行业 1894 年和 1909 年的家庭消费支出情况，并假设这两年的家庭平均人口水平和 1910 年情况一样且每个家庭成员的消费支出一样，即 4.5 人。鉴于数据的可得性，我们考虑下面几种替代情况下的支出额。

（1）1890 年的工业工人人均收入为 427 美元，用 1889—1898 年的消费比例反映 1890 年的消费比例，则家庭消费支出 = 427 × 0.859 × 4.5 = 1 650.568 5（美元）。

（2）1900 年的工业工人人均收入为 435 美元，用 1893—1903 年的消费比例反映 1900 年的消费比例，则家庭消费支出 = 435 × 0.864 × 4.5 = 1 691.28（美元）。

（3）1900 年的联邦邮政职工人均收入为 925 美元，用 1893—1903 年的消费比例反映 1900 年的消费比例，则家庭消费支出 = 925 × 0.864 × 4.5 = 3 596.4（美元）。

（4）1900 年的天然气和电力部门工人人均收入为 620 美元，用 1893—1903 年的消费比例反映 1900 年的消费比例，则家庭消费支出 = 620 × 0.864 × 4.5 = 2 410.56（美元）。

（5）1900 年的农业工人人均收入为 247 美元，用 1893—1903 年的消费比例反映 1900 年的消费比例，则家庭消费支出 = 247 × 0.864 × 4.5 = 960.336（美元）。

（6）1900 年的中小学教师人均收入为 328 美元，用 1893—1903 年的消费比例反映 1900 年的消费比例，则家庭消费支出 = 328 × 0.864 × 4.5 = 1 275.264（美元）。

由此我们可以推断，4 000 美元、5 000 美元的标准基本上不是针对工薪阶层的，而是主要针对具有较高财产性收入以及企业家等富人群体的，导致个税这部

[①] 吉尔伯特·菲特，吉姆，里斯. 美国经济史［M］. 司徒淳，方秉铸，译. 沈阳：辽宁人民出版社，1981：484.

[②] 吉尔伯特·菲特，吉姆，里斯. 美国经济史［M］. 司徒淳，方秉铸，译. 沈阳：辽宁人民出版社，1981：355.

分政府收入规模很小（见表4.5）。

表4.4　1869—1918年国民收入中消费与积累的分配

%

年份	1869—1878	1874—1883	1879—1888	1884—1893	1889—1898	1894—1903	1899—1908	1904—1913	1909—1918
消费	87.9	87	86.8	85.9	85.9	86.4	87.4	87.9	87.5
积累	12.1	13	13.2	14.1	14.1	13.6	12.6	12.1	12.5

资料来源：西蒙·库兹涅茨. 国民收入：研究结果总结［M］. 纽约：全国经济研究所，1946：53.

该表转引自：吉尔伯特·菲特，吉姆，里斯. 美国经济史［M］. 司徒淳，方秉铸，译. 沈阳：辽宁人民出版社，1981：384.

表4.5　1866—1916年某些年份的国库收入

百万美元

年份	总计	关税	所得税和利润税	其他	盈亏
1866	558	179	73	306	+37.2
1870	411.3	194.5	37.8	179	+101.6
1878	257.8	130.2	0	127.6	+21
1890	403.1	229.7	0	178.4	+85
1900	567.2	233.2	0	334.0	+46.4
1910	675.5	333.7	21	320.8	−18.1
1916	782.5	213.2	124.9	444.4	+48.5

资料来源：《美国历史统计（1789至1945年）》，第296页。

该表转引自：吉尔伯特·菲特，吉姆，里斯. 美国经济史［M］. 司徒淳，方秉铸，译. 沈阳：辽宁人民出版社，1981：573.

4.3.3　1913—1943年个税有关宽免的规定及分析

1913年开始，美国国会终于获权对各类来源的所得课税[1]，1944年开始引入

---

[1]　1909年7月12日，美国国会通过了第16次宪法修正案，该宪法修正案规定：国会应有权对各类来源的所得设置税种并征税，而不是在几个州之间分摊，也不必考虑其人口或统计项目。1913年2月25日，该修正案最终获得批准。1913年税法对"产生或应计于前一日历年度的各种来源的净所得"课税，即对公司的净利润征收1%的所得税，而对个人征收一项"常规"税和一项"附加税"。常规税对扣除了"个人宽免"后的净所得征收1%的比例税，而附加税是一种累进税。

费用标准扣除制度，在 1948 年前仅将个人作为纳税单位①。因此，1913—1943 年，只有个人宽免的规定和变化。根据个人宽免额的变化，又可以分为以下几个阶段：1913—1916 年、1917—1920 年、1921—1924 年、1925—1931 年、1932—1939 年、1940 年、1941 年、1942—1943 年。

1913—1916 年：此阶段对单身纳税人的个人宽免额为 3 000 美元，对已婚纳税人为 4 000 美元。

1917—1920 年：此阶段对单身纳税人的个人宽免额为 1 000 美元，对已婚纳税人为 2 000 美元，并且开始考虑已婚纳税人家庭的抚养者人数。若已婚纳税人抚养一个人，则已婚纳税人的个人宽免额为 2 200 美元；若已婚纳税人抚养 2 个人，则已婚纳税人的个人宽免额为 2 400 美元。以此类推，即每增加一个被抚养者，就将已婚纳税人的个人宽免额提高 200 美元。

1921—1924 年：此阶段对单身纳税人的个人宽免额仍为 1 000 美元，对已婚纳税人的个人宽免额则提高到 2 500 美元，并且也提高了有被抚养者的已婚纳税人的个人宽免额。若已婚纳税人抚养一个人，则已婚纳税人的个人宽免额为 2 900 美元。以此类推，即每增加一个被抚养者，就将已婚纳税人的个人宽免额提高 400 美元。

1925—1931 年：此阶段对单身纳税人的个人宽免额提高为 1 500 美元，对已婚纳税人的个人宽免额则提高到 3 500 美元。若已婚纳税人抚养一个人，则已婚纳税人的个人宽免额为 3 900 美元。以此类推，即每增加一个被抚养者，就将已婚纳税人的个人宽免额提高 400 美元。

1932—1939 年：此阶段对单身纳税人的个人宽免额下降为 1 000 美元，对已婚纳税人也下降为 2 500 美元。若已婚纳税人抚养一个人，则已婚纳税人的个人宽免额为 2 900 美元。以此类推，即每增加一个被抚养者，就将已婚纳税人的个人宽免额提高 400 美元。

1940 年：该年对单身纳税人的个人宽免额下降为 800 美元，对已婚纳税人下降为 2 000 美元。若已婚纳税人抚养一个人，则已婚纳税人的个人宽免额为 2 400 美元。以此类推，即每增加一个被抚养者，就将已婚纳税人的个人宽免额提高 400 美元。

1941 年：该年对单身纳税人的个人宽免额下降为 750 美元，对已婚纳税人的

---

① 1948 年个人所得税开始区分申报身份。

宽免额下降为 1 500 美元。若已婚纳税人抚养一个人，则已婚纳税人的个人宽免额为 1 900 美元。以此类推，即每增加一个被抚养者，就将已婚纳税人的个人宽免额提高 400 美元。

1942—1943 年：该阶段对单身纳税人的个人宽免额下降为 500 美元，对已婚纳税人下降为 1 200 美元。若已婚纳税人抚养一个人，则已婚纳税人的个人宽免额为 1 550 美元。以此类推，即每增加一个被抚养者，就将已婚纳税人的个人宽免额提高 350 美元。

4.3.4　1944 年以前个税宽免水平设定及调整依据推测——基于贫困率及个税申报率视角

通过对上述几个阶段的梳理，就个人宽免额本身，我们从不同角度得出以下几点结论。

第一，在不考虑被抚养者的情况下，逐渐认识到已婚纳税人比单身纳税人的基本生活开支更复杂、更大，而不仅仅是单身的 2 倍。1913—1916 年，个人宽免考虑重点集中在单身纳税人上，已婚状况几乎被忽略。单身纳税人的宽免额高达 3 000 美元，而已婚纳税人宽免额仅高出 1 000 美元。1917—1920 年，开始大幅降低单身纳税人宽免额，至 1 000 美元，并将已婚纳税人宽免额按照单身纳税人的 2 倍处理，即将已婚纳税人基本生活开支理解为两个单身基本生活开支的加总。1921—1924 年，开始意识到家庭基本生活开支要远比"2 倍"单身开支复杂，因此将已婚纳税人宽免额提至单身的 2.5 倍。在之后的几个阶段又略有调整，分别为 2.33 倍、2.5 倍、2.5 倍、2 倍、2.4 倍。

第二，从家庭结构的角度开始考虑细化纳税人，并体现在个人宽免额的制定当中。1913—1916 年，仅将个人所得税纳税人分为单身纳税人和已婚纳税人两大类，严格意义上讲，并没有考虑到家庭因素。1917—1920 年，开始考虑家庭的"被抚养者"因素，在已婚纳税人宽免额的设计中将"被抚养者"数量细化处理，即每增加一个被抚养者，就将已婚纳税人的个人宽免额提高 200 美元。之后的几个阶段①将该数量提高至 400 美元。

第三，个人纳税人宽免额设计在处理家庭"被抚养者"问题时，没有区分"被抚养者"内部的差异，即小孩、老人、残疾人等在基本生活支出上的差异。

---

① "1942—1943 年"阶段除外，该阶段仅提高 350 美元。

假定这些"被抚养者"是一样的,在已婚夫妇个人宽免额的基础上根据"被抚养者"数量追加等量的支出额,如200元、400元、350元。

第四,在支出上,将单身或已婚与"被抚养者"区别对待,即增加一个"被抚养者"只需追加200~400美元的费用即可,而不必花费和单身个人宽免额一样额度的支出1 000美元。通常我们认为的"被抚养者"即为小孩和老人,而此时个人宽免额设计的这种考虑在现在是完全行不通的,因为现在抚养一个小孩的支出远超过一个成年人的开支。

第五,1913—1943年,单身个人宽免额处在3 000、1 000、1 500、800、750、500美元的水平,我们可以看出有下降的趋势。

下面本书尝试多角度分析单身个人宽免额设定及变更的依据,即为什么将单身宽免额定为1 000美元或其他水平?

20世纪的前50年有关家庭收入、支出的数据非常稀少,相关研究只能依赖大量拼凑起来的数据。所以本书尝试通过有关贫困线[①]、贫困率[②]研究的数据来反映当时的情况。美国联邦政府以官方统计资料[③]为基础,建立了贫困的官方指标体系,这套官方指标以一系列的贫困线[④]为基础,这些贫困线随家庭规模、户主年龄、18岁以下子女数目的不同而变化(直到1981年,才引入户主的性别、农业/非农业居民这些其他的差别因素)。为了保持实际购买力不变,贫困线随通货膨胀同步上升。如果某一家庭的年度现金低于贫困线,那么,其家人列为贫困人口。1997年,一个四口之家的贫困线是16 400美元。对于如何理解贫困线,斯莫伦斯基(1965)用"最低舒适度"预算支出或保持生活"最低体面"程度的最少收入来表示,他以实际价值衡量纽约城"最低舒适度"的预算,1937年比1935年提高了40%,比1903—1905年提高了近80%。盖洛普民意测验(Gallup Poll)用"一个四口之家(丈夫、妻子、两个孩子)在社区内正常生活,每周最

---

① 贫困线(poverty line 或者 poverty threshold)是指收入低于某一特定的收入水平,该水平即为贫困线。转引自:斯坦利·恩格尔曼,罗伯特·高尔曼. 剑桥美国经济史:20世纪 [M]. 3卷,北京:中国人民大学出版社,2008:250.

② 贫困率(或贫困发生率)是指收入低于某一特定收入水平(即贫困线)的人口所占总人口的比例。转引自:斯坦利·恩格尔曼,罗伯特·高尔曼. 剑桥美国经济史:20世纪 [M]. 3卷,北京:中国人民大学出版社,2008:250.

③ 对美国收入分配变化的大多数研究都以1963年为起点,这是美国人口普查局开始发布微观数据文件《3月份现行人口调查》(The March Current Population Survey, CPS)的年份。3月份的CPS提供了大约5万到6万份家庭样本的人口和收入信息。

④ 参见费希尔(Fisher, 1992)对联邦贫困线的详细讨论。

少需要多少钱"来反映贫困线，大多数人对该民意测验数据分析得出如下结论：平均收入每增长1%，"正常生活"费用增长0.6%至1%（Fisher，1995）。但是固定的实际贫困线在进行长期的历史性分析时有一定的局限性：①社会关心的贫困已经摆脱了纯粹生物学意义上的需求，即是相对贫困而不是绝对贫困。例如，1949年，一项国会调查将贫困线定在2 000美元，而经济稳定增长了13年后所使用的贫困线用实际价值衡量增长了20%（Mill，1967）。这表明，应该阶段性地提升贫困的定义，因为经济增长提出了更高的物质生活标准，哪怕是对社会中最贫困群体。②具体到1913—1943年，相关贫困线的连续时间序列数据严重缺乏，我们无法通过贫困线获知当时的贫困状况。

鉴于以上考虑，本书采用贫困率指标，通过该指标反映当时的贫困群体数量，然后再与个人所得税的纳税群体数量比较，从而得出当时个人所得税的主要缴税群体，进而侧面反映当时个人宽免额的水平。

人口普查局提供了一系列以官方指标为基础的口径一致的贫困率数据序列，其起始点为1959年。费希尔（Fisher，1986）将人口普查局的贫困率序列按同一口径延伸到1947年，费希尔估计1948年的个人贫困率是33%（见图4.1）。有学者以官方贫困线为基础估计1947年以前的贫困率，发现20世纪上半期贫困率长期下降的趋势很明显。其中，20世纪初期贫困率处于60%~70%，大萧条使数百万人陷入贫困，第二次世界大战期间的繁荣将贫困率迅速降到30%以下（见图4.2）。由此我们可以粗略地推断出1913—1943年贫困率大约在30%~80%，大萧条期间达到最高，接近80%，20世纪40年代初期达到最低，约为30%。

我们再来看1913—1943年美国联邦个税申报人数占总人口的比例，1940年以前此比例最高没有超过6.88%，主要集中在3%~6%。1940年开始，该比例迅速提高，1940—1943年分别为：11.13%、19.39%、27.15%、31.97%。

通过对比上述两组数据，我们得出以下几点结论。

第一，1940年以前，个人所得税的征收主要是针对数量极少的富有人群，因此相应的个人宽免水平是对当时富有人群的基本生活需求支出的反映，需要注意的是，该水平已经远远超过了当时经济社会条件下贫困线附近及以下群体基本生活支出水平。

第二，从1940年开始，逐渐将更多人纳入个人所得税征税范围，直至1943年该范围延伸到贫困线水平附近。也就是说，刚过贫困线的人们也要开始缴纳个人所得税。

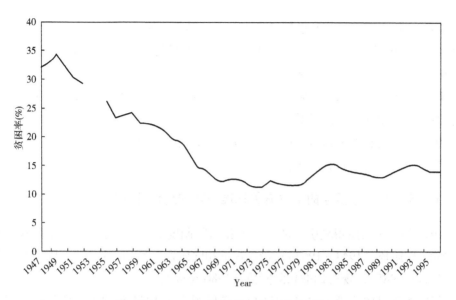

图 4.1 1947—1996 年美国个人贫困率情况

注：该图转引自：Robert D, Plotnick, Eugene Smolensky, et al. Inequality, Poverty, and the Fisc in Twentieth – century America ［J］. Journal of Post Keynesian Economics, 1998：51 – 75.

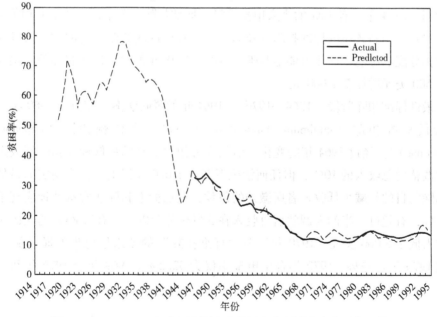

图 4.2 1914—1995 年美国实际个人贫困率和预测个人贫困率比较

注：该图转引自：Robert D, Plotnick, Eugene Smolensky, et al. Inequality, Poverty, and the Fisc in Twentieth – century America ［J］. Journal of Post Keynesian Economics, 1998：51 –75.

第三，以上两点结论从已婚纳税人和单身纳税人宽免额的变化中得到了间接的佐证。1940 年以前，已婚纳税人和单身纳税人宽免额最高分别达到 4 000 美元、3 000 美元，最低分别为 2 000 美元、1 000 美元，从 1940 年开始宽免额持续下降，降至 1943 年的 1 200、500 美元。在此之后，这一低水平个人宽免额维持了很长时间，即使在经济持续增长的情况下。

第四，我们有理由相信：在当时，500 美元约为单身的贫困线水平，1 200 美元约为已婚夫妇（无被抚养者）的贫困线水平。

4.3.5 1944 年至今的个税有关标准扣除的规定及分析

1944 年，个人所得税引入的"标准扣除"制度经历了以下几个发展阶段：标准扣除早期阶段（1944—1963）；最低标准扣除阶段（1964—1976）；固定金额阶段（1977—1985）；现行标准扣除阶段（1986 至今）。

标准扣除早期阶段（1944—1963）：美国国会在 1944 年的个人所得税法案中引入标准扣除（修订于 1948 年）。起初，标准扣除额为调整后总收入的 10%，最多不超过 500 美元，并且如果丈夫和妻子在一起居住，则标准扣除额必须双方共同使用。1944 年，有 82% 的个人申报选择了标准扣除。关于这次法案的相关文献大都只是介绍新颁布的标准扣除的技术，并没有讨论国会制定它的动机及其对税收负担分配的影响，简化可能是其唯一目的。1948 年的税收法案将扣除的最高限额从 500 美元增加至 1 000 元。

最低标准扣除阶段（1964—1976）：1964 年的税收法案（修订于 1969 年）引入最低标准扣除（minimum standard deduction）[1] 和依赖扣除（dependency deductions）[2]。经过 1964 年的变化，纳税人可扣除更高的最低标准扣除额或选择扣除调整后总收入的 10%，但任何情况下都在 1 000 元以上。国会制定的最低标准扣除的目的是减少低收入者所缴纳的税款，最低标准扣除非常有效地实现了这一目标，有超过一半的人调整后总收入在 3 000 美元以下，有近 85% 的人的调整后收入低于 5 000 美元。1970 年以前"标准扣除"的使用呈稳步下降（从 1944 年到 1970 年）趋势，1970 年合格申报率仅为 52.2%。1969 年至 1976 年间的五

---

[1] 最低标准扣除的英文解释为："which was 200 plus the product of 100 times the number of dependency deductions."

[2] Dependency deductions included the extra deductions to which elderly or blind persons were entitled.

个税收法案①扭转了这一趋势（见表4.6），显著地提高了"百分比标准扣除"（the percentage standard deduction）和最低标准扣除的使用。在1969年的税收改革法案中，将最低标准更名为"低收入津贴"（the low income allowance）。1970年设计了一个计算最低标准扣除的复杂公式②，但仅用于1970年。1970年以后，低收入津贴变成一个固定额，从1971年的1 050美元增加到1972—1974年的1 300美元。1975年的低收入津贴增加到1 900美元（联合申报）和1 600美元（未婚单身申报）。1976年的低收入津贴增加到2 100美元（联合申报）和1 700美元（未婚单身申报）。1971年，标准扣除额为调整后总收入的13%，最高限额为1 500美元。1972年至1974年，标准扣除额为调整后总收入的15%，最高限额为2 000美元。1975年，标准扣除额为调整后总收入的16%，最高限额联合申报为2 600美元，未婚个人申报为2 300美元，这是第一次夫妻联合申报的标准扣除额大于单身申报的标准扣除额，1975年税收法案的这点变化（标准扣除额的百分比和低收入津贴）仅在1975年有效。但1975年的收入调整法提高了标准扣除额的百分比和低收入津贴（一直持续到1976年6月）。1976年的税收改革法案将增加标准扣除额百分比和低收入津贴变成常态。做出上述各种改变，美国国会的动机有几个方面：首先，它想让更多人使用标准扣除，进而简化申报的编制和审计。其次，使税收负担公平分配。委员会的一份"关于1969年税收改革法案"的报告指出，"标准扣除"被用来提供减税作用（针对中等收入的纳税人），其他法案的报告也多次重申这个目的。低收入津贴的设计是为了尽可能地保证收入水平（首次开始缴税的个人的收入水平）至少等于贫困水平，对低收入者（高于贫困线的部分人）提供税收减免。

表4.6　个税使用标准扣除的申报人比例

年份	比例（%）	年份	比例（%）	年份	比例（%）
1944	82.2	1959	62.7	1974	64.6

①　1969年税收改革法案（1971年修订）、1971年税收法案（1975年修订）、1975年减税法案（1975年修订）、1975年收入调整法（1976年修订）、1976年税收改革法案（1977年修订）。

②　It was ＄1 100 for low-income taxpayers with up to eight personal exemptions and ＄1 000 for those with more than eight personal exemptions, but was phased out as income increased above a specific amount, which depended on the number of personal exemptions.

年份	比例（%）	年份	比例（%）	年份	比例（%）
1945	83.2	1960	60.4	1975	68.2
1946	83.5	1961	58.9	1976	69.3
1947	81.1	1962	57.9	1977	73.6
1948	82.9	1963	56.0	1978	71.3
1949	81.3	1964	58.9	1979	71.4
1950	80.4	1965	58.7	1980	69.2
1951	79.2	1966	59.3	1981	66.9
1952	77.3	1967	58.4	1982	65.0
1953	75.1	1968	56.6	1983	63.4
1954	72.3	1969	54.0	1984	61.6
1955	71.0	1970	52.2	1985	60.8
1956	68.8	1971	58.8	1986	60.6
1957	66.4	1972	65.2	1987	66.7
1958	64.8	1973	65.2	1988	69.8

注：该表转引自：Allan J, Samansky. Nonstandard Thoughts About the Standard Deduction ［J］. Utahl. rev, 1991.

固定金额阶段（1977—1985）：即建立免征额（the zero bracket amount）代替百分比标准扣除和低收入津贴。到1971年，百分比标准扣除的最高限额和低收入津贴的差别已变得相对较小。1971年，低收入津贴额已达到百分比标准扣除最高限额的70%[①]。1976年，低收入津贴额达到百分比扣除最高限额的75%（针对联合申报）[②]。在1977年的减税和简化法案中，国会意识到了这一趋势并将百分比标准扣除和低收入津贴合二为一，建立免征额（the zero bracket amount）来代替标准扣除，即如果纳税人的应税收入（taxable income）超过免征额，则纳税人需要缴纳个人所得税，但纳税人仅能逐项扣除（itemized deductions）超过免征额的部分。免征额相当于一个固定金额的标准扣除。国会认为，用免征额取代标准扣除税表（该税表被大多数纳税人使用）可以简化税制。根据立法报告，新表将根

---

① 1971年百分比标准扣除最高限额为1 500美元，低收入津贴额为1 050美元。

② 1976年联合申报的百分比标准扣除最高限额为2 800美元，低收入津贴为2 100美元。

据税表收入（tax table income）① 和宽免数量（the number of exemptions）调整。对没有分项扣除的纳税人来说，调整后总收入即为税表收入。对有分项扣除的纳税人来说，税表收入为调整后总收入减去分项扣除（分项扣除通过免征额来替代）。一般情况下，纳税人会付出相同的税收（无论是使用固定金额的标准扣除，还是使用免征额的情况）。下面举例说明免征额替代标准扣除。

【例1】有两年，第一年和第二年。第一年，A 有一个 50 000 美元的总收入（gross income），个人宽免额（personal exemption）为 2 000 美元，逐项扣除为 3 000 美元。如果 A 的标准扣除是 5 000 美元，A 将使用标准扣除而不是逐项扣除，则 A 的应税收入为 43 000 美元②。如果在第二年国会用免征额代替标准扣除，仍保留 5 000 美元的数额，则 A 的应税收入为 48 000 美元。但是，假设税法没有发生替代，则 A 在第二年的税收责任（tax liability）应该与第一年一样。

【例2】除了基本事实与例1一样，多加了 A 的逐项扣除为 7 000 美元。在第一年，A 会使用逐项扣除和个人宽免，则应税收入为 41 000 美元③。在第二年，A 只能被允许扣除多余的逐项扣除（excess itemized deductions）2 000 美元，这意味着逐项扣除超过了免征额，这时 A 的应税收入为 46 000 美元④。同样地，假设税法没有发生替代，则 A 在第二年的税收责任应该与第一年一样。

到 1977 年，免征额定为 3 200 美元（联合申报）和 2 200 美元（未婚单身）。1978 年，收入法案将免征额增加到 3 400 美元（联合申报）和 2 300 美元（未婚单身），这是为了抵消通货膨胀的影响，同时还可以刺激经济。1981 年的经济复苏税收法案将免征额与通货膨胀挂钩，并于 1985 年开始实施。因此，免征额在 1978 至 1984 年间没有变化。

现行标准扣除阶段（1986 至今）：即用标准扣除代替免征额，并与通货膨胀挂钩。在 1986 年的税收改革法案中，国会用"标准扣除"来替代免征额⑤，因为大多数人发现免征额使用太复杂。国会也开始显著地增加标准扣除，从 1985 年免征额的 3 670 美元（已婚联合）和 2 480 美元（未婚单身）增加到 1988 年标准扣

---

① Tax table income was taxable income before deduction of personal exemptions.

② 总收入 50 000 美元 – 个人宽免 2 000 美元 – 标准扣除 5 000 美元。

③ 总收入 50 000 美元 – 个人宽免 2 000 美元 – 逐项扣除 7 000 美元。

④ 总收入 50 000 美元 – 个人宽免 2 000 美元 – （逐项扣除 7 000 美元 – "the zero bracket amount" 5000 美元）。

⑤ "the zero bracket amount" 是"标准扣除"的前身。

除的 5 000 美元（已婚联合）和 3 000 美元（未婚单身）。另外，1986 年的税收法案第一次给予户主更高的标准扣除（与未婚单身相比），将其定为 4 400 美元①。1986 年税收改革法案第一次明确的区分了纳税人年龄、视力等方面的差异，如果家庭有盲人或 65 岁以上老人，允许个人再额外附加 750 美元（未婚情况）或 600 美元（已婚情况）的标准扣除。② 从 1989 年开始，国会将标准扣除与通货膨胀挂钩；从 2003 年开始，对标准扣除做出重大调整，提高了已婚联合标准扣除额度，将其定为单身标准扣除额的 2 倍，即 2003 年标准扣除额分别为 4 750 美元（未婚单身）和 9 500 美元（已婚联合）。这一调整意味着对费用标准扣除额的设计采取与个人宽免额相同的办法，即家庭规模从单身到已婚夫妇，费用标准扣除额也应翻倍增加。发生了这些变化以后，2010 年使用标准扣除的纳税人比例增加到 65.57%。

对于费用标准扣除额的设计，有三个关键变化：①如果缴纳个人所得税的群体简单分为富人和穷人，则一般情况下即使是基本消费，富人群体的消费内容也相对较多，消费档次相对较高，由此而产生的费用也就高于穷人。因此，为了防止富人群体利用过多的费用扣除逃税，引入标准扣除上限制度设计，即规定"最多可扣除额"。由于类似的原因，穷人可能会出现"无费可扣"的情况而造成个税税负不公，因此又引入标准扣除下限制度设计，即规定"最少可扣除额"。随着经济社会的发展，人们生活水平普遍提高，"最多可扣除额"与"最少可扣除额"之间区别意义不大，于是引入标准扣除一致制度设计，即规定富人和穷人的费用标准扣除相同，这种一致的制度设计沿用至今。②关于单身与已婚夫妇费用标准扣除额大小关系。1944—1974 年，单身和已婚夫妇采用相同的标准扣除，这意味着无论是单身家庭还是已婚夫妇家庭，对于费用扣除是同等看待的。1975 年至今，对单身与已婚夫妇采用不同的标准扣除，起初已婚夫妇标准扣除高于单身300 美元（1975 年的情况），之后该额度增加到 400 美元（1976）、1 000 美元（1977—1978 年）、1 100 美元（1979—1984 年）、1 150 美元（1985 年）、1 190 美元（1986 年）、1 220 美元（1987 年）、2 000 美元（1988 年）、2 100 美元（1989 年）、2 200 美元（1990 年）、2 300 美元（1991 年）、2 400 美元（1992

---

① 因为国会意识到：维持一个未婚户主所需的成本与维持一对已婚夫妇更接近（而不是与一个没有小孩的单身个人更接近）。

② 1964 至 1970 年，一些老人（或失明的人）就间接地获得了更高的标准扣除（同正常情况相比），因为他们获得了额外的个人宽免，而低收入津贴或最低标准扣除依据的就是个人宽免的大小。

年）、2 500 美元（1993 年）、2 600 美元（1994 年）………一直到 2003 年，规定
已婚夫妇标准扣除为单身的 2 倍。这也是对家庭基本生活费用复杂化、多元化的
反映。③从 1989 年开始，将标准扣除与通货膨胀挂钩，建立标准扣除自动增长
机制。

4.3.6 1944 年至今个人所得税有关个人宽免的规定及分析

1944 年以后，"个人宽免"的变化可以分为几个阶段：1944—1947 年、
1948—1984 年、1985 至今。

1944—1947 年：此阶段对单身纳税人的个人宽免额维持在上一阶段 500 美元
的水平，对已婚纳税人下调为 1 000 美元。对于"被抚养者"的个人宽免追加问
题，该阶段采用新的办法。已婚夫妇抚养第一个人，个人宽免额增加 550 美元
（即变为 1 550 美元）；已婚夫妇抚养第二个人，个人宽免额增加 450 美元（即变
为 2 000 美元）；已婚夫妇抚养第三个人，个人宽免额增加 250 美元（即变为
2 250 美元）。

1948—1984 年：在这一阶段，单身纳税人的个人宽免额陆续经历 600 美元、
625 美元、675 美元、750 美元、1 000 美元等水平，相对应的已婚夫妇宽免额也
陆续提高到 1 200 美元、1 250 美元、1 350 美元、1 500 美元、2 000 美元。该阶
段一个重要的变化是：在支出上，开始将"被抚养者"与单身及已婚夫妇等同对
待。以 1948 年为例：单身宽免额为 600 美元；已婚夫妇宽免额为 1 200 美元；如
果已婚夫妇抚养一个人，则其宽免额为 1 800 美元；如果已婚夫妇抚养两个人，
则其宽免额为 2 400 美元。这一重要变化在以后阶段被延续。这一制度设计的细
微变化反映了个人所得税宽免额扣除已经超越了"纯粹生物学意义上的需求"，
是对"人们基本生活支出"新的理解和认识。这一点对中国个税工薪所得综合费
用扣除的制度设计具有借鉴意义。

1985 至今：1981 年的《经济复兴法案》（Economic Recovery Tax Act of 1981，
ERTA 1981）通过了指数化方案，即从 1985 年起，根据通货膨胀率，对税级、个
人性宽免、标准扣除实行指数化①。需要注意的是，经过 1986 年的税收改革，宽

---

① 例如，假定 19 × 1 年的个人宽免为 1 000 美元，那么，19 × 2 年的个人宽免将为 1 000 × （1 + 5%） =
1 050（美元）。

免额经历了一个跳跃性提高，之后继续按照指数化逐年提高①。截至 2017 年，单身宽免额达到 4 050 美元，已婚夫妇宽免额达到 8 100 美元。

4.3.7　1944 年至今个人所得税"标准扣除 + 个人宽免"调整依据推测——基于家庭贫困线视角

美国联邦个税申报主要有单身、已婚联合、户主、已婚单独四种，但对于标准扣除额与个人宽免额的设计主要以单身、已婚联合为基准，因此只需分析这两种变动情况。下面我们将标准扣除额与个人宽免额加总，并考虑"最少可扣除额""最多可扣除额"等当时的具体制度设计，得出由"标准扣除 + 个人宽免"构成的个人所得税综合费用扣除标准（见表 4.7）。

表 4.7　单身、已婚联合申报"标准扣除 + 个人宽免"变化情况

美元

年份	事件	单身	联合
1944—1947	1944 年个人所得税法案引入"标准扣除"	最多 1 000	最多 1 500
1948—1963	1948 年修订 1944 年个人所得税法案	最多 1 600	最多 2 200
1964—1969	1964 年税收法案（引入"最低标准扣除"）；1969 年税收改革法案；修订 1964 年税收法案	最少 1 600	最少 2 200
1970		最少 1 700	最少 2 300
1971	1971 年税收法案；修订 1969 年税收改革法案	最少 1700；最多 2175	最少 2 300；最多 2 850
1972—1974		最少 2 050；最多 2 750	最少 2 800；最多 3 500
1975	1975 年减税法案（同年修订）；1975 年收入调整法案；修订 1971 年税收法案	最少 2 350；最多 3 050	最少 3 400；最多 4 100
1976	1976 年税收改革法案；修订 1975 年收入调整法案	最少 2 450；最多 3 150	最少 3 600；最多 4 300

---

①　1985 年的单身宽免额是 1 040 美元，1986 年是 1 080 美元，1987 年是 1 900 美元，1988 年是 1 950 美元，1989 年是 2 000 美元，1990 年是 2 050 美元，1991 年是 2 150 美元，1992 年是 2 300 美元，1993 年是 2 350 美元，1994 年是 2 450 美元，1995 年是 2 500 美元，1996 年是 2 550 美元，1997 年是 2 650 美元，1998 年是 2 700 美元，1999 年是 2 750 美元，2000 年是 2 800 美元。

续表

年份	事件	单身	联合
1977—1978	修订1976年税收改革法案	2 950	4 700
1979—1984		3 300	5 400
1985	个人宽免开始与通货膨胀挂钩	3 430	5 620
1986	1986年税收改革法案	3 560	5 830
1987		4 440	7 560
1988		4 950	8 900
1989	标准扣除开始与通货膨胀挂钩	5 100	9 200
1990	1990年综合预算协调法案	5 300	9 550
1991		5 550	10 000
1992		5 900	10 600
1993		6 050	10 900
1994		6 250	11 250
1995		6 400	11 550
1996		6 550	11 800
1997		6 800	12 200
1998		6 950	12 500
1999		7 050	12 700
2000		7 200	12 950
2001		7 450	13 400
2002		7 700	13 850
2003	该年开始，标准扣除翻倍	7 800	15 600
2004		7 950	15 900
2005		8 200	16 400
2006		8 450	16 900
2007		8 750	17 500
2008		8 950	17 900
2009		9 350	18 700
2010		9 350	18 700
2011		9 500	19 000

年份	事件	单身	联合
2012		9 750	19 500
2013		10 000	20 000
2014		10 150	20 300
2015		10 300	20 600
2016		10 350	20 700
2017		10 400	20 800

注：该表由 1947—2017 年美国 1 040 个人的个人所得税申报表整理得来。

在上一部分关于联邦个税费用扣除 1913—1943 阶段的研究结论中，我们知道，从 1940 年开始逐渐将更多人纳入个人所得税征税范围，直至 1943 年该范围延伸到贫困线水平附近。也就是说，刚过贫困线的人们也要开始缴纳个人所得税。鉴于数据的可得性，笔者将按照"对比贫困线"这一思路继续探讨 1944 至今，个税综合费用扣除标准水平设定依据及其变化情况。

关于美国的贫困线官方测算始于美国社会保障局（The Social Security Administration）分析师莫莉·奥珊斯基（Mollie Orshansky）的研究，奥珊斯基在 1963 年的文章中估算的一个非农四口人家庭的经济计划贫困线是 3 165 美元[①]。美国经济顾问委员会（CEA）在 1964 年的报告中将各种家庭规模的贫困线统一设置为3 000美元，将个体（unrelated individuals）[②] 贫困线设为 1 500 美元。当时 3 000 美元是基于最低工资水平、家庭开始缴纳联邦所得税的收入水平、公共援助补贴水平等方面考虑而达成共识的选择[③]。从 1967 年开始，官方公布的贫困线（见表4.8)随着家庭规模、户主年龄、儿童数量、农户家庭与非农户家庭的不同而有所差异。

---

① Orshansky. Children of the Poor [J]. Social Security Bulletin, 1963：3 – 5.

② "Unrelated individuals" refers to person 15 years old and over (other than inmates of institutions) who are not living with any relatives. an unrelated individual may (1) constitute a one – person household, (2) be part of a household including one or more families or other unrelated individuals, or (3) reside in group quarters (such as a rooming house).

③ "The problem of poverty in America" in economic report of the president transmitted to the congress January 1964 together with the annual report of the Council of Economic Advisers

表4.8 加权平均贫困线①(1967—2004)

美元

年份	个人(单身)			两个人			家庭规模						
	总计	15~64岁	≥65岁	总计	户主15~64岁	户主≥65岁	3	4	5	6	7	8	9
1967	1 635	1 685	1 565	2 115	2 185	1 970	2 600	3 335	3 930	4 410	5 430		
1968	1 742			2 242			2 754	3 531	4 158	4 664	5 722		
1969	1 834	1 888	1 749	2 364	2 441	2 194	2 905	3 721	4 386	4 921	6 034		
1970	1 947	2 005	1 852	2 507	2 569	2 328	3 080	3 944	4 654	5 212	6 407		
1971	2 033	2 093	1 931	2 612	2 699	2 424	3 207	4 113	4 845	5 441	6 678		
1972	2 101	2 163	1 994	2 703	2 790	2 505	3 319	4 247	5 011	5 633	6 917		
1973	2 239	2 302	2 119	2 874	2 967	2 682	3 525	4 512	5 322	5 979	7 359		
1974	2 487	2 557	2 352	3 191	3 294	2 958	3 910	5 008	5 912	6 651	8 165		
1975	2 717	2 791	2 572	3 485	3 599	3 232	4 269	5 469	6 463	7 272	8 939		
1976	2 877	2 954	2 720	3 688	3 806	3 417	4 515	5 786	6 838	7 706	9 505		
1977	3 067	3 147	2 895	3 928	4 054	3 637	4 806	6 157	7 279	8 208	10 137		
1978	3 302	3 366	3 116	4 225	4 365	3 917	5 178	6 628	7 833	8 825	10 926		
1979	3 683	3 773	3 472	4 702	4 858	4 364	5 763	7 386	8 736	9 849	12 212		
1980	4 184	4 286	3 941	5 338	5 518	4 954	6 539	8 385	9 923	11 215	13 883		
1981	4 620	4 729	4 359	5 917	6 111	5 498	7 250	9 287	11 007	12 449	14 110	15 655	18 572
1982	4 901	5 019	4 626	6 281	6 487	5 836	7 693	9 862	11 684	13 207	15 036	16 719	19 698
1983	5 061	5 180	4 775	6 483	6 697	6 023	7 938	10 178	12 049	13 630	15 500	17 170	20 310
1984	5 278	5 400	4 979	6 762	6 983	6 282	8 277	10 609	12 566	14 207	16 096	17 961	21 247
1985	5 469	5 593	5 156	6 998	7 231	6 503	8 573	10 989	13 007	14 696	16 656	18 512	22 083

① 此处笔者译为加权平均贫困线,原文解释为:Some data users want a summary of the 48 thresholds to get a general sense of the "poverty line". These average thresholds provide that summary, but they are not used to compute poverty data. The averages are based on the relative number of families by size and composition.

续表

年份	个人（单身）			两个人			3	4	5	6	7	8	9
	总计	15~64岁	≥65岁	总计	户主15~64岁	户主≥65岁							
1986	5 572	5 701	5 255	7 138	7 372	6 630	8 737	11 203	13 259	14 986	17 049	18 791	22 497
1987	5 778	5 909	5 447	7 397	7 641	6 872	9 056	11 611	13 737	15 509	17 649	19 515	23 105
1988	6 022	6 155	5 674	7 704	7 958	7 157	9 435	12 092	14 304	16 146	18 232	20 253	24 129
1989	6 310	6 451	5 947	8 076	8 343	7 501	9 885	12 674	14 990	16 921	19 162	21 328	25 480
1990	6 652	6 800	6 268	8 509	8 794	7 905	10 419	13 359	15 792	17 839	20 241	22 582	26 848
1991	6 932	7 086	6 532	8 865	9 165	8 241	10 860	13 924	16 456	18 587	21 058	23 605	27 942
1992	7 143	7 299	6 729	9 137	9 443	8 487	11 186	14 335	16 592	19 137	21 594	24 053	28 745
1993	7 363	7 518	6 930	9 414	9 728	8 740	11 522	14 763	17 449	19 718	22 383	24 838	29 529
1994	7 547	7 710	7 108	9 661	9 976	8 967	11 821	15 141	17 900	20 235	22 923	25 427	30 300
1995	7 763	7 929	7 309	9 933	10 259	9 219	12 158	15 569	18 408	20 804	23 552	26 237	31 280
1996	7 995	8 163	7 525	10 233	10 564	9 491	12 516	16 036	18 952	21 389	24 268	27 091	31 971
1997	8 183	8 350	7 698	10 473	10 805	9 712	12 802	16 400	19 380	21 886	24 802	27 593	32 566
1998	8 316	8 480	7 818	10 634	10 972	9 862	13 003	16 660	19 680	22 228	25 257	28 166	33 339
1999	8 501	8 667	7 990	10 869	11 214	10 075	13 290	17 029	20 127	22 727	25 912	28 967	34 417
2000	8 794	8 959	8 259	11 239			13 738	17 603	20 819	23 528	26 754	29 701	35 060
2001	9 039	9 214	8 494	11 569			14 128	18 104	21 405	24 195	27 517	30 627	36 286
2002	9 183	9 359	8 628	11 756			14 348	18 392	21 744	24 576	28 001	30 907	37 062
2003	9 393	9 573	8 825	12 015	12 384	11 133	14 680	18 810	22 245	25 122	28 544	31 589	37 656
2004	9 645	9 827	9 060	12 334			15 067	19 307	22 831	25 788	29 236	32 641	39 048

家庭规模

注：(1)1967年为非农户家庭数据；

(2)本表是对美国普查局当前人口调查公布的数据整理得来；

(3)3为3个人，后面类似。

表4.9 美国联邦个税综合费用扣除标准与家庭贫困线比较情况

美元

年份	综合费用扣除标准		家庭贫困线	
	单身	联合	个人	2个人
1964	1 600	2 200		
1965	1 600	2 200		
1966	1 600	2 200		
1967	1 600	2 200	1 635	2 115
1968	1 600	2 200	1 742	2 242
1969	1 600	2 200	1 834	2 364
1970	1 700	2 300	1 947	2 507
1971	1 700	2 300	2 033	2 612
1972	2 050	2 800	2 101	2 703
1973	2 050	2 800	2 239	2 874
1974	2 050	2 800	2 487	3 191
1975	2 350	3 400	2 717	3 485
1976	2 450	3 600	2 877	3 688
1977	2 950	4 700	3 067	3 928
1978	2 950	4 700	3 302	4 225
1979	3 300	5 400	3 683	4 702
1980	3 300	5 400	4 184	5 338
1981	3 300	5 400	4 620	5 917
1982	3 300	5 400	4 901	6 281
1983	3 300	5 400	5 061	6 483
1984	3 300	5 400	5 278	6 762
1985	3 430	5 620	5 469	6 998
1986	3 560	5 830	5 572	7 138
1987	4 440	7 560	5 778	7 397
1988	4 950	8 900	6 022	7 704
1989	5 100	9 200	6 310	8 076
1990	5 300	9 550	6 652	8 509
1991	5 550	10 000	6 932	8 865

年份	综合费用扣除标准		家庭贫困线	
	单身	联合	个人	2个人
1992	5 900	10 600	7 143	9 137
1993	6 050	10 900	7 363	9 414
1994	6 250	11 250	7 547	9 661
1995	6 400	11 550	7 763	9 933
1996	6 550	11 800	7 995	10 233
1997	6 800	12 200	8 183	10 473
1998	6 950	12 500	8 316	10 634
1999	7 050	12 700	8 501	10 869
2000	7 200	12 950	8 794	11 239
2001	7 450	13 400	9 039	11 569
2002	7 700	13 850	9 183	11 756
2003	7 800	15 600	9 393	12 015
2004	7 950	15 900	9 645	12 334
2005	8 200	16 400		
2006	8 450	16 900		
2007	8 750	17 500		
2008	8 950	17 900		
2009	9 350	18 700		
2010	9 350	18 700		
2011	9 500	19 000		
2012	9 750	19 500		
2013	10 000	20 000		

注：（1）表4.9由表4.7和表4.8整理得出；

（2）1964—1976年综合费用扣除标准数据选取"最低扣除"数据。

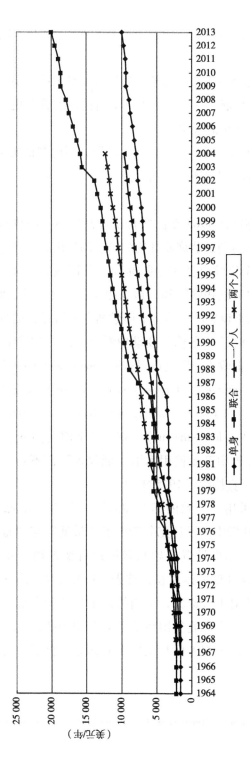

图 4.3 1964—2013 年美国联邦个税综合费用扣除标准与家庭贫困线比较情况

注:图 4.3 由表 4.9 中数据得出。

通过表4.9、图4.3中美国联邦个税综合费用扣除标准与家庭贫困线比较情况，我们有以下几点发现：

（1）美国联邦个税综合费用扣除标准调整与家庭贫困线调整趋势上同向、同步。因为随着经济社会的发展，人们基本生活支出也发生着变化，而这一变化会对上述两方面产生同向、同步的影响。

（2）贫困线的调整基本上属于"统计性"问题，因此调整比较平稳。

（3）综合费用扣除标准的调整不单单是"统计性"问题，还会受"经济政策"的影响。

（4）综合费用扣除标准在1985年前实行阶段性调整，调整周期不固定，不具有连续性；1985年后实行与通货膨胀挂钩的自动调整机制，具有连续性。

（5）1977年之前，个税综合费用扣除标准与贫困线相差无几。1964—1969年，标准扣除陆续实施"最低扣除"和"最高扣除"制度设计，而"最低扣除"标准基本上是按贫困线水平设定的，即将不用缴纳个人所得税的界限划定在贫困线处。这一点也可以从当时的"名称"变动中看出：在1969年的税收改革法案中，将最低标准更名为"低收入津贴（the low-income allowance）"；1971年，美国管理与预算办公室（the Office of Management and Budget）成立了一个联邦扶贫统计机构间技术委员会（Federal Interagency Technical Committee on Poverty Statistics），讨论用"低收入（low-income）"替换"贫困（poverty）"的问题，并在同年7月的人口普查报告中开始使用术语"低收入"而不是"贫困""贫穷（poor）"，这种临时改变一直持续到1975年。[①]

（6）1977年以后，采用"一致的标准扣除"来代替"最低扣除"和"最高扣除"制度设计，这种折中的设计充分考虑了"最低"与"最高"的中间地带。自此，综合费用扣除标准设置开始与贫困线有所偏离，并且这一偏离在1985年以后趋于稳定。这种偏离体现在：首先，1人家庭贫困线高于单身综合费用扣除标准。这意味着对1人家庭，贫困线以下的部分人群也开始需要缴纳联邦个人所得税。其次，两人家庭贫困线低于联合费用扣除标准。这意味着对于两人家庭，贫困线以下的全部人群甚至以上的部分人群都不需要缴纳个人所得税。

---

① Fisher G M. The Development and History of the Poverty Thresholds [J]. Social Security Bulletin. 1992, 55 (1): 3.

总而言之，1944 年至今，美国联邦个人所得税综合费用扣除标准制度设计逐渐完善。扣除标准的设置很大程度上依赖于"贫困线"水平，因为它们在本质上是对人们基本生活支出的数据反映。可以说，"贫困线"水平是"扣除标准"设置的统计基础。与此同时，综合费用扣除标准设计还受到可操作性、经济政策倾向等因素的影响，例如，2003 年开始标准扣除翻倍（即联合标准扣除是单身标准扣除的 2 倍）、1975 年的减税法案等。因此在扣除标准的具体设置上要有自己的逻辑思路。这些对中国个税设置综合费用扣除标准具有启发意义。

4.4　有关美国官方贫困线问题述评

4.4.1　美国官方贫困线的内涵与测定[①]

经济学家奥珊斯基（Orshansky）对于贫困线的理解和测算思路在 1969 年被官方认可并采纳。奥珊斯基认为，"对所有人或大多数人公认的，生活必不可少的主要消费项目（如住房、医疗、衣着、交通等）的最低需求标准的成本加总，即为最理想的贫困线。但目前除了食品领域，没有明确的和公认的标准。美国农业部的食品计划（food plan）是在四种成本水平下编制的：无约束的(liberal)、适度的（moderate）、低成本的（low - cost）、节约的（economy）。奥珊斯基利用低成本食品计划（low - cost food plan）和节约食品计划（economy food plan）开发了两组贫困线："低成本水平（low - cost level）"贫困线和"节约水平（economy level）"贫困线。[②] 虽然这两组贫困线的依据分别是两个食品计划中的食物成本，并且这两个食品计划都提供充分的营养饮食，唯一的区别是低成本的食品计划获得更好饮食机会的可能是 1/2，而节约的食品计划的可能只有 1/10。[③]

为了从食品计划成本中估计各项最小必要支出，奥珊斯基利用经济法则——恩格尔系数，规定了必需品所占收入的比例，并且该比例只在饮食上成立。奥珊

① Fisher G M. The Development and History of the Poverty Thresholds [J]. Social Security Bulletin. 1992 (55)：3.

② Orshansky M. Counting the Poor：Another Look at the Poverty Profile [J]. Social Security Bulletin, 1965, 28：3 - 29.

③ Betty Peterkin, Faith Clark. Money Value and Adequacy of Diets Compared with the USDA Food Plans [J]. Family Economics Review, 1969：6 - 8.

斯基假设 3 个人或者更多人口的家庭获得同等福利水平。奥珊斯基参考农业部的家庭食品量消费调查（该调查每 10 年进行一次），1955 年的调查发现，3 人或者更多人的家庭，其一周的平均所有食物支出占税后收入的 1/3。奥珊斯基通过假设一个中等收入家庭，开始按照"食物——成本——总支出"程序测算贫困线。其中，支出的 1/3 用于食物（这是个可能面临削减的支出）。奥珊斯基同时假设家庭对食物支出和非食物支出会按相同比例削减。假设当家庭削减食物支出达到一个关键点，该点等于食品计划的低成本水平（或节约成本水平），则该点的食物支出是最小的但也是足够的，并且假设此时非食品支出同样达到最小但足够的。这意味着对于 3 口甚至更多口之家，一个特定规模和组成的家庭贫困线是食品计划的低成本（或节约成本）的 3 倍，即低成本支出/（1/3）或节约成本支出/（1/3）。

对于 2 人家庭，奥珊斯基通过农业部 1955 年的调查发现，食品支出占税后收入的 27%。因此，2 人家庭贫困线是低成本（或节约成本）的 3.7 倍，即 2 人家庭贫困线是低成本支出/（27/100）或节约成本支出/（27/100）。

对于 1 人家庭，低成本水平贫困线被设置为 2 人家庭贫困线（低成本的）的 72%；节约成本贫困线被设置为 2 人家庭贫困线（节约成本的）的 80%。这些设置是基于以下前提：收入越低，对于削减类似住房支出、家具支出等这样的支出，1 人家庭比 2 人家庭更难，并强调 80% 的设置是针对老年男性、非老年女性、老年女性、非老年女性等情况的 1 人家庭的。

对于农户家庭，奥珊斯基根据 1955 年的调查发现，农户家庭 40% 的食物消费来自自有农场或菜园而不是现金购得，同时他们的住房也是工作间的一部分。因此，奥珊斯基将农户家庭贫困线设置为非农户家庭贫困线的 60%。这一数值在 1965 年、1969 年、1981 年分别被官方改为 70%、85%、100%（即取消贫困线在农户家庭与非农户家庭间的区别）。

奥珊斯基按照家庭规模（从 2 人到 7 人甚至更多）分别估计贫困线的同时，将家庭进一步根据户主性别、18 岁以下儿童数量分类。例如，在 3 人家庭中，有几项单独的家庭子类：3 个成人、2 个成人 +1 个小孩、1 个成人 +2 个小孩。2 人家庭依据户主年龄被进一步分类为小于 65 岁和大于等于 65 岁两类。

4.4.2 美国官方贫困指导线与贫困线的区别及其计算①

美国关于贫困问题的数据有两套，一套是贫困线（the poverty thresholds），一套是贫困指导线（the poverty guidelines）。目前，贫困线由人口普查局（Bureau of the Census）发布，一般用于统计，比如，估计贫困人口规模，该套数据根据居住、种族、家庭结构、年龄进行了分类。贫困指导线由健康与人口服务部门（Department of Health and Human Services）发布，一般用于政府管理，例如，用于判断一个人或者家庭是否有资格获得联邦项目的支持或服务。贫困指导线是从贫困线中得出的（见表4.10，表4.11）。人口普查局的贫困线在每年的夏季公报中公布，而贫困指导线则在每年年初公布。发布贫困指导线的一个主要原因就是为避免贫困线横跨两个年度，以防止当确定某些联邦项目审核资格时不知应该用哪个标准。

表4.10　1992年的贫困指导线

美元

家庭规模	毗邻的48个州和哥伦比亚特区	阿拉斯加州	夏威夷州
1	6 810	8 500	7 830
2	9 190	11 480	10 570
3	11 570	14 460	13 310
4	13 950	17 440	16 050
5	16 330	20 420	18 790
6	18 710	23 400	21 530
7	21 090	26 380	24 270
8	23 470	29 360	27 010

注：对于家庭规模超过8人的，每超过1人，贫困线增加2 380美元（毗邻的48个州和哥伦比亚特区）、2 980美元（阿拉斯加州）、2 740美元（夏威夷州）。该增加值同样适用于其他小规模家庭，比如，对于处在毗邻的48个州和哥伦比亚特区的3人家庭贫困线比2人家庭贫困线多2 380美元。该表转引自：Fisher G M. Poverty Guidlines for 1992 [J]. Social Security Bulletin. 1992, 55 (1)：43.

---

① Fisher G M. Poverty Guidlines for 1992 [J]. Social Security Bulletin. 1992, 55 (1)：43.

表 4.11　1992 年所有州（阿拉斯加州和夏威夷除外）和哥伦比亚特区贫困指南的年度更新

①家族规模	1	2	3	4	5	6	7	8
②1990 年贫困线	6 652	8 509	10 419	13 359	15 792	17 839	20 241	22 582
③ = 1.042 × ②	6 931	8 866	10 857	13 920	16 455	18 588	21 091	23 530
④第③连续两列之差		1 935	1 991	3 063	2 535	2 133	2 503	2 439
⑤第④列的算术平均数		2 380	2 380	2 380	2 380	2 380	2 380	2 380
⑥1992 年贫困指导线	6 810	9 190	1 1570	13 950	16 330	18 710	21 090	23 470

注：（1）本表只计算了毗邻的 48 个州和哥伦比亚特区的贫困指导线，对于阿拉斯加州和夏威夷州的贫困指导线可以根据此办法计算。

（2）②为 1990 年的贫困线，转引自：Census Bureau. Poverty in the United States：1990 ［C］. Current Population Reports，1991：195.

（3）1.042 为价格通胀。因为 1990 年的所有项目的城市消费价格指数为 130.7，1991 年为 136.2，上涨了 4.2 个百分点。

（4）④是③顺次相减得到的。比如 1935 = 8 866 − 6 931，1991 = 10 857 − 8 866，等等，表示家庭规模每增加 1 人，相应的贫困线改变情况。

（5）⑤的数据 2 380 是④的算术平均值，并四舍五入到 20 美元的整数倍。

（6）⑥为 1992 年贫困指导线。计算办法如下：先按照贫困线×1.042，并将结果四舍五入到 50 的整数倍，计算得出 1992 年 4 口之家的贫困指导线，再通过连续加减算术平均值 2380，得出其他家庭规模贫困指导线。

（7）该表转引自：Fisher，Gordon M. Poverty Guidlines for 1992 ［J］. Social Security Bulletin. 1992，55（1）：43.

4.4.3　美国官方贫困线理论—实践过程启示

通过对美国贫困线以及贫困指导线的内涵、测度方法的了解，笔者发现，关于贫困问题，美国从理论到政策实践，同样遇到了一系列问题：①测算贫困线所需的支出数据来源问题；②地域内部发展不平衡而导致的贫困差异问题；③种族间收入差异导致的贫困差异问题；④贫困线因价格因素而导致的调整问题；⑤贫困线测算受家庭规模、结构、年龄等因素的影响问题。而以上问题最终都得到了不同程度的解决，这些解决问题的思路和方法对我国相关政策的制定具有一定的借鉴和启发意义。

4.5 本章小结

通过本章内容，笔者发现美国联邦个税综合费用扣除标准确定过程中，"贫困线"数据发挥了基础性、标杆性作用，这是因为它们的目的都是想得到对家庭基本生活支出的估计。与此同时，扣除标准确定过程中还考虑到政策意图、可操作性等因素。因此，在后面我们将借鉴美国个税综合费用扣除确定思路尝试构建适合中国国情的个税综合费用扣除标准框架。

5 中国个税工薪所得 "综合费用扣除" 标准化设计

5.1 中国个税工薪所得 "免征额" 设定及变更的背景、动机和论辩

截至目前，中国个税工薪所得 "免征额" 已经经历了数次调整。免征额设立多少，依据什么？为什么又要调整免征额，依据什么？这背后的政策动机逻辑何在，是否具有连贯性与一致性？本部分通过回顾中国个税工薪所得 "免征额" 设定及变更的背景、动机和论辩，来分析总结 "免征额" 政策制定和执行过程中存在的问题。

5.1.1 1950 年的 "薪给报酬所得税" ——个人所得税的前身

1950 年 1 月，政务院①公布了中华人民共和国成立后第一个综合性税收法规——《全国税政实施要则》②。当时将关于个人所得税的税种定名为 "薪给报酬所得税"。由于当时生产力水平很低且实行低工资制③，虽然设立了税种，却一直没有开征。

---

① 政务院，全称中央人民政府政务院，是 1949 年 10 月 21 日至 1954 年 9 月 27 日中华人民共和国国家政务的最高执行机关，是中央人民政府的一个机构。政务院的规模要远远小于 1954 年之后的中华人民共和国国务院，其职权也远远小于国务院。政务院并非是国家最高行政机关，而是国家政务的最高执行机关。而国务院，也称人民政府，是最高国家行政机关。

② 中华人民共和国国史网 [EB/OL]. http: //www. hprc. org. cn/gsgl/dsnb/gsbn/1950n1/31r_ 1/200906/t20090603_ 2682. html.

③ 据史料记载，当时国家干部实行 24 级工资制。后来，毛泽东又提出 "降薪" 建议，在这一建议的影响下，1960 年 9 月 26 日，中共中央、国务院通知：三级降 12%，四级降 10%，五级降 8%，六级降 6%，七级降 4%，八级降 2%，九至十七级降 1%。毛泽东、周恩来、刘少奇、朱德等人的工资因此降为 "每月人民币 404. 8 元"。

5.1.2 800 元的确定——1980 年之论辩

1980 年 9 月 10 日，第五届全国人民代表大会第三次会议通过并公布了《中华人民共和国个人所得税法》。在当时，我国实施“对内搞活，对外开放”政策的背景下，针对来华工作的外籍个人取得的所得开征个人所得税，主要是为控制因我国对外贸易快速增长所带来的外籍人员在华个人所得的扩张。与此相比，我国国民收入普遍偏低（见表 5.1），一般人的月收入大多在几十元，而 800 元的免征额是当时城市居民人均月收入的 20 倍，几乎很少有人达到。因此，这次免征额的确定涉及征税面最小，也是争议最小的一次。

表 5.1　1980 年全国部分发达省份居民收入情况

元/年

	农村居民家庭人均纯收入	城镇居民家庭人均生活费收入	职工年平均工资
全国	191.30	439.4	762
北京	290.46	501.4	848
上海	397.35	637.0	872
广东	274.37	472.6	776

注：1996 年以前称为城镇居民家庭生活费收入，以后称为城镇居民家庭可支配收入。

5.1.3 400 元的确定——1987 年之论辩

1987 年 7 月 1 日，国务院发布并开始实施《中华人民共和国收入调节税暂行条例》（简称《条例》）。随着改革开放的深入和经济的发展，人民收入普遍增加，一部分人的收入来源结构发生了变化，社会成员之间的收入差距加大[1]。在此背景下，国家主要针对高收入者征收个人收入调节税。《条例》规定，对本国公民的个人收入统一征收个人收入调节税，免征额为 400 元，各地根据经济发展情况略有差异。1987 年，全国城镇职工的月平均收入只有 120 元左右，显然，400 元这个不低的标准并不是当时争论的焦点。真正的焦点在于：这是首次将所得税从原来的外籍人员推广到本国公民，广大群众还没有纳税的习惯，对个人收

---

[1]　例如，有的演员演出一场就收入百元甚至上千元，一次“走穴”就得到几万元；有的人出租房屋一个月收入数千元；有的人承包一年收入达十几万元甚至几十万元，远远超过一般工人、农民和知识分子的收入水平。转引自：刘佐. 个人收入调节税初征 [J]. 瞭望周刊，1989 (5).

入调节税不了解、存在抵触心理①，尤其是当时一些拿着固定薪金的作家、艺术家、社会名流等。据当时具体负责此税种管理的财政部税务总局集体企业所得税处原处长易运和回忆："税务部门选择科研院所、高等院校和演艺界名人比较集中的北京市海淀区作为试点。工作人员向各参加试点的单位邮寄或上门送达纳税申报表格及说明，结果发出去的纳税申报表绝大多数犹如泥牛入海，没有回应。即使返回的极少数表格，基本上填写的都是零应税收入，等于未申报。"② 1987年仅征收了个人所得税 3 122 万元，1988 年也只征收 9 524 万元，税源调查表明，1987 年和 1988 年个人所得税远远没有收足。③ 从当年个人收入调节税的推行情况就可以看出，"所得税"在国内推行的阻力来自各个方面：民众纳税意识不强、税务人员的征管意愿不强和征管技术原始、纳税人收入信息不透明等。

5.1.4　400 元变为 800 元——1994 年之论辩

1993 年 10 月 31 日，第八届全国人民代表大会常务委员会第四次会议通过了《关于修改 < 中华人民共和国个人所得税法 > 的决定》，同日发布了新修改的《中华人民共和国个人所得税法》，首次规定不分内、外，所有中国居民和有来源于中国所得的非居民，均应依法缴纳个人所得税。此次免征额从 1987 年 400 元提高到 800 元，主要考虑到两个因素：第一个是物价水平，据国家统计局公布的数字，全国零售物价总指数 1989 年比 1986 年上升 49.8%，职工生活费用价格总指数则上升 52.7%，按职工生活费用指数换算出的货币购买力，1986 年的 100 元到 1989 年仅相当于 65.49 元（见表 5.2）；第二个是人口占用系数，当时测算北京、上海生活水平在人均 500 元至 600 元，以双职工 3 口之家计算，夫妻每人收入 800 元，三个人的平均生活水平正好在 500 到 600 元之间。这次已经将免征额的调整与物价水平、收入水平联系起来。根据对当时相关文献的回顾以及可供参照的数据指标（见表 5.3，表 5.4，表 5.5），我们发现，当时对此免征额 800 元的确定争议比较少，争议少的原因在于大多数工薪阶层收入都达不到 800 元，根本不涉及所得税的缴纳。而 800 元免征额是通过粗略的办法和间接指标估算得出的，并且间接指标是收入数据。

---

① 有的单位提出拒绝纳税的理由是："劳动所得还纳什么税"，转引自：江山. 个人收入调节税征收状况剖析［J］. 瞭望周刊，1989（47）.

② 易运和. 个人收入调节税的开征与退出［N］. 中国税务报，2009 – 12 – 25.

③ 刘佐. 个人收入调节税初征. 瞭望周刊［J］，1989（5）：19.

表 5.2 1986 年征税收入换算的 1989 年购买力

元

1986 年规定的征税收入档次	400	500	600	700	800	900
按生活费用指数换算的 1989 年购买力	261.95	327.44	392.93	453.42	523.9	589.39

注：该表转引自：徐晓鹰. 关于调整个人收入调节税起征点的建议 [J]. 中国劳动科学, 1990 (7)：9 - 10.

表 5.3 不同所有制单位职工平均货币工资情况表

元/年

年份	1985	1990	1991	1992	1993	1994
全国职工平均工资	1 148	2 140	2 340	2 711	3 371	4 538
国有经济	1 213	2 284	2 477	2 878	3 532	4 797
集体经济	967	1 681	1 866	2 109	2 592	3 245
其他经济	1 436	2 987	3 468	3 966	4 966	6 303

注：数据来源于相关年份的《中国统计年鉴》。

表 5.4 城乡居民家庭收入变化

元/年

年份	城市居民家庭人均可支配收入	农村居民家庭人均纯收入
1987	1 001.2	462.6
1988	1 181.4	544.9
1989	1 375.7	601.5
1990	1 510.2	686.3
1991	1 700.6	708.6
1992	2 026.6	784.0
1993	2 577.4	921.6
1994	3 496.2	1 221.0

注：数据来源于相关年份的《中国统计年鉴》。

表 5.5 各收入阶层城镇居民家庭人均可支配收入

元/年

年份	1991	1992	1993	1994
全国平均	1 544	1 826	2 337	3 179
最低收入者（10%）	838	975	1 180	1 525

续表

年份	1991	1992	1993	1994
其中困难户（5%）	811	874	1 059	1 352
低收入者（10%）	1 107	1 255	1 529	2 012
中等偏下户（20%）	1 293	1 494	1 841	2 461
中等收入户（10%）	1 510	1 776	2 222	3 007
中等偏上户（20%）	1 767	2 107	2 709	3 707
高收入户（10%）	2 070	2 501	3 299	4 565
最高收入户（10%）	2 675	3 322	4 502	6 263

注：数据来源于相关年份的《中国统计年鉴》。

5.1.5 800 元变为 1 600 元——2006 年之论辩

2005 年 10 月 27 日，第十届全国人大常委会第 17 次会议再次审议《个人所得税法修正案草案》，会议表决通过全国人大常委会关于修改个人所得税法的决定，免征额 1 600 元于 2006 年 1 月 1 日起施行。对于此次免征额的提高，从 2000 年左右就开始热议了。

有资料显示，从 1993 年到 2000 年，人均国内生产总值、居民消费水平、职工平均工资均提高了近 3 倍，但 800 元的免征额标准却近 10 年没有改变。同时，职工工资较快增长使纳税人数不断增加，已从 1994 年的 956.5 万人次上升到 2000 年的 6 000 多万人次。国家税务总局的统计资料显示，2000 年，全国个人所得税共完成 600 多亿元，其中，工资、薪金所得成为个人所得税的主体，工薪阶层、个体户所缴税款已经占个人所得税总税款的九成。

事实上，在发达地区，上调免征额早已达成默契。2003 年，上海、南京等地的实际"免征额"是 1 000 元左右，而珠海、深圳分别是 1 400 元和 1 600 元。北京从 2003 年 9 月 1 日起由原来的 1 000 元提高到 1 200 元。广州则从 2004 年 1 月 1 日起由原来的 1 260 元提高到 1 600 元。而此时 800 元免征额从某种意义上讲已经形同虚设了。

当时不论普通百姓还是专家学者，在要不要提高免征额上基本达成共识，争论的焦点是提高多少？何时提高？中国社会调查事务所的调查结果表明，有 39% 的人认为"起征点"应改在 1 500 ~ 2 000 元，27% 的人认为应在 2 001 ~ 2 500 元，13% 的人认为应在 2 501 ~ 3 000 元，7% 的人认为应在 3 000 元以上。2003 年

6 月,财政科学研究所向财政部出具了一份"我国居民收入分配状况及财税调节政策"的报告,该报告建议"免征额应定在 2 000 ~ 3 000 元"。①

2005 年 9 月 27 日,全国人大举行听证会,就个人所得税中的"工资、薪金所得减除费用标准"由 800 元修改为 1 500 元,向社会各界广泛征求意见,这也是全国人大立法中首次举行听证会。来自全国各地的 20 名听证会发言人员和 8 名政府及其他有关部门陈述者意见不一,但认为 1 500 元减除标准偏低的占大多数(见附录 1)。

河北省秦皇岛市抚宁县南戴河度假区管委会职员宋景昌代表通过比较免征额与职工平均货币工资的关系,认为 3 000 元的标准才具有 5 ~ 12 年合理稳定时间。1 500 元标准不具有相应的稳定期间。四川鼎力律师事务所律师李声雯认为,对超过消费性支出部分的收入全部进行征税会抑制居民在提高生活质量、寻求自身发展方面的消费。全国总工会保障工作部副部长邹震在组织北京、广东、四川、山西、陕西五个省和直辖市总工会以调查问卷和召开座谈会的形式征求当地职工意见的基础上形成了免征额提高到 1 600 ~ 2 000 元的建议。维德木业(苏州)有限公司职员徐明富、中国网通(集团)有限公司广东省佛山市分公司职员杨钦、飞利浦(中国)投资有限公司税务部职员江泓、河北省邯郸市发展和改革委员会处长申东升、财政部科研所研究员孙钢、北京大学教授刘剑文等都根据自己的调查研究提出了类似的观点,建议扣减额提高到 1 600 ~ 2 000 元。福建闽江学院院长杨斌认为,应将城市中等收入及以上家庭纳入征税对象范围,排除城市中等偏下收入家庭和一般农户,这样符合公平原则,便于进一步税收改革,降低间接税比重,从而减少税收对经济的直接干扰。中国石油化工公司抚顺公司腈纶化工厂工人马肖认为,适当降低减除费用标准可以扩大缴税人群范围,有利于增强公民的纳税意识。②

同时,听证会就个税扣除额是全国一刀切还是允许部分地区浮动进行了讨论:代表史耀斌认为,全国统一扣除标准有利于税收公平,有利于人才在全国的自由流动,有利于为中西部地区发展创造公平的税收环境。飞利浦(中国)投资有限公司税务部职员江泓认为,允许各地浮动将导致无休止的地区间竞赛。北京大学教授刘剑文也认为,"一刀切"有利于法律的稳定性,应该统一由中央制定。

① 胡朝辉. 税改风声再掀个税免征额之争 [N]. 中国经营报, 2003 – 11 – 21.

② 刘彦广,赵琳琳,谢绮珊. 逾八成职工盼免征额高于 2000 元 [N]. 广州日报, 2005 – 9 – 28.

代表李声雯认为，统一的个税免征额可以将个人所得税的征收对象基本集中在高收入阶层，统一的个税免征额有利于调节地区间居民生活差距。以当时广东省地方税务局副局长鲁兰桂为代表的部分与会者反对"一刀切"①，建议应该授予省一级政府20%幅度的提高调整权，这是落实基本生计扣除原则的需要。上海市财政局副局长袁白薇建议，在中央税权集中、统一税政的基础上，适当赋予地方政府一定的权限，可规定所定的减除费用标准在执行一定期限后，由省级政府在一定的幅度内根据实际情况做适当调整，以更好地体现税收的公平性及合理负担原则。会后听证报告将提交全国人大常委会，在审议个人所得税修正草案时作为重要参考和依据。②

此次免征额调整的背后逻辑是：人们收入的普遍增加使工薪阶层成为缴纳个税的主力军，这和当时设立个人所得税的初衷（主要针对高收入群体，从而调节收入分配）恰恰相反，个人所得税已经偏离了调节收入分配的职能。因此，需要提高免征额，缩小个税税基。2006年，个人所得税免征额提高到1 600元以后，财政部副部长楼继伟在全国人大常委会举行的新闻发布会上表示，只有大约26%的工薪阶层缴纳个人所得税。然而，这次以收入分配为最初动机的调整严重背离了当时设立"免征额"的意图，在此逻辑下，会形成以后频繁调整免征额的惯性思维。对于这次免征额的确定无论是1 500元（听证会征求意见）还是最终的1 600元，官方并没有给出相关的估算依据（至今没有找到相关文献记载）。笔者推测：就这次免征额的调整动机来看，很有可能是先通过确定多大的个税征税面，由此来反估免征额，由于这是自1994年之后长达12年之久的首次调整，故采用听证会的形式，通过听证会反馈的意见来对1 500元进行修正。

5.1.6　1 600元变为2 000元——2008年之论辩

2007年12月29日，第十届全国人大常委会第31次会议表决通过了关于修改个人所得税法的决定，个人所得税起征点自2008年3月1日起由1 600元提高

---

① 2005年8月23日，就个税法（草案）的修改，全国人大常委会专门下发文件至省人大常委会，要求代为征集相关意见、建议。广州市人大常委会将征集意见书下发给多个部门，并组织财政、税收、工商等部门座谈。随后，将意见反馈给省人大和全国人大常委会。广州市人大收到的基本上都是对全国"一刀切"的做法持反对意见的反馈，他们认为应允许各地有浮动空间。因为全国各地物价水平、消费水平不一致，设置个税免征额目的就在于剔除公民个人因生活、工作等需要而消耗的收入部分，从而保证"再生产"。

② 刘彦广，赵琳琳，谢绮珊. 逾八成职工盼免征额高于2 000元 [N]. 广州日报，2005–9–28.

到 2 000 元。此次调整是基于这样的背景：2007 年 11 月，中国居民消费价格指数（CPI）同比上涨 6.9%，创下 1996 年以来的历史新高，这意味着当时我国 CPI 已经连续 4 个月涨幅超过 6%。物价水平的上涨直接影响到工薪阶层的日常生活，增加了他们维持生计的费用，因此，提高个人所得税免征额是保证纳税人税收负担不随物价上涨而加重的必要举措。至于免征额 2 000 元的确定，时任财政部部长谢旭人给出了依据：2007 年前三季度，全国城镇居民人均消费支出为 7 395 元，按照城镇居民家庭平均每一就业者负担人数 1.93 人（包括赡养老人和抚养小孩）计算，2007 年，就业者人均负担的年消费支出（包括衣食住行等方面）将达到 19 030 元，即 1 586 元/月。部分中心城市居民消费支出还要大于全国平均水平，为了使减除费用标准具有一定的前瞻性，《个人所得税修正案（草案）》将减除费用标准确定为 2 000 元/月，提高减除费用标准主要还是为了照顾中低收入阶层。①由于这次调整的主要起因是物价上涨，中山大学财税系主任林江建议将个税免征额的调整权下放到地方。具体是地方可以根据当地的购买力、经济发展情况来调整费用扣除额，国家税务总局保留审批权。中国社会科学院法学研究所财税法专家丁一则认为，个税应该根据 CPI 上涨的情况及时上调。具体可以采取 A、B 两种方案。A 方案是指建立个税与 CPI 的联动机制，直接将每年的 CPI 涨幅纳入个税征收的减除费用，这可以说是一个一劳永逸的办法，是最优方案。B 方案是指每年由相关财税部门拟定个人所得税征收方案，报全国人大审批通过执行。通过这次调整，免征额又回到了与生活费用（由物价水平变动所引致的）相联系的状况。对于免征额 2 000 元的确定，官方给出了依据：由消费的支出水平估算而得。

5.1.7 2 000 元变为 3 500 元——2011 年之论辩

2011 年 4 月 20 日，十一届全国人大常委会第 20 次会议第一次审议《个人所得税法修正案草案》，拟将个人所得税工资薪金所得减除标准，即免征额，由现在的每月 2 000 元上调至每月 3 000 元②。2011 年 6 月 30 日，十一届全国人大常委会第 21 次会议第二次审议通过关于修改《个人所得税法》的决定，个税免征

---

① 王婷. 个税免征额有望上调至 2 000 元 [N]. 中国证券报，2007 – 12 – 24.

② 2011 年 4 月 22 日，《个人所得税法修正案（草案）》第一次审议未能通过。

额由最初拟定的 3 000 元提高到 3 500 元①。

其实，对于此次免征额的调整，早在 2009 年相关部门就有所暗示②。在进行第一次审议的同时，全国人大网站就《个人所得税法修正案（草案）》向社会公开征求意见（2011 年 4 月 25 日 16 时至 5 月 31 日 24 时），网站收集到 82 707 位网友提出的 237 684 条意见，创下公众网上参与意见的新纪录。人大网征求的意见显示：赞成以 3 000 元作为免征额的有 12 313 人，占 15%；要求修改的 39 675 人，占 48%；反对的 28 985 人；持其他意见的 1 563 人，占 2%。此外，零点咨询最新民意调查显示：认为起征点应定在 5 000 元的民众比例高达 58.7%；网易财经"百名经济学家个税改革大调查"显示：69% 的经济学家认为个税起征点定在 3 000 元偏低，55% 的经济学家认为起征点应设在 5 000 元。

与此同时，2011 年 5 月 10 日和 20 日全国人大法律委员会、财政经济委员会和全国人大常委会法制工作委员会联合召开座谈会，分别听取了 11 位专家和 16 位来自不同地区、不同职业、不同收入群体具有一定代表性的社会公众意见。代表性意见普遍认为 3 000 元的免征额是适当的，不宜再提高。昆明理工大学外国语学院办公室主任雷时雨、用友集团畅通软件有限公司产品经理张艳军认为，3 000 元的免征额符合居民基本生活费用不纳税的原则。山西长治市潞安矿业集团常村煤矿工人王垠认为，作为一线的煤矿工人，3 000 元的免征额能够满足基本生活消费支出。北京市顺义区金融办副主任潘蓉认为，按照 3 000 元的免征额，北京市科级以下干部将基本不用缴纳个人所得税。北京外企人力资源服务有限公司副总经理杜成提出，3 000 元的免征额体现了对低收入人群的照顾。北京大学法学院教授刘剑文则建议免征额不能再提高了。财政部财政科学研究所研究员孙钢提出，免征额与物价指数挂钩后应提高到 2 200 元左右。国家税务总局税收科学研究所所长刘佐提出，按照 3 000 元的免征额计算，再加上"三险一金"（基本养老保险费、基本医疗保险费、失业保险费、住房公积金）的扣除，实际扣除

---

① 2011 年 6 月 27 日，十一届全国人大常委会第 21 次会议第二次审议最初提交的《个人所得税修正案（草案）》对 3 000 元的减除费用标准没有修改，只是将第一级税率从 5% 降到 3%。全国人大法律委员会副主任委员洪虎在向常委会做关于《个税法修正案（草案）》审议结果的报告时指出，考虑到草案的减除费用标准是在对城镇居民人均消费性支出水平以及工薪所得纳税人占全部工薪收入人群比重进行测算基础上确定的，也考虑到这次减除费用标准的调整，要与确定的推进个人所得税综合和分类相结合以及增加直接税比重等税制改革的要求相衔接，建议维持免征额每月 3 000 元。

② 2009 年 6 月 17 日，财政部发布的《我国个人所得税基本情况》称，今后根据经济发展情况、居民消费支出、市场物价水平等变化情况，费用扣除标准还将适时做出调整。

额为 3 896 元，相当于上海市 2010 年职工的月平均工资水平。从全国范围来看，这一标准已经很高（见表 5.6）。中国人民大学财政金融学院教授朱青指出，发达国家减除费用标准相当于居民月平均工资的 24% 至 40%，而我国的减除费用标准相当于月平均工资（约 2 800 元）的 100%，远高于发达国家水平。湖北黄石市华新水泥股份公司销售员罗远景建议将起征点调整为 4 000 元，以降低东部地区大多数纳税人的税负。北京市烟草专卖局的职员向兰提出，不同地区的生活成本不同，建议将北京、上海等一线发达城市的免征额提高到 5 000 元。清华大学中国与世界经济研究中心主任李稻葵建议，根据不同地区的生活成本，分别适用 5 000、4 000、3 000 元的免征额。首都经济贸易大学税务系曹静韬建议，目前情况下，免征额只宜微调，不宜大动，建议调整为 2 500 元。燕京华侨大学校长华生则认为，免征额的提高对大多数低收入者没有任何益处，反而使其收入相对下降，进一步扩大了收入差距。①

表 5.6　城镇居民月收入低于 3 000 元人员的状况统计

省份	所占人口比例（%）	人口数量（万人）	所处收入阶层
浙江	24.39	731.38	中间偏下收入组
上海	26.63	365.06	中间偏下收入组
天津	39.32	376.69	中间偏下收入组
广东	42.42	2 591.91	中间收入组
北京	45.86	684.21	中间收入组
西藏	47.39	32.72	中间收入组
福建	52.53	979.22	中间收入组
山东	53.93	1 913.44	中间收入组
江苏	54.25	2 330.05	中间收入组
四川	61.9	1 960.87	中间偏上收入组
重庆	63.9	942.45	中间偏上收入组
贵州	65.84	726.99	中间偏上收入组
辽宁	65.97	1 719.38	中间偏上收入组
陕西	66.05	1 083.78	中间偏上收入组

---

① 社会公众对《个人所得税法修正案（草案）》的意见 ［EB/OL］. http：//www.npc.gov.cn/huiyi/lfzt/grsdsfxz/2011－06/15/content_ 1659108. htm.

续表

省份	所占人口比例（%）	人口数量（万人）	所处收入阶层
内蒙古	67.87	877.89	中间偏上收入组
甘肃	70.55	607.06	中间偏上收入组
吉林	73.31	1 070.88	中间偏上收入组
黑龙江	74.23	1 576.29	中间偏上收入组
湖北	74.75	1 966.79	中间偏上收入组
河南	75.1	2 822.17	中间偏上收入组
海南	75.47	252.79	中间偏上收入组
云南	75.91	1 179.74	中间偏上收入组
河北	75.94	2 223.63	中间偏上收入组
广西	77.3	1471.75	中间偏上收入组
安徽	79.69	2 056.89	中间偏上收入组
新疆	80.91	696	高收入组
山西	81.27	696	高收入组
江西	81.6	1 562.79	高收入组
青海	86.5	201.98	高收入组
宁夏	87.06	241.87	高收入组
湖南	90.46%	2 610.14	最高收入组

数据来源：郑新业. 过去十年城镇收入不平等持续恶化 [N]. 第一财经日报，2012－1－30.

对于此次免征额的调整及估算依据，财政部税政司副司长王建凡在2011年6月27日全国人大常委会办公厅举行的新闻发布会上给出了解释：个税免征额调整的主要依据是城镇居民基本生活消费支出，第一次审议中的3 000元是按照2010年城镇居民人均消费性支出及就业者人均负担系数，再参考前几年的增长比例确定的①。第二次审议中进一步提高到3 500元，更具有前瞻性。他同时表示，个税免征额由2 000元提高到3 500元以后，纳税人税负普遍减轻，体现了国家对因物价上涨等因素造成居民生活成本上升的一个补偿。工薪收入者纳税面由目前的约28%下降到约7.7%，纳税人数由约8 400万人减至约2 400万人，有约6 000万人将不再需要缴纳个人所得税。②

---

① 财政部的解释：3 000元个税免征额的计算依据是国家统计局的国民经济核算结果，2010年中国城镇居民人均消费性支出为1 123元/月，按平均每一就业者负担1.93人计算，城镇就业者人均负担的消费性支出为2 167元/月。按照平均增长10%测算，2010年城镇就业者人均负担的月消费支出约为2 384元，依据这个标准，草案拟将减除费用标准提高到3 000元/月。

② 丁冰. 个税免征额升至3 500元，9月1日起施行 [N]. 中国证券报，2011－7－1.

对于免征额为何要一刀切? 财政部、国税总局有关负责人给出了解释:"减除费用标准是按照社会平均消费支出情况确定的,采用全国统一的减除费用标准是国际上的通行做法。就部分富裕地区而言,可能物价指数较高,但居民收入水平也较高,负担能力相对较强,实行统一的减除费用标准体现了'税收量能负担'原则,也有利于引导优秀人才向中西部地区流动,促进中西部地区经济发展。"①

对于此次免征额的调整和确定,来自不同渠道的意见出现两极分化。网络意见普遍认为应该提高至 5 000 元,而参加座谈会的社会公众和专家代表普遍认为 3 000 元是比较适当的。官方的调整依据仍是物价水平的变动导致生活支出的增加。但对免征额的估算在考虑了人均消费性支出、就业者人均负担系数和增长等因素外,一直在不断地强调个人所得税的征税面问题②,由此可以看出个人所得税的"调节收入分配"作用再一次被提出,这和 2006 年的调整理由相似。

5.1.8 中国个税工薪所得"免征额"水平设定及调整的历史发现和问题总结

通过对免征额历次调整和确定过程的回顾与梳理,我们发现以下几方面问题。

(1) 每次调整的主要原因不一致。

(2) 相比较而言,免征额确定的估算依据越来越明确。但同国际通行的确定办法仍相差甚远,甚至思路存在问题。

(3) 个税的征税面自始至终都作为一个重要的考虑因素(即到底多大比例的工薪收入阶层应该纳税),背后反映出对"个税"政策意图的定位问题,即个税的收入分配功能或明或暗地被反复强调。

(4) 免征额估算依据从收入视角转向支出视角是一个重大进步,是对免征额设立之初意图的回归。

(5) 始终将免征额的变动、确定同个税的调节收入差距作用联系在一起。

---

① 马守敏. 个税修法:免征额与税率的玄机 [N]. 人民法院报,2011 - 4 - 30.

② 财政部和国家税务总局税收科学研究所所长刘佐提出,个税工资薪金免征额标准由 2 000 提至 3 000 元,调整后工薪所得纳税人占全部工薪收入人群的比重由目前的 28% 下降到 12% 左右;财政部副部长王军表示,如果调整为 3 000 元,纳税人口将减少到税基人口的 12%,但如果提高到 5 000 元,则只有 3% 的人纳税,这个税存在的意义就不大了。

（6）仍没有将家庭因素考虑进去，而仅仅是用就业负担人数系数简单替代。

（7）每次调整不具有稳定性，即每次调整后都不能确定本次调整将适用几年（只是简单地说本次免征额的确定具有一定的前瞻性之类的表述），从而也说明了下次调整时间的不确定性。

（8）仍没有将免征额的构成内容明确化，即具体应该包括哪些内容和项目。

（9）目前的做法是根据前几年的情况预测未来几年将要使用的固定的免征额，至于使用几年，没有明确告之。

5.2 当前个税工薪所得"免征额"设计方案综述及本研究方案设想

5.2.1 国内目前关于个税工薪所得"综合费用扣除"设计方案梳理

论辩背后的核心问题在于：对免征额如何理解，以及在此基础上如何确定等。就这一问题，从 2005 年开始，陆续有学者提出了不同的解决方案，本书首先对这些具有代表性的方案进行简要介绍，然后进行评述并指出现有方案存在的问题，在此基础上提出自己的研究方案。

（1）"增加个性化分项费用扣除"方案。

医疗、教育、住房日渐成为日常生活费用的主要项目，且上述三项的地区差异很大，全国统一的免征额很难照顾到这种情况。对此，朱青（2003）[1] 建议，在税法中增加个性化的分项费用扣除或税收抵免。具体做法是：中央允许地方政府对纳税人的一些费用开支在规定的限度内实行税收抵免。允许税收抵免的费用开支可以包括纳税人的住宅抵押贷款利息、自付的医疗费用以及本人和子女的教育费用，这些费用开支都是劳动力生存和发展的必要支出，可以有一部分在税前扣除。这种做法属于实报实销的性质，并没有普遍地提高免征额，同时对那些真正支付较大费用的纳税人又给予一定的照顾。中央财经大学税务学院梁俊娇建议将居住消费支出作为税前扣除项，即每月纳税人的应税所得扣除基本的个税免征额外，再根据纳税人提供的居住支出证明，扣除该纳税人当月的居住消费支出，最后进行计税。[2]

---

[1] 朱青. 个人所得税免征额初探 [J]. 税务研究, 2003 (10).

[2] 郭一信. 3 000 元个税免征额是否合理? [N]. 21 世纪经济报, 2011 - 5 - 4.

（2）"'社会收入水平、贫困程度、贫富差距'推算"方案。

薛文谦（2005）[①] 建议以贫富差距、贫困程度、社会收入水平三方面因素推算免征额，且由推算公式计算出的理论值与实际执行值相差达到一定程度时再考虑免征额的调整，且每次调整幅度应当考虑到未来一段时期内社会经济的发展状况和相对稳定性。推算免征额的公式为：

$$M = \frac{x - y}{1 - s} \times e^t \times \sqrt{K_i \times K_j}, \ i, j = 1, 2$$

y 表示社会最低生活保障，用以衡量社会贫困程度；x 表示社会平均收入水平，用以衡量社会收入水平；s 表示社会恩格尔系数，用以衡量社会贫困程度；t 表示社会基尼系数，用以衡量社会贫富差距；K 为国家对免征额的调整系数；M 表示免征额。

该公式基于以下几点假设：①免征额的设立必须以实际收入水平为基础，受到社会最低收入水平的限制。因此，M 应高出 y 一定幅度，保护低收入者的利益，为其留出适当的消费空间。②从我国的收入结构来看，绝大多数人为中低收入者，尤以低收入者居多，这决定了社会平均收入水平更接近低收入者的收入。因此，M 应高出 s（消费性支出）一定的幅度。③恩格尔系数越高，社会的贫困化就越严重，就需要适当抬高个人所得税的免征额。因此，M 应当与 s 成正相关的关系。④贫富差距越大，就越需要保护低收入者的利益，越需要高收入者缴纳更多的所得税，故免征额也应当越高。因此，M 与 t 也应当满足正相关的关系。⑤国家对免征额的调整系数依国家政策而变。目的为调整收入差距时，K 取相对较高的值 K_1；目的为组织财政收入时，K 取相对较低的值 K_2；介于两者之间时，K 可以取值 $\sqrt{K_i \times K_j}$。K_1 与 K_2 的值可以根据税率状况以及经验值进行调整。⑥重点为调整贫富差距时，取 $K_i = K_j = K_1 = 1.5$；重点为组织财政收入时，取 $K_i = K_j = K_2 = 1$；重点介于两者之间时，取 $K_i = K_1 = 1.5$，$K_j = K_2 = 1$。K 值的选取不仅与国家税收政策有关，而且应当根据各国不同的国情取不同的值。

薛文谦（2005）将收入结构拓展进公式，即：

$$M = \sum \frac{x_i - y}{1 - s} \times h_i \times e^t \times \sqrt{K_{ij} \times K_{ik}}, \ j, k = 1, 2$$

假设将纳税人按照月收入状况分为高、中、低三等，其月平均收入分别为 x_1，x_2，x_3，这三等收入者占社会总人口比例为 h_1，h_2，h_3，相应免征额调整系数

[①] 薛文谦. 合理设计我国个人所得税免征额 [J]. 涉外税务，2005（6）.

分别为 K_1，K_2，K_3。当目的为调整收入差距时，K_1 取相对较高的值 K_{i1}；当目的为组织财政收入时，K_1 取相对较低的值 K_{i2}（$i = 1$，2，3）。对 i 等收入者的征税重点为调节贫富差距时，取 $K_{ij} = K_{ik} = K_{i1} = 1.5$；对 i 等收入者的征税重点为组织财政收入时，取 $K_{ij} = K_{ik} = K_{i2} = 1$；对 i 等收入者征税重点介于两者之间时，取 $K_{ij} = K_{i1} = 1.5$，$K_{ik} = K_{i2} = 1$。

（3）"个人基本生活费 + 被赡养人口开支和医疗保险费用 + 子女教育费用"方案。

刘佐、李本贵（2005）[①] 提出：免征额由个人的基本生活费用标准、被赡养人口的开支、被赡养人口的医疗保险费用、子女的教育费用四部分构成，估算出每部分并加总即可。①对于"个人的基本生活费用标准"的估算提出两种办法：第一种，以各地规定的城市居民最低生活保障线作为个人基本生活开支[②]的参照，按照最高标准计算[③]；第二种，以城镇居民人均消费支出[④]数据为依据，将其中的食品、衣着、居住、交通通信四项支出加总作为"个人基本生活开支"[⑤]。②对"被赡养人口的开支"的估算。不考虑每个家庭的特殊情况，借助"每个就业人口平均赡养系数"估算[⑥]。③对"被赡养人口的医疗保险费用"的估算。不考虑纳税人及其被赡养人的大额医疗费用据实扣除的情况下，参照我国现行职工缴纳基本医疗保险的规定，借助"城镇在岗职工工资"估算[⑦]。④对"子女的教育费用"的估算。利用全国在校学生数、学费、杂费等数据估算[⑧]。为保持数据时间

---

① 刘佐，李本贵. 个人所得税前扣除的国际比较 [J]. 涉外税务，2005（8）：49 – 55.

② 个人的基本生活开支应当包括维持居民基本生活所必需的衣、食、住费用，并适当考虑水、电、燃煤（煤气）费用。

③ 例如，2002 年，在我国 4 个直辖市、27 个省会城市和 5 个计划单列市规定的最低生活保障费标准中，深圳市最高，为每人每月 344 元；南昌市最低，为每人每月 143 元。按照最高标准计算，即每人每月 344 元，每年 4 128 元。因为以最低生活保障线较低的地区的标准作为个人生活基本扣除，则最低生活保障标准较高的地区的个人的基本生活需要得不到保障。

④ 消费支出是指调查户用于满足家庭日常生活消费需要的全部支出，包括食品、衣着、居住、家庭设备用品及服务、医疗保健、交通和通信、教育文化娱乐服务、其他商品和服务八大类。消费支出是按照商品或服务的用途进行分类，如果消费支出的目的与用途不一致，必须按照用途归入相应类。

⑤ 例如，2003 年，我国城镇居民人均消费性支出为 6 511 元，其中，食品、衣着、居住、交通通信、医疗保健等基本生活费用分别为 2 417 元、638 元、699 元、721 元、476 元，共计 4 951 元。

⑥ 例如，每个人的基本生活费用扣除额为 4 951 元，按照每个就业人口平均要赡养 1.91 人计算，则应当加上赡养扣除额约 4 505 元（4 951 × 0.91 = 4 505）。

⑦ 例如，按照 2003 年城镇在岗职工平均工资的 2% 计算，则应当增加被赡养人的医疗保险费用扣除额 256 元（14 040 × 2% × 0.91 = 256）。

⑧ 例如，2002 年，全国各类在校学生人数为 22 479 万人，缴纳学费和杂费共计 9 227 792 万元，则每个学生人均负担约 411 元（9 227 792 ÷ 22 479 = 411）。

的一致性,利用往年情况先测算出平均增长速度,并在保持该速度的前提下测算期望年份的免征额①(见表5.7)。

表5.7 家庭支出结构情况

家庭总支出②(除借贷支出以外的全部实际支出)				
消费性支出	购房建房支出③	转移性支出④	财产性支出⑤	社会保障支出⑥

(4)"发达地区家庭人均消费支出预测"方案。

汤贡亮、陈守中⑦认为,个人所得税免征额调增的原因是家庭人均消费支出不断扩大,而不是家庭人均收入大幅度增长。因此,个人所得税费用扣除标准的确定必须依据居民家庭人均消费支出。同时,个人所得税费用扣除标准要照顾到消费水平较高地区,而不是依据全国平均的人均消费支出水平确定。具体思路是:以全国、广东、北京、深圳城镇居民家庭人均消费支出数据作为依据,假设现行个人所得税工资、薪金所得费用扣除额 800 元是合理的,假定城镇居民家庭平均每人消费性支出是时间的函数,预测出 2005 年的人均消费性支出数,假定 2005 年城镇每一就业者负担人数与 2003 年相同,计算出平均每一就业者负担的月消费支出数,最后确定 2005 年的个人所得税费用扣除额标准⑧,同时确定各地

---

① 例如,2000 年至 2003 年,城镇居民平均消费支出每年平均增长速度为 9.2%,城镇在岗职工平均工资每年平均增长速度为 14.4%。以 2003 年数据为基础,估算 2005 年个人所得税免征额。

② 支出统计是以实际购得的商品或服务的总价值填报,不论其付款方式是一次付清、分期付款,还是赊购,只要商品或服务已被消费就要按其总价值计量。如果采用分期付款或赊购形式,则要在借贷收入类对应的项目填入实付款与总的应付款的差额。

③ 购房建房支出是指包括居民家庭购买住房、建房时的全部支出。

④ 转移性支出是指居民家庭对国家、单位、住户、个人的转移性支付,包括个人收入税、捐赠支出、购买彩票、赡养支出中的在外就学子女费用、各种非储蓄性保险支出中的车辆保险支出、其他转移性支出等八大类。

⑤ 财产性支出是指家庭购买或维护财产所支付的利息等有关费用。

⑥ 社会保障支出是指调查户成员参加国家法律、法规规定的社会保障项目中由个人缴纳的保障支出,不包括职工所在单位缴纳的那部分社会保障金。具体包括个人缴纳的养老基金、个人缴纳的住房公积金、个人缴纳的医疗基金、个人缴纳的失业基金、其他社会保障性支出等五大类。

⑦ 汤贡亮,陈守中. 个人所得税费用扣除标准调整的测算 [J]. 税务研究,2005 (9):48–52.

⑧ 例如,1994 年全国城镇居民家庭人均消费支出为 2 851 元,月均 238 元,平均每一就业者负担人数(包括就业者本人)为 1.74 人,则平均每一就业者负担的月消费支出为 414 元,与 800 元相差 386 元。根据模型测算出 2005 年家庭人均月消费支出为 583 元,假定 2005 年平均每一就业者负担人数(包括就业者本人)与 2003 年相同,为 1.91 人,则平均每一就业者负担的月消费支出为 1 114 元。若 2005 年与 1994 年相同,也在平均每一就业者负担的月消费支出的基础上增加 386 元作为费用扣除额,则 2005 年的个人所得税费用扣除额为 1 500 元。

区在一定的幅度内调整扣除额标准。

(5)"基本生计费用扣除＋教育费用＋住房贷款利息"方案。

这是汤贡亮、陈守中（2005）提出的第二个方案，认为免征额由基本生计费用、教育费用①、住房贷款利息三部分组成，只需分别估算后加总即可。

首先，关于"基本生计费用扣除"的测算。此处基本生计费用特指城镇居民及其抚养、赡养人口的衣着、食品、家庭设备用品及服务、交通和通信、医疗保健、文化娱乐服务②、杂项商品和服务等各项支出。根据 1994—2003 年城镇居民人均消费性支出指标，测算 2005—2009 年的相关指标数额，以确定近期纳税人自身的生计费用扣除标准。根据 1994—2003 年每一座城市就业者负担人数统计指标，测算出 2005—2009 年的相关数据，从而估算出完整的基本生计费用。

其次，关于"教育费用"的测算。在不考虑纳税人自身的教育费用下，根据 1994—2003 年城镇居民人均八大消费性支出中教育支出占教育文化娱乐服务的比例以及教育文化娱乐支出数据，预测出 2005—2009 年的相关数据，并据此计算出城镇居民人均教育支出。按照双职工抚养一个子女的家庭结构，城镇居民月承担抚养子女教育支出＝城镇居民人均教育支出÷12÷2。

最后，关于"住房贷款利息费用"的测算。此处只考虑购买普通商品住房按揭贷款利息问题。以首付 20%，20 年按揭贷款为例，利用 1991—2003 年普通商品住宅销售面积和销售额，计算出每平方米平均销售价格、人均住宅面积，并预测 2005—2009 年的每平方米平均销售价格、人均住宅面积，进而算出人均住宅支出、人均贷款额、月还款额、贷款额月摊销额、月利息支出额③。

(6)"'社会贫困线＋企业最低工资标准＋生计扣除占人均 GDP'参照依据"方案。

潘明星④提出社会贫困线、企业的最低工资标准水平、个人所得税生计扣除

---

① 城镇居民人均消费性支出统计指标中的教育支出主要包括学费、教材费、赞助费、家教费和寄宿学生的住宿费等。

② 此处的文化娱乐服务项目是在教育文化娱乐服务项目的统计指标基础上，剔除了其中的教育费得来的。

③ 人均贷款额＝人均住宅支出×80%；月还款额根据信贷额、贷款期限、利率用 PMT 函数计算得到；贷款额月摊销额＝人均贷款额÷240；月利息支出额＝月还款额－贷款额月摊销额。

④ 潘明星. 改革个人所得税免征额之我见［J］. 税务研究，2005（11）：50－52.

（基本宽免额）占人均 GDP 比重都是制定个人所得税免征额的重要参照依据。

（7）"'最低生活保障 + 基本生活 + 医疗 + 教育 + 住房 + 交通通信'模型预测"方案。

曹贺等[①]在考虑各地基本收支结构、物价涨幅、经济水平等因素的条件下建立了一个基于各地最低生活保障倍数的费用扣除额计算模型。模型以最低生活保障额为自变量，以费用扣除额为因变量，并在费用扣除额的取值中加入基本生活、教育、医疗、交通通信、住房等支出和机会成本[②]。

总扣除额回归模型：

$$y = \sum_{i=1}^{5} y_i + c$$

式中，y 为总扣除额；y_1 为基本生活开支；y_2 为医疗开支；y_3 为交通通信开支；y_4 为住房开支；y_5 为教育开支；c 为机会成本。设最低生活保障额为 x，建立以下线性回归方程：

$$y_i = a_i x + b_i, \ i = 1,2,3,4,5$$

令 $c = x$，则整理后得到总扣除额：

$$y = \left(\sum_{i=1}^{5} a_i + 1 \right) x + \sum_{i=1}^{5} b_i$$

该方案选取全国各省会城市及直辖市等31个城市作为研究样本，利用这些城市 2003 年的最低生活保障数及所需消费支出数据[③]。"基本生活支出"包括食品项目[④]中的粮食、豆制品、薯类、肉禽类、油脂类、水产类、蛋类、调味品、蔬

① 曹贺，赵莹. 最低生活保障个人所得税费用扣除额计算方法探析 [J]. 财会月刊（理论），2006（2）：56 – 58.

② 机会成本，该研究令其等于最低生活保障数。因为最低生活保障数是在人们几乎没有收入或收入极低的情况下得到的政府补贴，这意味着一个人即使没有取得个人收入或收入极低，他（她）也能享受到一份最低的生活保障。因此，最低生活保障额近似于一种机会成本，是每个人起码的收入，此部分应当予以免除。

③ 数据来源于 2004 年《中国统计年鉴》。

④ 在城镇居民家庭消费支出中，食品支出包括粮油类（又包括粮食、淀粉及薯类、干豆类及豆制品、油脂类）、肉禽蛋水产品类（又包括肉类、禽类、蛋类、水产品类）、蔬菜类（又包括鲜菜、干菜、菜制品）、调味品、糖烟酒饮料类（又包括糖类、烟草类、酒类、饮料）、干鲜瓜果类（又包括鲜果、鲜瓜、其他干鲜瓜果类及制品）、糕点和奶及奶制品（又包括糕点、奶及奶制品）、其他食品、饮食服务（又包括食品加工服务费、在外饮食）九项支出。

菜类几个项目的全额，再加上水电燃料费用①、家庭日用商品费用②、衣着开支③三个项目。"医疗开支"选取医疗费用④全额，"住房开支"选取住房⑤全额，"教育开支"选取教育⑥全额，"交通通信开支"选取交通、通信⑦全额。相应的调整有：第一，将消费支出数据调整为月份数据，使之与最低生活保障数据口径一致。第二，统一选用2003年全国平均就业人口负担数1.97，将就业人口家庭负担问题考虑进来。

（8）"'人均可支配收入+时间+以前免征额'预测"方案。

钟馨⑧假定城镇居民家庭平均每人消费性支出是时间和人均可支配收入的函数；假定2006—2010年就业负担系数与2005年一样；假定1994年和2005年制定的个人所得税扣除标准对当年来说是合理的。基于上述假设预测未来几年个人所得税费用扣除标准。

构建模型：$M = c + \alpha Y + \beta T$。$M$为人均消费性支出（被解释变量）；$Y$为人均可支配收入（解释变量）；$T$为时间，本研究起点为1994年，赋予起点年数值为1，每下一年加1，2005年为12。

（9）"间接发生费用+生计费用"方案。

杨斌⑨指出目前确定工资、薪金减除费用标准的办法存在方向性错误，他认为全国城镇居民人均年消费支出、全国职工平均货币工资、发达国家地区职工基

---

① 在城镇居民家庭消费支出中，居住支出包括住房、水电燃料及其他（又包括水、电、燃料、取暖费、其他）、居住服务费（又包括物业管理费、维修服务费、其他）。此处只选取水、电、燃料费。

② 在城镇居民家庭消费支出中，家庭设备用品及服务支出包括耐用消费品（又包括家具、家庭设备）、室内装饰品、床上用品、家庭日用杂品、家具材料、家庭服务（又包括家政服务、加工维修服务费等支出）。此处只选取家庭日用杂品支出。

③ 在城镇居民家庭消费支出中，衣着支出包括服装、衣着材料、鞋类、其他衣着用品支出和衣着加工服务费。此处只选取服装开支一项。

④ 在城镇居民家庭消费支出中，医疗保健费包括医疗器具支出、保健器具支出、药品费支出、滋补保健品支出、医疗费、其他。此处只选取医疗费。

⑤ 此处只选取住房支出。

⑥ 在城镇居民家庭消费支出中，教育文化娱乐服务费包括文化娱乐用品支出、文化娱乐服务支出（又包括参观游览、健身活动、团体旅游、其他文娱活动、文娱用品修理服务等费用）、教育支出（又包括教材、教育费用）。此处只选取教育费用。

⑦ 在城镇居民家庭消费支出中，交通和通信支出包括交通（又包括家庭交通工具、车辆用燃料及零配件、交通工具服务支出、交通费）、通信费（又包括通信工具、通信服务支出）。此处只选取交通费和通信费。

⑧ 钟馨. 试述我国个人所得税费用扣除标准的合理性及建议［J］. 改革与战略，2006（8）：59–62.

⑨ 杨斌. 论确定个人所得税工薪所得综合费用扣除标准的原则和方法［J］. 涉外税务，2006（1）：9–15.

本消费支出、不同地区纳税人的实际收入、农民工最高收入等指标均不能作为确定工资、薪金减除费用标准的依据。核心问题在于如何确定间接发生费用及生计费用，在确定后，将二者相加就可以得到当年的减除费用额。

（10）"个税征税面倒推法"方案。

顾海兵、黎琴芳[1]提出了两个充分将各地区经济发展的不均衡性考虑进去的"非一刀切"方案。第一个具体逻辑思路是：个人所得税免征额的确定取决于个人所得税的功能定位。我国一直以来坚持只对少数高收入者征税[2]，但从世界各国的实践来看，个人所得税是对国民普遍征收的一种税。同时，人们收入越来越多元化、差异化；地区之间、城乡之间、行业之间以及社会不同群体、不同职业构成之间的个人收入差距明显拉大；公民纳税意识由于个人所得税覆盖面小而有所弱化。所以他们建议，"我国确定纳税免征额应从调节收入差距和增强公民纳税意识出发，制定一个低的免征额，同时辅之以较低的初始税率，使更多的公民加入纳税人的行列，至少应该保证各省区60%的就业者成为纳税人。"[3] 具体做法是：中国目前的统计是采用五等份法，家庭人均收入分为五等份，即低收入户、中低收入户、中等收入户、中高收入户、高收入户各占20%，其中，中等收入以上占60%。假定收入是均匀分布的，则中低收入家庭人均收入与中等收入家庭人均收入的平均值应该是这两个群体的边界值，低于这个边界值的人应该占总人口的40%，超过这个边界值的人应该占总人口的60%。将这个人均收入的边界值乘以人均负担系数就是就业者的收入，也就是个人所得税的免征额。

（11）"最低社会保障标准倍数法"方案。

这是顾海兵、黎琴芳（2007）提出的第二个方案。具体逻辑思路是：个税免征额的确定首先必须保证劳动力的再生产，保证居民的基本生活不受影响，即将居民基本生活费用在税前扣除。然而，我国不同地区经济发展水平不相同，各地区同一时期的物价水平存在较大差异，同一地区不同时期的物价水平也不一样，各地区居民所需的基本生活费用也必然不同。具体做法是：各地最低社会保障标

---

① 顾海兵，黎琴芳. 个税免征额定多少合适 [N]. 中国税务报，2007 – 3 – 28.

② 1980 年确定 800 元的免征额是当时城市人均月收入的 20 倍，几乎很少有人达到。2006 年提高到 1 600 元，财政部副部长楼继伟当时在全国人大常委会举行的新闻发布会上表示，只有大约 26% 的工薪阶层缴纳个人所得税。

③ 这里的 60% 是市场经济国家中最低的纳税人比重，当然也可以设定为 50% 或 70%，但从统计角度看，60% 是一个合适的比例。

准可以作为各地个税免征额的重要参考①。个税免征额应该与当地的最低社会保障标准保持一定的比例关系（最低理论值是1倍）。2006年，全国平均的最低社会保障标准为235元，假定1 600元作为参照的个税免征额，则个税免征额是全国平均的最低社会保障标准的6.8倍，可以用以这一倍数值乘以各省区市的最低社会保障标准，即可算出相应的个税免征额。

（12）"'人均GDP、人均GNP、人均最终消费额'国际比较"方案。

沈玉平、叶颖颖、董根泰②认为，个人所得税的费用扣除标准应该以宪政原则为指导，以综合计征制或分项综合计征制模式为基础，以家庭为申报单位，以保障"基本生活费用"为准则，在社会统计调查基础上合理确定。该研究以"单身"者的费用扣除标准为对比样本，比较了各国个人所得税费用扣除标准与人均GDP、人均GNI、人均最终消费额几个指标的比值关系。他们认为，个人所得税的费用扣除标准应随人均收入水平同步提高的观点有待商榷，这可能使个人所得税成为仅对高收入者征收的"贵族税种"。个人所得税的费用扣除标准应该随经济社会发展而提高，但其提高速度应该慢于经济增长速度、人均收入水平提高速度和人均消费水平的增长速度，同时其提高速度应呈边际递减趋势。

（13）"家庭减除费用制度和标准"方案。

杨卫华③建议：①建立减除费用标准自动调整机制，使其与消费范围和物价水平相适应；②全国实行幅度减除费用标准；③尽快实行分类综合所得税制；④创造条件，建立家庭减除费用制度和标准。

（14）"'全部年收入、工薪收入、消费支出'+'最高收入'模型"方案。

陈庆海④将每一就业者全部年收入⑤、工薪收入及消费支出联系在一起，认为近几年的研究所用的衡量指标是全国或地区平均个人全部消费支出，而非个人工

---

① 我国个人最低社会保障标准是各地根据自身社会经济发展状况，按照当地维持城市居民基本生活所必需的衣、食、住费用，并适当考虑水电煤（燃气）费用以及未成年人的义务教育费用确定的。

② 沈玉平，叶颖颖，董根泰. 以宪政原则为指导设计个人所得税费用扣除标准［J］. 税务研究，2008（9）：29 – 31.

③ 杨卫华. 我国个人所得税减除费用的性质与标准［J］. 中山大学学报（社会科学版），2009，49（4）：195 – 200.

④ 陈庆海. 我国工薪所得个人所得税费用扣除标准的评价及动态测算模型的构建［J］. 当代经济管理，2010，32（12）：73 – 77.

⑤ 每一就业者全部年收入由工薪收入、经营净收入、财产性收入和转移性收入构成。因此，工薪收入只能按其在全部年收入中所占比例承担相应比例的日常生活支出，而不是全部日常生活支出都由工薪收入来承担。

薪收入所对应的消费支出。该研究以某年城镇居民最高收入家庭[①]每一就业者应由工薪收入负担的月消费性支出[②]作为衡量工薪所得个人所得税费用扣除标准，并充分考虑家庭人口和物价变动因素。研究还考虑了可获得数据的时滞性问题。

具体测算数据[③]指标有：$Z_{n,7}$ 为某年城镇居民最高收入家庭每一就业者工薪收入负担的月消费性支出；Z' 为城镇居民家庭平均每人全年消费性支出；$Z'_{n,f}$ 为某年份某组分城镇居民家庭平均每人全年消费性支出，n 为年份，f 为组别；1999年全国和最低收入户组城镇居民家庭平均每人全年消费性支出指标为 $Z'_{1999,0}$ 和 $Z'_{1999,1}$；R' 为城镇居民家庭每一就业者负担人数；$R'_{n,f}$ 为某年份某组分城镇居民家庭每一就业者负担人数；F' 为城镇居民家庭平均每人全部年收入；$F'_{n,f}$ 为某年份某组分城镇居民家庭平均每人全部年收入；G' 为城镇居民家庭平均每人年工薪收入；$G'_{n,f}$ 为某年份某组分城镇居民家庭平均每人年工薪收入；S'_n 为消费水平增长率 = 城镇居民消费水平指数 -100%，城镇居民消费水平指数以上年为 100%，按不变价格计算，充分考虑物价变动对消费水平的影响。

静态测算公式：

$$Z_{n,j} = Z'_{n,j} \times R'_{n,j} \times G'_{n,0} \div 12 \div F'_{n,0}$$

计算出工薪收入占全国城镇居民家庭人均全部收入的比重 $\left(\dfrac{G'_{n,0}}{F'_{n,0}}\right)$，用这一指标将各组的年人均消费性支出中应由工薪收入承担的部分提取出来。

动态测算公式：

$$Z_{n+2,7} = Z_{n,7} \times (1 + \bar{S}'^{n}_{n-4})^2$$

其中，$n+2$ 为测算年；n 为基期年；$n-4$ 为基期年的前第 4 年；$Z_{n+2,7}$ 为测

① 一般说来，收入不同的就业纳税人的日常生活支出标准不同。我国现行统计制度规定，采用抽样调查方法对城镇家庭收入分组，将所有调查户按户人均可支配收入由低到高排队，按 10%、10%、20%、20%、20%、10%、10% 的比例依次分成：最低收入户、低收入户、中等偏下收入户、中等收入户、中等偏上收入户、高收入户、最高收入户七组，因此，工薪所得费用扣除标准必须以最高收入户组就业纳税人的日常生活支出标准确定，否则就会出现某些收入户组就业纳税人的日常生活支出费用不能完全扣除的现象。

② 设立工薪所得个人所得税费用扣除标准的出发点是就业纳税人应由工薪收入负担的日常生活成本支出，是其获得工薪所得而要付出的成本费用，应该在征税之前扣除。按照我国传统和法律规定，每个就业纳税人对家庭都负有赡养老人、抚养未成年人和其他丧失劳动能力人员的责任，因此，每一就业纳税人的费用扣除标准还必须考虑家庭因素。

③ 数据来源：《中国统计年鉴》（1997—2008 年）。

算年最高收入户组城镇居民家庭每一就业者应由工薪收入负担的月消费性支出；$Z_{n,7}$ 为根据基期年当年的实际统计数据按静态测算公式计算所得到的最高收入户组城镇居民家庭每一就业者应由工薪收入负担的月消费性支出数据；$\bar{S}''_{n-4}$ 为基期年的前 4 年到基期年这 5 年的城镇居民年平均消费水平增长率。

（15）"'最低工资标准模型预测＋平均工资水平＋最低生活保障'＋区域化"方案

郭剑川[1]提供了一个以最低工资标准为依据的区域化的个税免征额方案。该方案依据城镇居民消费支出的八大类，按照聚类分析思想将各省市的年人均消费支出进行划分，即考虑按照城镇居民的年人均基本消费支出将各省市进行归类，划分为若干个区域，然后各区域内可以设计一个统一的免征额标准。对于各个类别内的省市，可以采用统一的个人所得税免征额标准，如在每一类中任取一个省市制定相应的标准，该类别内的其他省市参照执行。

该方案对比了最低工资标准和最低生活保障的差异[2]，认为最低工资标准是免征额设定的一个重要参照，但目前最低工资标准的调整速度与职工平均工资水平的发展相比具有明显的滞后性[3]。郭剑川采用计量的方法对北京市的最低工资水平加以测算，并以此为依据最终确定个人所得税免征额。该方案在借鉴郭剑川等[4]做法的基础上引入赡养支出[5]，设计如下形式的模型来描述不同收入等级人群的基本生活负担（i 和 j 分别表示基本消费品类别和收入等级）：

$$c_{ij} = \alpha_{ij} + \beta_{ij}y_j \tag{5.1}$$

$$\alpha_{ij} = p_{ij}r_{ij} - \beta_{ij}\sum_{k=1}^{n} p_{kj}r_{kj}, \tag{5.2}$$

① 郭剑川. 最低工资标准下的个税免征额区域化设计——以北京市为例［J］. 统计教育，2010（4）：21－26.

② 以北京市为例，该市的最低工资制度始于北京市人民政府 1994 年制定的《北京市最低工资规定》。该规定要求劳动者在法定时间内为企业劳动，企业支付的工资不能低于本市最低工资标准。国际上通行的标准是最低工资要达到平均工资的 40%～60%，我国目前还"没有一个省市的最低工资达到国家要求"，而最低生活保障是由政府财政对收入低于当地最低生活保障线的家庭进行补贴。这两种都是社会保障方式的一种，但是由于保障对象存在差异，所以二者之间必须保持一个恰当的距离。

③ 该研究以北京为例，比照了平均工资、最低工资标准和最低生活保障线的变化趋势。

④ 郭剑川，刘黎明（2009）在对比已有测算方法的基础上提出了动态扩展线支出系统法（dynamic ELES）和组合测算方法，其中，动态扩展线支出系统法基于面板数据模型有效地利用了时间信息，得到了比较好的测算效果。

⑤ 赡养支出通常被归为一种转移性支出，它作为纳税人的基本生活负担之一，在征税时应予以扣除。

对式（5.2）两边求和得到：

$$\sum_{i=1}^{n} \alpha_{ij} = \sum_{i=1}^{n} p_{ij}r_{ij} - \sum_{i=1}^{n} \beta_{ij} \sum_{i=1}^{n} p_{ij}r_{ij} \tag{5.3}$$

从而得到 j 收入等级人群的基本生活负担为：

$$B = \sum_{i=1}^{n} p_{ij}r_{ij} = \frac{\sum_{i=1}^{n} \alpha_{ij}}{1 - \sum_{i=1}^{n} \beta_{ij}} \tag{5.4}$$

建立城镇居民基本生活负担支出与人均可支配收入的面板数据模型：

$$y_{it} = \alpha_{it} + x'_{it}\beta_{it} + \varepsilon_{it}$$

检验结果表明，使用固定影响的变异系数模型 $y_i = \alpha_i + x_i\beta_i + \varepsilon_i$ 进行建模较为理想。

建立以下模型用以描述不同收入等级人群的基本食品消费支出：

$$SP_{jt} = \alpha + \alpha_j{}^* + \beta_j SR_{jt} + \varepsilon_{jt}$$

其中，α、$\alpha_j{}^*$、β_j 分别表示各收入等级平均自主食品支出、j 收入等级的自主食品支出较平均支出的偏离以及 j 收入等级对食品的边际消费倾向，从而可以得到不同收入等级人群的食品支出方程。采用类似的模型设定和估计方法可以依次得到其他八种基本生活负担支出与人均可支配收入的关系。

（16）"'消费性支出、CPI、附加扣除' + 家庭为单位 + 按年计税 + 分月预缴"方案。

焦建国、刘辉[1]假定个人所得税实行以家庭为单位，按年计税，分月预缴，年末汇算清缴，同时反映物价指数。

模型为：

$$\text{标准扣除} = (m \times N + k) \times \text{CPI} \div 100$$

或

$$= (m \times N + k) \times (1 + i)$$

其中，m 为平均每个就业人员所负担的人数；N 为人均月消费性支出；CPI 为居民消费价格指数；i 为通货膨胀率；k 为附加扣除[2]。

（17）"'城镇居民人均可支配收入、定基消费价格指数、时间' + '原免征

---

① 焦建国，刘辉. 个人所得税费用扣除标准的调整测算研究——基于北京市数据的分析［J］. 经济研究参考，2011（32）：45 –52.

② 各地消费水平不同，可授权地方在一定范围内选择项目，按一定标准附加扣除。

额与消费性支出平均比例’预测”方案。

洪飚、宋良荣[1]构建我国城镇居民人均可支配收入、定基城镇居民消费价格指数以及时间对城镇居民人均消费性支出影响的模型，利用模型对 2012—2016 年的城镇居民人均消费性支出进行预测，并根据 2006—2009 年工薪所得费用扣除额与当年"平均每一就业者负担的月消费性支出"的平均比例关系，测算 2012—2016 年合理的工资薪金所得费用扣除标准。

模型为：

$$ZC = \beta_0 + \beta_1 SR + \beta_2 CPI + T^2 + \mu$$

其中，ZC 表示我国城市居民家庭平均每人全年消费性支出；SR 表示城镇居民人均可支配收入；CPI 表示定基城市居民消费价格指数；T^2 为时间趋势项。

5.2.2　现有研究方案评述及本研究方案的初步设想

通过对上述各种方案的梳理，可以进行如下简单归类。

从对"免征额"数额的具体确定方法来看，可以分为两大类：第一类是"预测型"，即借助模型和过去的数据来预测现在和未来免征额的大小，大多数方案都属于这种；第二类是"非预测型"，即从免征额的本质出发（综合费用的加总）来确定当年的免征额大小。

从所依据的数据基础来看，可以分为两大类：第一类主要借助"消费性支出"数据，大多数方案都属于这类，而这一类又分为两种情况，第一种是只使用消费性支出总额，另一种是挑选使用消费性支出中的分类数据，如食品、交通等；第二类主要借助"非消费性支出"数据，如人均可支配收入、最低工资、人均 GDP 等数据。

从是否借助以前的免征额来看，可以分为两大类：第一类与以前免征额有关，即假定以前免征额是合理的，将免征额与消费性支出挂钩，从而推算和预测现在及未来的免征额；第二类与以前免征额无关。

从对免征额的理解来看，可以分为两大类：第一类是"直接推算法"，即免征额的确定必须与费用支出挂钩；第二类是"间接推算法"，即免征额的确定与费用支出没有任何关系，而是通过其他数据指标测算确定。

总的来看，上述所有方案都没有对以下几个核心问题提出很好的解决方法。

① 洪飚，宋良荣. 工薪所得个人所得税的费用扣除额测算 [J]. 财会月刊，2012（27）：68-71.

（1）家庭规模和类型的差异因素如何体现？当前研究几乎都选择用"就业负担系数"来模糊处理家庭规模和类型差异这一问题。这一解决办法存在一些问题：第一，完全忽略了家庭间支出的差异性。随着社会分工更加细化和人们生活节奏的加快，家庭规模的进化速度明显加快，家庭类型呈现多元化趋势，人们的支出呈现多元化。用"就业负担系数"间接反映的家庭支出将与真实情况的偏差越来越大。第二，"就业负担系数"数据具有滞后性，因为它是通过宏观数据的计算得来的，并非直接统计数据。第三，现有方案对"就业负担系数"的使用，要么直接假定就业负担系数不变（即用过去的数据当现在及未来数据使用），要么用过去几年的就业负担系数数据来预测未来几年的就业负担系数。用"就业负担系数"反映家庭结构本身就是一种模糊替代，建立在模糊替代基础上的预测数据将更加偏离实际。

（2）住房、教育、医疗等主要支出没有得到很好地反映。当前大多数研究对上述三项支出的考虑主要包含在消费性支出数据中，但相关研究普遍认为消费性支出中关于住房、教育、医疗的数据与现实情况有一定的差距，不能真实地反映家庭中关于住房、教育、医疗的实际支出情况。

（3）地区消费支出的差异性没有得到反映。当前大多数研究使用"消费性支出"在全国层面的数据。而全国层面的平均数据本身就已经与各省的平均情况有所偏离，若用该数据反映不同地区不同家庭的支出情况，则偏离更大。

（4）不同收入阶层消费支出的差异性没有得到反映。当前大多数研究仅选用支出数据的平均值。如果说平均支出数据是对整体支出水平的近似反映，则按收入等级划分的支出等级数据离支出的实际情况更进一步。同时，收入水平决定支出水平，即使收入对最基本的消费支出影响不大，但不同收入阶层的基本消费支出仍有差异，而平均数据的使用则将这一差异忽略掉了。

（5）所依据数据的获得时间问题没有考虑。费用只有在发生以后才可以获知其具体额度，这就决定了免征额的确定要晚一年，例如，2009 年的免征额只有2009 年结束以后才可知道，不过，这可以通过"预缴制度"解决。但需要考虑的是实际统计数据的获得又滞后一年，例如，2009 年《统计年鉴》公布的是 2008年的统计数据，这就导致在免征额设计思路上存在两种路径：一种是"预测型"思路，即假定未来一切会按照以往的速率发生，根据以往的发生数据预测确定未来的免征额。另一种是"实际发生型＋预缴制度"，即通过预缴制度避开一切数据的时滞性问题，以多退少补的形式按实际发生额确定免征额。当前大多数研究方案属于"预测型"思路，但这种思路有致命的缺陷，因为它是对"免征额"本质（费用的加总）的一种偏离。

本研究方案的初步思路为：首先，设计回归"免征额"本质，即采用综合费用扣除。通过各项费用支出的加总来确定综合费用扣除标准。其次，设计中国家庭结构类型标准，并将其引入综合费用扣除标准的测算中，替代"就业负担系数"的使用。再次，以消费性支出数据为主，并在此基础上对部分分项数据进行修正和替换。因为在目前的所有数据来源中，城镇住户调查数据是最直接反映微观家庭消费支出水平的数据，并且该调查数据具有持续性和稳定性。最后，放弃支出平均数据，选用不同省份不同收入层次的支出数据。对支出数据按省份和层次划分将会使其更加贴近真实情况。

5.3 中国个税"家庭结构标准"的理论设计——基于社会学研究视角

5.3.1 关于中国家庭结构类型、现状、变迁的社会学研究

个人所得税以家庭为单位进行计算和汇缴是世界各国个税发展的趋势和主要形式，以家庭为单位更能体现量能负担原则。与此相对应的个税综合费用扣除标准的设计也必须以家庭为单位。对家庭结构差异化的了解是确定差异化综合费用扣除标准的前提。例如，在教育支出方面，有小孩和无小孩的家庭费用结构是完全不一样的，更细分一些，小孩是上幼儿园还是上小学费用也是相差很大的；在医疗费用支出方面，无老人和有老人以及有几位老人也是完全不一样的，这直接决定着医疗费用多少；在住房支出上，家庭结构和人数直接决定基本住房需求的面积大小，进而决定住房费用的多少。因此有必要对中国家庭结构的类型、现状、发展趋势进行细致分析。

在社会学中，家庭结构是指家庭的成员构成状况。而家庭结构与家庭成员的居住状况密切相关，社会学者最常使用的方法就是确定哪些家庭成员同住，进而从这些同住的家庭成员的属性来决定属于哪一种家庭结构[1]。

---

① 风笑天. 第一代独生子女父母的家庭结构：全国五大城市的调查分析 [J]. 社会科学研究, 2009 (2)：104 – 110.

　　关于家庭结构类型的确定都是以"核心家庭"[①] 这一经典类型为参照的。在此基础上，根据数据来源和研究目的的不同又形成更加细致的划分。曾毅、李伟、梁志武（1992、1993）利用 1990 年第四次全国人口普查 10% 机器汇总资料与 1% 计算机抽样数据，将中国家庭结构分为几个类型：一人户、一对夫妇户、核心家庭户、隔代家庭户、三代直系家庭户、四代或四代以上直系家庭户、二代联合家庭户、三代联合家庭户、四代或四代以上联合家庭户。其中，核心家庭户又分为父母双全、单父单亲、单母单亲、单父分居、单母分居[②]五类；隔代家庭户又分为祖父母与孙子女、单祖父单亲与孙子女、单祖母单亲与孙子女、单祖父分居与孙子女、单祖母分居与孙子女[③]几类；联合家庭户是指已婚兄弟姐妹在一起居住的家庭户。其研究统计结构显示：一人户占总户数比例为 6.3%，这一结果比西方发达国家低得多，1980 年的美国、1986 年的加拿大、1982 年的法国、1980 年的瑞典的一人户比例分别为 22.7%、21.5%、24.6%、32.8%；一对夫妇户（无子女一起居住）占总户数比例为 6.5%；核心家庭户是家庭户类型的主体，完全和不完全核心家庭加在一起所占比例达 67.3%；三代及三代以上直系家庭户是仅次于核心家庭户的另一重要类型，其占总户数比例为 18.4%（其中四代及四代以上户数比例很小，为 0.66%）；家庭户平均规模在 1990 年首次降到 4 以下，平均为 3.97；以人数划分的家庭户类型中，四人户所占比重最大（25.8%），三人户次之（23.7%），再其次是五人户（17.8%）与二人户（11.1%），六人户占 8.4%，七人及七人以上的大户占 7.0%（见表 5.8）。王跃生[④]根据"五普"长表 1% 抽样数据库，对当代中国家庭结构类型做如下细分（见表 5.9）。从统计结果来看，核心家庭、直系家庭和单人家庭是中国目前最基本的家庭类型。核心家庭是当代中国最普遍的家庭类型；标准核心家庭是核心家庭的主体，约占 69.34%；夫妇核心家庭是重要的核心家庭形式，约占 18.97%；直系家庭中三代直系家庭比重最大，约占 76.55%（详见表 5.10，表 5.11）。

---

　　① 核心家庭是指夫妇及其子女组成的家庭。之所以被称作核心，是因为在社会中，这种家庭结构最普遍，他们代表大多数人的生活。

　　② 单父分居和单母分居分别指母亲或父亲在外地（或国外）的父母两地分居核心家庭户。

　　③ 单祖父分居、单祖母分居分别指祖父或祖母在外地（或国外）的祖父母两地分居的隔代户。

　　④ 王跃生. 当代中国家庭结构变动分析 [J]. 中国社会科学，2006（1）：96－108.

表5.8 中国1990年家庭户类型分布情况

%

	一人户	一对夫妇	一代与其他	核心家庭户						隔代（二代）家庭户						二代联合	三代直系	三代联合	四代直系	四代联合	合计
				父母	单父单亲	单父分居	单母单亲	单母分居	小计	祖父母	单祖父单亲	单祖父分居	单祖母单亲	单祖母分居	小计						
北京	12.60	9.14	1.47	45.31	1.09	2.27	2.48	8.56	59.71	0.87	0.16	0.10	0.44	0.12	1.70	0.20	12.41	2.39	0.29	0.10	100.00
天津	9.99	8.92	0.83	54.02	1.16	1.49	2.43	5.93	65.03	0.67	0.13	0.08	0.33	0.09	1.31	0.12	11.24	2.26	0.24	0.06	100.00
河北	6.12	7.37	0.76	58.42	1.61	0.47	2.93	4.43	67.86	0.32	0.07	0.01	0.15	0.03	0.58	0.11	15.44	1.05	0.62	0.10	100.00
山西	7.23	6.98	0.85	56.73	2.01	0.35	3.15	5.22	67.45	0.40	0.12	0.02	0.22	0.02	0.77	0.12	14.99	1.03	0.53	0.06	100.00
内蒙古	4.94	7.51	0.87	67.70	1.74	0.33	2.74	1.18	73.88	0.37	0.07	0.00	0.15	0.02	0.61	0.06	11.49	0.50	0.32	0.02	100.00
辽宁	4.28	8.79	0.54	64.62	1.43	0.23	2.61	1.48	70.37	0.42	0.06	0.01	0.15	0.02	0.67	0.06	14.16	0.70	0.39	0.04	100.00
吉林	3.13	6.37	0.58	66.24	1.70	0.27	2.69	0.73	71.64	0.33	0.06	0.01	0.13	0.01	0.53	0.08	16.00	1.09	0.52	0.06	100.00
黑龙江	2.91	7.11	0.68	68.29	1.60	0.23	2.68	0.64	73.44	0.43	0.09	0.01	0.18	0.01	0.71	0.04	14.09	0.59	0.42	0.02	100.00
上海	11.63	9.49	1.25	43.38	1.09	2.05	3.06	5.60	55.18	1.21	0.18	0.15	0.84	0.16	2.54	0.13	16.89	2.39	0.41	0.08	100.00
江苏	7.26	8.08	0.58	56.56	1.39	0.44	2.92	3.05	64.15	0.35	0.06	0.01	0.21	0.02	0.65	0.08	17.32	1.06	0.72	0.09	100.00
浙江	9.86	8.82	0.75	56.05	1.63	0.84	3.10	2.80	64.42	0.42	0.08	0.01	0.27	0.02	0.79	0.03	14.33	0.40	0.56	0.04	100.00
安徽	6.34	5.86	0.92	59.65	2.10	0.60	3.34	2.61	68.30	0.28	0.07	0.01	0.17	0.02	0.55	0.10	16.48	0.75	0.63	0.07	100.00
福建	6.69	4.16	1.04	52.95	2.00	0.95	3.23	3.92	63.05	0.32	0.13	0.02	0.32	0.05	0.84	0.10	20.81	2.17	0.97	0.17	100.00
江西	4.33	4.30	0.65	59.24	1.80	0.52	3.15	3.43	68.14	0.35	0.08	0.01	0.22	0.02	0.68	0.07	20.03	1.00	0.73	0.08	100.00
山东	6.08	8.30	0.54	60.12	1.71	0.32	3.25	3.55	68.95	0.36	0.07	0.00	0.17	0.02	0.61	0.08	14.09	0.81	0.46	0.06	100.00
河南	5.22	5.35	0.78	57.49	1.94	0.49	3.38	4.65	67.94	0.24	0.08	0.01	0.17	0.01	0.52	0.12	18.03	1.15	0.77	0.11	100.00

续表

	一人户	一对夫妇	一代与其他	核心家庭户						隔代(二代)家庭户						二代联合	三代直系	三代联合	四代直系	四代联合	合计
				父母	单父单亲	单父分居	单母单亲	单母分居	小计	祖父母	单祖父单亲	单祖父分居	单祖母单亲	单祖母分居	小计						
湖北	4.71	6.09	0.74	58.92	1.90	0.61	2.87	3.82	68.11	0.30	0.06	0.01	0.15	0.01	0.54	0.05	18.63	0.46	0.63	0.04	100.00
湖南	6.62	7.45	0.65	60.05	2.38	0.49	3.29	3.91	70.12	0.31	0.07	0.00	0.18	0.02	0.58	0.03	13.90	0.27	0.37	0.02	100.00
广东	7.48	4.29	1.37	49.90	1.58	0.73	3.81	4.82	60.84	0.29	0.07	0.02	0.28	0.06	0.72	0.11	22.33	1.83	0.89	0.15	100.00
广西	6.43	3.85	1.11	53.07	2.31	0.94	3.73	3.51	63.57	0.21	0.08	0.02	0.20	0.02	0.52	0.12	21.93	1.48	0.86	0.12	100.00
海南	8.51	4.22	1.93	51.75	1.32	1.30	3.37	4.99	62.73	0.23	0.06	0.02	0.20	0.03	0.54	0.14	18.43	2.65	0.72	0.14	100.00
四川	8.19	5.96	0.87	55.15	2.55	0.93	3.42	5.59	67.65	0.24	0.07	0.02	0.17	0.02	0.52	0.08	15.49	0.76	0.45	0.04	100.00
贵州	5.86	5.47	0.75	61.37	2.58	0.55	3.67	3.02	71.19	0.15	0.07	0.01	0.15	0.01	0.39	0.10	15.24	0.55	0.41	0.04	100.00
云南	4.67	5.03	0.66	56.18	1.96	0.86	3.38	4.20	66.56	0.19	0.03	0.02	0.14	0.01	0.38	0.08	20.81	0.85	0.87	0.09	100.00
西藏	5.72	2.95	3.24	40.61	2.62	0.29	7.19	4.41	55.12	0.21	0.19	0.05	0.45	0.00	0.91	1.14	23.54	5.98	0.98	0.43	100.00
陕西	4.99	5.77	0.71	55.79	2.01	0.66	2.82	6.17	67.46	0.43	0.07	0.01	0.19	0.02	0.72	0.09	18.75	0.80	0.64	0.06	100.00
甘肃	3.29	3.08	0.77	55.75	1.68	0.73	2.90	5.02	66.07	0.33	0.09	0.00	0.17	0.01	0.60	0.15	23.10	1.66	1.11	0.17	100.00
青海	6.43	4.45	2.75	54.71	1.93	0.44	3.87	3.91	64.85	0.35	0.07	0.00	0.30	0.03	0.76	0.21	18.17	1.64	0.59	0.14	100.00
宁夏	2.87	4.56	0.55	65.50	1.35	0.52	2.59	3.10	30.07	0.33	0.15	0.04	0.11	0.04	0.67	0.15	16.58	0.83	0.57	0.15	100.00
新疆	6.71	7.13	1.30	61.66	1.86	0.93	4.39	2.21	71.06	0.72	0.13	0.01	0.43	0.02	1.30	0.40	10.54	1.41	0.13	0.03	100.00
全国	6.32	6.49	0.81	57.81	1.88	0.63	3.18	3.81	67.31	0.34	0.08	0.01	0.20	0.03	0.66	0.09	16.65	0.99	0.59	0.07	100.00

资料来源:1990年第四次全国人口普查1%抽样数据带。该数据表转引自:曾毅、李伟、梁志武.中国家庭结构的现状、区域差异及变动趋势[J].中国人口科学,1992(2):1-12.

表 5.9 王跃生 2006 年研究中家庭结构细分情况

大类	细分			
核心家庭	夫妇核心家庭①	一般核心家庭②	缺损家庭③	扩大核心家庭④
直系家庭	二代直系家庭⑤	三代直系家庭⑥	四代直系家庭⑦	隔代直系家庭⑧
复合家庭⑨	二代复合家庭⑩	三代复合家庭⑪		
单人家庭⑫				
残缺家庭⑬				
其他⑭				

表 5.10 2000 年全国家庭结构情况

大类	核心家庭	直系家庭	复合家庭	单人家庭	残缺家庭	其他
比重（%）	68.15	21.73	0.56	8.57	0.73	0.26

注：该表转引自：王跃生. 当代中国家庭结构变动分析 [J]，中国社会科学，2006（1）：96 - 108.

---

① 夫妇核心家庭是指夫妻二人组成的家庭。

② 一般核心家庭又称标准核心家庭，是指一对夫妇及其子女组成的家庭，或称户主与配偶及其子女组成的家庭。另外一种关系形式也属于标准核心家庭，即未婚子女为户主，与其父母及未婚兄弟姐妹组成的家庭。

③ 缺损家庭又称单亲家庭，是指夫妇一方和子女组成的家庭，或称户主与子女组成的家庭。同样，未婚户主与父母一方组成的家庭也是残缺核心家庭。

④ 扩大核心家庭是指夫妇及子女之外加上未婚兄弟姐妹组成的家庭，或称户主与配偶、子女及未婚兄弟姐妹组成的家庭。

⑤ 二代直系家庭是指夫妇同一个已婚儿子及儿媳妇组成的家庭，或称户主夫妇同儿子儿媳组成的家庭。

⑥ 三代直系家庭是指夫妇同一个已婚子女及孙子女组成的家庭，从户主关系上看，户主夫妇与父母及子女组成的家庭也属该类。

⑦ 四代直系家庭可有多种表达，从普查数据的户主关系上看，户主夫妇与父母、儿子儿媳及孙子女组成的家庭是四代直系家庭，户主夫妇与父母、祖父母、曾祖父母组成的家庭也是四代直系家庭。

⑧ 隔代直系家庭从形式上看，三代以上直系家庭缺中间一代可称为隔代直系家庭。

⑨ 复合家庭是指父母和两个及以上已婚儿子及其孙子女组成的家庭。

⑩ 二代复合家庭是指父母和儿子、儿媳或两个以上已婚兄弟和其子侄组成的家庭。

⑪ 三代复合家庭主要是父母、儿子儿媳和孙子女组成的家庭。

⑫ 单人家庭是指户主一人独立生活组成的家庭。

⑬ 残缺家庭可分为两类：①没有父母只有两个以上兄弟姐妹组成的家庭；②兄弟姐妹外加上其他有血缘、无血缘关系成员组成的家庭。

⑭ 其他是指户主与其他关系不明确成员组成的家庭。

表 5.11　2000 年全国家庭结构细分情况

家庭类型	在全部家庭样本中所占比例（%）	在本类家庭样本中所占比例（%）
夫妻核心家庭	12.93	18.97
标准核心家庭	47.25	69.34
缺损核心家庭	6.35	9.32
扩大核心家庭	1.62	2.37
三代直系家庭	16.63	76.55
四代及以上直系家庭	0.64	2.95
二代直系家庭	2.37	10.9
隔代直系家庭	2.09	9.6
三代及以上复合家庭	0.44	77.19
二代复合家庭	0.13	22.81
单人家庭	8.57	100.00
残缺家庭	0.73	100.00
其他	0.26	100.00

注：该表转引自：王跃生. 当代中国家庭结构变动分析 [J]. 中国社会科学, 2006 (1)：96 - 108.

　　关于中国家庭结构的现状的研究具有代表性的有针对目标人群进行大规模调查获得有关家庭结构的类型（中国社会科学院社会学研究所①, 1985；沈崇麟和杨善华②, 1995；沈崇麟等③, 1999），还有通过对特定空间范围内的调查或是历史资料汇总来进行研究（李景汉④, 1986；费孝通⑤, 2001）。但无论是样本数据是人口普查长表数据, 相关的研究都表明, 核心家庭和主干家庭是主要的家庭结构。

　　① 中国社会科学院社会学研究所. 中国城市家庭——五城市家庭调查报告及资料汇编 [M]. 济南：山东人民出版社, 1985.
　　② 沈崇麟, 杨善华. 当代中国城市家庭研究——七城市调查报告和资料汇编 [M]. 北京：中国社会科学出版社, 1995.
　　③ 沈崇麟, 杨善华, 李东山. 世纪之交的城乡家庭 [M]. 北京：中国社会科学出版社, 1999.
　　④ 李景汉. 定县社会概况调查 [M]. 北京：中国人民大学出版社, 1986.
　　⑤ 费孝通. 江村经济 [M]. 北京：商务印书馆, 2001.

而关于家庭结构变迁，曾毅、梁志武[1]根据1990年第四次人口普查及1982年第三次人口普查数据，分析了中国20世纪80年代以来一人户、一代户、二代户与三代及三代以上家庭户比例的变动趋势（见表5.12，表5.13）。研究发现：中国20世纪80年代一人户、夫妇两地分居户，以及单亲家庭户比例有较大幅度下降；联合家庭户比例有所增加，但比重仍然很小；中国1990年三代直系家庭比例与1982年基本持平。显然，20世纪80年代，中国家庭结构的变动趋势与西方国家20世纪60、70、80年代的变化完全不同[2]。中华民族关于"子女尊敬并赡养父母"的传统一直存在并发挥作用。著名社会学家费孝通曾将中国家庭模式归纳为"反馈模式"，即父母抚育了子女，子女成年之后有赡养老年父母的责任。而西方社会的家庭模式为"接力模式"，即父母抚育了子女，而子女不负有赡养老年父母的责任。因此，西方社会核心家庭占绝对优势，而中国却以核心家庭与三代家庭并存为特征。这种传统倾向至少在不远的将来不大可能发生急剧的变化。王跃生（2006）在曾毅等（1992）的研究基础上，利用"五普"数据对家庭结构变迁进行统计分析（见表5.14），研究发现：核心家庭所占比例较前两次普查略有下降；在其内部，夫妇核心家庭所占比例上升明显；标准核心家庭所占比例稍有下降，缺损核心家庭所占比例则有显著下降；直系家庭整体状态表现为上升；隔代直系家庭所占比例明显提高；单人家庭所占比例尽管在部分地区出现下降，但全国总体水平较20世纪90年代有所上升；从家庭规模上看，核心家庭和直系家庭内所生活的成员数量进一步减少，中国的平均家庭规模由1982年的4.41人，降至1990年的3.96人，再降至2000年的3.44人。目前而言，中国同西方国家家庭结构类型还有很大不同[3]。李银河[4]利用2007年开始的历时三年的

---

① 曾毅，李伟，梁志武. 中国家庭结构的现状、区域差异及变动趋势［J］. 中国人口科学，1992（2）：1－12.

② 在西方国家，单亲不完全家庭户与一人户趋于增加，父母双亲完整家庭户趋于减少。根据美国人口普查局公布的资料，1960—1983年，美国家庭户总数增加了58%，单亲户却增加了175%，一人户增加了173%，父母双亲核心家庭户比例下降了21.3%。

③ 以美国2000年人口普查为例，其一人户为25.8%，夫妇（married couple households）及18岁以下子女组成的家庭占51.7%（其中，有18岁以下子女的家庭占23.5%），母亲单亲家庭为12.2%（其中，有18岁以下子女的家庭占7.2%），父亲单亲家庭占4.2%（其中，有18岁以下子女的家庭占2.1%），其他没有亲属关系者组成的家庭（nonfamily households）占6.1%。在所有家庭中，三代及以上多代家庭（multi－generational households）占3.7%，未婚同居家庭（unmarried partner households）占5.2%。转引自：U. S. Census Bureau. Households and Families：2000［EB/OL］. http：// www. census. gov.

④ 李银河. 家庭结构与家庭关系的变迁——基于兰州的调查分析［J］. 甘肃社会科学，2011（1）：6－12.

"五城市家庭调查课题组"① 调查数据，就兰州市的家庭结构变迁问题进行了研究，研究发现，中国家庭特别是城市家庭出现了核心化的趋势，将无子女的夫妻家庭、空巢家庭和单亲家庭这几种不完整形式的核心家庭加在一起，比重达到73.8%。沈崇麟等② 则认为，这种核心化趋势的本质是空巢化。王跃生③ 则用家庭结构的简化而非核心化来描述中国家庭结构的变迁。阮官寿④ 以浙江省台州市椒江区为例，利用第五次和第六次全国人口普查数据，对家庭结构的演变进行研究。研究发现，椒江区家庭结构变化呈三个特点：①家庭规模小型化；②家庭结构多元化；③家庭结构成员中老年人口增多。

表 5.12 1990、1987、1982 年家庭类型分布的比较

%

年份 / 地区	一人户			一、二代户合计			三代家庭		
	1990	1987	1982	1990	1987	1982	1990	1987	1982
全国	6.3	5.5	8.0	75.3	74.5	73.3	18.4	20.0	18.8
北京	12.1	6.5	10.2	71.9	74.2	73.1	16.1	19.3	16.7
天津	10.8	6.3	9.4	73.0	75.8	75.4	16.2	18.0	15.2
河北	5.8	5.7	8.6	76.4	75.5	74.3	17.8	18.8	17.1
山西	7.0	6.4	10.2	76.6	76.9	74.5	16.4	16.6	15.4
内蒙古	4.9	4.2	7.9	81.8	81.2	79.1	13.3	14.7	13.1
辽宁	4.1	3.5	6.9	80.3	80.1	79.0	15.6	16.3	14.1
吉林	3.2	2.7	7.2	80.0	80.0	77.6	16.9	17.3	15.2
黑龙江	3.0	2.7	5.1	81.8	82.4	79.8	15.2	14.9	15.1
上海	12.1	7.3	10.3	68.0	70.6	68.5	19.9	22.1	21.2
江苏	7.4	7.6	11.0	73.2	73.3	73.2	19.4	19.1	15.7
浙江	10.0	7.9	11.9	74.7	74.7	72.5	15.2	17.4	15.6

① 本次调查根据全国省会城市的发展历程和地理位置，选择了兰州、广州、杭州、郑州和哈尔滨五大城市，在每个城市根据随机抽样原则抽取 800 个样本，样本总量为 4 013 户。

② 沈崇麟，李东山，赵峰. 变迁中的城乡家庭 [M]. 重庆：重庆大学出版社，2009.

③ 王跃生. 当代中国家庭结构变动比较 [J]. 中国社会科学，2006 (1)：96 - 108.

④ 阮官寿. 椒江区婚姻状况和家庭结构的演变 [J]. 中国统计，2012 (8)：40 - 42.

续表

年份\地区	一人户			一、二代户合计			三代家庭		
	1990	1987	1982	1990	1987	1982	1990	1987	1982
安徽	6.3	6.0	7.9	75.7	75.1	73.1	18.0	18.9	19.0
福建	5.7	5.1	7.7	69.5	66.9	66.7	24.9	28.0	25.6
江西	4.6	4.4	7.3	74.5	72.2	69.0	20.8	23.4	23.7
山东	6.1	6.3	8.0	78.7	76.6	76.4	15.2	17.1	15.6
河南	5.0	5.1	6.4	74.6	74.7	71.4	20.3	20.2	22.2
湖北	4.6	4.7	6.2	75.1	72.1	70.8	20.4	23.2	23.0
湖南	6.7	5.6	8.7	78.8	78.2	75.9	14.4	16.1	15.4
广东	7.6	7.6	8.8	67.4	66.3	66.3	25.0	26.0	24.8
广西	6.4	5.2	6.7	69.7	65.9	68.3	23.9	28.8	25.1
四川	8.1	6.2	8.4	75.0	74.6	74.2	16.9	19.1	17.5
贵州	5.5	4.7	6.2	78.6	76.8	74.8	15.9	18.5	19.0
云南	4.7	3.9	4.8	71.9	70.2	69.0	23.4	25.9	26.2
西藏	7.8	4.5	—	66.2	64.5	—	26.0	31.0	—
陕西	4.8	3.1	6.2	74.5	73.4	72.2	20.6	23.5	21.5
甘肃	3.3	2.0	3.7	69.9	69.5	70.1	26.8	28.6	26.3
青海	5.8	3.2	5.5	72.1	69.2	71.8	22.1	27.6	22.7
宁夏	3.8	2.8	5.6	79.5	78.1	76.4	16.7	19.0	17.9
新疆	5.9	5.8	9.6	81.5	81.1	78.6	12.6	13.1	11.9

资料来源：根据国家统计局《中国1990年人口普查10%抽样资料》提供的绝对数计算而得。该表转引自：曾毅、梁志武，中国80年代以来各类核心家庭户的变动趋势［J］. 中国人口科学. 1993（3）：1－12.

表 5.13　1990、1987、1982 年家庭户平均规模比较

人

年份	1990	1987	1982	年份	1990	1987	1982	年份	1990	1987	1982
全国	3.97	4.3	4.43	浙江	3.47	3.72	3.96	四川	3.66	4.01	4.25
北京	3.2	3.59	3.69	安徽	4.14	4.4	4.64	贵州	4.4	4.75	4.93
天津	3.32	3.7	3.9	福建	4.44	4.8	4.85	云南	4.5	4.86	5.17

续表

年份	1990	1987	1982	年份	1990	1987	1982	年份	1990	1987	1982
河北	3.9	4.07	4.14	江西	4.4	4.77	4.94	西藏	5.13	5.64	5.06
山西	3.89	4.03	4.07	山东	3.76	3.99	4.16	陕西	4.07	4.39	4.48
内蒙古	4	4.31	4.51	河南	4.22	4.39	4.73	甘肃	4.57	4.96	5.07
辽宁	3.59	3.84	4.09	湖北	4	4.23	4.53	青海	4.61	5.28	5.16
吉林	3.87	4.11	4.39	湖南	3.77	4.08	4.21	宁夏	4.53	4.86	5.09
黑龙江	3.9	4.15	4.5	广东	4.42	4.67	4.8	新疆	4.37	4.56	4.33
上海	3.08	3.49	4.6	广西	4.65	5.11	5.14				
江苏	3.66	3.77	3.91	海南	4.59	—	—				

资料来源：国家统计局《中国 1990 年人口普查 10% 抽样资料》、《中国 1987 年 1% 人口抽样调查资料》、《中国 1982 年人口普查资料》。

表 5.14　三次人口普查中不同类型家庭的构成

%

普查年份	核心家庭					直系家庭					复合家庭			单人家庭	缺损家庭	其他	合计
	一对夫妇	父母子女	父母一方和子女	扩大	小计	二代直系	三代直系	四代直系	隔代直系	小计	二代复合	三代及以上复合	小计				
1982	4.78	52.89	14.31		71.98		16.63	0.52	0.66	17.81	0.11	0.88	0.99	7.97		1.02	100
1990	6.49	57.81	9.50		73.80		16.65	0.59	0.66	17.90	0.09	1.06	1.15	6.32		0.81	100
2000	12.93	47.25	6.35	1.62	68.15	2.37	16.63	0.64	2.09	21.73	0.13	0.44	0.57	8.57	0.73	0.26	100

注：该表转引自：王跃生，当代中国家庭结构变动比较 [J]．中国社会科学，2006 (1)：96 – 108．

5.3.2　基于"差异化支出"的中国个税"家庭结构标准"理论设计

通过对有关家庭结构及其变迁的代表性研究的梳理，我们认为，以家庭为征税单位的个人所得税制度的建立必须要与家庭结构特点相适应，并且必须伴随着家庭结构的变迁有所调整。而目前个税征收办法对"家庭因素"的考虑仅通过

"平均就业负担系数"来体现，这一做法有以下不足。

（1）平均化了"没负担"和"有负担"的税负。例如，在都有稳定工作的情况下，夫妻核心家庭和夫妻加一小孩的核心家庭就有不同的税负能力。

（2）平均化了"负担的差异"。例如，在都有稳定工作的情况下，夫妻加一个上幼儿园小孩的家庭和夫妻加一个老人的家庭就有不同的费用支出结构，前者教育费用支出较大，后者医疗支出较大，因此他们有不同的税负能力。

（3）我国经济发展区域差异较大，各地区的主体家庭结构也有很大的差异，因此，目前的做法忽略了"家庭税收负担"的地区差异性。

（4）目前对"就业负担系数"的使用有两种思路：一种是直接假定测算年份与过去年份的就业负担系数一致，这种做法不能适应我国家庭结构的变迁；另一种是直接用过去年份的就业负担系数预测期望年份的就业负担系数，但就业负担系数的计算告诉我们，其值大小由就业人口数和全体人口数决定，而这种对未来就业负担系数的预测的科学性很值得怀疑。

因此本书的家庭费用支出体系构建放弃了对"就业负担系数"的过度依赖，依据家庭结构类型，充分考虑因家庭结构的差异性而导致家庭费用支出的差异性，同时为了使所构建的体系具有推广性，也将一些共性考虑进来。为此，先作如下假设（见表5.15）。

表5.15　家庭结构标准初步假设

假设1	对于小孩，不作性别上的区分，即男女费用支出同质
假设2	对于工作者，不作性别上、行业上的区分，即假定其费用支出是一样的
假设3	除小孩外，其他人员只进行有、无工作的区分
假设4	每个家庭类型至少有一个工作者
假设5	对于无工作者的界定，因各种原因无工作
假设6	对于小孩的界定，从幼儿到大学阶段

现有无论是关于家庭结构的分类还是对其变迁的研究，大多都是从社会学角度进行的，如曾毅等（1992）、王跃生（2006）、李银河（2011）等。本书在借鉴社会学分类的基础上，根据自身的研究需要，在上述假设前提下，以"是否产生差异化支出"为依据，对家庭结构类型作如下划分（见表5.16）。

表5.16　家庭结构标准化设计

规模	序号	结构	规模	序号	结构	规模	序号	结构
1	1	1个工作者	5	1	5个工作者	6	4	4个工作者+2个小孩
2	1	2个工作者		2	4个工作者+1个小孩		5	4个工作者+2个无工作者
	2	1个工作者+1个小孩		3	4个工作者+1个无工作者		6	4个工作者+1个小孩+1个无工作者
	3	1个工作者+1个无工作者		4	3个工作者+2个小孩		7	3个工作者+3个小孩
3	1	3个工作者		5	3个工作者+2个无工作者		8	3个工作者+3个无工作者
	2	2个工作者+1个小孩		6	3个工作者+1个小孩+1个无工作者		9	3个工作者+2个小孩+1个无工作者
	3	2个工作者+1个无工作者		7	2个工作者+3个小孩		10	3个工作者+2个无工作者+1个小孩
	4	1个工作者+2个小孩		8	2个工作者+3个无工作者		11	2个工作者+4个小孩
	5	1个工作者+2个无工作者		9	2个工作者+2个小孩+1个无工作者		12	2个工作者+4个无工作者
	6	1个工作者+1个无工作者+1个小孩		10	2个工作者+2个无工作者+1个小孩		13	2个工作者+3个小孩+1个无工作者
4	1	4个工作者		11	1个工作者+4个小孩		14	2个工作者+3个无工作者+1个小孩
	2	3个工作者+1个小孩		12	1个工作者+4个无工作者		15	2个工作者+2个小孩+2个无工作者
	3	3个工作者+1个无工作者		13	1个工作者+3个小孩+1个无工作者		16	1个工作者+5个小孩
	4	2个工作者+2个小孩		14	1个工作者+3个无工作者+1个小孩		17	1个工作者+5个无工作者
	5	2个工作者+2个无工作者		15	1个工作者+2个小孩+2个无工作者		18	1个工作者+4个小孩+1个无工作者
	6	2个工作者+1个小孩+1个无工作者	6	1	6个工作者		19	1个工作者+4个无工作者+1个小孩
	7	1个工作者+3个小孩		2	5个工作者+1个小孩		20	1个工作者+3个小孩+2个无工作者
	8	1个工作者+3个无工作者		3	5个工作者+1个无工作者		21	1个工作者+3个无工作者+2个小孩
	9	1个工作者+2个小孩+1个无工作者						
	10	1个工作者+2个无工作者+1个小孩						

规模	序号	结构	规模	序号	结构	规模	序号	结构
7	1	7个工作者	7	11	3个工作者+4个小孩	7	20	2个工作者+3个小孩+2个无工作者
	2	6个工作者+1个小孩		12	3个工作者+4个无工作者		21	2个工作者+3个无工作者+2个小孩
	3	6个工作者+1个无工作者		13	3个工作者+3个小孩+1个无工作者		22	1个工作者+6个小孩
	4	5个工作者+2个小孩		14	3个工作者+3个无工作者+1个小孩		23	1个工作者+6个无工作者
	5	5个工作者+2个无工作者		15	3个工作者+2个小孩+2个无工作者		24	1个工作者+5个小孩+1个无工作者
	6	5个工作者+1个小孩+1个无工作者		16	2个工作者+5个小孩		25	1个工作者+5个无工作者+1个小孩
	7	4个工作者+3个小孩		17	2个工作者+5个无工作者		26	1个工作者+4个小孩+2个无工作者
	8	4个工作者+3个无工作者		18	2个工作者+4个小孩+1个无工作者		27	1个工作者+4个无工作者+2个小孩
	9	4个工作者+2个小孩+1个无工作者		19	2个工作者+4个无工作者+1个小孩		28	1个工作者+3个小孩+3个无工作者
	10	4个工作者+2个无工作者+1个小孩						

5.4 中国个税工薪所得"综合费用扣除"具体内容选择

本书借鉴杨斌[①]的个税工薪所得费用归类框架体系，即"从原理角度看，综合费用扣除的目的是排除掉不反映纳税人纳税能力的收入部分，具体包括两个方面的内容：一是为获得应税收入的必要的成本费用（即费用扣除），二是赡养纳税人本人及其家庭成员的最低生活费用（即生计扣除）。费用扣除方面需要考虑两方面的问题：一是与应税收入有关的费用，称为直接费用；二是与获取应税收入没有直接联系，但又是进行收入获取活动所必需的各项开支，称为间接费用。间接费用具体包括住房贷款利息、地方直接税、不作抵免处理的外国税收、意外事故损失、医疗费用、慈善捐款、特定的杂项费用、教育费用等。"

---

① 杨斌. 论确定个人所得税工薪所得综合费用扣除标准的原则和方法 [J]. 涉外税务，2006 (1).

结合我国的国情，依据稳定性、常规性、必需性等特征，笔者认为，作为直接费用，只有"上下班的交通费""中午午餐费"对纳税人形成实际税收负担。理论上的间接费用在中国现实国情下要么"以报销的形式"由单位负担了，例如：进修、培训等教育费用[①]性质的支出，交通费用性质的出差等支出，以及意外事故损失和医疗费用[②]等；要么直接属于税前免税项目，如慈善捐赠。笔者认为，只有符合国情文化的"部分人情费用"才实质性地造成了纳税人的税收负担，而这一费用可以看作"间接费用"。对于"生计扣除"，笔者认为，包括：纳税人本人及赡养家庭成员的基本吃、穿、住、行、用等费用，以及教育费用[③]、医疗费用[④]。下面将对每一具体项目以及相应数据获取作一说明。

5.4.1 上下班交通费[⑤]

目前各个领域工薪阶层上下班可选择的交通方式有以下几种：步行；骑自行车、摩托车、电动车和开私家车等私人交通工具；乘坐地铁、公交车、轻轨等公共交通工具；乘坐单位班车。就费用负担方式来看有以下几种：自己全部负担、单位补贴、单位免费提供。就各种情况的比重分布，没有全国性的数据可供参考，只有一些以城市为范围的调查可供借鉴。中国国土面积大，地形复杂多样，城市化进程不同，导致公共交通设施差异明显，以地方财政为基础对公共交通设施的支持差异明显，住房商品化以及商品房价格的持续快速上涨导致职住分离现象普遍存在。因此，最基本的"上下班交通费"也有区域性差异。同时，对费用负担的差异性，笔者认为，应该本着保障性的原则，首先应该排除这种根据具体类型进行差异化处理的办法，因为信息不对称会导致执行成本较高；其次，若全部按单位补贴或免费提供处理，则对"自己全部负担"的纳税人造成超额税收负担，并且"自己全部负担"的为大部分人群。

对于这一支出，杨斌（2006）认为："在中国，不少单位有接送车辆、多数人骑自行车或乘坐公交车、少数人乘坐私家车，由于难以区分个人目的还是工作目的，可按照英国的做法，全部作为个人目的，在生计扣除中考虑。"但笔者认

① 这里的教育费用主要是与工作有关的学费、培训等费用。
② 这里的医疗费用主要是与获取应税收入有关的医疗费用，如因工伤而导致的相关医疗费用。
③ 此处的教育费用主要是与赡养人有关的教育支出，如小孩在各个学习阶段的学费等。
④ 此处的医疗费用主要是纳税人及赡养人基本的医疗费用支出。
⑤ 城镇居民人均消费支出中的人均交通费支出包括：飞机票、火车票、长途汽车票总计人均支出；人均市内公共交通支出；出租车人均支出。

为，如果将此处的交通费用放入"生计扣除"，则相当于将纳税人员与其赡养人员等同看待了，事实上，此处的交通费用仅仅是为了获取收入而产生的必要支出费用，而纳税人除了扣除此处交通费用外，还拥有和其赡养人一样的"基本自由出行"权，由此而产生的相应的交通费用支出也可以扣除。因此，对纳税人而言，关于自身的两类"交通费"应分开处理。至于对骑自行车、乘坐公交车、私家车等交通方式的选择问题，笔者认为，纳税人虽然有自由选择权，但本着费用扣除的必需性原则，我们全部统一按照乘坐公交车、地铁、轻轨等经济适用性交通方式处理，而目前选择上述交通工具作为主要出行方式的是工薪阶层。因此，应该对超出经济适用性交通方式的费用支出征税。

5.4.2 中午午餐费

目前，各个领域工薪阶层的"中午午餐费"就其费用负担来说可以分为以下三类：自己全额负担、单位补贴、单位免费提供。具体解决办法有以下几类：单位食堂提供、自己回家做饭、购买工作餐。

梁小红等[①]在研究中选取广州市辖区内事业单位在职职工为调查对象，他们是以从事脑力劳动为主的人员，都是办公室的白领人群，涉及医院、连锁公司、物流、IT等不同行业，共收到有效问卷 97 份。统计结果显示：对于就餐地点的选择，有接近 39.18% 的人选择单位食堂，有 22.68% 的人叫外卖，有 15.46% 的人外出到快餐店，有 14.43% 的人选择回家，有 7.22% 自带饭到单位，1.03% 为其他；对午餐消费水平，有 68.04% 的人为 10 元以下，有 25.77% 的人为 10~15元，有 6.18% 的人为 15 元以上。由大渝网 2012 年 4 月发起的"重庆白领午餐调查"数据显示：有 1.5 万余人积极参与了这项新闻调查，对于就餐地点，21.04% 选择"在公司附近餐馆"，19.63% 选择"公司食堂"，13.72% 选择"附近餐馆与同事拼餐"，17.63% 选择"自带便当"，15.43% 选择"没有固定地方，每次都外出寻找"，12.99% 选择"叫外卖"。魏炯等[②]研究中提到的"上班族人群的午餐状况调查"覆盖武汉市的 3 个区，共获得有效问卷 3 650 份，调查食堂30 个，餐厅 30 个，盒饭摊点及快餐店 60 个，时间选在 2011 年 10 月份的工作日午餐时间（即 12：00－14：00），调查人群有办公室里的工作人员和建筑工地的

---

① 梁小红，王庆雄，杨培喜. 广州市白领人群午餐现状调查 [J]. 现代预防医学，2012（2）.

② 魏炯，马秋菊，刘芳. 上班族人群的午餐状况调查 [J]. 中国卫生产业，2012（2）.

工人等中午不能在家吃饭的上班一族。调查结果显示：对午餐地点的选择，选单位食堂的占28%，选盒饭摊点或快餐店的占55%，选搭帮结伙下馆子的占9%，选自带午饭的占6%，其他占2%；对午餐的花费，介于7～10元占69.2%，介于10～15元占31.43%，15元以上占10%。

从上述相关调查研究可以看出，中午回家用餐的上班族所占比重甚少，并且大多数上班族用餐都属于"自掏腰包"。因此，将上班族的"午餐费"看作"直接费用"是合理的。目前，虽然关于上班族"中午午餐费"的全国性统计资料很难获取，但上述调查研究可以作为后面我们估算上班族"午餐费"的案例依据。

5.4.3 部分人情费用

中国人不仅是一个重人情的民族，也是一个爱面子的民族。人情往来是中国社会的一种普遍现象，它不仅为人们提供情感的满足，而且更重要的是，它为人们提供一种培养、维持和扩展其关系网的基本方式。费孝通[1]分析："亲密社会的团结性就依赖于各分子间都相互拖着未了的人情。在我们社会里表现最明显，朋友之间抢着结账，意思是要对方欠自己一笔人情，像是一笔投资。欠了别人的人情就得找一个机会加重一些去回个礼，加重一些就再使对方欠了自己一笔人情。来来往往，维持着人与人之间的关系。"而面子其实就是一种社会声望、社会名誉。马斯洛的需求层次理论强调，人在满足了生理、安全、情感三个层次的需要之后，有一个受尊重的需要。这实际上就是中国人所说的"面子"。林语堂认为，"面子"是支配和调节中国人社会行为的一个重要原则，能够有效地描述中国人在处理人际关系时的心理过程。[2]

因此，在中国现实国情和文化背景下，由于人情、面子而产生的"人情消费支出"有一定的必然性和合理性。人情消费支出如同食品支出、住房支出等，成为每个家庭或个人生活成本的一部分。但是，如今的人情消费也出现新的特征：①消费对象范围扩大。从过去单一的亲朋好友扩展到现在的同学、同事、邻里、领导、战友、同乡等。②消费名目增多。过去的人情往来只限于婚、丧、嫁、娶，如今已扩展到老人过寿、孩子满月、开业庆典、升学参军、乔迁新居等事项。③消费领域扩大。人情消费不再局限于红白喜事的人情"份子"，还增加了

---

① 费孝通. 乡土中国 [M]. 北京：生活·读书·新知三联书店，1985：34.
② 吴铁钧. '面子'的定义及其功能的研究综述 [J]. 心理科学，2004 (4).

请吃饭、请洗澡、请唱歌、请按摩等消费内容。^① 人情消费背后的情感性因素和功利性因素混杂在一起，很难分清。因此，在将人情消费支出作为"间接费用"纳入个税费用扣除范围时，应该评估出其中合理部分，并予以扣除。

由于人情消费自身的特点，其数据较难获得，只有一些案例和调查数据可供参考。中国青年报社会调查中心发起的题为"你为人情消费所累吗"的调查显示，多数人每年在人情消费上花费1 000元至6 000元，超过6 000元的也占近两成，53.2%的受访者感觉人情消费负担重。^② 据中国社会科学院社会学所调查，2006年，34.8%的城乡居民表示"人情支出大，难以承受"，"人情支出大"是紧随家庭收入低、支出医疗大、住房条件差三大问题之后的又一大难题。特别是贫困地区，人情送礼的支出已经占到年人均收入的40%甚至一半以上。^③ 西南财经大学中国家庭金融调查与研究中心2011年发布的《中国家庭金融调查报告》显示，我国户均人情消费支出在家庭总收入中的比重高达7.9%，农村则高达11.4%。中国社会科学院"中国社会状况综合调查"课题组的一份调研报告显示：2008年，我国农民人情往来的支出在农民消费总量中占到相当大的比例，平均达到9.3%，居支出项目第4位，仅次于食品、医疗和教育。^④ 据国家统计局太原调查队调查，2009年1月到10月，太原市人均以"人情支出"为主的捐赠支出（主要是礼金和红包）为1 077.6元，占消费性支出的11.4%，已成为除食品、教育以外的第三大支出。^⑤ 据鞍山市城市经济调查队调查，2003年鞍山市全市居民人均用于人情费中的捐赠支出和捐赠收入分别为410.68元和171.95元，分别占同期消费性支出和可支配收入的9.1%和7.8%。^⑥ 国家统计局包头调查队抽样调查数据资料显示：2012年包头市城镇居民家庭人均捐赠支出2 898元，比上年增长18.8%。2012年包头市10%的低收入家庭的总支出为12 324元，而其中人均捐赠支出为1 317元，占家庭总支出10.7%。^⑦ 济南市统计局公布的一项数据显示：山东省商河县2009年1月至11月居民人情消费支出达1 338元，

① 牟善婷. 逊克县城镇居民人情消费支出浅析 [J]. 黑河学刊, 2011 (7).
② 刘克梅. 人情消费当'适可而止' [N]. 中国纪检监察报, 2013－3－10.
③ 华维. 人情消费：百姓不能承受之重 [N]. 人民日报, 2010－1－19.
④ 陈仁泽. 别让'人情消费'压弯农民的腰 [N]. 人民日报, 2009－2－22.
⑤ 华维. 人情消费：百姓不能承受之重 [N]. 人民日报, 2010－1－19.
⑥ 李巍. 如此礼尚往来值不值? [N]. 经济日报, 2004－4－3.
⑦ 刘春芳, 赵宏, 张海芳. '人情消费'：不得不说的痛 [N]. 内蒙古日报, 2013－6－20.

占家庭可支配收入的 12.5%。[①] 逊克县城市住户调查资料显示：2009 年城镇居民人均人情消费支出达 1 302.59 元，比上年增长 39.9%。2009 年城镇居民人均人情消费支出占当年人均可支配收入的 14.2%，占人均消费支出的 23.6%，人情消费支出仅列食品支出之后，位居第二。据湖北省农调队调查：1995—2001 年，农民人均赠送亲友的现金由 83.84 元上升到 199.45 元，年均增长 13.2%。[②] 以上这些案例数据将对后面估算人情消费支出具有重要的参考意义。

5.4.4 食品支出

食品支出是指纳税人及其家人购买食品的支出。根据美国心理学家亚伯拉罕·马斯洛于 1943 年在《人类激励理论》一书中提出的"基本需求层次理论"（见表 5.17），以及目前最新的"需求范畴论"（见表 5.18），本部分以及后面的部分均可纳入"生计扣除"范围之内，即纳税人本人及其赡养的家庭成员的基本吃、穿、住、行等基本生活费用，以及教育费用、医疗费用均可纳入"生计扣除"范围内。

表 5.17 马斯洛需求层次理论

需求层次	内容	阶段
生理需求	呼吸、水、食物、睡眠、生理平衡、分泌、性	初级
安全需求	人身安全、健康保障、资源所有性、财产所有性、道德保障、工作职位保障、家庭安全	中级
归属需求	友情、爱情、性亲密	中级
尊重需求	自我尊重、信心、成就、对他人尊重、被他人尊重	高级
自我实现	道德、创造力、自觉性、问题解决能力、公正度、接受现实能力	高级

表 5.18 需求范畴论

范畴	内容
生理范畴	吃、喝、拉、睡、玩、性、衣、住、行
心理范畴	安全、信任、自尊、自我实现、求知
社会范畴	隶属、群性、社会强化、社会认同、社会承认、社会赞许

---

① 华维. 人情消费：百姓不能承受之重 [N]. 人民日报, 2010 – 1 – 19.

② 何静, 李艳. 论当前中国农村的人情消费 [J]. 中国科技信息, 2005 (16).

按照城镇居民消费支出中的统计分类，食品包括粮油类①、肉禽蛋水产类②、蔬菜类③、调味品、糖烟酒饮料类④、干鲜瓜果类⑤、糕点和奶及奶制品⑥、其他食品、饮食服务⑦九项。食品支出虽然是最基本的生计支出，但仍存在以下几个方面的差异。

（1）不同地区食品结构的差异问题。中国地域广阔，即使最基本的食品支出，也存在很大的地域差别，例如，海鲜对南方沿海地区而言属于一种最基本的和最习惯的食品，而对西北、东北等内陆地区来说，则属于罕见的和不常食用的食品。再如，宁夏、陕西、山西等北方地区以面食为主，而广州、福建等南方地区以米饭为主等，这就导致最基本的食品结构差异，进而导致食品支出差异（见表 5.19，表 5.20，表 5.21）。

表 5.19　2011 年人均粮油类支出情况

元

省（自治区、直辖市）	平均	最低收入户	低收入户	中低收入户	中等收入户	中高收入户	高收入户	最高收入户
吉林	683.32	654.67	630.65	639.95	707.53	716.54	700.71	777.22
湖北	837.70	537.96	602.89	746.71	877.51	958.97	986.27	1 177.03
黑龙江	731.90	535.80	653.40	644.50	738.40	827.60	885.30	1 025.80
甘肃	618.83	621.28	564.70	575.00	602.96	633.04	687.22	746.98
福建	787.00	660.00	708.00	745.00	786.00	844.00	887.00	962.00
安徽	704.59	517.56	638.23	687.13	738.59	774.81	811.72	869.58
重庆	709.92	565.48	620.68	687.29	731.38	779.28	779.97	777.95
浙江	722.00	654.00	660.00	678.00	724.00	809.00	757.00	741.00
西藏	690.00	491.00	535.00	662.00	736.00	787.00	755.00	983.00
天津	707.50	548.31	611.00	680.13	726.61	743.78	802.57	848.35

①　包括粮食、淀粉及薯类、干豆类及制品、油脂类等。
②　包括肉类、禽类、蛋类、水产品类等。
③　包括鲜菜、干菜、菜制品等。
④　包括糖类、烟草类、酒类、饮料等。
⑤　包括鲜果、鲜瓜、其他干鲜瓜果类及制品等。
⑥　包括糕点、奶及奶制品等。
⑦　包括食品加工服务费、在外饮食等。

续表

省（自治区、直辖市）	平均	最低收入户	低收入户	中低收入户	中等收入户	中高收入户	高收入户	最高收入户
青海	684.20	469.10	509.10	614.00	705.90	808.00	915.90	964.30
宁夏	627.00	451.00	544.00	551.00	633.00	754.00	753.00	767.00
辽宁	731.71	640.77	654.78	708.64	774.36	752.89	802.17	760.80
江苏	685.79	566.96	588.43	669.47	712.23	725.89	774.45	729.63

表5.20　2011年人均肉禽蛋及水产品类支出情况

元

省（自治区、直辖市）	平均	最低收入户	低收入户	中低收入户	中等收入户	中高收入户	高收入户	最高收入户
浙江	1 966.00	1 387.00	1 710.00	1 849.00	2 067.00	2 236.00	2 156.00	2 176.00
山西	681.20	370.33	467.34	601.46	771.31	828.56	959.42	945.78
宁夏	928.00	532.00	692.00	817.00	904.00	1 151.00	1 244.00	1 368.00
辽宁	1 407.26	777.26	947.91	1 235.60	1513.02	1 529.02	1 826.48	2 056.65
湖北	1 488.43	899.81	1 102.09	1 320.87	1 508.17	1 680.51	1 831.83	2 228.12
黑龙江	1 121.50	630.30	858.80	965.50	1 160.10	1 324.40	1 485.80	1 815.40
河南	979.97	666.66	810.35	868.98	981.92	1 172.38	1 250.60	1 355.23
海南	2 510.30	1 541.47	1 759.53	2 201.33	2 665.35	3 019.02	3 333.72	3 789.14
广西	1 960.06	1 318.19	1 714.57	1 834.69	1 957.74	2 187.49	2 240.31	2 382.89
广东	2 731.84	1 939.35	2 380.64	2 694.10	2 895.63	2 932.54	2 994.05	3 226.00
甘肃	786.67	483.25	554.25	709.67	776.61	944.74	999.69	1 297.00
福建	2 504.00	1 802.00	2 045.00	2 313.00	2 627.00	2 818.00	2 733.00	3 387.00
安徽	1 372.41	877.92	1 082.52	1 314.64	1 458.67	1 617.46	1 711.5	1 866.88
重庆	1 744.83	1 168.02	1 355.20	1 655.73	1 798.63	2 009.74	2 019.12	2 178.15
新疆	1 234.22	886.02	1 066.69	1 013.05	1 225.28	1 547.42	1 614.56	1 769.69
西藏	1 215.00	688.00	886.00	1 034.00	1 093.00	1 479.00	1 677.00	2 693.00
天津	1 726.67	1 282.12	1 381.87	16 08.41	1 800.35	1 890.32	2 023.68	2 093.80
青海	1 088.80	590.50	776.50	905.30	1 144.70	1 389.10	1 664.70	1 491.00

续表

省（自治区、直辖市）	平均	最低收入户	低收入户	中低收入户	中等收入户	中高收入户	高收入户	最高收入户
内蒙古	1 120.12	713.04	838.57	980.45	1 221.49	1 383.42	1 455.68	1 854.09
江西	1 472.52	961.63	1 207.82	1 325.79	1 568.24	1 660.30	1 797.45	2 013.73
江苏	1 787.27	1 109.00	1 453.05	1 696.36	1 934.80	1 992.34	2 122.95	2 012.96
吉林	1 009.38	582.65	775.84	933.28	1 099.98	1 202.45	1 246.27	1 321.03

数据来源：相关省份（自治区、直辖市）相关年份的统计年鉴。

表 5.21　2011 年人均蔬菜类支出情况

元

省（自治区、直辖市）	平均	最低收入户	低收入户	中低收入户	中等收入户	中高收入户	高收入户	最高收入户
湖北	653.65	425.78	512.09	588.73	668.10	730.10	798.22	895.12
吉林	452.21	335.66	363.13	408.86	472.56	517.55	565.97	569.20
黑龙江	441.70	271.60	358.00	385.40	442.50	517.80	572.80	692.90
河南	375.92	261.75	305.51	325.60	395.67	431.50	492.48	517.86
海南	580.80	362.78	428.74	495.50	610.87	698.20	773.96	885.94
广西	448.41	380.80	422.08	406.69	440.55	478.39	512.43	526.91
甘肃	462.58	329.37	384.77	394.57	468.84	557.71	530.76	681.75
安徽	538.66	360.95	462.42	521.78	551.36	629.46	632.38	723.17
重庆	624.99	477.53	539.79	606.38	651.42	692.61	681.48	686.24
西藏	601.00	345.00	467.00	551.00	597.00	705.00	743.00	1 104.00
天津	555.79	432.18	454.31	534.65	580.75	586.68	649.05	649.22
青海	467.80	271.50	342.80	408.60	504.80	567.70	641.70	666.10
江西	580.69	433.36	479.53	532.00	610.22	633.04	663.24	806.44
江苏	582.89	395.96	492.26	536.34	629.65	644.93	689.39	651.62
福建	534.00	435.00	454.00	503.00	544.00	574.00	622.00	660.00
宁夏	402.00	243.00	315.00	351.00	418.00	491.00	493.00	564.00
辽宁	515.76	369.32	418.65	480.52	561.51	551.21	604.66	597.74
山西	352.14	239.11	269.16	304.67	398.93	400.52	493.25	446.60
浙江	583.00	480.00	514.00	559.00	613.00	648.00	617.00	584.00

数据来源：相关省份（自治区、直辖市）相关年份的统计年鉴。

就粮油这类基本食品的平均水平而言，其支出的地区存在差异，但并不大。表 5.19 中所列的支出最高（湖北）与最低（甘肃）地区年人均差额为 218.87 元。大多数地区之间的差额保持在 100 元以内。就肉禽蛋及水产类食品的平均水平而言，其支出存在较大的地区差异。表 5.20 中所列的支出最高（广东）与最低（山西）地区年人均差额为 2 050.64 元。这类差异则明显体现出各地区经济发展、饮食习惯等特点。例如，广东、浙江、福建、江苏等地区该类支出普遍较高，一方面源于经济发展较好，人们生活水平普遍较高，另一方面源于偏好水产类食品的饮食习惯；例如，新疆、青海、西藏、内蒙古等地区虽然经济发展相对落后，但人们偏好于肉禽类的饮食习惯促使该类支出高于一些中部地区（山西、河南、甘肃）。蔬菜类食品情况与粮油类相似，其支出的地区差异存在但并不大。表 5.21 中所列的支出最高（湖北）与最低（山西）地区年人均差额为 301.51 元。大多数地区之间差额保持在 100 元以内。因此，就"食品支出"来看，这种地区差异导致的费用差异是不能被忽视的。

（2）不同家庭规模食品消费支出的差异问题。1 人家庭、2 人家庭、3 人家庭、4 人家庭等，随着家庭人口规模的增加，食品消费支出会呈现"翻倍式"刚性增加，相应地，该项费用也会翻倍增加（见表 5.22）。需要注意的是，这种由家庭成员增加而导致的"费用增加"并不考虑该增加成员"是否已经工作"。如果有工作收入，则有权获得相应的生计扣除；如果无工作收入，则无法获得相应的生计扣除。因此，家庭规模差异导致的费用扣除的差异不能被忽视，十分有必要区分家庭规模进行费用扣除。

表 5.22　2011 年最低收入户各家庭规模食品支出情况

元

省（自治区、直辖市）	1 人家庭	2 人家庭	3 人家庭	4 人家庭	5 人家庭
新疆	2 584.64	5 169.28	7 753.92	10 338.56	12 923.20
吉林	2 380.82	4 761.64	7 142.46	9 523.28	11 904.10
湖北	3 133.71	6 267.42	9 401.13	12 534.84	15 668.55
黑龙江	2 339.70	4 679.40	7 019.10	9 358.80	11 698.50
河南	2 442.29	4 884.58	7 326.87	9 769.16	12 211.45
海南	3 203.65	6 407.30	9 610.95	12 814.60	16 018.25
广西	3 175.29	6 350.58	9 525.87	12 701.16	15 876.45
广东	3 810.20	7 620.40	11 430.60	15 240.80	19 051.00

省（自治区、直辖市）	1人家庭	2人家庭	3人家庭	4人家庭	5人家庭
甘肃	2 420.66	4 841.32	7 261.98	9 682.64	12 103.30
福建	4 098.00	8 196.00	12 294.00	16 392.00	20 490.00
安徽	3 144.12	6 288.24	9 432.36	12 576.48	15 720.60
重庆	3 439.10	6 878.20	10 317.30	13 756.40	17 195.50
浙江	4 330.00	8 660.00	12 990.00	17 320.00	21 650.00
西藏	2 572.00	5 144.00	7 716.00	10 288.00	12 860.00
天津	4 443.79	8 887.58	13 331.37	17 775.16	22 218.95
青海	2 185.80	4 371.60	6 557.40	8 743.20	10 929.00
宁夏	2 313.00	4 626.00	6 939.00	9 252.00	11 565.00
内蒙古	2 692.47	5 384.94	8 077.41	10 769.88	13 462.35
辽宁	2 768.13	5 536.26	8 304.39	11 072.52	13 840.65
江西	2 994.58	5 989.16	8 983.74	11 978.32	14 972.90
江苏	3 187.72	6 375.44	9 563.16	12 750.88	15 938.60
山西	1 892.27	3 784.54	5 676.81	7 569.08	9 461.35

数据来源：相关省份（自治区、直辖市）相关年份的统计年鉴。

（3）低、高、最低、最高收入级别的家庭食品消费支出的差异问题。食品的多样化以及人们对食品品质的要求使不同收入能力的家庭对食品消费支出呈现差异（见表5.23），并且呈扩大趋势。在同一省内，这种差异是显著地。而现行的做法既忽略了同省内的这种差异，又忽略了省际差异，将费用扣除以"平均值"的办法同质化处理，这种做法是欠妥的。

表5.23 2011年极端收入级别家庭人均食品支出比较

元

省（自治区、直辖市）	平均	最低收入户	低收入户	高收入户	最高收入户
新疆	4 537.46	2 584.64	3 438.73	6 465.87	7 988.09
吉林	4 252.85	2 380.82	2 960.99	5 674.43	7 340.30
湖北	5 363.68	3 133.71	3 700.11	7 160.60	8 843.33
黑龙江	4 348.50	2 339.70	3 233.20	6 006.20	7 618.30
河南	4 212.76	2 442.29	3 196.67	5 645.92	7 170.49
海南	5 673.70	3 203.65	3 849.01	8 118.58	9 937.62

省（自治区、直辖市）	平均	最低收入户	低收入户	高收入户	最高收入户
广西	5 074.49	3 175.29	3 867.45	6 323.03	7 317.88
广东	7 471.88	3 810.20	4 886.26	10 816.55	12 231.06
甘肃	4 182.47	2 420.66	2 800.87	5 569.13	7 458.20
福建	6 535.00	4 098.00	4 696.00	8 151.00	11 603.00
安徽	5 246.76	3 144.12	3 884.35	7 054.87	7 722.19
重庆	5 847.90	3 439.10	4 230.30	7 682.97	9 559.51
浙江	7 066.00	4 330.00	5 104.00	8 911.00	10 899.00
西藏	5 184.00	2 572.00	3 309.00	7 195.00	11 502.00
天津	6 663.31	4 443.79	5 067.56	8 051.87	9 395.95
青海	4 260.30	2 185.80	2 731.90	6 474.20	7 280.20
宁夏	4 483.00	2 313.00	3 376.00	6 246.00	7 319.00
内蒙古	4 962.40	2 692.47	3 204.16	7 385.87	10 586.06
辽宁	5 254.96	2 768.13	3 410.35	6 905.35	9 674.07
江西	4 675.16	2 994.58	3 509.74	5 884.25	7 818.86
江苏	6 060.91	3 187.72	4 126.03	8 150.41	9 560.50
山西	3 558.04	1 892.27	2 418.51	4 893.25	5 878.26

数据来源：相关省份（自治区、直辖市）相关年份的统计年鉴。

通过上述数据的比对分析，现实中，食品支出在区域、家庭规模、家庭户收入等级三方面都存在差异，并且若都考虑进来，家庭之间生计费用差异要比预想大得多，而现行做法是将这些差异都忽略掉，进行标准化处理。因此，本书后面在估计综合费用扣除标准水平时将会在现有数据资料的基础上综合考虑上述各层面的差异，尽可能更加真实地反映体现在食品支出方面的费用。

5.4.5 衣着支出

衣着支出是指纳税人及家人的衣着方面的费用。需要解释的是，对于工作服的处理，正常情况下，工作服相关支出应该属于"直接费用"的范畴，但是在中国大多数情况下，工作服开支由单位负责，计入生产成本，因此也就不必考虑工作服的问题。按照城镇居民消费支出的统计分类，衣着支出包括服装、衣着材料、鞋类、其他衣着用品、衣着加工服务费等支出。对于衣着支出的差异问题，需要考虑以下三方面。

（1）不同地区衣着支出的差异问题（见表5.24）。家庭衣着支出的地区差异与人们生活水平、季节气候等因素有关。经济发展水平较高的地区，人们生活水平质量相对较高，相应地，衣着支出也比较高。寒冷地区冬季涉及购置棉衣的问题，而棉衣的开支要远大于单衣。就全省平均水平而言，表5.24中所列的支出最高（内蒙古）与最低（海南）地区年人均差额为1 733.99元。大多数地区之间差额也保持在200～300元。

表5.24　2011年各地区人均衣着支出对比

元

省（自治区、直辖市）	平均	最低收入户	低收入户	中低收入户	中等收入户	中高收入户	高收入户	最高收入户
青海	1 394.30	460.00	626.90	882.50	1 319.80	1 875.70	2 589.20	3 987.00
宁夏	1 702.00	762.00	1 077.00	1 286.00	1 697.00	1 992.00	2 908.00	3 204.00
内蒙古	2 514.09	1 091.70	1 390.31	1 951.49	2 693.48	3 266.63	4 247.72	6 003.60
辽宁	1 854.63	615.83	887.60	1 184.09	1 493.20	2 169.09	2 836.70	4 732.45
江西	1 272.88	464.88	736.71	996.54	1 241.11	1 368.66	2 060.44	3 082.08
江苏	1 772.06	661.72	973.99	1 297.46	1 513.49	2 090.46	2 710.94	3 876.50
吉林	1 769.47	526.56	939.98	1 337.85	1 620.10	2 225.35	2 566.27	5 035.65
湖北	1 677.91	509.79	790.26	1 139.80	1 632.66	2 020.55	2 624.11	3 782.19
河南	1 706.94	691.40	1 030.28	1 453.27	1 674.04	2 166.01	2 496.85	3 401.93
海南	7 80.10	253.16	298.16	485.96	745.32	1 052.54	1 379.78	2 195.98
广东	1 404.60	345.13	567.23	859.05	1 302.57	1 834.92	2 557.85	3 303.20
甘肃	1 470.26	675.79	740.05	1 080.74	1 559.75	2 003.39	2 111.40	2 834.93
福建	1 495.00	542.00	894.00	1 203.00	1 412.00	1 794.00	2 233.00	3 244.00
重庆	2 056.79	692.02	1 108.64	1 584.36	1 852.30	2 337.16	3 174.60	5 072.02
浙江	2 139.00	793.00	1084.00	1 463.00	1 923.00	2 420.00	3 158.00	5 087.00
新疆	1 715.94	666.20	988.42	1 383.40	1 837.73	2 348.61	2 677.65	3 265.89
天津	1 754.98	728.10	1 154.26	1 363.87	1 554.18	2 041.67	2 561.84	3 505.67
西藏	1 261.00	423.00	585.00	923.00	1 253.00	1 761.00	1 891.00	3 314.00
黑龙江	1 681.90	522.60	845.40	1 255.50	1 481.00	1 884.60	2 732.30	5 226.80
广西	1 019.34	236.57	393.77	645.36	921.94	1 256.24	1 586.20	2 448.26
安徽	1 371.01	600.32	876.13	1 176.44	1 406.92	1 716.28	2 291.07	2 531.71

数据来源：相关省份（自治区、直辖市）相关年份统计年鉴。

（2）不同家庭规模衣着支出差异问题。如果衣着支出随家庭人口规模翻倍增加，则该项费用扣除也会翻倍增加（见表 5.25），这种费用增加并不考虑人员"是否取得工作收入"。这种家庭规模与家庭成员"工作状态"脱钩的状态，导致家庭间衣着费用扣除差异很大。

表 5.25　2011 年最低收入户各家庭规模衣着支出情况

元

省（自治区、直辖市）	1 人家庭	2 人家庭	3 人家庭	4 人家庭	5 人家庭
青海	460.00	920.00	1 380.00	1 840.00	2 300.00
宁夏	762.00	1 524.00	2 286.00	3 048.00	3 810.00
内蒙古	1 091.70	2 183.40	3 275.10	4 366.80	5 458.50
辽宁	615.83	1 231.66	1 847.49	2 463.32	3 079.15
江西	464.88	929.76	1 394.64	1 859.52	2 324.40
江苏	661.72	1 323.44	1 985.16	2 646.88	3 308.60
吉林	526.56	1 053.12	1 579.68	2 106.24	2 632.80
湖北	509.79	1 019.58	1 529.37	2 039.16	2 548.95
河南	691.40	1 382.80	2 074.20	2 765.60	3 457.00
海南	253.16	506.32	759.48	1 012.64	1 265.80
广东	345.13	690.26	1 035.39	1 380.52	1 725.65
甘肃	675.79	1 351.58	2 027.37	2 703.16	3 378.95
福建	542.00	1 084.00	1 626.00	2 168.00	2 710.00
重庆	692.02	1 384.04	2 076.06	2 768.08	3 460.10
浙江	793.00	1 586.00	2 379.00	3 172.00	3 965.00
新疆	666.20	1 332.40	1 998.60	2 664.80	3 331.00
天津	728.10	1 456.20	2184.30	2 912.40	3 640.50
西藏	423.00	846.00	1 269.00	1 692.00	2 115.00
黑龙江	522.60	1 045.20	1 567.80	2 090.40	2 613.00
广西	236.57	473.14	709.71	946.28	1 182.85
安徽	600.32	1 200.64	1 800.96	2 401.28	3 001.60

数据来源：相关省份（自治区、直辖市）相关年份统计年鉴。

（3）低、高、最低、最高收入级别的家庭衣着支出差异问题（见表 5.26）。同一省内，不同收入级别的家庭衣着支出的差异显著。省平均水平支出一般都是最低收入户的 2～3 倍，最高收入户支出水平一般是最低收入户的 4～9 倍，如此大的差异却在现实操作中被同质化处理。

表 5.26　2011 年极端收入级别家庭人均衣着支出比较

元

省（自治区、直辖市）	平均	最低收入户	低收入户	高收入户	最高收入户
青海	1 394.30	460.00	626.90	2 589.20	3 987.00
宁夏	1 702.00	762.00	1 077.00	2 908.00	3 204.00
内蒙古	2 514.09	1 091.70	1 390.31	4 247.72	6 003.60
辽宁	1 854.63	615.83	887.60	2 836.70	4 732.45
江西	1 272.88	464.88	736.71	2 060.44	3 082.08
江苏	1 772.06	661.72	973.99	2 710.94	3 876.50
吉林	1 769.47	526.56	939.98	2 566.27	5 035.65
湖北	1 677.91	509.79	790.26	2 624.11	3 782.19
河南	1 706.94	691.40	1 030.28	2 496.85	3 401.93
海南	780.10	253.16	298.16	1 379.78	2 195.98
广东	1 404.60	345.13	567.23	2 557.85	3 303.20
甘肃	1 470.26	675.79	740.05	2 111.40	2 834.93
福建	1 495.00	542.00	894.00	2 233.00	3 244.00
重庆	2 056.79	692.02	1 108.64	3 174.60	5 072.02
浙江	2 139.00	793.00	1 084.00	3 158.00	5 087.00
新疆	1 715.94	666.20	988.42	2 677.65	3 265.89
天津	1 754.98	728.10	1 154.26	2 561.84	3 505.67
西藏	1 261.00	423.00	585.00	1 891.00	3 314.00
黑龙江	1 681.90	522.60	845.40	2 732.30	5 226.80
广西	1 019.34	236.57	393.77	1 586.20	2 448.26
安徽	1 371.01	600.32	876.13	2 291.07	2 531.71

数据来源：相关省份（自治区、直辖市）相关年份的统计年鉴，或由其计算而得。

5.4.6　居住支出

居住支出是指纳税人及其家人的居住方面的费用。在城镇居民消费支出的统计中，居住支出包括住房①、水电燃料及其他②、居住服务费③等。然而该数据对本书来说不可用。统计局新闻发言人盛来运解释："统计局在房屋计算中并不体现实际房租市场的变化，而是采用房屋成本折旧的办法。"近年来，房地产价格一路飙升，按照多年前较低时候的房产成本价格折旧体现的房租必然会与当下的房地产价格产生较大差异。"无论是在一线城市还是二三线城市，国家统计局的消费支出基本上都可以涵盖最基本的衣、食、行等支出，唯独'住'则留下一个大缺口"（梁俊娇，2011）。因此，我们设计以下办法来确定居住支出。

确定这部分支出，我们需要明确两个问题：一是住房标准问题，即明确住房面积；二是住房价格问题，即明确住房单位成本。然后通过住房价格乘以住房面积，就可以得到住房支出，在住房支出的基础上加上水电燃料及其他以及居住服务费就可以得到我们要的"居住支出"。

这里的住房标准应该是一个最低的标准需求，但也不能只考虑"仅仅给一个吃、睡的地方就行"，必须考虑受保障家庭各成员生活、学习和工作的实际基本需求。关于住房的面积标准，一些国家和组织从实用和经济角度提出过相应的标准，主要用于受政府补贴的住房建设和作为房租补贴的依据。例如，世界健康组织提出的人均最低居住面积标准、国际家庭组织联盟与国际住房和城市规划联合会对欧洲国家不同居住人口家庭的最小面积标准、英国公共住房对不同居住人口家庭提出的最小建筑面积标准、日本《建筑工法》确定的最低居住标准等。④

如何确定最低居住标准，我国建设部发布的《住宅设计规范（GB 50096—1999）》（2003 版）对住宅内部使用空间的最低使用面积标准和通风采光等卫生要求做出了规定（见表 5.27）。同时，该规范还将普通住宅套型分为一至四类，指出其居住空间个数和使用面积不宜小于表 5.28 的规定。表 5.28 的面积标准可理解为推荐面积标准。但是上述以整套面积或人均面积为准而不考虑家庭结构来制定保障标准，显然很不完善。国际上通常很重视家庭结构。以日本为例，1988年规定最低居住水准就是以不同家庭结构来确定的。如果家庭人数为 1 人，室构成为 1K，居室面积 7.5 平方米，住户专用面积 16 平方米；当这 1 人是中高龄单身时，则室构成为 1DK，居室面积 10 平方米，住户专用面积 25 平方米；而家庭

① 住房是指调查户用于住房的直接支出，包括房租、房屋维修支出、房屋装潢支出等。
② 水电燃料及其他是指调查户支付的水费、电费、燃料费、取暖费等支出。
③ 居住服务费是指用于住房各种服务费用，包括物业管理费、住房维修服务费等。
④ 田东海. 住房政策：国际经验借鉴和中国现实选择［M］. 北京：清华大学出版社，1998.

人数为 2 人的，室构成也是 1DK，只是面积大一点，居室面积 17.5 平方米，住户专用面积 29 平方米；家庭人数为 3 人时，室构成为 2DK，居室面积 25 平方米，住户专用面积 39 平方米；家庭人数 4 人与 5 人，室构成均为 3DK，居室面积前者 32.5 平方米，后者 37.5 平方米，住户专用面积前者 50 平方米，后者 56 平方米；家庭人数为 6 人时，室构成 4DK，居室面积 45 平方米，住户专用面积 60 平方米。

笔者根据研究需要，认为住房标准既要满足卫生和基本的居住需要，又要保持最低的标准水平。在借鉴《住宅设计规范（GB 50096—1999）》（2003 版）规定的同时，我们暂不考虑住宅的套型问题，按照家庭规模设计如下住房标准（见表 5.29）。对于标准的适用范围。虽然由于经济发展水平和人口规模的差异，我国各地区住宅面积的稀缺程度是不一样的，但从满足人的卫生和基本居住需要来看，全国不应该有差异。因此将该标准的适用范围定为全国。

表 5.27　我国住宅内部使用空间的最低面积标准和卫生要求

住宅内部空间类型		最低使用面积标准（平方米）	通风采光要求
卧室	双人卧室	10	直接采光、自然通风
	单人卧室	6	
	兼起居的卧室	12	
起居室（厅）		12	直接采光、自然通风
厨房		4	直接采光、自然通风
卫生间（三件卫生洁具）		3	

资料来源：《住宅设计规范（GB50096—1999）》（2003 版）。

表 5.28　我国普通住宅套型分类及使用面积标准

套型	居住空间数（个）	使用面积（平方米）
一类	2	34
二类	3	45
三类	3	56
四类	4	68

注：居住空间指卧室、起居室（厅）的使用空间。

资料来源：《住宅设计规范（GB50096—1999）》（2003 版）。

表 5.29 各规模家庭最低标准使用面积

家庭规模	最低标准使用面积（平方米）	最低标准使用面积构成
1	35	1 个单人卧室 +1 个起居室 +1 个厨房 +1 个卫生间
2	41	2 个单人卧室 +1 个起居室 +1 个厨房 +1 个卫生间
3	47	3 个单人卧室 +1 个起居室 +1 个厨房 +1 个卫生间
4	53	4 个单人卧室 +1 个起居室 +1 个厨房 +1 个卫生间
5	59	5 个单人卧室 +1 个起居室 +1 个厨房 +1 个卫生间
6	65	6 个单人卧室 +1 个起居室 +1 个厨房 +1 个卫生间
7	71	7 个单人卧室 +1 个起居室 +1 个厨房 +1 个卫生间
8	77	8 个单人卧室 +1 个起居室 +1 个厨房 +1 个卫生间

注：（1）对于家庭人口规模大于 8 的家庭，按照每增加一个人就增加一个单人卧室的面积来计算最低标准使用面积。

（2）从居住者实际使用的空间角度出发，此处我们采用"使用面积"，而不是"建筑面积"。

对于住房价格，我们采用实际租金[①]。对于租金的使用有几方面的差异需要考虑：①地区内部的租金差异（见表 5.30）。在省域范围内，一般情况下省会城市的租金要高于非省会城市。对此，我们采用"就高不就低原则"，即用省会城市的租金反映整个省的住宅租金水平。如果说个税综合费用扣除是一种变相的"福利"，上述办法可以保证省域内福利水平的公平性。②地区之间的租金差异（见表 5.30）。这是地区间基本生活成本差异的重要内容，本书将这部分差异考虑在内。③每月租金的变化。鉴于数据的可得性，本研究暂采用一年 12 个月租金的平均值来代替该年每月租金情况（见表 5.31 至表 5.36）。④不同家庭规模住房租金的差异。该差异我们通过不同家庭规模的住房面积来体现。

表 5.30 北京、福州、长春地区 2014 年 1 月住宅租金

元/平方米·月

北京地区	均价	福州地区	均价	长春地区	均价
东城区	94.68	鼓楼区	37.66	净月区	28.15
西城区	87.85	台江区	34.76	高新区	27.98

---

① 有人会提出这样的疑问："部分人是住的自有房屋，而不是租的房屋，所以不用支付房租。"但是从人的基本生活需要和机会成本来看，以房租为代价的支出是必需的费用。如果不自住而用于出租，则会有房屋的租金收入，自住则意味着收入的减少。

续表

北京地区	均价	福州地区	均价	长春地区	均价
朝阳区	76.08	仓山区	29.89	朝阳区	25.31
崇文区	74.63	晋安区	29.87	南关区	24.32
海淀区	72.05	闽清县	26.32	二道区	23.42
宣武区	69.76	马尾区	25.84	经开区	22.97
丰台区	54.91	福清市	25.34	汽开区	22.12
石景山区	51.33	闽侯县	22.07	绿园区	21.93
大兴区	40.76	平潭县	21.24	宽城区	19.78
昌平区	39.57	长乐市	20.41	九台市	15.48
顺义区	39.24	连江县	20.32	农安县	—
通州区	34.2	罗源县	—	双阳区	—
门头沟区	32.89	永泰县	—	德惠市	—
怀柔区	30.16				
房山区	26.47				
延庆县	23.2				
密云县	22.5				
平谷区	20.23				

注：此处及后文有关房屋租金数据均来源于禧泰房产数据公司。

表 5.31　2006 年部分城市平均租金情况

元/平方米·月

城市	1月	2月	3月	4月	5月	6月	7月	8月	9月	10月	11月	12月	月均值
沈阳				12.5	16.04	15.72	16.94	17.33	16.97	17.94	18.87	19.92	16.91
哈尔滨				21.46	23.78	21.69	21.85	21.48	13.37	11.89	16.4	15.22	18.57
郑州				16.31	10.48	13.88	13.51	11.8	11.6	10.67	11.21	13.41	12.54
合肥				8.87	7.18	8.59	9.23	7.36	12.57	7.24	10.38	8.13	8.84
北京				28.57	29.41	12.98	41.69	55.09	33.89	23.21	23.2	25.76	30.42
西安				14.79	14.16	15.21	15.15	14.65	15.82	15.17	15.67	15.73	15.15

注：表 5.31 至表 5.36 中每月的租金额为该地区的平均租金额。而月均值是该地区每月平均租金额。根据数据的获取情况，表 5.31 中的月均值是 6 个月的月租金额的算术平均值。

表 5.32 2007 年部分城市平均租金情况

元/平方米·月

城市	1 月	2 月	3 月	4 月	5 月	6 月	7 月	8 月	9 月	10 月	11 月	12 月	月均值
杭州		16.00	21.09	19.87	26.20	19.66	25.54	22.31	21.09	23.41	35.02	32.31	23.86
沈阳	20.39	18.89	19.73	20.25	18.63	18.02	18.40	17.62	19.41	18.79	19.79	21.48	19.28
哈尔滨	11.28	11.83	13.10	12.65	17.67	22.08	20.81	21.50	22.21	20.77	20.41	21.30	17.97
郑州	12.26	13.59	12.62	14.98	14.12	11.52	13.70	12.64	13.43	13.52	14.08	13.47	13.33
合肥	7.71	11.47	13.11	9.80	9.11	9.12	13.55	8.92	12.35	12.13	12.44	10.57	10.86
北京	28.36	28.83	25.99	28.71	29.55	33.51	29.86	25.82	27.70	28.41	27.55	28.50	28.57
西安	16.70	16.99	17.40	16.71	16.16	16.60	16.07	17.86	18.03	16.67	16.78	16.88	16.90

表 5.33 2008 年部分城市平均租金情况

元/平方米·月

城市	1 月	2 月	3 月	4 月	5 月	6 月	7 月	8 月	9 月	10 月	11 月	12 月	月均值
杭州	28.61	21.42	25.98	26.10	25.47	22.74	25.77	25.24	27.74	31.14	28.97	27.96	26.43
沈阳	22.57	21.90	21.60	21.00	21.22	21.45	21.14	19.67	19.07	18.51	19.00	18.37	20.46
哈尔滨	20.75	20.39	22.70	22.80	22.26	21.73	21.72	21.97	22.12	22.43	23.41	22.42	22.06
郑州	13.44	14.05	13.53	14.04	14.22	13.68	14.02	14.03	13.70	13.54	13.39	13.39	13.75
合肥	18.04	13.27	15.70	19.86	17.31	20.83	18.70	20.28	18.32	15.82	12.79	11.85	16.90
北京	38.66	25.77	42.33	38.99	38.78	41.24	41.16	38.13	39.29	38.46	37.92	36.59	38.11
西安	17.46	17.65	17.85	17.68	16.23	17.43	16.59	17.23	17.28	16.54	16.67	17.23	17.15

表 5.34 2009 年部分城市平均租金情况

元/平方米·月

城市	1 月	2 月	3 月	4 月	5 月	6 月	7 月	8 月	9 月	10 月	11 月	12 月	月均值
杭州	32.88	32.55	28.95	31.56	32.01	30.96	32.53	34.20	36.12	37.90	35.99	34.67	33.36
沈阳	18.77	21.17	19.25	17.78	17.91	17.84	18.01	18.33	17.31	17.15	18.74	17.95	18.35
哈尔滨	—	24.04	22.67	23.36	23.15	23.23	25.05	23.69	23.63	22.60	23.01	23.17	23.42
郑州	14.41	14.20	14.02	13.91	13.82	14.12	14.16	14.28	14.48	14.90	14.47	14.61	14.28
合肥	13.82	11.54	12.96	12.86	12.13	12.48	12.72	13.44	12.03	12.12	12.82	13.68	12.72
北京	35.95	36.67	36.64	37.79	37.85	38.09	40.88	41.61	40.01	39.64	40.07	39.95	38.76
西安	16.82	17.69	17.38	17.98	17.82	17.38	17.90	18.23	18.69	18.17	18.07	18.69	17.90

注：表中哈尔滨月均值是 11 个月的月租金额的算术平均值，其余月均值都是 12 个月月租金额的算术平均值。

表 5.35　2010 年部分城市平均租金情况

元/平方米·月

城市	1 月	2 月	3 月	4 月	5 月	6 月	7 月	8 月	9 月	10 月	11 月	12 月	月均值
杭州	33.72	31.92	32.51	34.74	32.84	32.38	32.22	33.05	33.16	34.25	35.81	33.56	33.35
沈阳	19.77	18.29	18.43	19.60	18.15	18.39	18.88	20.15	19.07	20.11	20.86	20.74	19.37
哈尔滨	23.56	23.24	24.38	25.20	25.79	25.39	25.22	24.29	25.09	24.23	25.50	25.78	24.81
郑州	14.58	15.31	15.27	15.45	15.41	15.45	15.89	16.04	16.12	16.07	16.13	16.03	15.65
合肥	16.64	15.24	13.65	14.22	14.10	14.04	14.10	14.12	14.35	14.69	14.42	14.27	14.49
北京	38.64	41.39	42.89	43.70	42.70	42.93	44.35	43.57	42.88	43.16	44.94	45.51	43.06
西安	18.00	18.97	19.28	19.29	19.61	19.88	20.30	20.30	20.88	20.38	20.31	20.60	19.82

表 5.36　2011 年部分城市平均租金情况

元/平方米·月

城市	1 月	2 月	3 月	4 月	5 月	6 月	7 月	8 月	9 月	10 月	11 月	12 月	月均值
杭州	36.16	34.77	34.80	35.28	34.72	32.95	35.33	35.97	35.72	35.89	35.34	33.08	35.00
沈阳	20.59	18.88	20.53	20.94	20.46	20.26	20.56	20.84	20.18	19.85	20.55	19.19	20.24
哈尔滨	25.84	25.71	26.85	26.54	26.99	28.31	27.86	29.21	29.29	27.98	27.17	26.82	27.38
郑州	16.40	16.57	17.26	17.43	17.78	17.67	18.10	18.24	18.23	18.09	17.98	17.23	17.58
合肥	15.08	15.19	16.17	15.89	15.86	16.04	16.75	16.32	16.06	15.76	15.96	15.09	15.85
北京	46.84	48.31	48.42	49.39	49.09	50.49	51.91	52.46	52.57	52.95	52.47	51.93	50.57
西安	20.66	20.80	22.13	21.72	21.73	22.15	22.57	22.33	22.08	21.52	21.35	21.71	21.73

5.4.7　交通与通信支出

交通与通信支出是指纳税人及家人的交通与通信方面的费用。交通是基本需求中"行"的反映，而"通信"则是现代社会对"行"的延伸，都属于"基本交流、沟通"范畴。因此，应将相应的支出纳入个税综合费用扣除范围内。需要注意的是，对于因工作而产生的相关交通与通信费用，一般情况下单位会按照成本费用计入企业成本，因此不予考虑。交通与通信支出存在以下几方面的差异。

（1）地区间的交通与通信支出差异问题（见表 5.37 和表 5.38）。这种差异与地区自然地理环境［有的城市（镇）是山城，地势起伏比较大；有的城市（镇）在平原，地势比较平缓］、城市化发展规模和程度（决定职住分离程度）、交通设施的便利性有关。地理环境导致各个地区的主要交通工具是不同的，进而导致交通与通信支出的地区差异。就省平均水平而言，表 5.37 中所列的支出最高（浙江）与最低（江苏）地区年人均差额为 2 497.97 元，差异显著。比较而言，表 5.38 所列的通信支出的地区差异不太显著。

表 5.37   2011 年各地区人均交通支出情况

元/年

省（自治区、直辖市）	平均	最低收入户	低收入户	中低收入户	中等收入户	中高收入户	高收入户	最高收入户
西藏	544.00	60.00	170.00	656.00	393.00	755.00	871.00	1 408.00
浙江	2 726.00	447.00	881.00	1 489.00	2 646.00	3 193.00	4 513.00	7 303.00
吉林	888.51	130.00	238.00	616.16	684.43	1 239.24	1 579.95	3 041.93
湖北	827.81	148.19	229.46	312.90	836.10	984.85	1 751.33	2 217.26
河南	1 024.94	168.14	277.85	580.77	931.23	1 203.40	1 496.76	4 363.77
广西	1 404.87	119.58	516.71	521.03	1 389.43	1 349.54	2 048.17	5 213.95
安徽	677.96	166.41	341.02	491.86	485.45	882.24	1 160.58	2 505.43
宁夏	1 041.00	237.00	482.00	664.00	791.00	1 281.00	2 723.00	2 309.00
辽宁	1 181.00	156.03	203.28	276.58	478.68	851.33	1 269.90	7 166.94
江西	763.55	117.07	203.04	284.18	473.15	1 022.90	1 226.66	3 611.10
江苏	228.03	80.35	96.49	140.11	181.44	291.55	358.32	567.70
黑龙江	858.10	133.00	201.90	396.40	653.60	840.70	1 441.70	4 608.60
甘肃	605.41	130.48	206.51	245.99	607.30	1 161.56	1 162.28	1 069.31

数据来源：相关省份（自治区、直辖市）相关年份的统计年鉴，或由其计算可得。

表 5.38   2011 年各地区人均通信支出情况

元/年

省（自治区、直辖市）	平均	最低收入户	低收入户	中低收入户	中等收入户	中高收入户	高收入户	最高收入户
吉林	652.86	243.79	464.62	527.49	599.97	752.84	953.96	1 628.72
宁夏	596.00	301.00	383.00	490.00	663.00	670.00	894.00	978.00
辽宁	718.05	315.34	416.63	548.85	649.42	791.56	989.47	1 544.85
江西	546.66	239.44	340.37	431.44	514.06	678.80	855.76	1 075.24
江苏	492.08	236.49	345.42	415.11	473.18	541.76	684.41	849.13
湖北	554.39	226.49	293.50	387.21	515.91	723.10	864.10	1 049.91
黑龙江	505.50	193.90	317.70	404.30	520.20	586.80	765.90	1 107.70

续表

省（自治区、直辖市）	平均	最低收入户	低收入户	中低收入户	中等收入户	中高收入户	高收入户	最高收入户
广西	595.70	268.25	393.24	447.98	586.72	693.27	943.32	908.59
甘肃	684.39	295.31	437.44	545.30	735.49	878.47	984.01	1 194.61
安徽	687.06	378.42	462.05	589.38	733.38	827.73	1 094.55	1 139.20
浙江	1 002.00	500.00	727.00	808.00	986.00	1 115.00	1 293.00	1 790.00
西藏	734.00	296.00	374.00	577.00	749.00	959.00	1 124.00	1 712.00
河南	548.70	275.91	402.25	475.54	543.67	624.15	769.82	1 056.41

数据来源：相关省份（自治区、直辖市）相关年份的统计年鉴，或由其计算可得。

（2）不同家庭规模交通与通信支出差异问题。交通与通信费用属于人关于信息交流方面的最基本生计开支，与家庭成员是否有工作收入无关，但该项费用支出会随家庭人口规模以翻倍的形式增加（见表5.39）。显然，不同规模家庭的该项支出差异是显著的。

表 5.39　2011 年最低收入户各家庭规模交通与通信支出情况

元/年

省（自治区、直辖市）	1 人家庭	2 人家庭	3 人家庭	4 人家庭	5 人家庭
辽宁	471.37	942.74	1 414.11	1 885.48	2 356.85
江西	356.51	713.02	1 069.53	1 426.04	1 782.55
江苏	627.71	1 255.42	1 883.13	2 510.84	3 138.55
吉林	373.79	747.58	1 121.37	1 495.16	1 868.95
黑龙江	326.90	653.80	980.70	1 307.60	1 634.50
河南	444.05	888.10	1 332.15	1 776.20	2 220.25
海南	400.95	801.90	1 202.85	1 603.80	2 004.75
广西	387.83	775.66	1 163.49	1 551.32	1 939.15
广东	725.16	1 450.32	2 175.48	2 900.64	3 625.80
甘肃	425.79	851.58	1 277.37	1 703.16	2 128.95
福建	654.00	1 308.00	1 962.00	2 616.00	3 270.00
安徽	156.49	312.98	469.47	625.96	782.45
重庆	688.06	1 376.12	2 064.18	2 752.24	3 440.30
新疆	422.28	844.56	1 266.84	1 689.12	2 111.40
西藏	356.00	712.00	1 068.00	1 424.00	1 780.00

续表

省（自治区、直辖市）	1 人家庭	2 人家庭	3 人家庭	4 人家庭	5 人家庭
天津	911.45	1 822.90	2 734.35	3 645.80	4 557.25
浙江	947.00	1 894.00	2 841.00	3 788.00	4 735.00
青海	326.50	653.00	979.50	1 306.00	1 632.50
宁夏	538.00	1 076.00	1 614.00	2 152.00	2 690.00
内蒙古	601.60	1 203.20	1 804.80	2 406.40	3 008.00
山西	399.41	798.82	1 198.23	1 597.64	1 997.05
湖北	374.68	749.36	1 124.04	1 498.72	1 873.40

数据来源：相关省份（自治区、直辖市）相关年份的统计年鉴，或由其计算可得。

（3）低、高、最低、最高收入级别的家庭交通与通信支出差异问题。表 5.40
显示，无论哪个省，极端收入级别家庭交通和通信支出差异显著。最高收入户与
最低收入户的人均差额最大可达到 9 239.12 元（广东省），最小也要 825.12 元
（安徽省）。若将家庭全体成员考虑进去，则实际差异可能会更大。

表 5.40 2011 年极端收入级别家庭人均交通和通信支出比较

元/年

省（自治区、直辖市）	最低收入户	低收入户	高收入户	最高收入户
辽宁	471.37	619.90	2 259.37	8 711.79
江西	356.51	543.40	2 082.42	4 686.34
江苏	627.71	727.64	3 775.53	6 280.73
吉林	373.79	702.62	2 533.91	4 670.66
黑龙江	326.90	519.70	2 207.60	5 716.30
河南	444.05	680.10	2 266.59	5 420.18
海南	400.95	593.66	3 428.20	7 077.19
广西	387.83	909.95	2 991.49	6 122.55
广东	725.16	1441.33	6 556.96	9 964.28
甘肃	425.79	643.94	2 146.29	2 263.92
福建	654.00	940.00	4 640.00	7 898.00
安徽	156.49	221.54	752.53	981.61
重庆	688.06	823.07	2 801.10	4 709.96
新疆	422.28	689.30	2 277.37	3 370.20
西藏	356.00	544.00	1 995.00	3 120.00

续表

省（自治区、直辖市）	最低收入户	低收入户	高收入户	最高收入户
天津	911.45	1 480.13	4 641.64	5 659.95
浙江	947.00	1 608.00	5 806.00	9 093.00
青海	326.50	449.40	2 477.30	4 835.70
宁夏	538.00	865.00	3 617.00	3 287.00
内蒙古	601.60	902.74	2 832.09	7 869.07
山西	399.41	665.14	1 936.02	3 882.02
湖北	374.68	522.96	2 615.43	3 267.17

数据来源：相关省份（自治区、直辖市）相关年份的统计年鉴，或由其计算可得。

5.4.8 教育费用支出

教育费用支出主要是针对有孩子的家庭，是与孩子教育有关的费用支出。在城镇居民消费支出中，教育[①]支出被包含在教育文化娱乐支出中[②]。需要注意的是，对于纳税人的教育培训费或工作培训费，一般都被纳入单位的成本中核算，因此不用纳入生计扣除中。该项支出的差异主要体现在以下几个方面。

（1）有孩子的家庭和无孩子的家庭的差异问题。按照中国的现实情况，这里的孩子是指从接受幼儿园教育开始一直到大学本科结束，在有的家庭甚至到硕士、博士毕业，相关的教育费用都由父母承担。鉴于数据的可获得性，我们的研究暂不对孩子做进一步的区分。

（2）教育费用的地区差异问题。教育资源的不均衡性导致不同地区的人在享有教育资源时所支付的费用也有所差异（见表5.41）。就省（自治区、直辖市）平均水平而言，最高水平的浙江（1 333 元）是最低水平的西藏（228 元）的5.85倍，人均相差1 105 元，大多数地区的差额则主要集中在500~700 元。若将家庭人口规模考虑进来，则呈现出的地区差异将非常显著。

[①] 教育是指按一定的目的要求，对受教育者的德育、智育、体育、爱好、技能等诸方面施以影响的一种有计划的活动，与这一活动直接相关的支出即为教育支出，包括学费、教材费、家教费、赞助费、寄宿学生的住宿费等。

[②] 教育文化娱乐支出包括文化娱乐用品、文化娱乐服务、教育费用三项。

表5.41 2011年各地区人均教育支出情况

元/年

省（自治区、直辖市）	平均	最低收入户	低收入户	中低收入户	中等收入户	中高收入户	高收入户	最高收入户
浙江	1 333.00	842.00	1 062.00	1 142.00	1 127.00	1 433.00	1 744.00	2 409.00
重庆	460.09	318.84	423.58	392.76	417.13	402.88	536.51	1 055.82
广西	561.81	354.47	305.30	453.02	655.38	675.46	579.30	802.49
甘肃	447.01	337.45	434.36	377.82	494.58	540.10	352.16	612.85
山西	722.92	408.61	595.96	597.59	848.28	967.63	641.61	1 071.75
宁夏	567.00	328.00	622.00	577.00	576.00	516.00	738.00	715.00
吉林	739.14	387.60	412.94	736.01	879.34	970.69	897.20	684.75
海南	565.10	162.02	279.78	431.64	557.49	688.15	890.41	1 544.46
河南	544.60	398.19	344.32	503.70	604.79	580.43	694.44	815.30
黑龙江	598.70	412.40	497.60	629.80	585.80	563.50	531.50	1 180.40
湖北	690.86	548.70	475.82	468.69	665.03	687.74	1 115.32	1 254.98
江苏	1 005.65	594.07	664.52	972.74	810.02	1 150.27	1 236.94	1 800.62
江西	610.69	393.44	557.59	540.62	603.31	627.78	851.66	926.55
辽宁	757.94	518.38	595.35	665.44	643.40	736.26	999.88	1 421.05
西藏	228.00	53.00	111.00	176.00	256.00	309.00	350.00	515.00
安徽	776.90	658.41	937.02	648.89	699.52	814.19	1 009.16	1 025.39

数据来源：相关省份（自治区、直辖市））相关年份的统计年鉴，或由其计算而得。

（3）低、高、最低、最高收入级别的家庭教育支出差异问题（见表5.42）。不同收入水平的家庭对教育的开支差异是显著的。一般情况下，最高收入户人均教育开支是最低收入户的2~3倍。最高收入户与最低收入户的人均差额最大可达到1 567元（浙江省），最小也达到了275.4元（甘肃省）。

表5.42 2011年极端收入级别家庭人均教育支出比较

元/年

省（自治区、直辖市）	平均	最低收入户	低收入户	高收入户	最高收入户
浙江	1 333.00	842.00	1 062.00	1 744.00	2 409.00
重庆	460.09	318.84	423.58	536.51	1 055.82
广西	561.81	354.47	305.30	579.30	802.49

省（自治区、直辖市）	平均	最低收入户	低收入户	高收入户	最高收入户
甘肃	447.01	337.45	434.36	352.16	612.85
山西	722.92	408.61	595.96	641.61	1 071.75
宁夏	567.00	328.00	622.00	738.00	715.00
吉林	739.14	387.60	412.94	897.20	684.75
海南	565.10	162.02	279.78	890.41	1 544.46
河南	544.60	398.19	344.32	694.44	815.30
黑龙江	598.70	412.40	497.60	531.50	1 180.40
湖北	690.86	548.70	475.82	1 115.32	1 254.98
江苏	1 005.65	594.07	664.52	1 236.94	1 800.62
江西	610.69	393.44	557.59	851.66	926.55
辽宁	757.94	518.38	595.35	999.88	1 421.05
西藏	228.00	53.00	111.00	350.00	515.00
安徽	776.9	658.41	937.02	1 009.16	1 025.39

数据来源：相关省份（自治区、直辖市）相关年份的统计年鉴，或由其计算而得。

5.4.9 医疗保健支出

医疗保健支出是指作为纳税人家人的生计支出中的医疗保健方面的费用。因为在大多数情况下，纳税人的医疗保健支出可以到单位报销。在城镇居民消费支出中，医疗保健支出包括医疗器具①、保健器具②、药品费③、滋补保健品④、医疗费⑤、其他⑥等。作为人们日常生活的一项必需开支，医疗保健支出的差异主要体现在以下几个方面。

（1）地区间的医疗保健支出差异（见表5.43）。从省（自治区、直辖市）平

---

① 医疗器具是指家庭购买的用于医疗的器具，包括血压计、体温计、注射器等。

② 保健器具是指用于身体保健的器具，包括按摩器、健身球、磁疗枕、护膝、护腰、护肩等，不包括体育运动器械，如扩胸器、哑铃等。

③ 药品费是指去医院治疗或直接向药店购买的西药、中成药、中草药的费用，包括输血费，以及交纳的子女统筹医疗费，不包括滋补品和可报销部分的药品费。

④ 滋补保健品是指市场上销售的具有滋补保健作用的各种保健食品。

⑤ 医疗费是指用于医疗保健的服务性支出，包括挂号费、诊疗费、注射费、手术费、透视费、镶牙费、出诊费、送药费、陪侍费、住院费、救护车费等。

⑥ 其他指除上述以外的内容。

均水平来看，西藏地区处于最低水平（人均424元），支出水平最高（人均1 415元）为天津地区，其他大多数地区主要集中在700～1000元。

表5.43 2011年各地区人均医疗保健支出情况

元/年

省（自治区、直辖市）	平均	最低收入户	低收入户	中低收入户	中等收入户	中高收入户	高收入户	最高收入户
山西	851.30	292.21	650.39	487.85	983.94	1 240.45	1 321.35	1 518.90
青海	854.30	527.70	688.40	668.80	929.40	916.60	895.80	2 117.00
宁夏	589.00	348.00	717.00	690.00	900.00	1 501.00	1 185.00	1 588.00
内蒙古	1 239.36	637.67	876.28	1 111.28	1 143.81	1 424.61	2 027.91	2 872.02
江西	641.23	357.33	428.72	523.46	639.34	743.25	953.84	1 137.24
江苏	962.45	435.23	645.89	702.82	903.05	1 155.88	1 426.17	1 718.90
吉林	1 108.51	721.68	505.72	934.86	1 017.81	1 377.72	1 578.20	2 351.47
湖北	915.72	467.80	510.05	622.17	727.60	1 071.42	1 366.30	2 287.10
黑龙江	1 083.00	493.70	800.30	835.10	1 037.10	1 244.00	1 395.20	2 681.40
河南	919.83	377.22	700.50	793.04	903.69	1 141.47	1 266.46	1 701.77
海南	783.30	392.03	333.78	532.86	740.29	936.96	1 550.89	1 870.35
广东	948.18	397.06	497.41	740.50	808.31	1 173.98	1 516.69	2 011.16
福建	773.00	373.00	405.00	570.00	716.00	1 092.00	939.00	1 654.00
安徽	907.58	584.58	535.22	676.27	836.90	1 361.54	1 187.57	1 841.46
重庆	1 050.62	699.40	706.80	899.60	858.58	1 233.94	1 720.49	1 716.76
新疆	912.99	530.28	421.61	857.43	780.11	1 395.57	1 146.54	1 722.88
西藏	424.00	141.00	195.00	310.00	406.00	563.00	679.00	1 216.00
天津	1 415.39	715.6	772.63	1 270.20	1 319.66	1 792.39	2 021.86	2 081.31
广西	779.08	439.00	341.57	650.03	654.57	794.32	1 505.67	1 316.38
辽宁	1 208.30	577.40	611.02	795.08	1 167.99	1 237.23	1 668.19	2 943.68
甘肃	874.05	386.83	619.70	767.65	664.81	1 193.24	1 478.54	1 489.80
浙江	1 249.00	859.00	1 008.00	790.00	1 064.00	1 511.00	1 690.00	2 383.00

（2）不同家庭规模医疗保健支出差异问题。每个省的每个家庭都按最低收入户的医疗保健支出水平计算，再将家庭人口规模考虑进去，则家庭医疗保健支出随人口规模以翻倍的形式增加，即费用扣除也会翻倍增加（见表5.44）。

表 5.44 2011 年最低收入户各家庭规模医疗保健支出情况

元/年

省（自治区、直辖市）	1 人家庭	2 人家庭	3 人家庭	4 人家庭	5 人家庭
山西	292. 21	584. 42	876. 63	1 168. 84	1 461. 05
青海	527. 70	1 055. 40	1 583. 10	2 110. 80	2 638. 50
宁夏	348. 00	696. 00	1 044. 00	1 392. 00	1 740. 00
内蒙古	637. 67	1 275. 34	1 913. 01	2 550. 68	3 188. 35
江西	357. 33	714. 66	1 071. 99	1 429. 32	1 786. 65
江苏	435. 23	870. 46	1 305. 69	1 740. 92	2 176. 15
吉林	721. 68	1 443. 36	2 165. 04	2 886. 72	3 608. 40
湖北	467. 80	935. 60	1 403. 40	1 871. 20	2 339. 00
黑龙江	493. 70	987. 40	1 481. 10	1 974. 80	2 468. 50
河南	377. 22	754. 44	1 131. 66	1 508. 88	1 886. 10
海南	392. 03	784. 06	1 176. 09	1 568. 12	1 960. 15
广东	397. 06	794. 12	1 191. 18	1 588. 24	1 985. 30
福建	373. 00	746. 00	1 119. 00	1 492. 00	1 865. 00
安徽	584. 58	1 169. 16	1 753. 74	2 338. 32	2 922. 90
重庆	699. 40	1 398. 80	2 098. 20	2 797. 60	3 497. 00
新疆	530. 28	1 060. 56	1 590. 84	2 121. 12	2 651. 40
西藏	141. 00	282. 00	423. 00	564. 00	705. 00
天津	715. 60	1 431. 20	2 146. 80	2 862. 40	3 578. 00
广西	439. 00	878. 00	1 317. 00	1 756. 00	2 195. 00
辽宁	577. 40	1 154. 80	1 732. 20	2 309. 60	2 887. 00
甘肃	386. 83	773. 66	1 160. 49	1 547. 32	1 934. 15
浙江	859. 00	1 718. 00	2 577. 00	3 436. 00	4 295. 00

（3）低、高、最低、最高收入级别的家庭医疗保健支出差异问题（见表 5.45）。将每个地区的最高收入户与最低收入户的医疗保健支出做比较，我们发现辽宁地区的最高收入家庭户与最低收入家庭户的人均医疗保健开支差异最大，前后相差 2 366 元。其他地区这一数据也都超过了 1 000 元。如果将家庭人口规模考虑进去，则家庭医疗保健支出水平差异会成倍扩大。

表5.45　2011年极端收入级别家庭人均医疗保健支出比较

元/年

省（自治区、直辖市）	平均	最低收入户	低收入户	高收入户	最高收入户
山西	851.30	292.21	650.39	1 321.35	1 518.90
青海	854.30	527.70	688.40	895.80	2 117.0
宁夏	589.00	348.00	717.00	1 185.00	1 588.00
内蒙古	1 239.36	637.67	876.28	2 027.91	2 872.02
江西	641.23	357.33	428.72	953.84	1 137.24
江苏	962.45	435.23	645.89	1 426.17	1 718.90
吉林	1 108.51	721.68	505.72	1 578.20	2 351.47
湖北	915.72	467.80	510.05	1 366.30	2 287.10
黑龙江	1 083.00	493.70	800.30	1 395.20	2 681.40
河南	919.83	377.22	700.50	1 266.46	1 701.77
海南	783.30	392.03	333.78	1 550.89	1 870.35
广东	948.18	397.06	497.41	1 516.69	2 011.16
福建	773.00	373.00	405.00	939.00	1 654.00
安徽	907.58	584.58	535.22	1 187.57	1 841.46
重庆	1 050.62	699.40	706.80	1 720.49	1 716.76
新疆	912.99	530.28	421.61	1 146.54	1 722.88
西藏	424.00	141.00	195.00	679.00	1 216.00
天津	1 415.39	715.60	772.63	2 021.86	2 081.31
广西	779.08	439.00	341.57	1 505.67	1 316.38
辽宁	1 208.30	577.40	611.02	1 668.19	2 943.68
甘肃	874.05	386.83	619.70	1 478.54	1 489.80
浙江	1 249.00	859.00	1 008.00	1 690.00	2 383.00

数据来源：相关省份（自治区、直辖市）相关年份的统计年鉴，或由其计算而得。

5.4.10　文化娱乐支出

文化娱乐支出是指纳税人及家人生计支出中的文化娱乐方面的费用。随着经济的发展和人们生活水平的不断提高，最基本的文化娱乐需求也应该被纳入基本生活需求范围内。在城镇居民消费支出中，文化娱乐支出被包括在教育文化娱乐支出中，而文化娱乐支出包括文化娱乐用品支出①、文化娱乐服务支出②两部分。用"教育文化娱乐支出"减去"教育支出"就可得"文化娱乐支出"。该项支出的差异主要体现在以下几个方面。

（1）地区间的文化娱乐支出差异。就省（自治区、直辖市）平均水平而言，经济发达的地区，人们的文化娱乐支出水平相对比较高（见表5.46）。江苏人均文化娱乐支出水平最高（约1 690元），浙江次之（约1 483元），西藏最低（约286元），其他地区大都处于700～900元。

表5.46　2011年各地区人均文化娱乐支出情况

元/年

省（自治区、直辖市）	平均	最低收入户	低收入户	中低收入户	中等收入户	中高收入户	高收入户	最高收入户
浙江	1 483.00	340.00	548.00	726.00	1 358.00	1 805.00	2 376.00	4 119.00
重庆	1 014.79	298.36	427.62	658.26	848.11	1 303.13	1 748.78	2 674.12
广西	940.84	259.54	314.86	408.00	792.72	1 041.02	1 713.28	2 824.32
甘肃	711.29	265.86	254.50	459.32	686.02	1 016.52	1 181.28	1 691.87
山西	696.51	171.72	320.48	435.85	722.62	910.00	1 323.29	1 738.83
宁夏	874.00	224.00	565.00	411.00	874.00	1 222.00	1 459.00	2 183.00
吉林	729.20	160.69	316.25	430.59	640.01	1 016.68	1 293.39	2 189.72
海南	576.70	96.49	188.60	300.01	545.77	749.96	1 258.70	1 830.05
河南	829.34	282.86	416.61	537.17	829.81	1 098.22	1 312.41	2 138.38
黑龙江	592.20	174.80	266.10	376.10	487.30	642.40	867.50	2 379.10
湖北	798.81	315.63	311.94	395.45	578.55	891.62	1 389.42	2 638.75
江苏	1 689.87	367.66	636.05	859.49	1 311.50	2 034.80	3 060.86	4 869.62
江西	818.61	238.61	345.27	551.35	682.36	1 050.40	1 472.18	2 244.17
辽宁	856.58	192.14	286.19	412.78	653.89	923.51	1 304.89	2 925.55
西藏	286.00	69.00	104.00	188.00	295.00	451.00	453.00	717.00
安徽	854.38	210.72	340.58	526.24	869.94	1 348.40	1 525.25	2 270.85

① 文化娱乐用品支出是指调查户用于购置家庭文娱用耐用品和其他文娱品的支出。其中，购买家庭影院的支出根据其设备配置情况分别记为彩色电视、影碟机、组合音响等支出。
② 文化娱乐服务支出是指和文化娱乐活动有关的各种服务费用，包括参观游览、健身活动、团体旅游、其他文娱活动费。

（2）不同家庭规模文化娱乐支出差异。每个省的每个家庭都按最低收入户的文化娱乐支出水平计算，再将家庭人口规模考虑进去，则家庭文化娱乐支出随人口规模以翻倍的形式增加，费用也会翻倍增加（见表5.47）。这说明，即使在同一地区，文化娱乐支出也会随着家庭规模的大小呈现出较大的差异。

表5.47 2011年最低收入户各家庭规模文化娱乐支出情况

元/年

省（自治区、直辖市）	1人家庭	2人家庭	3人家庭	4人家庭	5人家庭
浙江	340.00	680.00	1 020.00	1 360.00	1 700.00
重庆	298.36	596.72	895.08	1 193.44	1 491.80
广西	259.54	519.08	778.62	1 038.16	1 297.70
甘肃	265.86	531.72	797.58	1 063.44	1 329.30
山西	171.72	343.44	515.16	686.88	858.60
宁夏	224.00	448.00	672.00	896.00	1 120.00
吉林	160.69	321.38	482.07	642.76	803.45
海南	96.49	192.98	289.47	385.96	482.45
河南	282.86	565.72	848.58	1 131.44	1 414.3
黑龙江	174.80	349.60	524.40	699.20	874.00
湖北	315.63	631.26	946.89	1 262.52	1 578.15
江苏	367.66	735.32	1 102.98	1 470.64	1 838.30
江西	238.61	477.22	715.83	954.44	1 193.05
辽宁	192.14	384.28	576.42	768.56	960.70
西藏	69.00	138.00	207.00	276.00	345.00
安徽	210.72	421.44	632.16	842.88	1 053.60

数据来源：相关省份（自治区、直辖市）相关年份的统计年鉴或由其计算所得。

（3）低、高、最低、最高收入级别的家庭文化娱乐支出差异。同样，将每个地区的最高收入户与最低收入户的文化娱乐支出做比较，我们发现，江苏的最高收入家庭户与最低收入家庭户的人均文化娱乐支出差异最大，前后相差约4 502元；浙江次之，相差3 779元；其他地区这一数据也大都超过了2 000元。如果将家庭人口规模考虑进去，则文化娱乐支出水平差异会成倍扩大（见表5.48）。

表5.48　2011年极端收入级别家庭人均文化娱乐支出比较

元/年

省（自治区、直辖市）	平均	最低收入户	低收入户	高收入户	最高收入户
浙江	1 483.00	340.00	548.00	2 376.00	4 119.00
重庆	1 014.79	298.36	427.62	1 748.78	2 674.12
广西	940.84	259.54	314.86	1 713.28	2 824.32
甘肃	711.29	265.86	254.50	1 181.28	1 691.87
山西	696.51	171.72	320.48	1 323.29	1 738.83
宁夏	874.00	224.00	565.00	1 459.00	2 183.00
吉林	729.20	160.69	316.25	1 293.39	2 189.72
海南	576.70	96.49	188.60	1 258.70	1 830.05
河南	829.34	282.86	416.61	1 312.41	2 138.38
黑龙江	592.20	174.80	266.10	867.50	2 379.10
湖北	798.81	315.63	311.94	1 389.42	2 638.75
江苏	1 689.87	367.66	636.05	3 060.86	4 869.62
江西	818.61	238.61	345.27	1 472.18	2 244.17
辽宁	856.58	192.14	286.19	1 304.89	2 925.55
西藏	286.00	69.00	104.00	453.00	717.00
安徽	854.38	210.72	340.58	1 525.25	2 270.85

数据来源：相关省份（自治区、直辖市）相关年份的统计年鉴，或由其计算而得。

5.4.11　家庭设备及服务支出

家庭设备及服务支出是指纳税人及家人生计支出中的家庭设备及其服务方面的费用。在城镇居民消费支出中，家庭设备及其服务支出包括耐用品①、室内装

---

① 耐用品是指价值比较高、消费期较长的家用电器和家庭设备。

饰品①、床上用品②、家庭日用杂品③、家具材料④、家庭服务⑤等。家庭设备及服务支出基本上用于购买家庭日常必需的消耗品。该项支出的差异主要体现在以下几个方面。

（1）地区间的家庭设备及服务支出差异。就省（自治区、直辖市）平均水平而言，广东人均家庭设备及服务支出水平最高（约 1 370 元），江苏次之（约 1 194 元），西藏水平最低（约 428 元），其他地区大都处于 700 ~ 1 000 元（见表 5.49）。

表 5.49　2011 年各地区人均家庭设备用品支出情况

元/年

省（自治区、直辖市）	平均	最低收入户	低收入户	中低收入户	中等收入户	中高收入户	高收入户	最高收入户
辽宁	929.37	251.79	396.75	531.15	826.42	1 064.18	1 340.88	2 574.74
江西	914.88	323.61	482.28	663.97	792.73	990.68	1 417.47	2 778.53
江苏	1 193.81	400.22	596.26	786.97	1 015.40	1 466.29	1 898.94	2 733.82
吉林	839.31	274.88	409.59	510.49	734.47	1 107.91	1 445.21	2 466.83
湖北	814.81	277.79	452.23	610.00	767.01	914.21	1 278.45	1 793.33
黑龙江	723.60	225.20	382.20	499.50	673.40	817.70	1 055.00	2 358.20
河南	977.52	395.37	577.62	668.88	858.00	1 243.85	1 618.41	2 557.23

---

① 室内装饰品是指美化、装饰房间用的各种装饰品及工艺品，包括纺织装饰品、装饰灯具及其他装饰品，不含珍藏的艺术品。

② 床上用品是指以棉、毛、丝及合成纤维等材料纺织或针织制品等，包括毛毯、床单、被单、床罩、被套、枕具、蚊帐、凉席、电褥以及各种棉被、鸭绒被、棉毯、线毯、电热毯、毛巾被等。

③ 家庭日用杂品是指除家具、室内装饰品、各种家庭设备以及床上用品以外的各类家庭日用品，包括：厨、饮、茶具、家用工具、家庭清洁品等日用杂品；各种材料制作的锅、勺、水壶、案板、水缸、碗、碟、匙、筷，各种炉灶具（电炉、煤油炉、煤炉、鼓风机、煤气灶、煤气瓶等）、各种茶具及咖啡具等；各种榔头、钳子、锯子、扳手、锉刀、泥刀等泥工、木工、电工的家用工具；肥皂、香皂、洗衣粉、洗衣皂、丝毛洗剂、洗洁精、去污粉、衣物漂白剂、衣物柔软剂、空气清醒剂、家具消毒剂、除臭剂、家具光亮剂、地板蜡、鞋油等家居清洁用各种日用化工产品；小五金（如元钉、木螺丝、铁丝、合页、插销、门钩、锁等）；各种电料（如插座、插头、开关、灯头、电线、镇流器、日光灯管、日光灯架、灯泡、灯罩、普通台灯、电表）；各种材料的自来水管、各种水龙头、阀门、电表等；各种保温瓶（如大口冰瓶、热水瓶、气压热水瓶、瓶胆等）；各种扫帚、床刷、剪刀、扇子、竹帘、烟筒、火柴、照明用蜡烛、各种灭蚊用品、电池、皮鞋刷等；各种材料制成的脸盆、脚盆、水桶、洗衣板、簸箕、手电筒、窗纱、雨伞等；各种纸制品（如卫生纸、卫生巾、餐巾纸、皱纹纸、纸杯等）；各种购物袋（如网线袋、塑料袋、编织袋等）；做衣服用的针线、顶针、编织衣物的针、钩针等。

④ 家具材料是指自制家具用的材料，包括木材、胶合板、纤维板、玻璃、粘胶、油漆以及各种零配件材料等。

⑤ 家庭服务支出是指家政服务支出及加工维修费用。

省（自治区、直辖市）	平均	最低收入户	低收入户	中低收入户	中等收入户	中高收入户	高收入户	最高收入户
海南	729.90	230.41	360.86	408.63	726.70	949.05	1 111.24	2 312.69
广西	884.85	235.70	433.79	522.16	795.43	1 134.64	1 343.05	2 046.90
甘肃	660.48	375.20	288.39	385.04	625.55	772.35	1 296.96	1 584.38
福建	1 180.00	418.00	635.00	800.00	1 182.00	1 417.00	1 769.00	2 900.00
安徽	690.66	281.85	447.65	451.98	621.00	988.75	1 328.21	1 550.35
重庆	1 079.27	467.53	684.96	716.58	952.42	1 290.72	1 774.47	2 485.95
新疆	791.43	245.99	426.57	636.05	844.33	1 146.58	1 207.54	1 582.68
西藏	428.00	96.00	247.00	289.00	407.00	654.00	666.00	1 064.00
天津	1 174.62	367.63	440.11	680.24	887.99	1 611.66	1 723.03	3 189.10
广东	1 370.28	404.24	588.02	790.68	1 321.87	1 730.73	2 256.44	3 492.45
青海	723.20	350.90	337.30	519.40	665.10	970.60	1 273.90	1 729.20
宁夏	885.00	326.00	484.00	612.00	930.00	1 006.00	1 377.00	2 197.00
内蒙古	1 162.87	343.90	510.14	904.42	1 197.09	1 622.96	1 995.15	3 285.07
浙江	1 109.00	366.00	596.00	713.00	931.00	1 145.00	1 599.00	3 171.00
山西	832.74	245.38	376.84	596.52	757.37	928.00	1 736.00	2 246.20

（2）不同家庭规模家庭设备及服务支出差异。每个省的每个家庭都按最低收入户的家庭设备用品及服务支出水平计算，再将家庭人口规模考虑进去，则该项支出随人口规模以翻倍的形式增加，费用扣除也会翻倍增加（见表5.50）。这说明，即使在同一地区，家庭设备用品及服务支出也会因家庭规模大小而呈现较大的差异。

表5.50 2011年最低收入户各家庭规模家庭设备用品及服务

元/年

省（自治区、直辖市）	1人家庭	2人家庭	3人家庭	4人家庭	5人家庭
辽宁	251.79	503.58	755.37	1 007.16	1 258.95
江西	323.61	647.22	970.83	1 294.44	1 618.05
江苏	400.22	800.44	1 200.66	1 600.88	2 001.10
吉林	274.88	549.76	824.64	1 099.52	1 374.40
湖北	277.79	555.58	833.37	1 111.16	1 388.95

续表

省(自治区、直辖市)	1人家庭	2人家庭	3人家庭	4人家庭	5人家庭
黑龙江	225.20	450.40	675.60	900.80	1 126.00
河南	395.37	790.74	1 186.11	1 581.48	1 976.85
海南	230.41	460.82	691.23	921.64	1 152.05
广西	235.70	471.40	707.10	942.80	1 178.50
甘肃	375.20	750.40	1 125.60	1 500.80	1 876.00
福建	418.00	836.00	1 254.00	1 672.00	2 090.00
安徽	281.85	563.70	845.55	1 127.40	1 409.25
重庆	467.53	935.06	1 402.59	1 870.12	2 337.65
新疆	245.99	491.98	737.97	983.96	1 229.95
西藏	96.00	192.00	288.00	384.00	480.00
天津	367.63	735.26	1 102.89	1 470.52	1 838.15
广东	404.24	808.48	1 212.72	1 616.96	2 021.20
青海	350.90	701.80	1 052.70	1 403.60	1 754.50
宁夏	326.00	652.00	978.00	1 304.00	1 630.00
内蒙古	343.90	687.80	1 031.70	1 375.60	1 719.50
浙江	366.00	732.00	1 098.00	1 464.00	1 830.00
山西	245.38	490.76	736.14	981.52	1 226.90

（3）低、高、最低、最高收入级别家庭的家庭设备及服务支出差异。我们将每个地区的最高收入户与最低收入户的家庭设备及服务支出做比较，发现广东的最高收入家庭户与最低收入家庭户的人均家庭设备及服务支出差异最大，相差约 3 088元；内蒙古次之，相差 2 941 元；其他地区这一数据也大都超过了 2 000 元。如果将家庭人口规模考虑进去，则家庭设备及服务支出水平差异会成倍扩大（见表 5.51）。

表 5.51　2011 年极端收入级别家庭人均家庭设备及服务比较

元/年

省(自治区、直辖市)	平均	最低收入户	低收入户	高收入户	最高收入户
辽宁	929.37	251.79	396.75	1 340.88	2 574.74
江西	914.88	323.61	482.28	1 417.47	2 778.53
江苏	1 193.81	400.22	596.26	1 898.94	2 733.82

省（自治区、直辖市）	平均	最低收入户	低收入户	高收入户	最高收入户
吉林	839.31	274.88	409.59	1 445.21	2 466.83
湖北	814.81	277.79	452.23	1 278.45	1 793.33
黑龙江	723.60	225.20	382.20	1 055.00	2 358.20
河南	977.52	395.37	577.62	1 618.41	2 557.23
海南	729.90	230.41	360.86	1 111.24	2 312.69
广西	884.85	235.70	433.79	1 343.05	2 046.90
甘肃	660.48	375.20	288.39	1 296.96	1 584.38
福建	1 180.00	418.00	635.00	1 769.00	2 900.00
安徽	690.66	281.85	447.65	1 328.21	1 550.35
重庆	1 079.27	467.53	684.96	1 774.47	2 485.95
新疆	791.43	245.99	426.57	1 207.54	1 582.68
西藏	428.00	96.00	247.00	666.00	1 064.00
天津	1 174.62	367.63	440.11	1 723.03	3 189.10
广东	1 370.28	404.24	588.02	2 256.44	3 492.45
青海	723.20	350.90	337.30	1 273.90	1 729.20
宁夏	885.00	326.00	484.00	1 377.00	2 197.00
内蒙古	1 162.87	343.90	510.14	1 995.15	3 285.07
浙江	1 109.00	366.00	596.00	1 599.00	3 171.00
山西	832.74	245.38	376.84	1 736.00	2 246.20

数据来源：相关省份（自治区、直辖市）相关年份的统计年鉴，或由其计算而得。

5.4.12 其他支出

其他支出是指纳税人及家人生计支出中的具有家庭个体特点的、无法归入上述支出类别的支出，在城镇居民消费支出分类中被称为其他商品和服务支出①。该项支出的差异主要体现在以下几个方面。

（1）地区间的其他支出差异。2011年各地区其他支出情况如表5.52所示。

---

① 其他商品和服务是指无法直接归入上述各类支出以外的个人用品和其他商品与服务支出。

表5.52　2011年各地区其他支出情况

元/年

省（自治区、直辖市）	平均	最低收入户	低收入户	中低收入户	中等收入户	中高收入户	高收入户	最高收入户
宁夏	521.00	173.00	263.00	329.00	482.00	648.00	837.00	1 464.00
内蒙古	765.13	240.27	250.45	509.78	791.19	988.79	1697.72	2 378.60
辽宁	643.15	162.67	211.52	338.25	525.91	621.22	952.41	2 223.94
江西	389.06	114.36	184.33	210.90	315.04	398.67	620.53	1 547.66
江苏	647.06	209.96	242.72	314.80	457.07	719.87	1 094.07	2 127.46
吉林	562.48	118.29	213.70	361.79	529.72	638.24	938.94	2 039.90
湖北	347.68	79.97	145.55	191.97	253.37	427.59	689.90	973.17
黑龙江	476.90	123.20	234.60	304.90	366.00	481.10	770.90	1 997.00
河南	484.76	150.58	246.98	377.56	418.97	567.66	725.92	1 484.17
海南	360.90	84.17	250.12	193.95	268.30	482.55	827.39	978.44
广西	349.48	84.05	124.94	260.62	247.25	381.91	581.61	985.02
广东	773.17	181.13	259.69	366.22	635.63	870.18	1 723.58	2 387.71
甘肃	413.37	116.53	222.86	230.27	407.62	584.72	682.88	1 026.11
福建	667.00	217.00	248.00	388.00	517.00	771.00	1 170.00	2 296.00
重庆	540.63	154.57	319.33	327.93	446.95	576.11	890.62	1 721.21
浙江	812.00	292.00	250.00	355.00	735.00	805.00	1 418.00	2 537.00
新疆	493.56	76.63	177.35	363.22	441.61	667.98	890.50	1 654.84
西藏	528.00	118.00	199.00	384.00	601.00	761.00	801.00	1 249.00
天津	836.82	265.76	408.80	446.52	714.10	1 080.16	1 055.15	2 382.97
青海	406.90	131.70	284.40	202.00	292.50	445.40	926.40	1 609.70
山西	415.44	110.37	194.48	254.35	371.38	539.32	831.62	1 137.27
安徽	467.77	142.85	204.97	308.12	452.13	651.95	990.84	1 184.47

（2）不同家庭规模其他支出的差异。如果其他支出随家庭人口规模以翻倍的形式增加，则该项费用扣除也会翻倍增加（见表5.53）。

表5.53　2011年最低收入户各家庭规模其他支出情况

元/年

省（自治区、直辖市）	1人家庭	2人家庭	3人家庭	4人家庭	5人家庭
宁夏	173.00	346.00	519.00	692.00	865.00

续表

省（自治区、直辖市）	1人家庭	2人家庭	3人家庭	4人家庭	5人家庭
内蒙古	240.27	480.54	720.81	961.08	1 201.35
辽宁	162.67	325.34	488.01	650.68	813.35
江西	114.36	228.72	343.08	457.44	571.80
江苏	209.96	419.92	629.88	839.84	1 049.80
吉林	118.29	236.58	354.87	473.16	591.45
湖北	79.97	159.94	239.91	319.88	399.85
黑龙江	123.20	246.40	369.60	492.80	616.00
河南	150.58	301.16	451.74	602.32	752.90
海南	84.17	168.34	252.51	336.68	420.85
广西	84.05	168.10	252.15	336.20	420.25
广东	181.13	362.26	543.39	724.52	905.65
甘肃	116.53	233.06	349.59	466.12	582.65
福建	217.00	434.00	651.00	868.00	1 085.00
重庆	154.57	309.14	463.71	618.28	772.85
浙江	292.00	584.00	876.00	1 168.00	1 460.00
新疆	76.63	153.26	229.89	306.52	383.15
西藏	118.00	236.00	354.00	472.00	590.00
天津	265.76	531.52	797.28	1 063.04	1 328.80
青海	131.70	263.40	395.10	526.80	658.50
山西	110.37	220.74	331.11	441.48	551.85
安徽	142.85	285.70	428.55	571.40	714.25

（3）低、高、最低、最高收入级别家庭的其他支出差异。2011 年极端收入级别家庭的人均其他支出情况如表5.54 所示。

表5.54　2011 年极端收入级别家庭的人均其他支出比较情况

元/年

省（自治区、直辖市）	平均	最低收入户	低收入户	高收入户	最高收入户
宁夏	521.00	173.00	263.00	837.00	1 464.00
内蒙古	765.13	240.27	250.45	1 697.72	2 378.60
辽宁	643.15	162.67	211.52	952.41	2 223.94

续表

省（自治区、直辖市）	平均	最低收入户	低收入户	高收入户	最高收入户
江西	389.06	114.36	184.33	620.53	1 547.66
江苏	647.06	209.96	242.72	1 094.07	2 127.46
吉林	562.48	118.29	213.70	938.94	2 039.90
湖北	347.68	79.97	145.55	689.90	973.17
黑龙江	476.90	123.20	234.60	770.90	1 997.00
河南	484.76	150.58	246.98	725.92	1 484.17
海南	360.90	84.17	250.12	827.39	978.44
广西	349.48	84.05	124.94	581.61	985.02
广东	773.17	181.13	259.69	1 723.58	2 387.71
甘肃	413.37	116.53	222.86	682.88	1 026.11
福建	667.00	217.00	248.00	1 170.00	2 296.00
重庆	540.63	154.57	319.33	890.62	1 721.21
浙江	812.00	292.00	250.00	1 418.00	2 537.00
新疆	493.56	76.63	177.35	890.50	1 654.84
西藏	528.00	118.00	199.00	801.00	1 249.00
天津	836.82	265.76	408.80	1 055.15	2 382.97
青海	406.90	131.70	284.40	926.40	1 609.70
山西	415.44	110.37	194.48	831.62	1 137.27
安徽	467.77	142.85	204.97	990.84	1 184.47

数据来源：相关省份（自治区、直辖市）相关年份的统计年鉴，或由其计算而得。

5.5　"多层次性"差异在中国个税工薪所得综合费用扣除"标准化"设计中的理论考量

在上一节，我们确定了中国个税工薪所得"综合费用扣除"的具体内容范围。如上所述，这些内容存在多个层面的差异，而这些差异正是确定"综合费用扣除标准"的关键点和难点。这些差异体现在地区、家庭规模、家庭结构、收入等级等方面。

地区方面的差异主要是生活成本的地区差异，这种差异又源于地区经济发展差距。目前来看，中国的地区经济发展差距将在未来持续存在且呈现扩大趋势。

因此，在考量"费用扣除"时，地区差异是无法避开的问题。与此同时，对于不同的费用内容，地区差异也因"必需"程度的不同有大小之分。对于食品、衣着、交通通信等内容，地区支出差异相对较小；对于教育、医疗、文化娱乐等内容，支出差异则相对较大。

家庭规模和家庭结构方面的差异往往是交织在一起的。一个家庭，其家庭收入与家庭工作成员数量挂钩，家庭开支却与家庭人口规模挂钩，家庭人口规模因素的考量有可能导致家庭生计开支差异成倍扩大。从家庭规模和结构变迁过程来看，家庭中的儿童所占比重和老人所占比重普遍上升，而这两类人群一般情况下均属于"无收入"的非工作人员，其生活开支具有一定的特殊性且比较大，这将加剧家庭之间"费用扣除"的差异性。

收入等级方面的差异。一个家庭的收入水平将直接决定其对"基本生活开支"的理解和定位。收入等级方面的差异既包括"基本生活"内容范围的差异，也包括"基本生活"水平的差异。在同一地区，不同收入等级的家庭的基本开支水平差异是显著的。

如何尽可能地将上述差异考虑进去，并且符合实际"可操作性"原则。我们有以下基本处理思路：将收入等级方面产生的差异与"个税征税面"联系在一起；依据地区方面产生的差异，可以考虑将个税工薪所得综合费用扣除标准根据各地区具体情况独自设计（或根据差异大小分成几大类地区，每一类地区单独设计标准）；依据家庭规模和结构方面产生的差异，可以考虑将家庭分为几大类，每一类单独设计标准，每个家庭根据自己所属的类别进行相应的费用扣除。理论上讲，根据"可操作性"的难易程度，可将"标准化"分为以下几个层次。

第一层次："零差异"下的标准化，即不考虑任何层面的差异。全国使用同一个标准，当前所运行的就是这种办法，对工薪所得免征额设定为 3 500 元。

第二层次：只考虑"地区差异"下的标准化，即只考虑地区差异。这里有两种处理办法。第一种，每个省（直辖市、自治区）根据自己的实际成本（费用）情况设计各自的标准，每个省内各地区无差异对待，标准按省平均水平确定。第二种，依据"实际成本（费用）相近或相差不大的地区归为一类"，将全国所有省（直辖市、自治区）分为若干大类，每一类设计各自的标准，同一类内无差异对待，标准按同类平均水平确定。

第三层次：只考虑"家庭规模差异"下的标准化，即只考虑家庭人口规模差异，估算出"单个人"在全国范围内的平均实际成本（费用），进而形成 1 人家庭费用扣除标准、2 人家庭费用扣除标准……不同人口规模的家庭适用相应的标准。

第四层次：只考虑"家庭结构差异"下的标准化，即只考虑家庭不同成员在实际成本（费用）方面的差异。对家庭成员可以加以不同程度的细分并进行"标准化"，比如"标准化儿童""标准化老人""标准化残疾人""标准化工作者"……然后分别估算出其在全国范围内的平均成本（费用）。根据实际家庭成员构成进行相应的成本（费用）加总，形成家庭费用扣除。

第五层次：只考虑"家庭收入级别差异"下的标准化。这与个人所得税的"征税面"紧密相连，即个人所得税制度设计预计让"多大比例"的工薪收入者缴纳个人所得税。就全国平均水平而言，如果让个人所得税"征税面"覆盖"中低收入以上"人群，则费用扣除标准应设置在"低收入"层级家庭成本（费用）水平。这样，相应地形成若干水平的综合费用扣除标准。

第六层次：结合考虑"地区差异、家庭规模差异"下的标准化，即每个省（直辖市、自治区）独立估算各自的"单个人"在本地区范围内的平均实际成本（费用），进而每个省（直辖市、自治区）都形成符合本地区实际情况的 1 人家庭费用扣除标准、2 人家庭费用扣除标准……不同地区、不同人口规模家庭适用相应的标准。当然，这里也可以选择"第二层次"内容中对"地区"的第二种处理办法，即对所有省（直辖市、自治区）先进行分类。

第七层次：结合考虑"地区差异、家庭规模差异、家庭结构差异"下的标准化，即每个省（直辖市、自治区）独立估算各自的"家庭成员"在本地区范围内的平均实际成本（费用），比如各自的"标准化儿童""标准化老人""标准化残疾人""标准化工作者"……然后根据实际家庭成员构成进行相应的成本（费用）加总，进而每个省（直辖市、自治区）都形成符合本地区家庭近似实际情况的费用扣除。当然，这里也可以选择"第二层次"内容中对"地区"的第二种处理办法，即对所有省（直辖市、自治区）先进行分类。

第八层次：综合考虑"地区差异、家庭规模差异、家庭结构差异、家庭收入级别差异"下的标准化，即在明确让"多大比例"的工薪收入者缴纳个人所得税的前提下，每个省（直辖市、自治区）独立确定各自的个人所得税"征税面"，进而明确费用扣除标准应设置在"具体哪一收入级别"下的成本（费用）水平处，在上述成本（费用）水平下，各个省（直辖市、自治区）独立估算各自的"家庭成员"在本地区范围内具体的平均实际成本（费用），比如各自的"标准化儿童""标准化老人""标准化残疾人""标准化工作者"……然后根据实际家庭成员构成进行相应的成本（费用）加总。这样，就形成了不同地区、不同"征税面"、不同家庭规模、不同家庭结构下，采取近似于实际的个人所得税工薪所得"差异化"综合费用扣除。当然，这里也可以选择"第二层次"内容中对"地区"的第二种处理办法，即对所有省（直辖市、自治区）先进行分类。

第九层次：完全考虑每个家庭实际的、允许的成本（费用）并作扣除。若能有效控制"征税成本"，这将是个人所得税制度最理想的"状态"，是个人所得税制度设计努力追求的方向。现实中，"征税成本"估算是个人所得税制度设计无法回避的问题，这将影响"现实制度设计"与"理想制度安排"之间的距离。

本书将按照"第八层次"理念对中国个人所得税工薪所得综合费用扣除进行标准化设计。

5.6 中国个税工薪所得"综合费用扣除"标准化测算

5.6.1 数据选择和说明

根据前面的理论分析以及美国联邦个税的实践经验，个税综合费用扣除标准水平的设置应考虑到几点：首先，个税综合费用扣除标准的设置必须建立在支出数据可获得的基础上，这样才能反映"为获得应税收入的必要成本费用"和"基本生活费用"的"费用"属性。其次，个税综合费用扣除标准的设置必须建立在微观数据的基础上，这样才能更好、更真实地反映"微观个体"的花费情况。目前具备上述两点要求的官方数据只有城镇居民入户调查数据中的"城镇居民家庭消费支出"数据（见表5.55）。

城镇住户调查采取住宅框选取抽查户样本。调查对象包括中国城镇区域内的所有住户。住户调查城镇通过分层随机抽样的方法确定，首先按照城镇规模将全国所有省（区、市）的城镇划分为三层：大中城市（地级和地级以上的城市）、县级市和县城（镇）；按各层人口占省（区、市）人口的比例来分配每层的样本量；按城镇就业者年人均工资从高到低，依次计算各城镇人口累计数，然后根据样本量的大小随机起点等距抽取所需数量的调查城镇。调查户的抽选工作分两步进行。第一步是进行一次性的大规模城镇住户基本情况抽样调查，采取分层、二（多）阶段、与大小成比例（PPS方法）的随机等距方法选取调查样本，也称一相样本；第二步根据城镇住户基本情况抽样调查取得的家庭人口、就业人口、收入等资料进行分组，从中按比例抽出一个小样本，也称二相样本，作为经常性调查户，开展家庭日记账工作，以取得可支配收入和相关收支资料。为了增强样本的代表性，城镇住户调查实行样本轮换制度。调查城镇中的经常性调查户要求每年轮换 1/2，也就是每年有 1/2 的调查户要退出调查，再从一相样本中抽取 1/2 的新调查户替代之。最后，由国家统计局对城镇住户调查数据进行全国汇总，得出城镇居民可支配收入和相关数据①。

　　因此，本书中有关生计扣除中的食品支出、衣着支出、水电燃料及其他支出、交通与通信支出、教育费用支出、医疗保健支出、文化娱乐支出、家庭设备及服务支出、其他支出数据均来自城镇居民入户调查的"城镇居民家庭消费支出"。同时，考虑到全国地区间的各种差异问题，我们采用各省（自治区、直辖市）级年鉴中"人民生活"专题的"城镇居民家庭人均消费支出"数据，此数据也是来自城镇居民入户调查②。该数据最大的可取之处在于将具体消费项目支出按照家庭收入级别进行了划分，而这种分类的公布是在国家层面的统计资料中找不到的（见表 5.55）。唯一不足的地方在于各省（自治区、直辖市）统计年鉴对该数据的披露程度不一样，有的省份根本没有公布这项内容的数据，有的只公布一级目录的数据，有的公布到二级目录，有的公布到三级目录，有的公布到四级目录；有的没有公布不同收入级别的居民消费支出数据，只是公布了居民消费支出的平均数据；大多数省（市）是按"最低、低、中低、中等、中高、高、最高"七个收入级别③公布城镇居民消费支出数据的，有几个省（市）是按"低、中低、中等、中高、高"五个收入级别④公布的。通过对 32 个省（市、自治区）2002—2011 年统计年鉴中数据资料的录入与整理⑤，发现只有浙江省、黑龙江省、辽宁省、安徽省、河南省、陕西省、北京市的数据可用。

---

① 详见《2012 年中国城市（镇）生活与价格年鉴》中"附录 2 城市调查统计方法的简要说明"，第 509 页。

② 以福建省为例，福建省统计年鉴中的城镇居民家庭相关资料来源于城镇住户调查年报，是由国家统计局福建调查总队城镇住户调查处整理提供。

③ 各级别占调查总户比重分别是：最低（10%）、低（10%）、中低（20%）、中等（20%）、中高（20%）、高（10%）、最高（10%）。

④ 各级别占调查总户比重分别是：低（20%）、中低（20%）、中等（20%）、中高（20%）、高（20%）。

⑤ 根据本书研究内容的现实需要与资料的可获得性和完整性，作者只整理了 2002—2011 年度的数据，2002 年以前的数据在本书中暂不考虑。

表 5.55　城镇居民家庭消费支出目录

一级目录	二级目录	三级目录	四级目录
消费性 支出	一、食品	（一）粮油类	1. 粮食
			2. 淀粉及薯类
			3. 干豆腐及豆制品
			4. 油脂类
		（二）肉禽蛋水产类	1. 肉类
			2. 禽类
			3. 蛋类
			4. 水产品类
		（三）蔬菜类	1. 鲜菜
			2. 干菜
			3. 菜制品
		（四）调味品	
		（五）糖烟酒饮料类	1. 糖类
			2. 烟草类
			3. 酒类
			4. 饮料
		（六）干鲜瓜果类	1. 鲜果
			2. 鲜瓜
			3. 其他干鲜瓜果类及制品
		（七）糕点、奶及奶制品	1. 糕点
			2. 奶及奶制品
		（八）其他食品	
		（九）饮食服务	
	二、衣着	（一）服装	
		（二）衣着材料	
		（三）鞋类	
		（四）其他衣着用品	
		（五）衣着加工服务费	
	三、居住	（一）住房	
		（二）水电燃料及其他	
		（三）居住服务	

一级目录	二级目录	三级目录	四级目录
消费性支出	四、家庭设备用品及服务	(一)耐用消费品	1. 家具
			2. 家庭设备
		(二)室内装饰品	
		(三)床上用品	
		(四)家庭日用杂品	
		(五)家具材料	
		(六)家庭服务	1. 家政服务
			2. 加工维修服务费
	五、医疗保健	(一)医疗器具	
		(二)保健器具	
		(三)药品费	
		(四)滋补保健品	
		(五)医疗费	
		(六)其他	
	六、交通和通信	(一)交通	1. 家庭交通工具
			2. 车辆用燃料及零配件
			3. 交通工具服务支出
			4. 交通费
		(二)通信	1. 通信工具
			2. 通信服务
	七、教育文化娱乐服务	(一)文化娱乐用品	
		(二)文化娱乐服务	
		(三)教育	1. 教材
			2. 教育费
	八、其他商品和服务	(一)其他商品	
		(二)其他服务	

对城镇居民家庭消费支出中"住房支出"数据的不可用,我们在上一章已做出解释,不同数据来源的住房支出差异以辽宁省为例(见表5.56)。而本书中的居住支出等于住房支出加上水电燃料及其他支出,住房支出通过房租数据计算获得(见表5.57,表5.58)。房租数据来源于禧泰房产数据公司,该公司自2003年

从青岛开始建设全国城市的房产数据库,记录城市房地产实时变化数据,包括存量房租售交易、新建商品房和保障性住房的建设过程,但对该租金数据,每个城市记录的起始时间不一致。根据消费支出数据以及租金数据的可得性,我们将研究限定在 2006—2011 年。

表 5.56　2006—2011 年辽宁省不同数据来源住房支出比较

元

年份	家庭规模	全省平均	最低收入	低收入	中低收入	中等收入	中高收入	高收入	最高收入	租金支出
2006	1	21.44	8.77	8.13	12.93	16.44	15.97	38.05	73.73	592.01
	2	42.88	17.54	16.25	25.86	32.88	31.93	76.10	147.47	693.49
	3	64.32	26.31	24.38	38.78	49.31	47.90	114.16	221.20	794.98
	4	85.76	35.08	32.51	51.71	65.75	63.86	152.21	294.94	896.47
	5	107.20	43.85	40.63	64.64	82.19	79.83	190.26	368.67	997.95
	6	128.65	52.62	48.76	77.57	98.63	95.80	228.31	442.41	1 099.44
	7	150.09	61.38	56.89	90.49	115.06	111.76	266.36	516.14	1 200.93
	8	171.53	70.15	65.01	103.42	131.50	127.73	304.41	589.87	1 302.41
2007	1	20.90	6.58	7.74	13.12	15.25	25.66	35.16	54.50	674.92
	2	41.80	13.16	15.48	26.23	30.49	51.32	70.32	108.99	790.62
	3	62.69	19.74	23.22	39.35	45.74	76.98	105.48	163.49	906.32
	4	83.59	26.32	30.96	52.46	60.99	102.64	140.63	217.98	1 022.02
	5	104.49	32.90	38.70	65.58	76.23	128.30	175.79	272.48	1 137.72
	6	125.39	39.48	46.44	78.70	91.48	153.96	210.95	326.97	1 253.42
	7	146.28	46.06	54.17	91.81	106.73	179.62	246.11	381.47	1 369.12
	8	167.18	52.64	61.91	104.93	121.97	205.28	281.27	435.96	1 484.82
2008	1	21.86	6.17	6.72	10.47	19.45	23.45	40.21	65.26	716.04
	2	43.72	12.34	13.43	20.94	38.90	46.90	80.42	130.51	838.79
	3	65.58	18.51	20.15	31.41	58.35	70.34	120.63	195.77	961.54
	4	87.44	24.68	26.87	41.88	77.80	93.79	160.84	261.02	1 084.29
	5	109.30	30.85	33.58	52.35	97.25	117.24	201.05	326.28	1 207.04
	6	131.16	37.02	40.30	62.82	116.70	140.69	241.26	391.53	1 329.79
	7	153.02	43.19	47.02	73.28	136.14	164.13	281.47	456.79	1 452.54
	8	174.88	49.36	53.73	83.75	155.59	187.58	321.68	522.04	1 575.29
2009	1	23.02	4.82	9.22	8.66	27.58	24.70	20.10	74.82	642.28
	2	46.04	9.65	18.43	17.31	55.15	49.41	40.19	149.65	752.38
	3	69.06	14.47	27.65	25.97	82.73	74.11	60.29	224.47	862.49
	4	92.08	19.29	36.87	34.62	110.30	98.82	80.38	299.29	972.59

续表

年份	家庭规模	全省平均	最低收入	低收入	中低收入	中等收入	中高收入	高收入	最高收入	租金支出
2009	5	115.10	24.11	46.08	43.28	137.88	123.52	100.48	374.11	1 082.69
	6	138.12	28.94	55.30	51.94	165.45	148.23	120.58	448.94	1 192.80
	7	161.14	33.76	64.52	60.59	193.03	172.93	140.67	523.76	1 302.90
	8	184.16	38.58	73.73	69.25	220.60	197.63	160.77	598.58	1 413.01
2010	1	25.88	7.24	9.94	11.31	21.71	20.00	45.29	93.68	677.95
	2	51.76	14.47	19.88	22.61	43.42	40.00	90.58	187.36	794.17
	3	77.64	21.71	29.82	33.92	65.13	60.00	135.86	281.04	910.39
	4	103.52	28.94	39.75	45.22	86.83	80.00	181.15	374.72	1 026.61
	5	129.40	36.18	49.69	56.53	108.54	100.00	226.44	468.40	1 142.83
	6	155.28	43.42	59.63	67.84	130.25	120.00	271.73	562.09	1 259.05
	7	181.15	50.65	69.57	79.14	151.96	140.00	317.01	655.77	1 375.27
	8	207.03	57.89	79.51	90.45	173.67	160.00	362.30	749.45	1 491.49
2011	1	25.94	11.48	13.06	14.43	13.85	22.10	46.79	91.03	708.40
	2	51.89	22.95	26.11	28.85	27.71	44.21	93.58	182.06	829.84
	3	77.83	34.43	39.17	43.28	41.56	66.31	140.37	273.09	951.28
	4	103.77	45.91	52.22	57.70	55.41	88.42	187.15	364.12	1 072.72
	5	129.72	57.38	65.28	72.13	69.27	110.52	233.94	455.15	1 194.16
	6	155.66	68.86	78.33	86.55	83.12	132.63	280.73	546.18	1 315.6
	7	181.60	80.34	91.39	100.98	96.97	154.73	327.52	637.21	1 437.04
	8	207.55	91.81	104.44	115.40	110.83	176.83	374.31	728.24	1 558.48

表5.57　各规模家庭最低标准使用面积下的住房支出计算

家庭规模	最低标准使用面积（平方米）	最低标准使用面积构成	住房支出
1	35	1个单人卧室＋1个起居室＋1个厨房＋1个卫生间	35×单位面积租金
2	41	2个单人卧室＋1个起居室＋1个厨房＋1个卫生间	41×单位面积租金
3	47	3个单人卧室＋1个起居室＋1个厨房＋1个卫生间	47×单位面积租金
4	53	4个单人卧室＋1个起居室＋1个厨房＋1个卫生间	53×单位面积租金
5	59	5个单人卧室＋1个起居室＋1个厨房＋1个卫生间	59×单位面积租金
6	65	6个单人卧室＋1个起居室＋1个厨房＋1个卫生间	65×单位面积租金
7	71	7个单人卧室＋1个起居室＋1个厨房＋1个卫生间	71×单位面积租金
8	77	8个单人卧室＋1个起居室＋1个厨房＋1个卫生间	77×单位面积租金

注：（1）对于家庭人口规模大于8的家庭，按照每增加一个人就增加一个单人卧室的面积来计算最低标准使用面积。

（2）从居住者实际使用的空间角度出发，此处我们采用"使用面积"，而不是"建筑面积"。

表5.58 2006—2011年部分城市住房支出(租金支出)

家庭规模	最低标准使用面积(平方米)	最低标准使用面积构成	2006年住房支出(元/月)						
			杭州	沈阳	哈尔滨	郑州	合肥	北京	西安
1	35	1个单人卧室+1个起居室+1个厨房+1个卫生间		592.01	649.99	438.94	309.36	1 064.78	530.25
2	41	2个单人卧室+1个起居室+1个厨房+1个卫生间		693.49	761.42	514.19	362.39	1 247.31	621.15
3	47	3个单人卧室+1个起居室+1个厨房+1个卫生间		794.98	872.84	589.43	415.43	1 429.84	712.05
4	53	4个单人卧室+1个起居室+1个厨房+1个卫生间		896.47	984.27	664.68	468.46	1 612.38	802.95
5	59	5个单人卧室+1个起居室+1个厨房+1个卫生间		997.95	1 095.70	739.93	521.49	1 794.91	893.85
6	65	6个单人卧室+1个起居室+1个厨房+1个卫生间		1 099.44	1 207.12	815.17	574.53	1 977.44	984.75
7	71	7个单人卧室+1个起居室+1个厨房+1个卫生间		1 200.93	1 318.55	890.42	627.56	2 159.98	1 075.65
8	77	8个单人卧室+1个起居室+1个厨房+1个卫生间		1 302.41	1 429.98	965.67	680.59	2 342.51	1 166.55

家庭规模	最低标准使用面积(平方米)	最低标准使用面积构成	2007年住房支出(元/月)						
			杭州	沈阳	哈尔滨	郑州	合肥	北京	西安
1	35	1个单人卧室+1个起居室+1个厨房+1个卫生间	835.23	674.92	628.86	466.46	379.98	999.80	591.65
2	41	2个单人卧室+1个起居室+1个厨房+1个卫生间	978.41	790.62	736.67	546.43	445.12	1 171.20	693.07
3	47	3个单人卧室+1个起居室+1个厨房+1个卫生间	1 121.59	906.32	844.47	626.39	510.26	1 342.59	794.50
4	53	4个单人卧室+1个起居室+1个厨房+1个卫生间	1 264.77	1 022.02	952.28	706.36	575.40	1 513.99	895.92
5	59	5个单人卧室+1个起居室+1个厨房+1个卫生间	1 407.95	1 137.72	1 060.08	786.32	640.54	1 685.38	997.35
6	65	6个单人卧室+1个起居室+1个厨房+1个卫生间	1 551.14	1 253.42	1 167.89	866.29	705.68	1 856.78	1 098.77
7	71	7个单人卧室+1个起居室+1个厨房+1个卫生间	1 694.32	1 369.12	1 275.69	946.25	770.82	2 028.17	1 200.20
8	77	8个单人卧室+1个起居室+1个厨房+1个卫生间	1 837.50	1 484.82	1 383.50	1 026.22	835.96	2 199.57	1 301.62

续表

家庭规模	最低标准使用面积（平方米）	最低标准使用面积构成	2008 年住房支出（元/月）						
			杭州	沈阳	哈尔滨	郑州	合肥	北京	西安
1	35	1个单人卧室+1个起居室+1个厨房+1个卫生间	924.99	716.04	772.04	481.34	591.41	1 333.85	600.37
2	41	2个单人卧室+1个起居室+1个厨房+1个卫生间	1 083.56	838.79	904.39	563.85	692.80	1 562.51	703.29
3	47	3个单人卧室+1个起居室+1个厨房+1个卫生间	1 242.13	961.54	1 036.74	646.37	794.18	1 791.17	806.21
4	53	4个单人卧室+1个起居室+1个厨房+1个卫生间	1 400.70	1 084.29	1 169.09	728.88	895.57	2 019.83	909.13
5	59	5个单人卧室+1个起居室+1个厨房+1个卫生间	1 559.27	1 207.04	1 301.44	811.40	996.95	2 248.49	1 012.05
6	65	6个单人卧室+1个起居室+1个厨房+1个卫生间	1 717.84	1 329.79	1 433.79	893.91	1 098.34	2 477.15	1 114.97
7	71	7个单人卧室+1个起居室+1个厨房+1个卫生间	1 876.41	1 452.54	1 566.14	976.43	1 199.72	2 705.81	1 217.89
8	77	8个单人卧室+1个起居室+1个厨房+1个卫生间	2 034.98	1 575.29	1 698.49	1 058.94	1 301.11	2 934.47	1 320.81

家庭规模	最低标准使用面积（平方米）	最低标准使用面积构成	2009 年住房支出（元/月）						
			杭州	沈阳	哈尔滨	郑州	合肥	北京	西安
1	35	1个单人卧室+1个起居室+1个厨房+1个卫生间	1 167.59	642.28	819.64	499.85	445.08	1 356.69	626.56
2	41	2个单人卧室+1个起居室+1个厨房+1个卫生间	1 367.75	752.38	960.16	585.54	521.38	1 589.27	733.97
3	47	3个单人卧室+1个起居室+1个厨房+1个卫生间	1 567.91	862.49	1 100.67	671.23	597.68	1 821.84	841.38
4	53	4个单人卧室+1个起居室+1个厨房+1个卫生间	1 768.06	972.59	1 241.18	756.92	673.98	2 054.42	948.79
5	59	5个单人卧室+1个起居室+1个厨房+1个卫生间	1 968.22	1 082.69	1 381.69	842.61	750.28	2 287.00	1 056.20
6	65	6个单人卧室+1个起居室+1个厨房+1个卫生间	2 168.38	1 192.80	1 522.20	928.30	826.58	2 519.57	1 163.61
7	71	7个单人卧室+1个起居室+1个厨房+1个卫生间	2 368.54	1 302.90	1 662.71	1 013.99	902.88	2 752.15	1 271.02
8	77	8个单人卧室+1个起居室+1个厨房+1个卫生间	2 568.70	1 413.01	1 803.22	1 099.68	979.18	2 984.72	1 378.42

家庭规模	最低标准使用面积（平方米）	最低标准使用面积构成	2010年住房支出（元/月）						
			杭州	沈阳	哈尔滨	郑州	合肥	北京	西安
1	35	1个单人卧室+1个起居室+1个厨房+1个卫生间	1 167.13	677.95	868.20	547.60	507.03	1 506.93	693.58
2	41	2个单人卧室+1个起居室+1个厨房+1个卫生间	1 367.21	794.17	1 017.04	641.48	593.95	1 765.26	812.48
3	47	3个单人卧室+1个起居室+1个厨房+1个卫生间	1 567.29	910.39	1 165.87	735.35	680.87	2 023.59	931.38
4	53	4个单人卧室+1个起居室+1个厨房+1个卫生间	1 767.37	1 026.61	1 314.71	829.23	767.79	2 281.92	1 050.28
5	59	5个单人卧室+1个起居室+1个厨房+1个卫生间	1 967.45	1 142.83	1 463.54	923.10	854.71	2 540.25	1 169.18
6	65	6个单人卧室+1个起居室+1个厨房+1个卫生间	2 167.53	1 259.05	1 612.38	1 016.98	941.63	2 798.58	1 288.08
7	71	7个单人卧室+1个起居室+1个厨房+1个卫生间	2 367.61	1 375.27	1 761.21	1 110.85	1 028.55	3 056.91	1 406.98
8	77	8个单人卧室+1个起居室+1个厨房+1个卫生间	2 567.69	1 491.49	1 910.05	1 204.73	1 115.47	3 315.24	1 525.88

家庭规模	最低标准使用面积（平方米）	最低标准使用面积构成	2011年住房支出（元/月）						
			杭州	沈阳	哈尔滨	郑州	合肥	北京	西安
1	35	1个单人卧室+1个起居室+1个厨房+1个卫生间	1 225.00	708.40	958.30	615.30	554.75	1 769.95	760.55
2	41	2个单人卧室+1个起居室+1个厨房+1个卫生间	1 435.00	829.84	1 122.58	720.78	649.85	2 073.37	890.93
3	47	3个单人卧室+1个起居室+1个厨房+1个卫生间	1 645.00	951.28	1 286.86	826.26	744.95	2 376.79	1 021.31
4	53	4个单人卧室+1个起居室+1个厨房+1个卫生间	1 855.00	1 072.72	1 451.14	931.74	840.05	2 680.21	1 151.69
5	59	5个单人卧室+1个起居室+1个厨房+1个卫生间	2 065.00	1 194.16	1 615.42	1 037.22	935.15	2 983.63	1 282.07
6	65	6个单人卧室+1个起居室+1个厨房+1个卫生间	2 275.00	1 315.60	1 779.70	1 142.70	1 030.25	3 287.05	1 412.45
7	71	7个单人卧室+1个起居室+1个厨房+1个卫生间	2 485.00	1 437.04	1 943.98	1 248.18	1 125.35	3 590.47	1 542.83
8	77	8个单人卧室+1个起居室+1个厨房+1个卫生间	2 695.00	1 558.48	2 108.26	1 353.66	1 220.45	3 893.89	1 673.21

对于为获得应税收入而产生的直接费用（"上下班的交通费"和"中午午餐费"）和间接费用（人情费用）数据，我们做如下处理：①由于没有具体的"上下班交通费"统计数据，我们假设，工作者的上下班交通费等于城镇住户调查中的交通支出，工作者非上班期间仍享有同工作者家人一样的生计扣除中的"交通支出"扣除资格。因此，对于工作者总的交通支出就等于城镇户主调查中交通支出的2倍。②由于没有具体的"中午午餐费"统计数据，我们假设，如果城镇住户调查中的食品支出可以看作一个人一日三餐的费用，则食品支出的1/3就可以近似地看作"中午午餐费"，工作者非上班期间仍享有同工作者家人一样的生计扣除中的"食品支出"扣除资格。这里面就存在对工作者多加一餐的重复计算问题，然而根据第4章第6节中的案例，大多数工作者中午都是在外就餐，而在外就餐的费用往往要高于在家就餐，这样看重复计算造成的偏差就会小很多，在合理范围之内。因此，对于工作者总的食品支出就等于城镇户主调查中食品支出的$\frac{4}{3}$。③对于人情费用支出，没有直接的统计数据，我们用城镇住户调查中捐赠支出①近似代替，同时假定只有工作人员存在人情费用支出。

5.6.2　测算的相关假设前提

鉴于数据的可得性，在第5章第3节表5.15的基础上，我们放松限制，进一步做如下假设。

假设1：以家庭为单位计算个人所得税，以家庭工作者数量确定扣除。

假设2：在家庭内，假设只存在三种身份：孩子、有工作者、无工作者（不包括小孩），暂不考虑性别、老人、残疾人等因素。

假设3：在同一家庭内，"上下班交通费、中午午餐费、人情费用"只存在于工作者，"教育费用"只存在于孩子。除此之外，每个工作者、小孩、无工作者关于"食品支出+衣着支出+水电燃料及其他支出+住房支出+交通与通信支出+医疗保健支出+文化娱乐支出+家庭设备及服务支出+其他支出"是相等的。

---

① 捐赠支出是指家庭赠送、捐款给别的家庭或个人、单位的支出。捐赠支出不论用途、对象、途径，只要是现金的无偿转让，均作为捐赠支出，如送给客人的路费、替亲友缴纳的学费、为亲友支付的医疗费、寺庙的捐赠均作为捐赠支出统计。

假设4：在同一家庭内，对于费用支出，工作者间无差异，无工作者间无差异，孩子间无差异。

假设5：在同一省域内，家庭规模不同导致综合费用支出不同，进而导致扣除标准不同。

假设6：在同一省域内，不同收入级别的家庭，其综合费用支出不同。

假设7：在同一省域内，在同一收入级别下，孩子教育费用无差别，工作者的"上下班交通费、中午午餐费、人情费用"无差别。

假设8：对于住房支出，由于无法获知按收入等级划分的居住面积以及租金价格数据，因此我们只能假定所有收入等级家庭均以最低居住面积标准以及省会城市租金价格作为全省代表。

假设9：对于水电燃料及其他支出，我们假设其支出随人口规模的增加而翻倍增加，与住房面积无关。

假设10：在省域间，只有最低住房面积标准是统一的，其他均有差别。

5.6.3 测算模型设计

在以上假定前提下，我们可知1个工作者、1个无工作者、1个小孩的综合费用支出分别如下。

1个工作者的费用支出 = 上下班交通费（1倍于交通支出）+中午午餐费（1/3倍于食品支出）+人情费用支出（1倍于（捐赠支出）+食品支出+衣着支出+（水电燃料及其他支出+住房支出+交（通与通信支出+医疗保健支出+文化（娱乐支出+家庭设备及服务支出+其他支出

1个小孩的费用支出 = 食品支出+衣着支出+水电燃料及其他支出+住房支出+交通与通信支出+医疗保健支出+文化娱乐支出+家庭设备及服务支出+其他支出+教育费用支出

1个无工作者的费用支出 = 食品支出+衣着支出+水电燃料及其他支出+住房支出+交通与通信支出+医疗保健支出+文化娱乐支出+家庭设备及服务支出+其他支出

我们发现，综合费用支出随着收入等级、年份、区域、家庭规模、家庭结构、家庭工作者数量、家庭无工作者数量、家庭小孩数量、各消费支出项的变化而变化，并呈现出一定的规律性（见表5.59）。基于此，我们设计反映上述因素的统一综合费用扣除标准测算模型。

$$
\begin{aligned}
{}_{Y}^{R}BZ_{s}^{D}(i,m) &= i \times ({}_{Y}^{R}SXBJTF^{D} + {}_{Y}^{R}ZWWCF^{D} + {}_{Y}^{R}RQFY^{D}) + \\
&\quad s \times ({}_{Y}^{R}SP^{D} + {}_{Y}^{R}YZ^{D} + {}_{Y}^{R}SDRL^{D} + {}_{Y}^{R}ZF^{D} + {}_{Y}^{R}JTTX^{D} + {}_{Y}^{R}YLBJ^{D} + {}_{Y}^{R}WHYL^{D} + \\
&\quad {}_{Y}^{R}JTSB^{D} + {}_{Y}^{R}QT^{D}) + m \times {}_{Y}^{R}JYFY^{D} \\
&= i \times \left({}_{Y}^{R}JT^{D} + \frac{1}{3} \times {}_{Y}^{R}SP^{D} + {}_{Y}^{R}JZ^{D}\right) + s \times ({}_{Y}^{R}SP^{D} + {}_{Y}^{R}YZ^{D} + {}_{Y}^{R}SDRL^{D} + \\
&\quad {}_{Y}^{R}ZF^{D} + {}_{Y}^{R}JTTX^{D} + {}_{Y}^{R}YLBJ^{D} + {}_{Y}^{R}WHYL^{D} + {}_{Y}^{R}JTSB^{D} + {}_{Y}^{R}QT^{D}) + m \times {}_{Y}^{R}JYFY^{D}
\end{aligned}
$$

式中，$1 \leqslant i \leqslant s$；$0 \leqslant m \leqslant s-1$；$1 \leqslant i+m \leqslant s$；$i$，$m$，$s$ 均为自然数。

具体指标内容如下。

综合费用扣除标准用 BZ 表示。

BZ 的左上标代表收入等级，用 R 表示。如 $R=1$，表示最低收入户；$R=2$，表示低等收入户；$R=3$，表示中低收入户；$R=4$，表示中等收入户；$R=5$，表示中高收入户；$R=6$，表示高等收入户；$R=7$，表示最高收入户；等等。

BZ 的左下标代表年份，用 Y 表示。如 $Y=2006$，$Y=2007$，$Y=2008$，$Y=2009$，等等。

BZ 的右上标代表区域，用 D 表示，拼音首字母代表具体区域。如 $D=$ BJ，表示北京；$D=$ HLJ，表示黑龙江；$D=$ HN，表示河南；$D=$ LN，表示辽宁；$D=$ ZJ，表示浙江；$D=$ AH，表示安徽；等等。

BZ 的右下标代表家庭规模，用 S 表示。如 $S=1$，表示 1 人家庭；$S=2$，表示 2 人家庭；$S=3$，表示 3 人家庭；$S=4$，表示 4 人家庭；$S=5$，表示 5 人家庭；$S=6$，表示 6 人家庭；$S=7$，表示 7 人家庭；等等。

具体消费支出项目用拼音首字母表示。如 SP 表示食品支出；YZ 表示衣着支出；$SDRL$ 表示水电燃料及其他支出；ZF 表示住房支出；$JTTX$ 表示交通与通信支出；JT 表示交通支出；$YLBJ$ 表示医疗保健支出；$WHYL$ 表示文化娱乐支出；$JTSB$ 表示家庭设备及服务支出；JZ 表示捐赠支出；$JYFY$ 表示教育费用支出；QT 表示其他支出；$RQFY$ 表示人情费用；$ZWWCF$ 表示中午午餐费；$SXBJTF$ 表示上下班交通费；等等。

i 表示家庭工作者数量；m 表示家庭小孩数量。

表 5.59　不同家庭规模下各种结构家庭综合费用支出情况

家庭规模	序号	家庭结构	综合费用内容
1 人家庭	1	1 个工作者	住房支出 + 上下班交通费（1 倍于交通支出）+ 中午午餐费（1/3 倍于食品支出）+ 人情费用支出（1 倍于捐赠支出）+ 食品支出 + 衣着支出 + 水电燃料及其他支出 + 交通与通信支出 + 医疗保健支出 + 文化娱乐支出 + 家庭设备及服务支出 + 其他支出
2 人家庭	1	2 个工作者	住房支出 + 2［上下班交通费（1 倍于交通支出）+ 中午午餐费（1/3 倍于食品支出）+ 人情费用支出（1 倍于捐赠支出）+ 食品支出 + 衣着支出 + 水电燃料及其他支出 + 交通与通信支出 + 医疗保健支出 + 文化娱乐支出 + 家庭设备及服务支出 + 其他支出］
	2	1 个工作者 +1 个小孩	住房支出 + 上下班交通费（1 倍于交通支出）+ 中午午餐费（1/3 倍于食品支出）+ 人情费用支出（1 倍于捐赠支出）+ 教育费用 +2［食品支出 + 衣着支出 + 水电燃料及其他支出 + 交通与通信支出 + 医疗保健支出 + 文化娱乐支出 + 家庭设备及服务支出 + 其他支出］
	3	1 个工作者 +1 个无工作者	住房支出 + 上下班交通费（1 倍于交通支出）+ 中午午餐费（1/3 倍于食品支出）+ 人情费用支出（1 倍于捐赠支出）+2［食品支出 + 衣着支出 + 水电燃料及其他支出 + 交通与通信支出 + 医疗保健支出 + 文化娱乐支出 + 家庭设备及服务支出 + 其他支出］
3 人家庭	1	3 个工作者	住房支出 + 3［上下班交通费（1 倍于交通支出）+ 中午午餐费（1/3 倍于食品支出）+ 人情费用支出（1 倍于捐赠支出）+ 食品支出 + 衣着支出 + 水电燃料及其他支出 + 交通与通信支出 + 医疗保健支出 + 文化娱乐支出 + 家庭设备及服务支出 + 其他支出］
	2	2 个工作者 +1 个小孩	住房支出 + 2［上下班交通费（1 倍于交通支出）+ 中午午餐费（1/3 倍于食品支出）+ 人情费用支出（1 倍于捐赠支出）］+ 教育费用 +3［食品支出 + 衣着支出 + 水电燃料及其他支出 + 交通与通信支出 + 医疗保健支出 + 文化娱乐支出 + 家庭设备及服务支出 + 其他支出］
	3	2 个工作者 +1 个无工作者	住房支出 + 2［上下班交通费（1 倍于交通支出）+ 中午午餐费（1/3 倍于食品支出）+ 人情费用支出（1 倍于捐赠支出）］+3［食品支出 + 衣着支出 + 水电燃料及其他支出 + 交通与通信支出 + 医疗保健支出 + 文化娱乐支出 + 家庭设备及服务支出 + 其他支出］

家庭规模	序号	家庭结构	综合费用内容
3人家庭	4	1个工作者+2个小孩	住房支出+上下班交通费（1倍于交通支出）+中午午餐费（1/3倍于食品支出）+人情费用支出（1倍于捐赠支出）+2教育费用+3［食品支出+衣着支出+水电燃料及其他支出+交通与通信支出+医疗保健支出+文化娱乐支出+家庭设备及服务支出+其他支出］
	5	1个工作者+2个无工作者	住房支出+上下班交通费（1倍于交通支出）+中午午餐费（1/3倍于食品支出）+人情费用支出（1倍于捐赠支出）+3［食品支出+衣着支出+水电燃料及其他支出+交通与通信支出+医疗保健支出+文化娱乐支出+家庭设备及服务支出+其他支出］
	6	1个工作者+1个无工作者+1个小孩	住房支出+上下班交通费（1倍于交通支出）+中午午餐费（1/3倍于食品支出）+人情费用支出（1倍于捐赠支出）+教育费用+3［食品支出+衣着支出+水电燃料及其他支出+交通与通信支出+医疗保健支出+文化娱乐支出+家庭设备及服务支出+其他支出］
4人家庭	1	4个工作者	住房支出+4［上下班交通费（1倍于交通支出）+中午午餐费（1/3倍于食品支出）+人情费用支出（1倍于捐赠支出）+食品支出+衣着支出+水电燃料及其他支出+交通与通信支出+医疗保健支出+文化娱乐支出+家庭设备及服务支出+其他支出］
	2	3个工作者+1个小孩	住房支出+3［上下班交通费（1倍于交通支出）+中午午餐费（1/3倍于食品支出）+人情费用支出（1倍于捐赠支出）］+教育费用+4［食品支出+衣着支出+水电燃料及其他支出+交通与通信支出+医疗保健支出+文化娱乐支出+家庭设备及服务支出+其他支出］
	3	3个工作者+1个无工作者	住房支出+3［上下班交通费（1倍于交通支出）+中午午餐费（1/3倍于食品支出）+人情费用支出（1倍于捐赠支出）］+4［食品支出+衣着支出+水电燃料及其他支出+交通与通信支出+医疗保健支出+文化娱乐支出+家庭设备及服务支出+其他支出］
	4	2个工作者+2个小孩	住房支出+2［上下班交通费（1倍于交通支出）+中午午餐费（1/3倍于食品支出）+人情费用支出（1倍于捐赠支出）］+2教育费用+4［食品支出+衣着支出+水电燃料及其他支出+交通与通信支出+医疗保健支出+文化娱乐支出+家庭设备及服务支出+其他支出］

家庭规模	序号	家庭结构	综合费用内容
4 人家庭	5	2 个工作者 +2 个无工作者	住房支出 +2［上下班交通费（1 倍于交通支出）+ 中午午餐费（1/3 倍于食品支出）+ 人情费用支出（1 倍于捐赠支出）］+4［食品支出 + 衣着支出 + 水电燃料及其他支出 + 交通与通信支出 + 医疗保健支出 + 文化娱乐支出 + 家庭设备及服务支出 + 其他支出］
	6	2 个工作者 +1 个小孩 +1 个无工作者	住房支出 +2［上下班交通费（1 倍于交通支出）+ 中午午餐费（1/3 倍于食品支出）+ 人情费用支出（1 倍于捐赠支出）］+ 教育费用 +4［食品支出 + 衣着支出 + 水电燃料及其他支出 + 交通与通信支出 + 医疗保健支出 + 文化娱乐支出 + 家庭设备及服务支出 + 其他支出］
	7	1 个工作者 +3 个小孩	住房支出 + 上下班交通费（1 倍于交通支出）+ 中午午餐费（1/3 倍于食品支出）+ 人情费用支出（1 倍于捐赠支出）+3 教育费用 +4［食品支出 + 衣着支出 + 水电燃料及其他支出 + 交通与通信支出 + 医疗保健支出 + 文化娱乐支出 + 家庭设备及服务支出 + 其他支出］
	8	1 个工作者 +3 个无工作者	住房支出 + 上下班交通费（1 倍于交通支出）+ 中午午餐费（1/3 倍于食品支出）+ 人情费用支出（1 倍于捐赠支出）+4［食品支出 + 衣着支出 + 水电燃料及其他支出 + 交通与通信支出 + 医疗保健支出 + 文化娱乐支出 + 家庭设备及服务支出 + 其他支出］
	9	1 个工作者 +2 个小孩 +1 个无工作者	住房支出 + 上下班交通费（1 倍于交通支出）+ 中午午餐费（1/3 倍于食品支出）+ 人情费用支出（1 倍于捐赠支出）+2 教育费用 +4［食品支出 + 衣着支出 + 水电燃料及其他支出 + 交通与通信支出 + 医疗保健支出 + 文化娱乐支出 + 家庭设备及服务支出 + 其他支出］
	10	1 个工作者 +2 个无工作者 +1 个小孩	住房支出 + 上下班交通费（1 倍于交通支出）+ 中午午餐费（1/3 倍于食品支出）+ 人情费用支出（1 倍于捐赠支出）+ 教育费用 +4［食品支出 + 衣着支出 + 水电燃料及其他支出 + 交通与通信支出 + 医疗保健支出 + 文化娱乐支出 + 家庭设备及服务支出 + 其他支出］

家庭规模	序号	家庭结构	综合费用内容
5人家庭	1	5个工作者	住房支出 +5［上下班交通费（1倍于交通支出）+中午午餐费（1/3倍于食品支出）+人情费用支出（1倍于捐赠支出）+食品支出+衣着支出+水电燃料及其他支出+交通与通信支出+医疗保健支出+文化娱乐支出+家庭设备及服务支出+其他支出］
	2	4个工作者 +1个小孩	住房支出 +4［上下班交通费（1倍于交通支出）+中午午餐费（1/3倍于食品支出）+人情费用支出（1倍于捐赠支出）］+教育费用 +5［食品支出+衣着支出+水电燃料及其他支出+交通与通信支出+医疗保健支出+文化娱乐支出+家庭设备及服务支出+其他支出］
	3	4个工作者 +1个无工作者	住房支出 +4［上下班交通费（1倍于交通支出）+中午午餐费（1/3倍于食品支出）+人情费用支出（1倍于捐赠支出）］+5［食品支出+衣着支出+水电燃料及其他支出+交通与通信支出+医疗保健支出+文化娱乐支出+家庭设备及服务支出+其他支出］
	4	3个工作者 +2个小孩	住房支出 +3［上下班交通费（1倍于交通支出）+中午午餐费（1/3倍于食品支出）+人情费用支出（1倍于捐赠支出）］+2教育费用 +5［食品支出+衣着支出+水电燃料及其他支出+交通与通信支出+医疗保健支出+文化娱乐支出+家庭设备及服务支出+其他支出］
	5	3个工作者 +2个无工作者	住房支出 +3［上下班交通费（1倍于交通支出）+中午午餐费（1/3倍于食品支出）+人情费用支出（1倍于捐赠支出）］+5［食品支出+衣着支出+水电燃料及其他支出+交通与通信支出+医疗保健支出+文化娱乐支出+家庭设备及服务支出+其他支出］
	6	3个工作者 +1个小孩 +1个无工作者	住房支出 +3［上下班交通费（1倍于交通支出）+中午午餐费（1/3倍于食品支出）+人情费用支出（1倍于捐赠支出）］+教育费用 +5［食品支出+衣着支出+水电燃料及其他支出+交通与通信支出+医疗保健支出+文化娱乐支出+家庭设备及服务支出+其他支出］
	7	2个工作者 +3个小孩	住房支出 +2［上下班交通费（1倍于交通支出）+中午午餐费（1/3倍于食品支出）+人情费用支出（1倍于捐赠支出）］+3教育费用 +5［食品支出+衣着支出+水电燃料及其他支出+交通与通信支出+医疗保健支出+文化娱乐支出+家庭设备及服务支出+其他支出］

家庭规模	序号	家庭结构	综合费用内容
5 人家庭	8	2 个工作者 +3 个无工作者	住房支出 +2［上下班交通费（1 倍于交通支出）+中午午餐费（1/3 倍于食品支出）+人情费用支出（1 倍于捐赠支出）］+5［食品支出 +衣着支出 +水电燃料及其他支出 +交通与通信支出 +医疗保健支出 +文化娱乐支出 +家庭设备及服务支出 +其他支出］
	9	2 个工作者 +2 个小孩 +1 个无工作者	住房支出 +2［上下班交通费（1 倍于交通支出）+中午午餐费（1/3 倍于食品支出）+人情费用支出（1 倍于捐赠支出）］+2 教育费用 +5［食品支出 +衣着支出 +水电燃料及其他支出 +交通与通信支出 +医疗保健支出 +文化娱乐支出 +家庭设备及服务支出 +其他支出］
	10	2 个工作者 +2 个无工作者 +1 个小孩	住房支出 +2［上下班交通费（1 倍于交通支出）+中午午餐费（1/3 倍于食品支出）+人情费用支出（1 倍于捐赠支出）］+1 教育费用 +5［食品支出 +衣着支出 +水电燃料及其他支出 +交通与通信支出 +医疗保健支出 +文化娱乐支出 +家庭设备及服务支出 +其他支出］
	11	1 个工作者 +4 个小孩	住房支出 +上下班交通费（1 倍于交通支出）+中午午餐费（1/3 倍于食品支出）+人情费用支出（1 倍于捐赠支出）+4 教育费用 +5［食品支出 +衣着支出 +水电燃料及其他支出 +交通与通信支出 +医疗保健支出 +文化娱乐支出 +家庭设备及服务支出 +其他支出］
	12	1 个工作者 +4 个无工作者	住房支出 +上下班交通费（1 倍于交通支出）+中午午餐费（1/3 倍于食品支出）+人情费用支出（1 倍于捐赠支出）+5［食品支出 +衣着支出 +水电燃料及其他支出 +交通与通信支出 +医疗保健支出 +文化娱乐支出 +家庭设备及服务支出 +其他支出］
	13	1 个工作者 +3 个小孩 +1 个无工作者	住房支出 +上下班交通费（1 倍于交通支出）+中午午餐费（1/3 倍于食品支出）+人情费用支出（1 倍于捐赠支出）+3 教育费用 +5［食品支出 +衣着支出 +水电燃料及其他支出 +交通与通信支出 +医疗保健支出 +文化娱乐支出 +家庭设备及服务支出 +其他支出］
	14	1 个工作者 +3 个无工作者 +1 个小孩	住房支出 +上下班交通费（1 倍于交通支出）+中午午餐费（1/3 倍于食品支出）+人情费用支出（1 倍于捐赠支出）+教育费用 +5［食品支出 +衣着支出 +水电燃料及其他支出 +交通与通信支出 +医疗保健支出 +文化娱乐支出 +家庭设备及服务支出 +其他支出］

续表

家庭规模	序号	家庭结构	综合费用内容
5人家庭	15	1个工作者 + 2个小孩 + 2个无工作者	住房支出 + 上下班交通费（1倍于交通支出）+ 中午午餐费（1/3倍于食品支出）+ 人情费用支出（1倍于捐赠支出）+2 教育费用 +5［食品支出 + 衣着支出 + 水电燃料及其他支出 + 交通与通信支出 + 医疗保健支出 + 文化娱乐支出 + 家庭设备及服务支出 + 其他支出］
6人家庭	1	6个工作者	住房支出 +6［上下班交通费（1倍于交通支出）+ 中午午餐费（1/3倍于食品支出）+ 人情费用支出（1倍于捐赠支出）+ 食品支出 + 衣着支出 + 水电燃料及其他支出 + 交通与通信支出 + 医疗保健支出 + 文化娱乐支出 + 家庭设备及服务支出 + 其他支出］
	2	5个工作者 +1个小孩	住房支出 +5［上下班交通费（1倍于交通支出）+ 中午午餐费（1/3倍于食品支出）+ 人情费用支出（1倍于捐赠支出）］+ 教育费用 +6［食品支出 + 衣着支出 + 水电燃料及其他支出 + 交通与通信支出 + 医疗保健支出 + 文化娱乐支出 + 家庭设备及服务支出 + 其他支出］
	3	5个工作者 +1个无工作者	住房支出 +5［上下班交通费（1倍于交通支出）+ 中午午餐费（1/3倍于食品支出）+ 人情费用支出（1倍于捐赠支出）］+6［食品支出 + 衣着支出 + 水电燃料及其他支出 + 交通与通信支出 + 医疗保健支出 + 文化娱乐支出 + 家庭设备及服务支出 + 其他支出］
	4	4个工作者 +2个小孩	住房支出 +4［上下班交通费（1倍于交通支出）+ 中午午餐费（1/3倍于食品支出）+ 人情费用支出（1倍于捐赠支出）］+2 教育费用 +6［食品支出 + 衣着支出 + 水电燃料及其他支出 + 交通与通信支出 + 医疗保健支出 + 文化娱乐支出 + 家庭设备及服务支出 + 其他支出］
	5	4个工作者 +2个无工作者	住房支出 +4［上下班交通费（1倍于交通支出）+ 中午午餐费（1/3倍于食品支出）+ 人情费用支出（1倍于捐赠支出）］+6［食品支出 + 衣着支出 + 水电燃料及其他支出 + 交通与通信支出 + 医疗保健支出 + 文化娱乐支出 + 家庭设备及服务支出 + 其他支出］
	6	4个工作者 +1个小孩 +1个无工作者	住房支出 +4［上下班交通费（1倍于交通支出）+ 中午午餐费（1/3倍于食品支出）+ 人情费用支出（1倍于捐赠支出）］+ 教育费用 +6［食品支出 + 衣着支出 + 水电燃料及其他支出 + 交通与通信支出 + 医疗保健支出 + 文化娱乐支出 + 家庭设备及服务支出 + 其他支出］

家庭规模	序号	家庭结构	综合费用内容
6人家庭	7	3个工作者+3个小孩	住房支出+3［上下班交通费（1倍于交通支出）+中午午餐费（1/3倍于食品支出）+人情费用支出（1倍于捐赠支出）］+3教育费用+6［食品支出+衣着支出+水电燃料及其他支出+交通与通信支出+医疗保健支出+文化娱乐支出+家庭设备及服务支出+其他支出］
	8	3个工作者+3个无工作者	住房支出+3［上下班交通费（1倍于交通支出）+中午午餐费（1/3倍于食品支出）+人情费用支出（1倍于捐赠支出）］+6［食品支出+衣着支出+水电燃料及其他支出+交通与通信支出+医疗保健支出+文化娱乐支出+家庭设备及服务支出+其他支出］
	9	3个工作者+2个小孩+1个无工作者	住房支出+3［上下班交通费（1倍于交通支出）+中午午餐费（1/3倍于食品支出）+人情费用支出（1倍于捐赠支出）］+2教育费用+6［食品支出+衣着支出+水电燃料及其他支出+交通与通信支出+医疗保健支出+文化娱乐支出+家庭设备及服务支出+其他支出］
	10	3个工作者+2个无工作者+1个小孩	住房支出+3［上下班交通费（1倍于交通支出）+中午午餐费（1/3倍于食品支出）+人情费用支出（1倍于捐赠支出）］+1教育费用+6［食品支出+衣着支出+水电燃料及其他支出+交通与通信支出+医疗保健支出+文化娱乐支出+家庭设备及服务支出+其他支出］
	11	2个工作者+4个小孩	住房支出+2［上下班交通费（1倍于交通支出）+中午午餐费（1/3倍于食品支出）+人情费用支出（1倍于捐赠支出）］+4教育费用+6［食品支出+衣着支出+水电燃料及其他支出+交通与通信支出+医疗保健支出+文化娱乐支出+家庭设备及服务支出+其他支出］
	12	2个工作者+4个无工作者	住房支出+4［上下班交通费（1倍于交通支出）+中午午餐费（1/3倍于食品支出）+人情费用支出（1倍于捐赠支出）］+6［食品支出+衣着支出+水电燃料及其他支出+交通与通信支出+医疗保健支出+文化娱乐支出+家庭设备及服务支出+其他支出］
	13	2个工作者+3个小孩+1个无工作者	住房支出+2［上下班交通费（1倍于交通支出）+中午午餐费（1/3倍于食品支出）+人情费用支出（1倍于捐赠支出）］+3教育费用+6［食品支出+衣着支出+水电燃料及其他支出+交通与通信支出+医疗保健支出+文化娱乐支出+家庭设备及服务支出+其他支出］

家庭规模	序号	家庭结构	综合费用内容
6人家庭	14	2个工作者+3个无工作者+1个小孩	住房支出+2［上下班交通费（1倍于交通支出）+中午午餐费（1/3倍于食品支出）+人情费用支出（1倍于捐赠支出）］+1教育费用+6［食品支出+衣着支出+水电燃料及其他支出+交通与通信支出+医疗保健支出+文化娱乐支出+家庭设备及服务支出+其他支出］
	15	2个工作者+2个小孩+2个无工作者	住房支出+2［上下班交通费（1倍于交通支出）+中午午餐费（1/3倍于食品支出）+人情费用支出（1倍于捐赠支出）］+2教育费用+6［食品支出+衣着支出+水电燃料及其他支出+交通与通信支出+医疗保健支出+文化娱乐支出+家庭设备及服务支出+其他支出］
	16	1个工作者+5个小孩	住房支出+上下班交通费（1倍于交通支出）+中午午餐费（1/3倍于食品支出）+人情费用支出（1倍于捐赠支出）+5教育费用+6［食品支出+衣着支出+水电燃料及其他支出+交通与通信支出+医疗保健支出+文化娱乐支出+家庭设备及服务支出+其他支出］
	17	1个工作者+5个无工作者	住房支出+上下班交通费（1倍于交通支出）+中午午餐费（1/3倍于食品支出）+人情费用支出（1倍于捐赠支出）+6［食品支出+衣着支出+水电燃料及其他支出+交通与通信支出+医疗保健支出+文化娱乐支出+家庭设备及服务支出+其他支出］
	18	1个工作者+4个小孩+1个无工作者	住房支出+上下班交通费（1倍于交通支出）+中午午餐费（1/3倍于食品支出）+人情费用支出（1倍于捐赠支出）+4教育费用+6［食品支出+衣着支出+水电燃料及其他支出+交通与通信支出+医疗保健支出+文化娱乐支出+家庭设备及服务支出+其他支出］
	19	1个工作者+4个无工作者+1个小孩	住房支出+上下班交通费（1倍于交通支出）+中午午餐费（1/3倍于食品支出）+人情费用支出（1倍于捐赠支出）+教育费用+6［食品支出+衣着支出+水电燃料及其他支出+交通与通信支出+医疗保健支出+文化娱乐支出+家庭设备及服务支出+其他支出］
	20	1个工作者+3个小孩+2个无工作者	住房支出+上下班交通费（1倍于交通支出）+中午午餐费（1/3倍于食品支出）+人情费用支出（1倍于捐赠支出）+3教育费用+6［食品支出+衣着支出+水电燃料及其他支出+交通与通信支出+医疗保健支出+文化娱乐支出+家庭设备及服务支出+其他支出］

家庭规模	序号	家庭结构	综合费用内容
6 人家庭	21	1 个工作者 +3 个无工作者 +2 个小孩	住房支出 +上下班交通费（1 倍于交通支出）+中午午餐费（1/3 倍于食品支出）+人情费用支出（1 倍于捐赠支出）+2 教育费用 +6［食品支出 +衣着支出 +水电燃料及其他支出 +交通与通信支出 +医疗保健支出 +文化娱乐支出 +家庭设备及服务支出 +其他支出］
7 人家庭	1	7 个工作者	住房支出 +7［上下班交通费（1 倍于交通支出）+中午午餐费（1/3 倍于食品支出）+人情费用支出（1 倍于捐赠支出）+食品支出 +衣着支出 +水电燃料及其他支出 +交通与通信支出 +医疗保健支出 +文化娱乐支出 +家庭设备及服务支出 +其他支出］
	2	6 个工作者 +1 个小孩	住房支出 +6［上下班交通费（1 倍于交通支出）+中午午餐费（1/3 倍于食品支出）+人情费用支出（1 倍于捐赠支出）］+教育费用 +7［食品支出 +衣着支出 +水电燃料及其他支出 +交通与通信支出 +医疗保健支出 +文化娱乐支出 +家庭设备及服务支出 +其他支出］
	3	6 个工作者 +1 个无工作者	住房支出 +6［上下班交通费（1 倍于交通支出）+中午午餐费（1/3 倍于食品支出）+人情费用支出（1 倍于捐赠支出）］+7［食品支出 +衣着支出 +水电燃料及其他支出 +交通与通信支出 +医疗保健支出 +文化娱乐支出 +家庭设备及服务支出 +其他支出］
	4	5 个工作者 +2 个小孩	住房支出 +5［上下班交通费（1 倍于交通支出）+中午午餐费（1/3 倍于食品支出）+人情费用支出（1 倍于捐赠支出）］+2 教育费用 +7［食品支出 +衣着支出 +水电燃料及其他支出 +交通与通信支出 +医疗保健支出 +文化娱乐支出 +家庭设备及服务支出 +其他支出］
	5	5 个工作者 +2 个无工作者	住房支出 +5［上下班交通费（1 倍于交通支出）+中午午餐费（1/3 倍于食品支出）+人情费用支出（1 倍于捐赠支出）］+7［食品支出 +衣着支出 +水电燃料及其他支出 +交通与通信支出 +医疗保健支出 +文化娱乐支出 +家庭设备及服务支出 +其他支出］
	6	5 个工作者 +1 个小孩 +1 个无工作者	住房支出 +5［上下班交通费（1 倍于交通支出）+中午午餐费（1/3 倍于食品支出）+人情费用支出（1 倍于捐赠支出）］+1 教育费用 +7［食品支出 +衣着支出 +水电燃料及其他支出 +交通与通信支出 +医疗保健支出 +文化娱乐支出 +家庭设备及服务支出 +其他支出］

家庭规模	序号	家庭结构	综合费用内容
7 人家庭	7	4 个工作者 +3 个小孩	住房支出 +5 [上下班交通费（1 倍于交通支出） +中午午餐费（1/3 倍于食品支出） +人情费用支出（1 倍于捐赠支出）] +2 教育费用 +7 [食品支出 +衣着支出 +水电燃料及其他支出 +交通与通信支出 +医疗保健支出 +文化娱乐支出 +家庭设备及服务支出 +其他支出]
	8	4 个工作者 +3 个无工作者	住房支出 +4 [上下班交通费（1 倍于交通支出） +中午午餐费（1/3 倍于食品支出） +人情费用支出（1 倍于捐赠支出）] +7 [食品支出 +衣着支出 +水电燃料及其他支出 +交通与通信支出 +医疗保健支出 +文化娱乐支出 +家庭设备及服务支出 +其他支出]
	9	4 个工作者 +2 个小孩 +1 个无工作者	住房支出 +4 [上下班交通费（1 倍于交通支出） +中午午餐费（1/3 倍于食品支出） +人情费用支出（1 倍于捐赠支出）] +2 教育费用 +7 [食品支出 +衣着支出 +水电燃料及其他支出 +交通与通信支出 +医疗保健支出 +文化娱乐支出 +家庭设备及服务支出 +其他支出]
	10	4 个工作者 +2 个无工作者 +1 个小孩	住房支出 +4 [上下班交通费（1 倍于交通支出） +中午午餐费（1/3 倍于食品支出） +人情费用支出（1 倍于捐赠支出）] +1 教育费用 +7 [食品支出 +衣着支出 +水电燃料及其他支出 +交通与通信支出 +医疗保健支出 +文化娱乐支出 +家庭设备及服务支出 +其他支出]
	11	3 个工作者 +4 个小孩	住房支出 +3 [上下班交通费（1 倍于交通支出） +中午午餐费（1/3 倍于食品支出） +人情费用支出（1 倍于捐赠支出）] +4 教育费用 +7 [食品支出 +衣着支出 +水电燃料及其他支出 +交通与通信支出 +医疗保健支出 +文化娱乐支出 +家庭设备及服务支出 +其他支出]
	12	3 个工作者 +4 个无工作者	住房支出 +3 [上下班交通费（1 倍于交通支出） +中午午餐费（1/3 倍于食品支出） +人情费用支出（1 倍于捐赠支出）] +7 [食品支出 +衣着支出 +水电燃料及其他支出 +交通与通信支出 +医疗保健支出 +文化娱乐支出 +家庭设备及服务支出 +其他支出]
	13	3 个工作者 +3 个小孩 +1 个无工作者	住房支出 +3 [上下班交通费（1 倍于交通支出） +中午午餐费（1/3 倍于食品支出） +人情费用支出（1 倍于捐赠支出）] +3 教育费用 +7 [食品支出 +衣着支出 +水电燃料及其他支出 +交通与通信支出 +医疗保健支出 +文化娱乐支出 +家庭设备及服务支出 +其他支出]

家庭规模	序号	家庭结构	综合费用内容
7人家庭	14	3个工作者+3个无工作者+1个小孩	住房支出+3〔上下班交通费（1倍于交通支出）+中午午餐费（1/3倍于食品支出）+人情费用支出（1倍于捐赠支出）〕+教育费用+7〔食品支出+衣着支出+水电燃料及其他支出+交通与通信支出+医疗保健支出+文化娱乐支出+家庭设备及服务支出+其他支出〕
	15	3个工作者+2个小孩+2个无工作者	住房支出+3〔上下班交通费（1倍于交通支出）+中午午餐费（1/3倍于食品支出）+人情费用支出（1倍于捐赠支出）〕+2教育费用+7〔食品支出+衣着支出+水电燃料及其他支出+交通与通信支出+医疗保健支出+文化娱乐支出+家庭设备及服务支出+其他支出〕
	16	2个工作者+5个小孩	住房支出+2〔上下班交通费（1倍于交通支出）+中午午餐费（1/3倍于食品支出）+人情费用支出（1倍于捐赠支出）〕+5教育费用+7〔食品支出+衣着支出+水电燃料及其他支出+交通与通信支出+医疗保健支出+文化娱乐支出+家庭设备及服务支出+其他支出〕
	17	2个工作者+5个无工作者	住房支出+2〔上下班交通费（1倍于交通支出）+中午午餐费（1/3倍于食品支出）+人情费用支出（1倍于捐赠支出）〕+7〔食品支出+衣着支出+水电燃料及其他支出+交通与通信支出+医疗保健支出+文化娱乐支出+家庭设备及服务支出+其他支出〕
	18	2个工作者+4个小孩+1个无工作者	住房支出+2〔上下班交通费（1倍于交通支出）+中午午餐费（1/3倍于食品支出）+人情费用支出（1倍于捐赠支出）〕+4教育费用+7〔食品支出+衣着支出+水电燃料及其他支出+交通与通信支出+医疗保健支出+文化娱乐支出+家庭设备及服务支出+其他支出〕
	19	2个工作者+4个无工作者+1个小孩	住房支出+2〔上下班交通费（1倍于交通支出）+中午午餐费（1/3倍于食品支出）+人情费用支出（1倍于捐赠支出）〕+教育费用+7〔食品支出+衣着支出+水电燃料及其他支出+交通与通信支出+医疗保健支出+文化娱乐支出+家庭设备及服务支出+其他支出〕
	20	2个工作者+3个小孩+2个无工作者	住房支出+2〔上下班交通费（1倍于交通支出）+中午午餐费（1/3倍于食品支出）+人情费用支出（1倍于捐赠支出）〕+3教育费用+7〔食品支出+衣着支出+水电燃料及其他支出+交通与通信支出+医疗保健支出+文化娱乐支出+家庭设备及服务支出+其他支出〕

家庭规模	序号	家庭结构	综合费用内容
7人家庭	21	2个工作者+3个无工作者+2个小孩	住房支出+2〔上下班交通费（1倍于交通支出）+中午午餐费（1/3倍于食品支出）+人情费用支出（1倍于捐赠支出）〕+2教育费用+7〔食品支出+衣着支出+水电燃料及其他支出+交通与通信支出+医疗保健支出+文化娱乐支出+家庭设备及服务支出+其他支出〕
	22	1个工作者+6个小孩	住房支出+上下班交通费（1倍于交通支出）+中午午餐费（1/3倍于食品支出）+人情费用支出（1倍于捐赠支出）+6教育费用+7〔食品支出+衣着支出+水电燃料及其他支出+交通与通信支出+医疗保健支出+文化娱乐支出+家庭设备及服务支出+其他支出〕
	23	1个工作者+6个无工作者	住房支出+上下班交通费（1倍于交通支出）+中午午餐费（1/3倍于食品支出）+人情费用支出（1倍于捐赠支出）+7〔食品支出+衣着支出+水电燃料及其他支出+交通与通信支出+医疗保健支出+文化娱乐支出+家庭设备及服务支出+其他支出〕
	24	1个工作者+5个小孩+1个无工作者	住房支出+上下班交通费（1倍于交通支出）+中午午餐费（1/3倍于食品支出）+人情费用支出（1倍于捐赠支出）+5教育费用+7〔食品支出+衣着支出+水电燃料及其他支出+交通与通信支出+医疗保健支出+文化娱乐支出+家庭设备及服务支出+其他支出〕
	25	1个工作者+5个无工作者+1个小孩	住房支出+上下班交通费（1倍于交通支出）+中午午餐费（1/3倍于食品支出）+人情费用支出（1倍于捐赠支出）+教育费用+7〔食品支出+衣着支出+水电燃料及其他支出+交通与通信支出+医疗保健支出+文化娱乐支出+家庭设备及服务支出+其他支出〕
	26	1个工作者+4个小孩+2个无工作者	住房支出+上下班交通费（1倍于交通支出）+中午午餐费（1/3倍于食品支出）+人情费用支出（1倍于捐赠支出）+4教育费用+7〔食品支出+衣着支出+水电燃料及其他支出+交通与通信支出+医疗保健支出+文化娱乐支出+家庭设备及服务支出+其他支出〕
	27	1个工作者+4个无工作者+2个小孩	住房支出+上下班交通费（1倍于交通支出）+中午午餐费（1/3倍于食品支出）+人情费用支出（1倍于捐赠支出）+2教育费用+7〔食品支出+衣着支出+水电燃料及其他支出+交通与通信支出+医疗保健支出+文化娱乐支出+家庭设备及服务支出+其他支出〕

家庭规模	序号	家庭结构	综合费用内容
7人家庭	28	1个工作者+3个小孩+3个无工作者	住房支出+上下班交通费（1倍于交通支出）+中午午餐费（1/3倍于食品支出）+人情费用支出（1倍于捐赠支出）+3教育费用+7〔食品支出+衣着支出+水电燃料及其他支出+交通与通信支出+医疗保健支出+文化娱乐支出+家庭设备及服务支出+其他支出〕

6 中国个税工薪所得"综合费用扣除"标准化设计方案及评价

通过之前对美国联邦个税"综合费用扣除"标准设定的历史分析，我们知道，1940 年以前的个人所得税主要是针对数量极少的富有群体，相应的"综合费用扣除"标准很高；从 1940 年开始，逐渐将更多人纳入个人所得税征税范围，直至 1943 年，该范围延伸到贫困线水平附近，这种情况一直持续到 1977 年，这意味着只有贫困线以下的人免于个人所得税税负；此后"综合费用扣除"标准开始与贫困线有所偏离，并且这一偏离在 1985 年以后趋于稳定，这意味着贫困线以下的全部人群甚至以上的部分人群都不需要缴纳个人所得税。所以，很大程度上讲，个人所得税征税面的预设决定了"综合费用扣除标准"的水平。因此，我们以家庭为个税征税单位，考虑到地区之间支出差异，分别为每个省（市）单独设计个税综合费用扣除标准，同时考虑结合国家宏观调控和收入分配政策预设个税征税面，形成以下七种可供选择的方案（见表 6.1）。本章将利用上一章的测算模型，计算各种方案的结果，并以附录形式给出，接着将从区域、时间、家庭规模、家庭结构等多个维度与现行方案进行比较分析；最后给出今后完善本研究方案的思路。

表 6.1　中国个税工薪所得综合费用扣除标准设计供选方案

收入等级	最低	低	中低	中	中高	高	最高	征税面	依据
所占份额	10%	10%	20%	20%	20%	10%	10%		
方案一								90%	以最低收入户支出水平为标准
方案二								80%	以低收入户支出水平为标准
方案三								60%	以中低收入户支出水平为标准
方案四								40%	以中等收入户支出水平为标准

续表

收入等级	最低	低	中低	中	中高	高	最高	征税面	依据
所占份额	10%	10%	20%	20%	20%	10%	10%		
方案五								20%	以中高收入户支出水平为标准
方案六								10%	以高等收入户支出水平为标准
方案七								0%	以最高收入户支出水平为标准

6.1 七种方案测算结果公布及说明

鉴于篇幅的限制，我们将七种方案的测算结果以附录形式给出（见附录2—附录8）。需要说明的是，最低、低、中低等七种级别的划分是依照收入，每一级别是一个收入区间概念。本书针对的是每一收入级别家庭户的支出情况，这里我们假定每一收入级别家庭内部在支出上是无差异的，即属于最低收入户，则他们的支出是相等的。如果采取方案七，则意味着所有最高收入户的费用支出是相等的，并且都被扣除了，这样个税就处于全民免征状态。

6.2 现行方案转换为以家庭为征收对象的结果公布及说明

我国现行个税工薪所得免征额设计是以个人为征税对象、全国统一标准的，没有考虑家庭因素，并且经历了800元、1 600元、2 000元、3 500元的调整过程。为方便本书研究方案与现行方案的比较分析，我们依据一个家庭中工作者数量将现行方案转化为以家庭为征税单位（见表6.2）。

表6.2 换算后2006—2011年个税工薪所得家庭免征额水平

元/月

家庭规模	序号	家庭结构	1 600元免征额下	2 000元免征额下	3 500元免征额下
			2006—2007年	2008—2010年	2011年
1人家庭	1	1个工作者	1 600	2 000	3 500
2人家庭	1	2个工作者	3 200	4 000	7 000
	2	1个工作者+1个小孩	1 600	2 000	3 500
	3	1个工作者+1个无工作者	1 600	2 000	3 500

续表

家庭规模	序号	家庭结构	1 600 元免征额下	2 000 元免征额下	3 500 元免征额下
			2006—2007 年	2008—2010 年	2011 年
3 人家庭	1	3 个工作者	4 800	6 000	10 500
	2	2 个工作者 +1 个小孩	3 200	4 000	7 000
	3	2 个工作者 +1 个无工作者	3 200	4 000	7 000
	4	1 个工作者 +2 个小孩	1 600	2 000	3 500
	5	1 个工作者 +2 个无工作者	1 600	2 000	3 500
	6	1 个工作者 +1 个无工作者 +1 个小孩	1 600	2 000	3 500
4 人家庭	1	4 个工作者	6 400	8 000	14 000
	2	3 个工作者 +1 个小孩	4 800	6 000	10 500
	3	3 个工作者 +1 个无工作者	4 800	6 000	10 500
	4	2 个工作者 +2 个小孩	3 200	4 000	7 000
	5	2 个工作者 +2 个无工作者	3 200	4 000	7 000
	6	2 个工作者 +1 个小孩 +1 个无工作者	3 200	4 000	7 000
	7	1 个工作者 +3 个小孩	1 600	2 000	3 500
	8	1 个工作者 +3 个无工作者	1 600	2 000	3 500
	9	1 个工作者 +2 个小孩 +1 个无工作者	1 600	2 000	3 500
	10	1 个工作者 +2 个无工作者 +1 个小孩	1 600	2 000	3 500
5 人家庭	1	5 个工作者	8 000	10 000	17 500
	2	4 个工作者 +1 个小孩	6 400	8 000	14 000
	3	4 个工作者 +1 个无工作者	6 400	8 000	14 000
	4	3 个工作者 +2 个小孩	4 800	6 000	10 500
	5	3 个工作者 +2 个无工作者	4 800	6 000	10 500
	6	3 个工作者 +1 个小孩 +1 个无工作者	4 800	6 000	10 500
	7	2 个工作者 +3 个小孩	3 200	4 000	7 000

家庭规模	序号	家庭结构	1 600 元免征额下	2 000 元免征额下	3 500 元免征额下
			2006—2007 年	2008—2010 年	2011 年
5 人家庭	8	2 个工作者 +3 个无工作者	3 200	4 000	7 000
	9	2 个工作者 +2 个小孩 +1 个无工作者	3 200	4 000	7 000
	10	2 个工作者 +2 个无工作者 +1 个小孩	3 200	4 000	7 000
	11	1 个工作者 +4 个小孩	1 600	2 000	3 500
	12	1 个工作者 +4 个无工作者	1 600	2 000	3 500
	13	1 个工作者 +3 个小孩 +1 个无工作者	1 600	2 000	3 500
	14	1 个工作者 +3 个无工作者 +1 个小孩	1 600	2 000	3 500
	15	1 个工作者 +2 个小孩 +2 个无工作者	1 600	2 000	3 500
6 人家庭	1	6 个工作者	9 600	12 000	21 000
	2	5 个工作者 +1 个小孩	8 000	10 000	17 500
	3	5 个工作者 +1 个无工作者	8 000	10 000	17 500
	4	4 个工作者 +2 个小孩	6 400	8 000	14 000
	5	4 个工作者 +2 个无工作者	6 400	8 000	14 000
	6	4 个工作者 +1 个小孩 +1 个无工作者	6 400	8 000	14 000
	7	3 个工作者 +3 个小孩	4 800	6 000	10 500
	8	3 个工作者 +3 个无工作者	4 800	6 000	10 500
	9	3 个工作者 +2 个小孩 +1 个无工作者	4 800	6 000	10 500
	10	3 个工作者 +2 个无工作者 +1 个小孩	4 800	6 000	10 500
	11	2 个工作者 +4 个小孩	3 200	4 000	7 000
	12	2 个工作者 +4 个无工作者	3 200	4 000	7 000

家庭规模	序号	家庭结构	1 600 元免征额下	2 000 元免征额下	3 500 元免征额下
			2006—2007 年	2008—2010 年	2011 年
6 人家庭	13	2 个工作者 + 3 个小孩 + 1 个无工作者	3 200	4 000	7 000
	14	2 个工作者 + 3 个无工作者 + 1 个小孩	3 200	4 000	7 000
	15	2 个工作者 + 2 个小孩 + 2 个无工作者	3 200	4 000	7 000
	16	1 个工作者 + 5 个小孩	1 600	2 000	3 500
	17	1 个工作者 + 5 个无工作者	1 600	2 000	3 500
	18	1 个工作者 + 4 个小孩 + 1 个无工作者	1 600	2 000	3 500
	19	1 个工作者 + 4 个无工作者 + 1 个小孩	1 600	2 000	3 500
	20	1 个工作者 + 3 个小孩 + 2 个无工作者	1 600	2 000	3 500
	21	1 个工作者 + 3 个无工作者 + 2 个小孩	1 600	2 000	3 500
7 人家庭	1	7 个工作者	11 200	14 000	24 500
	2	6 个工作者 + 1 个小孩	9 600	12 000	21 000
	3	6 个工作者 + 1 个无工作者	9 600	12 000	21 000
	4	5 个工作者 + 2 个小孩	8 000	10 000	17 500
	5	5 个工作者 + 2 个无工作者	8 000	10 000	17 500
	6	5 个工作者 + 1 个小孩 + 1 个无工作者	8 000	10 000	17 500
	7	4 个工作者 + 3 个小孩	6 400	8 000	14 000
	8	4 个工作者 + 3 个无工作者	6 400	8 000	14 000
	9	4 个工作者 + 2 个小孩 + 1 个无工作者	6 400	8 000	14 000
	10	4 个工作者 + 2 个无工作者 + 1 个小孩	6 400	8 000	14 000

家庭规模	序号	家庭结构	1 600 元免征额下	2 000 元免征额下	3 500 元免征额下
			2006—2007 年	2008—2010 年	2011 年
7人家庭	11	3 个工作者 + 4 个小孩	4 800	6 000	10 500
	12	3 个工作者 + 4 个无工作者	4 800	6 000	10 500
	13	3 个工作者 + 3 个小孩 + 1 个无工作者	4 800	6 000	10 500
	14	3 个工作者 + 3 个无工作者 + 1 个小孩	4 800	6 000	10 500
	15	3 个工作者 + 2 个小孩 + 2 个无工作者	4 800	6 000	10 500
	16	2 个工作者 + 5 个小孩	3 200	4 000	7 000
	17	2 个工作者 + 5 个无工作者	3 200	4 000	7 000
	18	2 个工作者 + 4 个小孩 + 1 个无工作者	3 200	4 000	7 000
	19	2 个工作者 + 4 个无工作者 + 1 个小孩	3 200	4 000	7 000
	20	2 个工作者 + 3 个小孩 + 2 个无工作者	3 200	4 000	7 000
	21	2 个工作者 + 3 个无工作者 + 2 个小孩	3 200	4 000	7 000
	22	1 个工作者 + 6 个小孩	1 600	2 000	3 500
	23	1 个工作者 + 6 个无工作者	1 600	2 000	3 500
	24	1 个工作者 + 5 个小孩 + 1 个无工作者	1 600	2 000	3 500
	25	1 个工作者 + 5 个无工作者 + 1 个小孩	1 600	2 000	3 500
	26	1 个工作者 + 4 个小孩 + 2 个无工作者	1 600	2 000	3 500
	27	1 个工作者 + 4 个无工作者 + 2 个小孩	1 600	2 000	3 500
	28	1 个工作者 + 3 个小孩 + 3 个无工作者	1 600	2 000	3 500

6.3 同一家庭规模、家庭结构、收入级别、年份,不同省份综合费用扣除标准比较分析

以 2011 年最低收入户为例(见表 6.3),按同一综合费用扣除标准模型测算出的各省水平有很大的差异。在 1 人家庭的情况下,可以简单地分为三个水平级:浙江最高;黑龙江、辽宁处于中间水平;河南、安徽属于低水平,而浙江省标准接近安徽省、河南省的 2 倍。如果将所有省(市)数据收集齐后进行比较分析,则不同省份综合费用扣除标准差异更大。现行方案实际上忽视了省域间家庭支出的巨大差异,采用一刀切式的个税工薪所得综合费用扣除标准,这种做法虽然操作简单,却是对现实支出情况的最大偏离。本书设计的方案更能体现地区间支出的差异性。

表 6.3 2011 年部分省份个税工薪所得综合费用扣除标准(按最低收入户支出水平)

元/月

家庭规模	序号	家庭结构	综合费用扣除标准					
			浙江	河南	黑龙江	辽宁	安徽	现行
1 人家庭	1	1 个工作者	2 168	1 160	1 475	1 321	1 156	3 500
2 人家庭	1	2 个工作者	3 320	1 811	2 157	2 056	1 853	7 000
	2	1 个工作者 +1 个小孩	3 168	1 732	2 068	1 962	1 771	3 500
	3	1 个工作者 +1 个无工作者	3 097	1 699	2 034	1 918	1 716	3 500
3 人家庭	1	3 个工作者	4 473	2 461	2 838	2 790	2 549	10 500
	2	2 个工作者 +1 个小孩	4 320	2 382	2 750	2 696	2 468	7 000
	3	2 个工作者 +1 个无工作者	4 250	2 349	2 715	2 653	2 413	7 000
	4	1 个工作者 +2 个小孩	4 168	2 303	2 661	2 602	2 387	3 500
	5	1 个工作者 +2 个无工作者	4 027	2 237	2 593	2 515	2 277	3 500
	6	1 个工作者 +1 个无工作者 +1 个小孩	4 097	2 270	2 627	2 559	2 332	3 500

续表

家庭规模	序号	家庭结构	综合费用扣除标准					
			浙江	河南	黑龙江	辽宁	安徽	现行
4人家庭	1	4个工作者	5 625	3 111	3 520	3 525	3 245	14 000
	2	3个工作者+1个小孩	5 473	3 033	3 431	3 431	3 164	10 500
	3	3个工作者+1个无工作者	5 403	2 999	3 397	3 387	3 109	10 500
	4	2个工作者+2个小孩	5 320	2 954	3 343	3 336	3 083	7 000
	5	2个工作者+2个无工作者	5 180	2 887	3 274	3 250	2 973	7 000
	6	2个工作者+1个小孩+1个无工作者	5 250	2 920	3 308	3 293	3 028	7 000
	7	1个工作者+3个小孩	5 168	2 875	3 254	3 242	3 002	3 500
	8	1个工作者+3个无工作者	4 957	2 775	3 151	3 113	2 837	3 500
	9	1个工作者+2个小孩+1个无工作者	5 097	2 841	3 220	3 199	2 947	3 500
	10	1个工作者+2个无工作者+1个小孩	5 027	2 808	3 186	3 156	2 892	3 500
5人家庭	1	5个工作者	6 778	3 762	4 201	4 259	3 942	17 500
	2	4个工作者+1个小孩	6 625	3 683	4 113	4 165	3 861	14 000
	3	4个工作者+1个无工作者	6 555	3 650	4 078	4 122	3 806	14 000
	4	3个工作者+2个小孩	6 473	3 604	4 024	4 071	3 780	10 500
	5	3个工作者+2个无工作者	6 332	3 538	3 955	3 984	3 670	10 500
	6	3个工作者+1个小孩+1个无工作者	6 403	3 571	3 990	4 028	3 725	10 500
	7	2个工作者+3个小孩	6 320	3 525	3 936	3 977	3 698	7 000
	8	2个工作者+3个无工作者	6 110	3 425	3 833	3 847	3 534	7 000
	9	2个工作者+2个小孩+1个无工作者	6 250	3 492	3 901	3 933	3 644	7 000
	10	2个工作者+2个无工作者+1个小孩	6 180	3 459	3 867	3 890	3 589	7 000
	11	1个工作者+4个小孩	6 168	3 446	3 847	3 882	3 617	3 500
	12	1个工作者+4个无工作者	5 887	3 313	3 710	3 710	3 398	3 500
	13	1个工作者+3个小孩+1个无工作者	6 097	3 413	3 813	3 839	3 562	3 500
	14	1个工作者+3个无工作者+1个小孩	5 957	3 347	3 744	3 753	3 453	3 500
	15	1个工作者+2个小孩+2个无工作者	6 027	3 380	3 779	3 796	3 507	3 500

续表

家庭规模	序号	家庭结构	综合费用扣除标准					
			浙江	河南	黑龙江	辽宁	安徽	现行
6人家庭	1	6 个工作者	7 930	4 412	4 882	4 994	4 638	21 000
	2	5 个工作者 +1 个小孩	7 778	4 333	4 794	4 899	4 557	17 500
	3	5 个工作者 +1 个无工作者	7 708	4 300	4 760	4 856	4 502	17 500
	4	4 个工作者 +2 个小孩	7 625	4 254	4 706	4 805	4 476	14 000
	5	4 个工作者 +2 个无工作者	7 485	4 188	4 637	4 719	4 366	14 000
	6	4 个工作者 +1 个小孩 +1 个无工作者	7 555	4 221	4 671	4 762	4 421	14 000
	7	3 个工作者 +3 个小孩	7 473	4 176	4 617	4 711	4 395	10 500
	8	3 个工作者 +3 个无工作者	7 262	4 076	4 514	4 581	4 230	10 500
	9	3 个工作者 +2 个小孩 +1 个无工作者	7 403	4 142	4 583	4 668	4 340	10 500
	10	3 个工作者 +2 个无工作者 + 1 个小孩	7 332	4 109	4 548	4 625	4 285	10 500
	11	2 个工作者 +4 个小孩	7 320	4 097	4 529	4 617	4 314	7 000
	12	2 个工作者 +4 个无工作者	7 039	3 964	4 391	4 444	4 094	7 000
	13	2 个工作者 +3 个小孩 +1 个无工作者	7 250	4 063	4 494	4 574	4 259	7 000
	14	2 个工作者 +3 个无工作者 + 1 个小孩	7 110	3 997	4 426	4 487	4 149	7 000
	15	2 个工作者 +2 个小孩 +2 个无工作者	7 180	4 030	4 460	4 530	4 204	7 000
	16	1 个工作者 +5 个小孩	7 168	4 018	4 440	4 523	4 233	3 500
	17	1 个工作者 +5 个无工作者	6 817	3 852	4 268	4 307	3 958	3 500
	18	1 个工作者 +4 个小孩 +1 个无工作者	7 097	3 984	4 406	4 479	4 178	3 500
	19	1 个工作者 +4 个无工作者 + 1 个小孩	6 887	3 885	4 303	4 350	4 013	3 500
	20	1 个工作者 +3 个小孩 +2 个无工作者	7 027	3 951	4 372	4 436	4 123	3 500
	21	1 个工作者 +3 个无工作者 + 2 个小孩	6 957	3 918	4 337	4 393	4 068	3 500

续表

家庭规模	序号	家庭结构	综合费用扣除标准					
			浙江	河南	黑龙江	辽宁	安徽	现行
7人家庭	1	7个工作者	9 083	5 063	5 564	5 728	5 335	24 500
	2	6个工作者+1个小孩	8 930	4 984	5 475	5 634	5 254	21 000
	3	6个工作者+1个无工作者	8 860	4 951	5 441	5 591	5 199	21 000
	4	5个工作者+2个小孩	8 778	4 905	5 387	5 540	5 172	17 500
	5	5个工作者+2个无工作者	8 637	4 838	5 318	5 453	5 063	17 500
	6	5个工作者+1个小孩+1个无工作者	8 708	4 872	5 352	5 496	5 118	17 500
	7	4个工作者+3个小孩	8 625	4 826	5 298	5 445	5 091	14 000
	8	4个工作者+3个无工作者	8 415	4 726	5 195	5 316	4 927	14 000
	9	4个工作者+2个小孩+1个无工作者	8 555	4 793	5 264	5 402	5 036	14 000
	10	4个工作者+2个无工作者+1个小孩	8 485	4 760	5 230	5 359	4 981	14 000
	11	3个工作者+4个小孩	8 473	4 747	5 210	5 351	5 010	10 500
	12	3个工作者+4个无工作者	8 192	4 614	5 072	5 178	4 791	10 500
	13	3个工作者+3个小孩+1个无工作者	8 403	4 714	5 176	5 308	4 955	10 500
	14	3个工作者+3个无工作者+1个小孩	8 262	4 647	5 107	5 222	4 845	10 500
	15	3个工作者+2个小孩+2个无工作者	8 332	4 681	5 141	5 265	4 900	10 500
	16	2个工作者+5个小孩	8 320	4 668	5 122	5 257	4 929	7 000
	17	2个工作者+5个无工作者	7 969	4 502	4 950	5 041	4 655	7 000
	18	2个工作者+4个小孩+1个无工作者	8 250	4 635	5 087	5 214	4 874	7 000
	19	2个工作者+4个无工作者+1个小孩	8 039	4 535	4 984	5 084	4 709	7 000
	20	2个工作者+3个小孩+2个无工作者	8 180	4 602	5 053	5 171	4 819	7 000

续表

家庭规模	序号	家庭结构	综合费用扣除标准					
			浙江	河南	黑龙江	辽宁	安徽	现行
7人家庭	21	2个工作者+3个无工作者+2个小孩	8 110	4 568	5 018	5 127	4 764	7 000
	22	1个工作者+6个小孩	8 168	4 589	5 033	5 163	4 848	3 500
	23	1个工作者+6个无工作者	7 746	4 390	4 827	4 904	4 518	3 500
	24	1个工作者+5个小孩+1个无工作者	8 097	4 556	4 999	5 120	4 793	3 500
	25	1个工作者+5个无工作者+1个小孩	7 817	4 423	4 861	4 947	4 573	3 500
	26	1个工作者+4个小孩+2个无工作者	8 027	4 523	4 964	5 076	4 738	3 500
	27	1个工作者+4个无工作者+2个小孩	7 887	4 456	4 896	4 990	4 628	3 500
	28	1个工作者+3个小孩+3个无工作者	7 957	4 490	4 930	5 033	4 683	3 500

数据来源：由前几章中相关数据计算得来。

6.4 同一家庭规模、家庭结构、收入级别、省份，不同年份综合费用扣除标准比较分析

表6.4为浙江省按最低收入户支出水平测算出来的综合费用扣除标准，笔者发现，任意家庭规模下的任意家庭结构，其扣除标准都随着时间呈稳步增加态势，这说明该扣除标准很大程度上反映了家庭费用支出水平随物价、实际需求等因素的变化，具有自动调节功能。而现行方案（见表6.4）费用扣除标准则呈现出阶段性、非稳定性的特征，即什么时候调整、调整多少基本由人为因素决定。因此，本书所提的研究方案更能体现出政策调整时间的连续性，并能及时反映费用支出的变化。

表 6.4 2007—2011 年浙江省个税工薪所得综合费用扣除标准（最低收入户支出水平）

元/月

家庭规模	序号	家庭结构	综合费用扣除标准				
			2011 年	2010 年	2009 年	2008 年	2007 年
1 人家庭	1	1 个工作者	2 168	1 915	1 866	1 640	1 415
2 人家庭	1	2 个工作者	3 320	2 864	2 765	2 513	2 137
	2	1 个工作者 +1 个小孩	3 168	2 762	2 677	2 410	2 071
	3	1 个工作者 +1 个无工作者	3 097	2 700	2 618	2 350	2 007
3 人家庭	1	3 个工作者	4 473	3 812	3 664	3 386	2 860
	2	2 个工作者 +1 个小孩	4 320	3 710	3 576	3 283	2 793
	3	2 个工作者 +1 个无工作者	4 250	3 648	3 516	3 223	2 730
	4	1 个工作者 +2 个小孩	4 168	3 609	3 487	3 180	2 727
	5	1 个工作者 +2 个无工作者	4 027	3 484	3 369	3 061	2 599
	6	1 个工作者 +1 个无工作者 +1 个小孩	4 097	3 546	3 428	3 120	2 663
4 人家庭	1	4 个工作者	5 625	4 760	4 563	4 259	3 583
	2	3 个工作者 +1 个小孩	5 473	4 659	4 474	4 156	3 516
	3	3 个工作者 +1 个无工作者	5 403	4 596	4 415	4 097	3 452
	4	2 个工作者 +2 个小孩	5 320	4 557	4 386	4 053	3 449
	5	2 个工作者 +2 个无工作者	5 180	4 432	4 268	3 934	3 322
	6	2 个工作者 +1 个小孩 +1 个无工作者	5 250	4 495	4 327	3 994	3 386
	7	1 个工作者 +3 个小孩	5 168	4 455	4 298	3 950	3 383
	8	1 个工作者 +3 个无工作者	4 957	4 268	4 120	3 771	3 192
	9	1 个工作者 +2 个小孩 +1 个无工作者	5 097	4 393	4 239	3 891	3 319
	10	1 个工作者 +2 个无工作者 +1 个小孩	5 027	4 331	4 180	3 831	3 255
5 人家庭	1	5 个工作者	6 778	5 709	5 462	5 133	4 305
	2	4 个工作者 +1 个小孩	6 625	5 607	5 373	5 030	4 239
	3	4 个工作者 +1 个无工作者	6 555	5 545	5 314	4 970	4 175
	4	3 个工作者 +2 个小孩	6 473	5 505	5 285	4 927	4 172
	5	3 个工作者 +2 个无工作者	6 332	5 381	5 167	4 807	4 045
	6	3 个工作者 +1 个小孩 +1 个无工作者	6 403	5 443	5 226	4 867	4 108

家庭规模	序号	家庭结构	综合费用扣除标准				
			2011 年	2010 年	2009 年	2008 年	2007 年
5 人家庭	7	2 个工作者 +3 个小孩	6 320	5 403	5 197	4 824	4 105
	8	2 个工作者 +3 个无工作者	6 110	5 217	5 019	4 644	3 914
	9	2 个工作者 +2 个小孩 +1 个无工作者	6 250	5 341	5 138	4 764	4 042
	10	2 个工作者 +2 个无工作者 +1 个小孩	6 180	5 279	5 078	4 704	3 978
	11	1 个工作者 +4 个小孩	6 168	5 302	5 108	4 721	4 039
	12	1 个工作者 +4 个无工作者	5 887	5 053	4 872	4 482	3 784
	13	1 个工作者 +3 个小孩 +1 个无工作者	6 097	5 239	5 049	4 661	3 975
	14	1 个工作者 +3 个无工作者 +1 个小孩	5 957	5 115	4 931	4 541	3 848
	15	1 个工作者 +2 个小孩 +2 个无工作者	6 027	5 177	4 990	4 601	3 911
6 人家庭	1	6 个工作者	7 930	6 657	6 360	6 006	5 028
	2	5 个工作者 +1 个小孩	7 778	6 555	6 272	5 903	4 961
	3	5 个工作者 +1 个无工作者	7 708	6 493	6 213	5 843	4 898
	4	4 个工作者 +2 个小孩	7 625	6 454	6 184	5 800	4 895
	5	4 个工作者 +2 个无工作者	7 485	6 329	6 065	5 680	4 767
	6	4 个工作者 +1 个小孩 +1 个无工作者	7 555	6 391	6 125	5 740	4 831
	7	3 个工作者 +3 个小孩	7 473	6 352	6 096	5 697	4 828
	8	3 个工作者 +3 个无工作者	7 262	6 165	5 918	5 518	4 637
	9	3 个工作者 +2 个小孩 +1 个无工作者	7 403	6 290	6 036	5 637	4 764
	10	3 个工作者 +2 个无工作者 +1 个小孩	7 332	6 227	5 977	5 577	4 701
	11	2 个工作者 +4 个小孩	7 320	6 250	6 007	5 594	4 761
	12	2 个工作者 +4 个无工作者	7 039	6 001	5 771	5 355	4 507
	13	2 个工作者 +3 个小孩 +1 个无工作者	7 250	6 188	5 948	5 534	4 698
	14	2 个工作者 +3 个无工作者 +1 个小孩	7 110	6 063	5 830	5 415	4 570
	15	2 个工作者 +2 个小孩 +2 个无工作者	7 180	6 125	5 889	5 474	4 634
	16	1 个工作者 +5 个小孩	7 168	6 148	5 919	5 491	4 695
	17	1 个工作者 +5 个无工作者	6 817	5 837	5 623	5 192	4 377
	18	1 个工作者 +4 个小孩 +1 个无工作者	7 097	6 086	5 860	5 431	4 631
	19	1 个工作者 +4 个无工作者 +1 个小孩	6 887	5 899	5 682	5 252	4 440
	20	1 个工作者 +3 个小孩 +2 个无工作者	7 027	6 024	5 801	5 371	4 567
	21	1 个工作者 +3 个无工作者 +2 个小孩	6 957	5 961	5 741	5 312	4 504

家庭规模	序号	家庭结构	综合费用扣除标准				
			2011 年	2010 年	2009 年	2008 年	2007 年
7 人家庭	1	7 个工作者	9 083	7 605	7 259	6 879	5 751
	2	6 个工作者 +1 个小孩	8 930	7 504	7 171	6 776	5 684
	3	6 个工作者 +1 个无工作者	8 860	7 441	7 112	6 716	5 620
	4	5 个工作者 +2 个小孩	8 778	7 402	7 083	6 673	5 617
	5	5 个工作者 +2 个无工作者	8 637	7 277	6 964	6 554	5 490
	6	5 个工作者 +1 个小孩 +1 个无工作者	8 708	7 340	7 023	6 613	5 554
	7	4 个工作者 +3 个小孩	8 625	7 300	6 994	6 570	5 551
	8	4 个工作者 +3 个无工作者	8 415	7 113	6 817	6 391	5 360
	9	4 个工作者 +2 个小孩 +1 个无工作者	8 555	7 238	6 935	6 510	5 487
	10	4 个工作者 +2 个无工作者 +1 个小孩	8 485	7 176	6 876	6 451	5 423
	11	3 个工作者 +4 个小孩	8 473	7 198	6 906	6 467	5 484
	12	3 个工作者 +4 个无工作者	8 192	6 949	6 669	6 228	5 230
	13	3 个工作者 +3 个小孩 +1 个无工作者	8 403	7 136	6 847	6 407	5 420
	14	3 个工作者 +3 个无工作者 +1 个小孩	8 262	7 012	6 729	6 288	5 293
	15	3 个工作者 +2 个小孩 +2 个无工作者	8 332	7 074	6 788	6 348	5 357
	16	2 个工作者 +5 个小孩	8 320	7 097	6 818	6 364	5 417
	17	2 个工作者 +5 个无工作者	7 969	6 785	6 522	6 065	5 099
	18	2 个工作者 +4 个小孩 +1 个无工作者	8 250	7 034	6 759	6 304	5 354
	19	2 个工作者 +4 个无工作者 +1 个小孩	8 039	6 847	6 581	6 125	5 163
	20	2 个工作者 +3 个小孩 +2 个无工作者	8 180	6 972	6 699	6 245	5 290
	21	2 个工作者 +3 个无工作者 +2 个小孩	8 110	6 910	6 640	6 185	5 226
	22	1 个工作者 +6 个小孩	8 168	6 995	6 730	6 261	5 351
	23	1 个工作者 +6 个无工作者	7 746	6 621	6 374	5 902	4 969
	24	1 个工作者 +5 个小孩 +1 个无工作者	8 097	6 933	6 670	6 201	5 287
	25	1 个工作者 +5 个无工作者 +1 个小孩	7 817	6 683	6 434	5 962	5 033
	26	1 个工作者 +4 个小孩 +2 个无工作者	8 027	6 870	6 611	6 142	5 223
	27	1 个工作者 +4 个无工作者 +2 个小孩	7 887	6 746	6 493	6 022	5 096
	28	1 个工作者 +3 个小孩 +3 个无工作者	7 957	6 808	6 552	6 082	5 160

6.5 同一家庭规模、家庭结构、年份、省份，不同收入级别综合费用扣除标准比较分析

一个国家应该将哪些人实际纳入个税征税范围，是由这个国家的经济发展状况及发展阶段、社会阶层分布、收入分配现状、税制结构、纳税意愿、征管水平等多方面因素决定的。无论其决定因素有多少，最后制定出的政策应尽可能保证"政策边界界定清晰"。对个税来说，就是如何尽可能地明晰个税征税面以实现宏观政策意图。现行方案费用扣除标准依据的解释则是"可能、大概、差不多"，并且统一的标准在不同的省份征税面差异很大，如果将家庭规模、家庭结构考虑进去，则更加偏离个税政策初衷。而以2006年辽宁省的情况为例（见表6.5），本研究方案可以清晰地明确"个税征税面"，并且能够满足未来税制结构对个税定位的变化。

表6.5 2006年辽宁省不同收入级别个税工薪所得综合费用扣除标准

元/月

家庭规模	序号	家庭结构	综合费用扣除标准							
			最低	低	中低	中等	中高	高等	最高	现行
1人家庭	1	1个工作者	927	1 050	1 151	1 300	1 492	1 704	2 179	1 600
2人家庭	1	2个工作者	1 364	1 609	1 811	2 109	2 494	2 918	3 867	3 200
	2	1个工作者+1个小孩	1 323	1 540	1 735	1 997	2 337	2 694	3 539	1 600
	3	1个工作者+1个无工作者	1 297	1 513	1 693	1 958	2 288	2 647	3 473	1 600
3人家庭	1	3个工作者	1 801	2 169	2 471	2 918	3 496	4 131	5 555	4 800
	2	2个工作者+1个小孩	1 759	2 099	2 395	2 807	3 338	3 908	5 227	3 200
	3	2个工作者+1个无工作者	1 733	2 073	2 353	2 767	3 290	3 861	5 161	3 200
	4	1个工作者+2个小孩	1 718	2 030	2 319	2 695	3 181	3 684	4 900	1 600
	5	1个工作者+2个无工作者	1 666	1 977	2 235	2 616	3 083	3 591	4 767	1 600
	6	1个工作者+1个无工作者+1个小孩	1 692	2 003	2 277	2 655	3 132	3 638	4 833	1 600

续表

家庭规模	序号	家庭结构	综合费用扣除标准							
			最低	低	中低	中等	中高	高等	最高	现行
4人家庭	1	4个工作者	2 237	2 728	3 132	3 727	4 498	5 345	7 243	6 400
	2	3个工作者+1个小孩	2 196	2 659	3 055	3 616	4 340	5 121	6 915	4 800
	3	3个工作者+1个无工作者	2 170	2 632	3 013	3 576	4 292	5 075	6 849	4 800
	4	2个工作者+2个小孩	2 155	2 589	2 979	3 504	4 183	4 898	6 588	3 200
	5	2个工作者+2个无工作者	2 103	2 536	2 895	3 425	4 085	4 804	6 455	3 200
	6	2个工作者+1个小孩+1个无工作者	2 129	2 563	2 937	3 465	4 134	4 851	6 521	3 200
	7	1个工作者+3个小孩	2 113	2 520	2 903	3 393	4 025	4 675	6 261	1 600
	8	1个工作者+3个无工作者	2 035	2 440	2 776	3 274	3 879	4 534	6 061	1 600
	9	1个工作者+2个小孩+1个无工作者	2 087	2 493	2 861	3 353	3 976	4 628	6 194	1 600
	10	1个工作者+2个无工作者+1个小孩	2 061	2 467	2 819	3 313	3 928	4 581	6 127	1 600
5人家庭	1	5个工作者	2 674	3 287	3 792	4 536	5 500	6 558	8 931	8 000
	2	4个工作者+1个小孩	2 633	3 218	3 716	4 425	5 342	6 335	8 603	6 400
	3	4个工作者+1个无工作者	2 607	3 191	3 674	4 385	5 293	6 288	8 537	6 400
	4	3个工作者+2个小孩	2 591	3 149	3 639	4 313	5 184	6 111	8 276	4 800
	5	3个工作者+2个无工作者	2 539	3 095	3 555	4 234	5 087	6 018	8 143	4 800
	6	3个工作者+1个小孩+1个无工作者	2 565	3 122	3 597	4 274	5 136	6 065	8 209	4 800
	7	2个工作者+3个小孩	2 550	3 079	3 563	4 202	5 027	5 888	7 949	3 200
	8	2个工作者+3个无工作者	2 472	2 999	3 437	4 083	4 881	5 748	7 749	3 200
	9	2个工作者+2个小孩+1个无工作者	2 524	3 053	3 521	4 162	4 978	5 841	7 882	3 200
	10	2个工作者+2个无工作者+1个小孩	2 498	3 026	3 479	4 123	4 929	5 794	7 815	3 200
	11	1个工作者+4个小孩	2 508	3 010	3 487	4 090	4 869	5 665	7 622	1 600
	12	1个工作者+4个无工作者	2 405	2 903	3 318	3 932	4 674	5 478	7 355	1 600
	13	1个工作者+3个小孩+1个无工作者	2 482	2 983	3 445	4 051	4 820	5 618	7 555	1 600
	14	1个工作者+3个无工作者+1个小孩	2 431	2 930	3 361	3 971	4 723	5 524	7 422	1 600
	15	1个工作者+2个小孩+2个无工作者	2 457	2 957	3 403	4 011	4 772	5 571	7 488	1 600

续表

家庭规模	序号	家庭结构	综合费用扣除标准							
			最低	低	中低	中等	中高	高等	最高	现行
6人家庭	1	6个工作者	3 111	3 847	4 452	5 346	6 502	7 772	10 619	9 600
	2	5个工作者+1个小孩	3 069	3 777	4 376	5 234	6 344	7 548	10 291	8 000
	3	5个工作者+1个无工作者	3 044	3 751	4 334	5 195	6 295	7 502	10 225	8 000
	4	4个工作者+2个小孩	3 028	3 708	4 300	5 123	6 186	7 325	9 964	6 400
	5	4个工作者+2个无工作者	2 976	3 655	4 215	5 043	6 089	7 231	9 831	6 400
	6	4个工作者+1个小孩+1个无工作者	3 002	3 681	4 258	5 083	6 138	7 278	9 897	6 400
	7	3个工作者+3个小孩	2 987	3 639	4 224	5 011	6 029	7 102	9 637	4 800
	8	3个工作者+3个无工作者	2 909	3 559	4 097	4 892	5 883	6 961	9 437	4 800
	9	3个工作者+2个小孩+1个无工作者	2 961	3 612	4 181	4 971	5 980	7 055	9 570	4 800
	10	3个工作者+2个无工作者+1个小孩	2 935	3 585	4 139	4 932	5 931	7 008	9 503	4 800
	11	2个工作者+4个小孩	2 945	3 569	4 147	4 900	5 871	6 878	9 310	3 200
	12	2个工作者+4个无工作者	2 842	3 463	3 979	4 741	5 676	6 691	9 043	3 200
	13	2个工作者+3个小孩+1个无工作者	2 919	3 543	4 105	4 860	5 822	6 831	9 243	3 200
	14	2个工作者+3个无工作者+1个小孩	2 867	3 489	4 021	4 781	5 725	6 738	9 110	3 200
	15	2个工作者+2个小孩+2个无工作者	2 893	3 516	4 063	4 820	5 774	6 785	9 176	3 200
	16	1个工作者+5个小孩	2 904	3 500	4 071	4 788	5 713	6 655	8 982	1 600
	17	1个工作者+5个无工作者	2 774	3 367	3 860	4 590	5 470	6 421	8 649	1 600
	18	1个工作者+4个小孩+1个无工作者	2 878	3 473	4 029	4 748	5 665	6 608	8 916	1 600
	19	1个工作者+4个无工作者+1个小孩	2 800	3 393	3 902	4 629	5 519	6 468	8 716	1 600
	20	1个工作者+3个小孩+2个无工作者	2 852	3 447	3 987	4 709	5 616	6 561	8 849	1 600
	21	1个工作者+3个无工作者+2个小孩	2 826	3 420	3 945	4 669	5 567	6 514	8 782	1 600

家庭规模	序号	家庭结构	综合费用扣除标准							
			最低	低	中低	中等	中高	高等	最高	现行
7人家庭	1	7个工作者	3 548	4 406	5 113	6 155	7 503	8 985	12 307	11 200
	2	6个工作者+1个小孩	3 506	4 337	5 036	6 043	7 346	8 762	11 979	9 600
	3	6个工作者+1个无工作者	3 480	4 310	4 994	6 004	7 297	8 715	11 913	9 600
	4	5个工作者+2个小孩	3 465	4 267	4 960	5 932	7 188	8 539	11 652	8 000
	5	5个工作者+2个无工作者	3 413	4 214	4 876	5 853	7 091	8 445	11 519	8 000
	6	5个工作者+1个小孩+1个无工作者	3 439	4 241	4 918	5 892	7 139	8 492	11 585	8 000
	7	4个工作者+3个小孩	3 423	4 198	4 884	5 820	7 030	8 315	11 325	6 400
	8	4个工作者+3个无工作者	3 346	4 118	4 757	5 701	6 884	8 175	11 125	6 400
	9	4个工作者+2个小孩+1个无工作者	3 397	4 171	4 842	5 781	6 982	8 268	11 258	6 400
	10	4个工作者+2个无工作者+1个小孩	3 371	4 145	4 799	5 741	6 933	8 222	11 192	6 400
	11	3个工作者+4个小孩	3 382	4 129	4 808	5 709	6 873	8 092	10 998	4 800
	12	3个工作者+4个无工作者	3 278	4 022	4 639	5 550	6 678	7 905	10 731	4 800
	13	3个工作者+3个小孩+1个无工作者	3 356	4 102	4 765	5 669	6 824	8 045	10 931	4 800
	14	3个工作者+3个无工作者+1个小孩	3 304	4 049	4 681	5 590	6 727	7 951	10 798	4 800
	15	3个工作者+2个小孩+2个无工作者	3 330	4 075	4 723	5 629	6 775	7 998	10 864	4 800
	16	2个工作者+5个小孩	3 340	4 059	4 731	5 597	6 715	7 868	10 670	3 200
	17	2个工作者+5个无工作者	3 211	3 926	4 521	5 399	6 472	7 634	10 337	3 200
	18	2个工作者+4个小孩+1个无工作者	3 314	4 033	4 689	5 558	6 666	7 822	10 604	3 200
	19	2个工作者+4个无工作者+1个小孩	3 237	3 953	4 563	5 439	6 520	7 681	10 404	3 200
	20	2个工作者+3个小孩+2个无工作者	3 289	4 006	4 647	5 518	6 618	7 775	10 537	3 200
	21	2个工作者+3个无工作者+2个小孩	3 263	3 979	4 605	5 478	6 569	7 728	10 470	3 200

家庭规模	序号	家庭结构	综合费用扣除标准							
			最低	低	中低	中等	中高	高等	最高	现行
7人家庭	22	1个工作者+6个小孩	3 299	3 990	4 655	5 486	6 557	7 645	10 343	1 600
	23	1个工作者+6个无工作者	3 144	3 830	4 402	5 248	6 265	7 364	9 943	1 600
	24	1个工作者+5个小孩+1个无工作者	3 273	3 963	4 613	5 446	6 509	7 598	10 276	1 600
	25	1个工作者+5个无工作者+1个小孩	3 169	3 857	4 444	5 288	6 314	7 411	10 010	1 600
	26	1个工作者+4个小孩+2个无工作者	3 247	3 937	4 571	5 406	6 460	7 551	10 210	1 600
	27	1个工作者+4个无工作者+2个小孩	3 195	3 883	4 486	5 327	6 363	7 458	10 076	1 600
	28	1个工作者+3个小孩+3个无工作者	3 221	3 910	4 529	5 367	6 411	7 505	10 143	1 600

6.6 同一年份、省份、家庭规模，不同家庭结构综合费用扣除标准比较分析

根据国际经验，以家庭为征税单位是成熟个人所得税制度的做法。而我国现行方案设计实质上是"'谁工作，谁有可能被征税'，'谁有可能被征税，谁才能享有费用扣除'"。以2011年为例（见表6.3），在2人家庭规模下，结构为"1个工作者+1个小孩"和"1个工作者+1个无工作者"的家庭仅能扣除3 500元，依然等于1人家庭的扣除，而结构为"2个工作者"的家庭可扣除7 000元。该问题对每种规模下的各种家庭结构都存在，事实上它们的实际费用支出差距并没有这么大。本书方案的设计实质上是"'谁工作，谁有可能被征税'，'谁有费用支出，谁就能享有费用扣除'"，将每位家庭成员的费用支出都考虑进去。因此，本书方案设计不但可以体现某年某省份相同家庭规模下不同家庭结构的费用支出差异，而且可以体现某年某家庭规模下相同家庭结构在不同省份的费用支出差异。

6.7　本书研究方案的不足及完善思路

以上从多个维度对现行方案和本书研究方案进行了比较分析，笔者发现，本书充分考虑了多个层面的差异性，并尽最大可能将其考虑到方案中。但是本书方案仍有很多不足需要完善：①家庭结构类型仍需细分，充分考虑家庭中残疾人和教育费用在不同学习阶段差异等情况。②关于上下班交通费、上班午餐费，本书采取近似替代的处理办法。笔者建议以大规模、大范围的调查问卷形式获得该费用相对具体的数额，并将该调查以周期的形式持续进行下去。③关于"人情费用支出"，本书所选取的数据与直观感受有一定的偏差。事实上，这项支出已经影响到工薪阶层人们的正常生活，如何更加合理地反映真实情况还需进一步研究。④省级层面公布的消费性支出数据缺失，导致本书只能测算出北京、陕西、浙江、黑龙江、辽宁、河南、安徽的情况。完善原始消费性支出数据也是需要进一步进行的工作。⑤关于房屋租金数据，本书用省会城市一年内的月平均数据代表该省所有地区每个月份的情况，因此，完善租金数据统计并将其扩展到地级市乃至县城（镇）是不可或缺的。

附录1 2005年10月27日个人所得税工薪所得减除费用标准听证会陈述

表1 2015年10月27日个人所得税减除费用标准听征会意见

序号	姓名	身份	意见
1	马肖	中国石油化工抚顺分公司腈纶化工厂工人	应比800元适当降低
2	王伟国	中石油大庆石化分公司炼油厂职员	应保持1 500元
3	田永祥	中国人民财产保险股份有限公司西藏分公司职员	应提高到2 000元或以上
4	申东升	河北省邯郸市发改委处长	应提高到2 000元
5	刘剑文	北京大学法学院教授	应提高到1 600元
6	孙钢	财政部科研所研究员	应提高到1 600元
7	江泓	飞利浦（中国）投资有限公司税务部职员	应提高到1 600元
8	许建国	湖北经济学院院长	应保持1 500元
9	吴志才	重庆力华有限责任公司农村进城务工人员	应提高到2 000元
10	宋景昌	河北省秦皇岛市抚宁县南戴河旅游度假区管委会职员	应提高到3 000元
11	张玉霞	山东省济南大学经济学院教师	应提高到1 500元
12	李声雯	四川鼎力律师事务所律师	应提高到2 500元
13	杨钦	中国网通公司广东佛山分公司职员	应提高到2 000元
14	杨斌	福建省闽江学院院长	应维持现行的800元
15	陈栋	新疆乌鲁木齐市法律援助中心律师	应保持1 500元
16	陈庆锋	亚特蓝斯电子（东莞）公司采购部职员	应保持1 500元
17	房立刚	中国航天时代电子公司7107厂职员	应比1 500元适当提高
18	徐明富	维德木业（苏州）有限公司职员	应提高到2 000元
19	郭贵林	山西省西山煤电股份公司西区矿职员	建议提到1 800~2 000元
20	樊小斌	中国石油宁夏石化公司职员	应维持1 500元

附录 2　按最低收入户支出水平测算的
个税工薪所得综合费用扣除标准[①]

表 1　2006 年部分省份个税工薪所得综合费用扣除标准（按最低收入户支出水平）

元/月

家庭规模	序号	家庭结构	综合费用扣除标准				
			浙江	河南	黑龙江	辽宁	安徽
1 人家庭	1	1 个工作者	731	930	927		698
2 人家庭	1	2 个工作者	1 099	1 322	1 364		1 139
	2	1 个工作者 + 1 个小孩	1 056	1 277	1 323		1 085
	3	1 个工作者 + 1 个无工作者	1 038	1 260	1 297		1 056
3 人家庭	1	3 个工作者	1 466	1 713	1 801		1 581
	2	2 个工作者 + 1 个小孩	1 424	1 668	1 759		1 527
	3	2 个工作者 + 1 个无工作者	1 405	1 652	1 733		1 497
	4	1 个工作者 + 2 个小孩；	1 382	1 623	1 718		1 472
	5	1 个工作者 + 2 个无工作者	1 344	1 591	1 666		1 414
	6	1 个工作者 + 1 个无工作者 + 1 个小孩	1 363	1 607	1 692		1 443
4 人家庭	1	4 个工作者	1 833	2 105	2 237		2 022
	2	3 个工作者 + 1 个小孩	1 791	2 060	2 196		1 968
	3	3 个工作者 + 1 个无工作者	1 772	2 044	2 170		1 939
	4	2 个工作者 + 2 个小孩	1 749	2 015	2 155		1 914
	5	2 个工作者 + 2 个无工作者	1 711	1 982	2 103		1 855
	6	2 个工作者 + 1 个小孩 + 1 个无工作者	1 730	1 999	2 129		1 884

注：辽宁列数据：927、1 364、1 323、1 297、1 801、1 759、1 733、1 718、1 666、1 692、2 237、2 196、2 170、2 155、2 103、2 129

---

① 附录 2 至附录 8 所有表中数据均由第 5 章中的相关数据计算得来。

续表

家庭规模	序号	家庭结构	综合费用扣除标准				
			浙江	河南	黑龙江	辽宁	安徽
4人家庭	7	1个工作者+3个小孩		1 707	1 970	2 113	1 859
	8	1个工作者+3个无工作者		1 650	1 921	2 035	1 772
	9	1个工作者+2个小孩+1个无工作者		1 688	1 954	2 087	1 830
	10	1个工作者+2个无工作者+1个小孩		1 669	1 937	2 061	1 801
5人家庭	1	5个工作者		2 201	2 496	2 674	2 464
	2	4个工作者+1个小孩		2 159	2 451	2 633	2 410
	3	4个工作者+1个无工作者		2 140	2 435	2 607	2 380
	4	3个工作者+2个小孩		2 117	2 407	2 591	2 355
	5	3个工作者+2个无工作者		2 079	2 374	2 539	2 297
	6	3个工作者+1个小孩+1个无工作者		2 098	2 390	2 565	2 326
	7	2个工作者+3个小孩		2 075	2 362	2 550	2 301
	8	2个工作者+3个无工作者		2 018	2 313	2 472	2 213
	9	2个工作者+2个小孩+1个无工作者		2 056	2 345	2 524	2 272
	10	2个工作者+2个无工作者+1个小孩		2 037	2 329	2 498	2 242
	11	1个工作者+4个小孩		2 033	2 317	2 508	2 246
	12	1个工作者+4个无工作者		1 957	2 251	2 405	2 130
	13	1个工作者+3个小孩+1个无工作者		2 014	2 300	2 482	2 217
	14	1个工作者+3个无工作者+1个小孩		1 976	2 268	2 431	2 159
	15	1个工作者+2个小孩+2个无工作者		1 995	2 284	2 457	2 188
6人家庭	1	6个工作者		2 568	2 888	3 111	2 906
	2	5个工作者+1个小孩		2 526	2 843	3 069	2 851
	3	5个工作者+1个无工作者		2 507	2 827	3 044	2 822
	4	4个工作者+2个小孩		2 484	2 798	3 028	2 797
	5	4个工作者+2个无工作者		2 446	2 765	2 976	2 738
	6	4个工作者+1个小孩+1个无工作者		2 465	2 782	3 002	2 768
	7	3个工作者+3个小孩		2 442	2 753	2 987	2 742
	8	3个工作者+3个无工作者		2 385	2 704	2 909	2 655
	9	3个工作者+2个小孩+1个无工作者		2 423	2 737	2 961	2 713

家庭规模	序号	家庭结构	综合费用扣除标准				
			浙江	河南	黑龙江	辽宁	安徽
6人家庭	10	3个工作者+2个无工作者+1个小孩		2 404	2 721	2 935	2 684
	11	2个工作者+4个小孩		2 400	2 708	2 945	2 688
	12	2个工作者+4个无工作者		2 324	2 643	2 842	2 571
	13	2个工作者+3个小孩+1个无工作者		2 381	2 692	2 919	2 659
	14	2个工作者+3个无工作者+1个小孩		2 343	2 659	2 867	2 600
	15	2个工作者+2个小孩+2个无工作者		2 362	2 676	2 893	2 630
	16	1个工作者+5个小孩		2 358	2 663	2 904	2 634
	17	1个工作者+5个无工作者		2 263	2 582	2 774	2 488
	18	1个工作者+4个小孩+1个无工作者		2 339	2 647	2 878	2 604
	19	1个工作者+4个无工作者+1个小孩		2 282	2 598	2 800	2 517
	20	1个工作者+3个小孩+2个无工作者		2 320	2 631	2 852	2 575
	21	1个工作者+3个无工作者+2个小孩		2 301	2 614	2 826	2 546
7人家庭	1	7个工作者		2 936	3 279	3 548	3 347
	2	6个工作者+1个小孩		2 894	3 235	3 506	3 293
	3	6个工作者+1个无工作者		2 875	3 218	3 480	3 263
	4	5个工作者+2个小孩		2 852	3 190	3 465	3 238
	5	5个工作者+2个无工作者		2 814	3 157	3 413	3 180
	6	5个工作者+1个小孩+1个无工作者		2 833	3 173	3 439	3 209
	7	4个工作者+3个小孩		2 810	3 145	3 423	3 184
	8	4个工作者+3个无工作者		2 753	3 096	3 346	3 096
	9	4个工作者+2个小孩+1个无工作者		2 791	3 128	3 397	3 155
	10	4个工作者+2个无工作者+1个小孩		2 772	3 112	3 371	3 125
	11	3个工作者+4个小孩		2 767	3 100	3 382	3 129
	12	3个工作者+4个无工作者		2 692	3 035	3 278	3 013
	13	3个工作者+3个小孩+1个无工作者		2 749	3 083	3 356	3 100
	14	3个工作者+3个无工作者+1个小孩		2 711	3 051	3 304	3 042
	15	3个工作者+2个小孩+2个无工作者		2 730	3 067	3 330	3 071
	16	2个工作者+5个小孩		2 725	3 055	3 340	3 075

家庭规模	序号	家庭结构	综合费用扣除标准				
			浙江	河南	黑龙江	辽宁	安徽
7人家庭	17	2个工作者+5个无工作者		2 631	2 973	3 211	2 929
	18	2个工作者+4个小孩+1个无工作者		2 706	3 039	3 314	3 046
	19	2个工作者+4个无工作者+1个小孩		2 650	2 990	3 237	2 958
	20	2个工作者+3个小孩+2个无工作者		2 688	3 022	3 289	3 017
	21	2个工作者+3个无工作者+2个小孩		2 669	3 006	3 263	2 987
	22	1个工作者+6个小孩		2 683	3 010	3 299	3 021
	23	1个工作者+6个无工作者		2 570	2 912	3 144	2 845
	24	1个工作者+5个小孩+1个无工作者		2 664	2 994	3 273	2 991
	25	1个工作者+5个无工作者+1个小孩		2 589	2 928	3 169	2 875
	26	1个工作者+4个小孩+2个无工作者		2 645	2 977	3 247	2 962
	27	1个工作者+4个无工作者+2个小孩		2 608	2 945	3 195	2 904
	28	1个工作者+3个小孩+3个无工作者		2 627	2 961	3 221	2 933

表2 2007年部分省份个税工薪所得综合费用扣除标准（按最低收入户支出水平）

元/月

家庭规模	序号	家庭结构	综合费用扣除标准				
			浙江	河南	黑龙江	辽宁	安徽
1人家庭	1	1个工作者	1415	821	945	1 067	815
2人家庭	1	2个工作者	2 137	1 255	1 369	1 575	1 316
	2	1个工作者+1个小孩	2 071	1 209	1 320	1 523	1 252
	3	1个工作者+1个无工作者	2 007	1 182	1 297	1 495	1 220
3人家庭	1	3个工作者	2 860	1 689	1 793	2 083	1 816
	2	2个工作者+1个小孩	2 793	1 644	1 744	2 030	1 753
	3	2个工作者+1个无工作者	2 730	1 617	1 721	2 003	1 720
	4	1个工作者+2个小孩；	2 727	1 598	1 695	1 978	1 689
	5	1个工作者+2个无工作者	2 599	1 544	1 650	1 923	1 624
	6	1个工作者+1个无工作者+1个小孩	2 663	1 571	1 672	1 951	1 656

家庭规模	序号	家庭结构	综合费用扣除标准				
			浙江	河南	黑龙江	辽宁	安徽
4人家庭	1	4个工作者	3 583	2 123	2 217	2 590	2 317
	2	3个工作者+1个小孩	3 516	2 078	2 168	2 538	2 253
	3	3个工作者+1个无工作者	3 452	2 051	2 145	2 511	2 221
	4	2个工作者+2个小孩	3 449	2 032	2 119	2 486	2 189
	5	2个工作者+2个无工作者	3 322	1 978	2 074	2 431	2 124
	6	2个工作者+1个小孩+1个无工作者	3 386	2 005	2 096	2 459	2 157
	7	1个工作者+3个小孩	3 383	1 987	2 069	2 434	2 126
	8	1个工作者+3个无工作者	3 192	1 906	2 002	2 352	2 028
	9	1个工作者+2个小孩+1个无工作者	3 319	1 960	2 047	2 407	2 093
	10	1个工作者+2个无工作者+1个小孩	3 255	1 933	2 024	2 379	2 061
5人家庭	1	5个工作者	4 305	2 557	2 641	3 098	2 818
	2	4个工作者+1个小孩	4 239	2 512	2 592	3 046	2 754
	3	4个工作者+1个无工作者	4 175	2 485	2 569	3 018	2 721
	4	3个工作者+2个小孩	4 172	2 467	2 542	2 994	2 690
	5	3个工作者+2个无工作者	4 045	2 412	2 497	2 939	2 625
	6	3个工作者+1个小孩+1个无工作者	4 108	2 440	2 520	2 966	2 657
	7	2个工作者+3个小孩	4 105	2 421	2 493	2 942	2 626
	8	2个工作者+3个无工作者	3 914	2 340	2 426	2 859	2 529
	9	2个工作者+2个小孩+1个无工作者	4 042	2 394	2 471	2 914	2 594
	10	2个工作者+2个无工作者+1个小孩	3 978	2 367	2 448	2 887	2 561
	11	1个工作者+4个小孩	4 039	2 376	2 444	2 890	2 562
	12	1个工作者+4个无工作者	3 784	2 267	2 354	2 780	2 432
	13	1个工作者+3个小孩+1个无工作者	3 975	2 349	2 422	2 862	2 530
	14	1个工作者+3个无工作者+1个小孩	3 848	2 294	2 377	2 807	2 465
	15	1个工作者+2个小孩+2个无工作者	3 911	2 322	2 399	2 835	2 497
6人家庭	1	6个工作者	5 028	2 992	3 065	3 606	3 318
	2	5个工作者+1个小孩	4 961	2 946	3 016	3 554	3 254
	3	5个工作者+1个无工作者	4 898	2 919	2 993	3 526	3 222

续表

家庭规模	序号	家庭结构	综合费用扣除标准				
			浙江	河南	黑龙江	辽宁	安徽
6人家庭	4	4个工作者+2个小孩	4 895	2 901	2 966	3 502	31 90
	5	4个工作者+2个无工作者	4 767	2 847	2 921	3 447	3 125
	6	4个工作者+1个小孩+1个无工作者	4 831	2 874	2 944	3 474	3 158
	7	3个工作者+3个小孩	4 828	2 855	2 917	3 450	3 127
	8	3个工作者+3个无工作者	4637	2 774	2 850	3 367	3 029
	9	3个工作者+2个小孩+1个无工作者	4 764	2 828	2 895	3 422	3 094
	10	3个工作者+2个无工作者+1个小孩	4 701	2 801	2 872	3 395	3 062
	11	2个工作者+4个小孩	4 761	2 810	2 868	3 398	3 063
	12	2个工作者+4个无工作者	4 507	2 702	2 778	3 288	2 933
	13	2个工作者+3个小孩+1个无工作者	4 698	2 783	2 846	3 370	3 030
	14	2个工作者+3个无工作者+1个小孩	4 570	2 729	2 801	3 315	2 965
	15	2个工作者+2个小孩+2个无工作者	4 634	2 756	2 823	3 343	2 998
	16	1个工作者+5个小孩	4 695	2 765	2 819	3 345	2 999
	17	1个工作者+5个无工作者	4 377	2 629	2 707	3 208	2 837
	18	1个工作者+4个小孩+1个无工作者	4 631	2 737	2 797	3 318	2 967
	19	1个工作者+4个无工作者+1个小孩	4 440	2 656	2 729	3 235	2 869
	20	1个工作者+3个小孩+2个无工作者	4 567	2 710	2 774	3 290	2 934
	21	1个工作者+3个无工作者+2个小孩	4 504	2 683	2 752	3 263	2 902
7人家庭	1	7个工作者	5 751	3 426	3 489	4 114	3 819
	2	6个工作者+1个小孩	5 684	3 380	3 439	4 062	3 755
	3	6个工作者+1个无工作者	5 620	3 353	3 417	4 034	3 722
	4	5个工作者+2个小孩	5 617	3 335	3 390	4 009	3 691
	5	5个工作者+2个无工作者	5 490	3 281	3 345	3 954	3 626
	6	5个工作者+1个小孩+1个无工作者	5 554	3 308	3 368	3 982	3 659
	7	4个工作者+3个小孩	5 551	3 290	3 341	3 957	3 627
	8	4个工作者+3个无工作者	5 360	3 208	3 274	3 875	3 530
	9	4个工作者+2个小孩+1个无工作者	5 487	3 262	3 319	3 930	3 595
	10	4个工作者+2个无工作者+1个小孩	5 423	3 235	3 296	3 902	3 562

家庭规模	序号	家庭结构	综合费用扣除标准				
			浙江	河南	黑龙江	辽宁	安徽
7人家庭	11	3个工作者+4个小孩	5 484	3 244	3 292	3 905	3 563
	12	3个工作者+4个无工作者	5 230	3 136	3 202	3 795	3 433
	13	3个工作者+3个小孩+1个无工作者	5 420	3 217	3 270	3 878	3 531
	14	3个工作者+3个无工作者+1个小孩	5 293	3 163	3 225	3 823	3 466
	15	3个工作者+2个小孩+2个无工作者	5 357	3 190	3 247	3 850	3 498
	16	2个工作者+5个小孩	5 417	3 199	3 243	3 853	3 500
	17	2个工作者+5个无工作者	5 099	3 063	3 130	3 716	3 337
	18	2个工作者+4个小孩+1个无工作者	5 354	3 172	3 220	3 826	3 467
	19	2个工作者+4个无工作者+1个小孩	5 163	3 090	3 153	3 743	3 370
	20	2个工作者+3个小孩+2个无工作者	5 290	3 145	3 198	3 798	3 435
	21	2个工作者+3个无工作者+2个小孩	5 226	3 117	3 175	3 771	3 402
	22	1个工作者+6个小孩	5 351	3 153	3 194	3 801	3 436
	23	1个工作者+6个无工作者	4 969	2 991	3 059	3 636	3 241
	24	1个工作者+5个小孩+1个无工作者	5 287	3 126	3 171	3 774	3 403
	25	1个工作者+5个无工作者+1个小孩	5 033	3 018	3 081	3 664	3 273
	26	1个工作者+4个小孩+2个无工作者	5 223	3 099	3 149	3 746	3 371
	27	1个工作者+4个无工作者+2个小孩	5 096	3 045	3 104	3 691	3 306
	28	1个工作者+3个小孩+3个无工作者	5 160	3 072	3 126	3 719	3 338

表3　2008年部分省份个税工薪所得综合费用扣除标准（按最低收入户支出水平）

元/月

家庭规模	序号	家庭结构	综合费用扣除标准				
			浙江	河南	黑龙江	辽宁	安徽
1人家庭	1	1个工作者	1 640	888	1 103	1 146	1 003
2人家庭	1	2个工作者	2 513	1 378	1 567	1 699	1 516
	2	1个工作者+1个小孩	2 410	1312	1 523	1 640	14 58
	3	1个工作者+1个无工作者	2 350	1 288	1 495	1 609	1 431

续表

家庭规模	序号	家庭结构	综合费用扣除标准				
			浙江	河南	黑龙江	辽宁	安徽
3人家庭	1	3个工作者	3 386	1 867	2 031	2 251	2 029
	2	2个工作者+1个小孩	3 283	1 801	1 986	2 193	1 971
	3	2个工作者+1个无工作者	3 223	1 778	1 959	2 162	1 944
	4	1个工作者+2个小孩;	3 180	1 735	1 942	2 135	1 913
	5	1个工作者+2个无工作者	3 061	1 688	1 887	2 073	1 859
	6	1个工作者+1个无工作者+1个小孩	3 120	1 712	1 914	2 104	1 886
4人家庭	1	4个工作者	4 259	2 356	2 494	2 804	2 543
	2	3个工作者+1个小孩	4 156	2 291	2 450	2 746	2 484
	3	3个工作者+1个无工作者	4 097	2 267	2 422	2 715	2 457
	4	2个工作者+2个小孩	4 053	2 225	2 406	2 687	2 426
	5	2个工作者+2个无工作者	3 934	2 177	2 350	2 626	2 372
	6	2个工作者+1个小孩+1个无工作者	3 994	2 201	2 378	2 656	2 399
	7	1个工作者+3个小孩	3 950	2 159	2 362	2 629	2 367
	8	1个工作者+3个无工作者	3771	2 088	2 278	2 537	2 287
	9	1个工作者+2个小孩+1个无工作者	3 891	2 135	2 334	2 598	2 340
	10	1个工作者+2个无工作者+1个小孩	3 831	2 112	2 306	2 567	2 313
5人家庭	1	5个工作者	5 133	2 846	2 958	3 357	3 056
	2	4个工作者+1个小孩	5 030	2 780	2 914	3 298	2 997
	3	4个工作者+1个无工作者	4 970	2 756	2 886	3 267	2 970
	4	3个工作者+2个小孩	4 927	2 714	2 869	3 240	2 939
	5	3个工作者+2个无工作者	4 807	2 667	2 814	3 178	2 885
	6	3个工作者+1个小孩+1个无工作者	4 867	2 691	2 842	3 209	2 912
	7	2个工作者+3个小孩	4824	2 648	2 825	3 182	2 880
	8	2个工作者+3个无工作者	4 644	2 577	2 742	3 089	2 800
	9	2个工作者+2个小孩+1个无工作者	4 764	2 625	2 797	3 151	2 853
	10	2个工作者+2个无工作者+1个小孩	4 704	2 601	2 770	3 120	2 827
	11	1个工作者+4个小孩	4 721	2 583	2 781	3 123	2 822
	12	1个工作者+4个无工作者	4 482	2 488	2 670	3 000	2 714
	13	1个工作者+3个小孩+1个无工作者	4 661	2 559	2 753	3 093	2 795
	14	1个工作者+3个无工作者+1个小孩	4 541	2 512	2 698	3 031	2 741
	15	1个工作者+2个小孩+2个无工作者	4 601	2 535	2 726	3 062	2 768

续表

家庭规模	序号	家庭结构	综合费用扣除标准				
			浙江	河南	黑龙江	辽宁	安徽
6人家庭	1	6 个工作者	6 006	3 335	3 421	3 909	3 569
	2	5 个工作者 +1 个小孩	5 903	3 269	3 377	3 851	3 510
	3	5 个工作者 +1 个无工作者	5 843	3 246	3 349	3 820	3 484
	4	4 个工作者 +2 个小孩	5 800	3 204	3 333	3 793	3 452
	5	4 个工作者 +2 个无工作者	5 680	3 156	3 277	3 731	3 398
	6	4 个工作者 +1 个小孩 +1 个无工作者	5 740	3 180	3 305	3 762	3 425
	7	3 个工作者 +3 个小孩	5 697	3 138	3 289	3 734	3 394
	8	3 个工作者 +3 个无工作者	5 518	3 067	3 205	3 642	3 313
	9	3 个工作者 +2 个小孩 +1 个无工作者	5 637	3 114	3 261	3 703	3 367
	10	3 个工作者 +2 个无工作者 +1 个小孩	5 577	3 090	3 233	3 673	3 340
	11	2 个工作者 +4 个小孩	5 594	3 072	3 245	3 676	3 335
	12	2 个工作者 +4 个无工作者	5 355	2 977	3 134	3 553	3 227
	13	2 个工作者 +3 个小孩 +1 个无工作者	5 534	3 048	3 217	3 645	3 308
	14	2 个工作者 +3 个无工作者 +1 个小孩	5 415	3 001	3 161	3 584	3 254
	15	2 个工作者 +2 个小孩 +2 个无工作者	5 474	3 025	3 189	3 614	3 281
	16	1 个工作者 +5 个小孩	5 491	3 006	3 201	3 618	3 277
	17	1 个工作者 +5 个无工作者	5 192	2 888	3 062	3464	3 142
	18	1 个工作者 +4 个小孩 +1 个无工作者	5 431	2 983	3 173	3 587	3 250
	19	1 个工作者 +4 个无工作者 +1 个小孩	5 252	2 911	3 089	3 494	3 169
	20	1 个工作者 +3 个小孩 +2 个无工作者	5 371	2 959	3 145	3 556	3 223
	21	1 个工作者 +3 个无工作者 +2 个小孩	5 312	2 935	3 117	3 525	3 196
7人家庭	1	7 个工作者	6 879	3 824	3 885	4 462	4 082
	2	6 个工作者 +1 个小孩	6 776	3 759	3 841	4 404	4 024
	3	6 个工作者 +1 个无工作者	6 716	3 735	3 813	4 373	3 997
	4	5 个工作者 +2 个小孩	6 673	3 693	3 797	4 345	3 965
	5	5 个工作者 +2 个无工作者	6 554	3 646	3 741	4 284	3 911
	6	5 个工作者 +1 个小孩 +1 个无工作者	6 613	3 669	3 769	4 314	3 938
	7	4 个工作者 +3 个小孩	6 570	3 627	3 753	4 287	3 907

续表

家庭规模	序号	家庭结构	综合费用扣除标准				
			浙江	河南	黑龙江	辽宁	安徽
7人家庭	8	4个工作者+3个无工作者	6 391	3 556	3 669	4 195	3 826
	9	4个工作者+2个小孩+1个无工作者	6 510	3 603	3 725	4 256	3 880
	10	4个工作者+2个无工作者+1个小孩	6 451	3 580	3 697	4 225	3 853
	11	3个工作者+4个小孩	6 467	3 561	3 708	4 229	3 848
	12	3个工作者+4个无工作者	6 228	3 467	3 597	4 105	3 741
	13	3个工作者+3个小孩+1个无工作者	6 407	3 538	3 681	4 198	3 821
	14	3个工作者+3个无工作者+1个小孩	6 288	3 490	3 625	4 136	3 768
	15	3个工作者+2个小孩+2个无工作者	6 348	3 514	3 653	4 167	3 794
	16	2个工作者+5个小孩	6 364	3 496	3 664	4 170	3 790
	17	2个工作者+5个无工作者	6 065	3 377	3 525	4 016	3 655
	18	2个工作者+4个小孩+1个无工作者	6 304	3 472	3 636	4 140	3 763
	19	2个工作者+4个无工作者+1个小孩	6 125	3 401	3 553	4 047	3 682
	20	2个工作者+3个小孩+2个无工作者	6 245	3 448	3 609	4 109	3 736
	21	2个工作者+3个无工作者+2个小孩	6 185	3 425	3 581	4 078	3 709
	22	1个工作者+6个小孩	6 261	3 430	3 620	4 112	3 731
	23	1个工作者+6个无工作者	5 902	3 288	3 453	3 927	3 570
	24	1个工作者+5个小孩+1个无工作者	6 201	3 406	3 592	4 081	3 704
	25	1个工作者+5个无工作者+1个小孩	5 962	3 311	3 481	3 958	3 597
	26	1个工作者+4个小孩+2个无工作者	6 142	3 382	3 564	4 050	3 677
	27	1个工作者+4个无工作者+2个小孩	6 022	3 335	3 509	3 989	3 624
	28	1个工作者+3个小孩+3个无工作者	6 082	3 359	3 537	4 020	3 651

表4　2009年部分省份个税工薪所得综合费用扣除标准（按最低收入户支出水平）

元/月

家庭规模	序号	家庭结构	综合费用扣除标准				
			浙江	河南	黑龙江	辽宁	安徽
1人家庭	1	1个工作者	1 866	951	1 217	1 138	910

家庭规模	序号	家庭结构	综合费用扣除标准				
			浙江	河南	黑龙江	辽宁	安徽
2人家庭	1	2个工作者	2 765	1 488	1 754	1 744	1 452
	2	1个工作者＋1个小孩	2 677	1 421	1 691	1 676	1 387
	3	1个工作者＋1个无工作者	2 618	1 398	1 667	1 641	1 357
3人家庭	1	3个工作者	3 664	2 025	2 292	2 350	1 993
	2	2个工作者＋1个小孩	3 576	1 958	2 228	2 282	1 928
	3	2个工作者＋1个无工作者	3 516	1 934	2 205	2 247	1 899
	4	1个工作者＋2个小孩；	3 487	1 891	2 165	2 215	1 863
	5	1个工作者＋2个无工作者	3 369	1 844	2 118	2 143	1 804
	6	1个工作者＋1个无工作者＋1个小孩	3 428	1 868	2 141	2 179	1 833
4人家庭	1	4个工作者	4 563	2 561	2 830	2 956	2 535
	2	3个工作者＋1个小孩	4 474	2 495	2 766	2 888	2 470
	3	3个工作者＋1个无工作者	4 415	2 471	2 743	2 852	2 440
	4	2个工作者＋2个小孩	4 386	2 428	2 702	2 821	2 405
	5	2个工作者＋2个无工作者	4 268	2 381	2 656	2 749	2 345
	6	2个工作者＋1个小孩＋1个无工作者	4 327	2 404	2 679	2 785	2 375
	7	1个工作者＋3个小孩	4 298	2 361	2 639	2 753	2 340
	8	1个工作者＋3个无工作者	4 120	2 291	2 569	2 646	2 250
	9	1个工作者＋2个小孩＋1个无工作者	4 239	2 338	2 615	2 718	2 310
	10	1个工作者＋2个无工作者＋1个小孩	4 180	2 314	2 592	2 682	2 280
5人家庭	1	5个工作者	5 462	3 098	3 368	3 562	3 077
	2	4个工作者＋1个小孩	5 373	3 031	3 304	3 494	3 011
	3	4个工作者＋1个无工作者	5 314	3 008	3 280	3 458	2 982
	4	3个工作者＋2个小孩	5 285	2 965	3 240	3 427	2 946
	5	3个工作者＋2个无工作者	5 167	2 918	3 193	3 355	2 887
	6	3个工作者＋1个小孩＋1个无工作者	5 226	2 941	3 217	3 391	2 917
	7	2个工作者＋3个小孩	5 197	2 898	3 176	3 359	2 881
	8	2个工作者＋3个无工作者	5 019	2 828	3 106	3 252	2 792
	9	2个工作者＋2个小孩＋1个无工作者	5 138	2 875	3 153	3 323	2 851

续表

家庭规模	序号	家庭结构	综合费用扣除标准				
			浙江	河南	黑龙江	辽宁	安徽
5人家庭	10	2个工作者+2个无工作者+1个小孩	5 078	2 851	3 130	3 288	2 822
	11	1个工作者+4个小孩	5 108	2 831	3 112	3 292	2 816
	12	1个工作者+4个无工作者	4 872	2 737	3 019	3 149	2 697
	13	1个工作者+3个小孩+1个无工作者	5 049	2 808	3 089	3 256	2 786
	14	1个工作者+3个无工作者+1个小孩	4 931	2 761	3 043	3 185	2 727
	15	1个工作者+2个小孩+2个无工作者	4 990	2 784	3 066	3 220	2 757
6人家庭	1	6个工作者	6 360	3 635	3 905	4 167	3 618
	2	5个工作者+1个小孩	6 272	3 568	3 841	4 100	3 553
	3	5个工作者+1个无工作者	6 213	3 545	3 818	4 064	3 523
	4	4个工作者+2个小孩	6 184	3 502	3 778	4 032	3 488
	5	4个工作者+2个无工作者	6 065	3 455	3 731	3 961	3 428
	6	4个工作者+1个小孩+1个无工作者	6 125	3 478	3 754	3 997	3 458
	7	3个工作者+3个小孩	6 096	3 435	3 714	3 965	3 423
	8	3个工作者+3个无工作者	5 918	3 364	3 644	3 858	3 334
	9	3个工作者+2个小孩+1个无工作者	6 036	3 411	3 691	3 929	3 393
	10	3个工作者+2个无工作者+1个小孩	5 977	3 388	3 667	3 894	3 363
	11	2个工作者+4个小孩	6 007	3 368	3 650	3 898	3 358
	12	2个工作者+4个无工作者	5 771	3 274	3 557	3 755	3 239
	13	2个工作者+3个小孩+1个无工作者	5 948	3 345	3 627	3 862	3 328
	14	2个工作者+3个无工作者+1个小孩	5 830	3 298	3 580	3 790	3 268
	15	2个工作者+2个小孩+2个无工作者	5 889	3 321	3 604	3 826	3 298
	16	1个工作者+5个小孩	5 919	3 301	3 586	3 830	3 292
	17	1个工作者+5个无工作者	5 623	3 184	3 470	3 652	3 144
	18	1个工作者+4个小孩+1个无工作者	5 860	3 278	3 563	3 794	3 263
	19	1个工作者+4个无工作者+1个小孩	5 682	3 207	3 493	3 687	3 174
	20	1个工作者+3个小孩+2个无工作者	5 801	3 254	3 540	3 759	3 233
	21	1个工作者+3个无工作者+2个小孩	5 741	3 231	3 516	3 723	3 203

家庭规模	序号	家庭结构	综合费用扣除标准				
			浙江	河南	黑龙江	辽宁	安徽
7人家庭	1	7 个工作者	7 259	4 172	4 443	4 773	4 160
	2	6 个工作者 +1 个小孩	7 171	4 105	4 379	4 706	4 095
	3	6 个工作者 +1 个无工作者	7 112	4 081	4 356	4 670	4 065
	4	5 个工作者 +2 个小孩	7 083	4 038	4 315	4 638	4 029
	5	5 个工作者 +2 个无工作者	6 964	3 991	4 269	4 567	3 970
	6	5 个工作者 +1 个小孩 +1 个无工作者	7 023	4 015	4 292	4 603	4 000
	7	4 个工作者 +3 个小孩	6 994	3 972	4 252	4 571	3 964
	8	4 个工作者 +3 个无工作者	6 817	3 901	4 182	4 464	3 875
	9	4 个工作者 +2 个小孩 +1 个无工作者	6 935	3 948	4 228	4 535	3 935
	10	4 个工作者 +2 个无工作者 +1 个小孩	6 876	3 925	4 205	4 499	3 905
	11	3 个工作者 +4 个小孩	6 906	3 905	4 188	4 503	3 899
	12	3 个工作者 +4 个无工作者	6 669	3 811	4 095	4 361	3 780
	13	3 个工作者 +3 个小孩 +1 个无工作者	6 847	3 881	4 165	4 468	3 869
	14	3 个工作者 +3 个无工作者 +1 个小孩	6 729	3 834	4 118	4 396	3 810
	15	3 个工作者 +2 个小孩 +2 个无工作者	6 788	3 858	4 141	4 432	3 840
	16	2 个工作者 +5 个小孩	6 818	3 838	4 124	4 436	3 834
	17	2 个工作者 +5 个无工作者	6 522	3 721	4 008	4 257	3 685
	18	2 个工作者 +4 个小孩 +1 个无工作者	6 759	3 815	4 101	4 400	3 804
	19	2 个工作者 +4 个无工作者 +1 个小孩	6 581	3 744	4 031	4 293	3 715
	20	2 个工作者 +3 个小孩 +2 个无工作者	6 699	3 791	4 077	4 365	3 775
	21	2 个工作者 +3 个无工作者 +2 个小孩	6 640	3 768	4 054	4 329	3 745
	22	1 个工作者 +6 个小孩	6 730	3 771	4 060	4 368	3 769
	23	1 个工作者 +6 个无工作者	6 374	3 630	3 920	4 154	3 591
	24	1 个工作者 +5 个小孩 +1 个无工作者	6 670	3 748	4 037	4 333	3 739
	25	1 个工作者 +5 个无工作者 +1 个小孩	6 434	3 654	3 944	4 190	3620
	26	1 个工作者 +4 个小孩 +2 个无工作者	6 611	3 724	4 014	4 297	3 709
	27	1 个工作者 +4 个无工作者 +2 个小孩	6 493	3 677	3 967	4 226	3 650
	28	1 个工作者 +3 个小孩 +3 个无工作者	6 552	3 701	3 990	4 261	3 680

表5　2010 年部分省份个税工薪所得综合费用扣除标准（按最低收入户支出水平）

元/月

家庭规模	序号	家庭结构	综合费用扣除标准				
			浙江	河南	黑龙江	辽宁	安徽
1 人家庭	1	1 个工作者	1 915	1 025	1 334	1 213	1 030
2 人家庭	1	2 个工作者	2 864	1 596	1 949	1 864	1 640
	2	1 个工作者 +1 个小孩	2 762	1 528	1 870	1 787	1 562
	3	1 个工作者 +1 个无工作者	2 700	1 505	1 843	1 750	1 528
3 人家庭	1	3 个工作者	3 812	2 168	2 564	2 516	2 250
	2	2 个工作者 +1 个小孩	3 710	2 099	2 485	2 438	2 172
	3	2 个工作者 +1 个无工作者	3 648	2 076	2 458	2 401	2 139
	4	1 个工作者 +2 个小孩	3 609	2 030	2 405	2 360	2 094
	5	1 个工作者 +2 个无工作者	3 484	1 985	2 352	2 286	2 027
	6	1 个工作者 +1 个无工作者 +1 个小孩	3 546	2 008	2 379	2 323	2 061
4 人家庭	1	4 个工作者	4 760	2 739	3 179	3 167	2 860
	2	3 个工作者 +1 个小孩	4 659	2 670	3 100	3 089	2 782
	3	3 个工作者 +1 个无工作者	4 596	2 648	3 073	3 052	2 749
	4	2 个工作者 +2 个小孩	4 557	2 601	3 020	3 012	2 704
	5	2 个工作者 +2 个无工作者	4 432	2 556	2 967	2 937	2 637
	6	2 个工作者 +1 个小孩 +1 个无工作者	4 495	2 579	2 994	2 975	2 671
	7	1 个工作者 +3 个小孩	4 455	2 532	2 941	2 934	2 627
	8	1 个工作者 +3 个无工作者	4 268	2 465	2 861	2 823	2 525
	9	1 个工作者 +2 个小孩 +1 个无工作者	4 393	2 510	2 914	2 897	2 593
	10	1 个工作者 +2 个无工作者 +1 个小孩	4 331	2 487	2 888	2 860	2 559
5 人家庭	1	5 个工作者	5 709	3 310	3 794	3 818	3 470
	2	4 个工作者 +1 个小孩	5 607	3 242	3 715	3 741	3 392
	3	4 个工作者 +1 个无工作者	5 545	3 219	3 688	3 704	3 359
	4	3 个工作者 +2 个小孩	5 505	3 173	3 635	3 663	3 315
	5	3 个工作者 +2 个无工作者	5 381	3 128	3 582	3 589	3 247
	6	3 个工作者 +1 个小孩 +1 个无工作者	5 443	3 150	3 609	3 626	3 281

家庭规模	序号	家庭结构	综合费用扣除标准				
			浙江	河南	黑龙江	辽宁	安徽
5人家庭	7	2个工作者+3个小孩	5 403	3 104	3 556	3 585	3 237
	8	2个工作者+3个无工作者	5 217	3 036	3 476	3 474	3 135
	9	2个工作者+2个小孩+1个无工作者	5 341	3 081	3 529	3 548	3 203
	10	2个工作者+2个无工作者+1个小孩	5 279	3 059	3 503	3 511	3 169
	11	1个工作者+4个小孩	5 302	3 035	3 476	3 508	3 159
	12	1个工作者+4个无工作者	5 053	2 945	3 371	3 359	3 023
	13	1个工作者+3个小孩+1个无工作者	5 239	3 012	3 450	3 470	3 125
	14	1个工作者+3个无工作者+1个小孩	5 115	2 967	3 397	3 396	3 057
	15	1个工作者+2个小孩+2个无工作者	5 177	2 990	3 423	3 433	3 091
6人家庭	1	6个工作者	6 657	3 882	4 409	4 470	4 080
	2	5个工作者+1个小孩	6 555	3 813	4 330	4 392	4 002
	3	5个工作者+1个无工作者	6 493	3 790	4 303	4 355	3 969
	4	4个工作者+2个小孩	6 454	3 744	4 250	4 314	3 925
	5	4个工作者+2个无工作者	6 329	3 699	4 197	4 240	3 857
	6	4个工作者+1个小孩+1个无工作者	6 391	3 722	4 224	4 277	3 891
	7	3个工作者+3个小孩	6 352	3 675	4 171	4 237	3 847
	8	3个工作者+3个无工作者	6 165	3 608	4 091	4 125	3 745
	9	3个工作者+2个小孩+1个无工作者	6 290	3 653	4 144	4 200	3 813
	10	3个工作者+2个无工作者+1个小孩	6 227	3 630	4 118	4 162	3 779
	11	2个工作者+4个小孩	6 250	3 606	4 091	4 159	3 769
	12	2个工作者+4个无工作者	6 001	3 516	3 986	4 011	3 633
	13	2个工作者+3个小孩+1个无工作者	6 188	3 584	4 065	4 122	3 735
	14	2个工作者+3个无工作者+1个小孩	6 063	3 539	4 012	4 048	3 667
	15	2个工作者+2个小孩+2个无工作者	6 125	3 561	4 038	4 085	3 701
	16	1个工作者+5个小孩	6 148	3 537	4 012	4 081	3 691
	17	1个工作者+5个无工作者	5 837	3 425	3 880	3 896	3 522
	18	1个工作者+4个小孩+1个无工作者	6 086	3 515	3 985	4 044	3 657
	19	1个工作者+4个无工作者+1个小孩	5 899	3 447	3 906	3 933	3 556
	20	1个工作者+3个小孩+2个无工作者	6 024	3 492	3 959	4 007	3 623
	21	1个工作者+3个无工作者+2个小孩	5 961	3 470	3 932	3 970	3 589

续表

家庭规模	序号	家庭结构	综合费用扣除标准				
			浙江	河南	黑龙江	辽宁	安徽
7人家庭	1	7个工作者	7 605	4 453	5 024	5 121	4 690
	2	6个工作者 +1个小孩	7 504	4 384	4 945	5 043	4 613
	3	6个工作者 +1个无工作者	7 441	4 362	4 918	5 006	4 579
	4	5个工作者 +2个小孩	7 402	4 315	4 865	4 966	4 535
	5	5个工作者 +2个无工作者	7 277	4 270	4 812	4 892	4 467
	6	5个工作者 +1个小孩 +1个无工作者	7 340	4 293	4 839	4 929	4 501
	7	4个工作者 +3个小孩	7 300	4 247	4 786	4 888	4 457
	8	4个工作者 +3个无工作者	7 113	4 179	4 706	4 777	4 355
	9	4个工作者 +2个小孩 +1个无工作者	7 238	4 224	4 759	4 851	4 423
	10	4个工作者 +2个无工作者 +1个小孩	7 176	4 202	4 733	4 814	4 389
	11	3个工作者 +4个小孩	7 198	4 178	4 706	4 810	4 379
	12	3个工作者 +4个无工作者	6 949	4 088	4 601	4 662	4 244
	13	3个工作者 +3个小孩 +1个无工作者	7 136	4 155	4 680	4 773	4 345
	14	3个工作者 +3个无工作者 +1个小孩	7 012	4 110	4 627	4 699	4 277
	15	3个工作者 +2个小孩 +2个无工作者	7 074	4 133	4 653	4 736	4 311
	16	2个工作者 +5个小孩	7 097	4 109	4 627	4 733	4 301
	17	2个工作者 +5个无工作者	6 785	3 996	4 495	4 547	4 132
	18	2个工作者 +4个小孩 +1个无工作者	7 034	4 086	4 600	4 695	4 267
	19	2个工作者 +4个无工作者 +1个小孩	6 847	4 019	4 521	4 584	4 166
	20	2个工作者 +3个小孩 +2个无工作者	6 972	4 064	4 574	4 658	4 233
	21	2个工作者 +3个无工作者 +2个小孩	6 910	4 041	4 547	4 621	4 199
	22	1个工作者 +6个小孩	6 995	4 040	4 547	4 655	4 223
	23	1个工作者 +6个无工作者	6 621	3 905	4 389	4 432	4 020
	24	1个工作者 +5个小孩 +1个无工作者	6 933	4 017	4 521	4 618	4 189
	25	1个工作者 +5个无工作者 +1个小孩	6 683	3 927	4 415	4 469	4 054
	26	1个工作者 +4个小孩 +2个无工作者	6 870	3 995	4 494	4 581	4 155
	27	1个工作者 +4个无工作者 +2个小孩	6 746	3 950	4 441	4 506	4 088
	28	1个工作者 +3个小孩 +3个无工作者	6 808	3 972	4 468	4 544	4 121

表6　2011年部分省份个税工薪所得综合费用扣除标准（按最低收入户支出水平）

元/月

家庭规模	序号	家庭结构	综合费用扣除标准				
			浙江	河南	黑龙江	辽宁	安徽
1人家庭	1	1个工作者	2 168	1 160	1 475	1 321	1 156
2人家庭	1	2个工作者	3 320	1 811	2 157	2 056	1 853
	2	1个工作者+1个小孩	3 168	1 732	2 068	1 962	1 771
	3	1个工作者+1个无工作者	3 097	1 699	2 034	1 918	1 716
3人家庭	1	3个工作者	4 473	2 461	2 838	2 790	2 549
	2	2个工作者+1个小孩	4 320	2 382	2 750	2 696	2 468
	3	2个工作者+1个无工作者	4 250	2 349	2 715	2 653	2 413
	4	1个工作者+2个小孩；	4 168	2 303	2 661	2 602	2 387
	5	1个工作者+2个无工作者	4 027	2 237	2 593	2 515	2 277
	6	1个工作者+1个无工作者+1个小孩	4 097	2 270	2 627	2 559	2 332
4人家庭	1	4个工作者	5 625	3 111	3 520	3 525	3 245
	2	3个工作者+1个小孩	5 473	3 033	3 431	3 431	3 164
	3	3个工作者+1个无工作者	5 403	2 999	3 397	3 387	3 109
	4	2个工作者+2个小孩	5 320	2 954	3 343	3 336	3 083
	5	2个工作者+2个无工作者	5 180	2 887	3 274	3 250	2 973
	6	2个工作者+1个小孩+1个无工作者	5 250	2 920	3 308	3 293	3 028
	7	1个工作者+3个小孩	5 168	2 875	3 254	3 242	3 002
	8	1个工作者+3个无工作者	4 957	2 775	3 151	3 113	2 837
	9	1个工作者+2个小孩+1个无工作者	5 097	2 841	3 220	3 199	2 947
	10	1个工作者+2个无工作者+1个小孩	5 027	2 808	3 186	3 156	2 892
5人家庭	1	5个工作者	6 778	3 762	4 201	4 259	3 942
	2	4个工作者+1个小孩	6 625	3 683	4 113	4 165	3 861
	3	4个工作者+1个无工作者	6 555	3 650	4 078	4 122	3 806
	4	3个工作者+2个小孩	6 473	3 604	4 024	4 071	3 780
	5	3个工作者+2个无工作者	6 332	3 538	3 955	3 984	3 670
	6	3个工作者+1个小孩+1个无工作者	6 403	3 571	3 990	4 028	3 725

家庭规模	序号	家庭结构	综合费用扣除标准				
			浙江	河南	黑龙江	辽宁	安徽
5人家庭	7	2个工作者+3个小孩	6 320	3 525	3 936	3 977	3 698
	8	2个工作者+3个无工作者	6 110	3 425	3 833	3 847	3 534
	9	2个工作者+2个小孩+1个无工作者	6 250	3 492	3 901	3 933	3 644
	10	2个工作者+2个无工作者+1个小孩	6 180	3 459	3 867	3 890	3 589
	11	1个工作者+4个小孩	6 168	3 446	3 847	3 882	3 617
	12	1个工作者+4个无工作者	5 887	3 313	3 710	3 710	3 398
	13	1个工作者+3个小孩+1个无工作者	6 097	3 413	3 813	3 839	3 562
	14	1个工作者+3个无工作者+1个小孩	5 957	3 347	3 744	3 753	3 453
	15	1个工作者+2个小孩+2个无工作者	6 027	3 380	3 779	3 796	3 507
6人家庭	1	6个工作者	7 930	4 412	4 882	4 994	4 638
	2	5个工作者+1个小孩	7 778	4 333	4 794	4 899	4 557
	3	5个工作者+1个无工作者	7 708	4 300	4 760	4 856	4 502
	4	4个工作者+2个小孩	7 625	4 254	4 706	4 805	4 476
	5	4个工作者+2个无工作者	7 485	4 188	4 637	4 719	4 366
	6	4个工作者+1个小孩+1个无工作者	7 555	4 221	4 671	4 762	4 421
	7	3个工作者+3个小孩	7 473	4 176	4 617	4 711	4 395
	8	3个工作者+3个无工作者	7 262	4 076	4 514	4 581	4 230
	9	3个工作者+2个小孩+1个无工作者	7 403	4 142	4 583	4 668	4 340
	10	3个工作者+2个无工作者+1个小孩	7 332	4 109	4 548	4 625	4 285
	11	2个工作者+4个小孩	7 320	4 097	4 529	4 617	4 314
	12	2个工作者+4个无工作者	7 039	3 964	4 391	4 444	4 094
	13	2个工作者+3个小孩+1个无工作者	7 250	4 063	4 494	4 574	4 259
	14	2个工作者+3个无工作者+1个小孩	7 110	3 997	4 426	4 487	4 149
	15	2个工作者+2个小孩+2个无工作者	7 180	4 030	4 460	4 530	4 204
	16	1个工作者+5个小孩	7 168	4 018	4 440	4 523	4 233
	17	1个工作者+5个无工作者	6 817	3 852	4 268	4 307	3 958
	18	1个工作者+4个小孩+1个无工作者	7 097	3 984	4 406	4 479	4 178
	19	1个工作者+4个无工作者+1个小孩	6 887	3 885	4 303	4 350	4 013
	20	1个工作者+3个小孩+2个无工作者	7 027	3 951	4 372	4 436	4 123
	21	1个工作者+3个无工作者+2个小孩	6 957	3 918	4 337	4 393	4 068

续表

家庭规模	序号	家庭结构	综合费用扣除标准				
			浙江	河南	黑龙江	辽宁	安徽
7人家庭	1	7 个工作者	9 083	5 063	5 564	5 728	5 335
	2	6 个工作者 +1 个小孩	8 930	4 984	5 475	5 634	5 254
	3	6 个工作者 +1 个无工作者	8 860	4 951	5 441	5 591	5 199
	4	5 个工作者 +2 个小孩	8 778	4 905	5 387	5 540	5 172
	5	5 个工作者 +2 个无工作者	8 637	4 838	5 318	5 453	5 063
	6	5 个工作者 +1 个小孩 +1 个无工作者	8 708	4 872	5 352	5 496	5 118
	7	4 个工作者 +3 个小孩	8 625	4 826	5 298	5 445	5 091
	8	4 个工作者 +3 个无工作者	8 415	4 726	5 195	5 316	4 927
	9	4 个工作者 +2 个小孩 +1 个无工作者	8 555	4 793	5 264	5 402	5 036
	10	4 个工作者 +2 个无工作者 +1 个小孩	8 485	4 760	5 230	5 359	4 981
	11	3 个工作者 +4 个小孩	8 473	4 747	5 210	5 351	5 010
	12	3 个工作者 +4 个无工作者	8 192	4 614	5 072	5 178	4 791
	13	3 个工作者 +3 个小孩 +1 个无工作者	8 403	4 714	5 176	5 308	4 955
	14	3 个工作者 +3 个无工作者 +1 个小孩	8 262	4 647	5 107	5 222	4 845
	15	3 个工作者 +2 个小孩 +2 个无工作者	8 332	4 681	5 141	5 265	4 900
	16	2 个工作者 +5 个小孩	8 320	4 668	5 122	5 257	4 929
	17	2 个工作者 +5 个无工作者	7 969	4 502	4 950	5 041	4 655
	18	2 个工作者 +4 个小孩 +1 个无工作者	8 250	4 635	5 087	5 214	4 874
	19	2 个工作者 +4 个无工作者 +1 个小孩	8 039	4 535	4 984	5 084	4 709
	20	2 个工作者 +3 个小孩 +2 个无工作者	8 180	4 602	5 053	5 171	4 819
	21	2 个工作者 +3 个无工作者 +2 个小孩	8 110	4 568	5 018	5 127	4 764
	22	1 个工作者 +6 个小孩	8 168	4 589	5 033	5 163	4 848
	23	1 个工作者 +6 个无工作者	7 746	4 390	4 827	4 904	4 518
	24	1 个工作者 +5 个小孩 +1 个无工作者	8 097	4 556	4 999	5 120	4 793
	25	1 个工作者 +5 个无工作者 +1 个小孩	7 817	4 423	4 861	4 947	4 573
	26	1 个工作者 +4 个小孩 +2 个无工作者	8 027	4 523	4 964	5 076	4 738
	27	1 个工作者 +4 个无工作者 +2 个小孩	7 887	4 456	4 896	4 990	4 628
	28	1 个工作者 +3 个小孩 +3 个无工作者	7 957	4 490	4 930	5 033	4 683

附录3 按低收入户支出水平测算的个税工薪所得综合费用扣除标准

表1 2006年部分省份个税工薪所得综合费用扣除标准（按低收入户支出水平）

元/月

家庭规模	序号	家庭结构	综合费用扣除标准						
			北京	陕西	浙江	河南	黑龙江	辽宁	安徽
1人家庭	1	1个工作者	1 868	872		855	1 023	1 050	811
2人家庭	1	2个工作者	2 854	1 304		1 347	1 507	1 609	1 366
	2	1个工作者+1个小孩	2 772	1 279		1 293	1 452	1 540	1 291
	3	1个工作者+1个无工作者	2 708	1 238		1 262	1 422	1 513	1 250
3人家庭	1	3个工作者	3 839	1 737		1 839	1 992	2 169	1 921
	2	2个工作者+1个小孩	3 758	1 712		1 785	1 937	2 099	1 845
	3	2个工作者+1个无工作者	3 694	1 671		1 754	1 906	2 073	1 805
	4	1个工作者+2个小孩；	3 676	1 686		1 731	1 882	2 030	1 770
	5	1个工作者+2个无工作者	3 549	1 604		1 668	1 820	1 977	1 689
	6	1个工作者+1个无工作者+1个小孩	3 613	1 645		1 700	1 851	2 003	1 729
4人家庭	1	4个工作者	4 825	2 169		2 331	2 476	2 728	2 475
	2	3个工作者+1个小孩	4 744	2 144		2 277	2 421	2 659	2 400
	3	3个工作者+1个无工作者	4 680	2 103		2 245	2 391	2 632	2 359
	4	2个工作者+2个小孩	4 662	2 119		2 223	2 366	2 589	2 325
	5	2个工作者+2个无工作者	4 535	2 037		2 160	2 305	2 536	2 243
	6	2个工作者+1个小孩+1个无工作者	4 598	2 078		2 191	2 335	2 563	2 284

续表

家庭规模	序号	家庭结构	综合费用扣除标准						
			北京	陕西	浙江	河南	黑龙江	辽宁	安徽
4人家庭	7	1个工作者+3个小孩	4 580	2 094		2 168	2 311	2 520	2 250
	8	1个工作者+3个无工作者	4 389	1 971		2 075	2 219	2 440	2 128
	9	1个工作者+2个小孩+1个无工作者	4 517	2 053		2 137	2 280	2 493	2 209
	10	1个工作者+2个无工作者+1个小孩	4 453	2 012		2 106	2 250	2 467	2 168
5人家庭	1	5个工作者	5 811	2 602		2 822	2 961	3 287	3 030
	2	4个工作者+1个小孩	5 729	2 577		2 768	2 906	3 218	2 955
	3	4个工作者+1个无工作者	5 666	2 536		2 737	2 875	3 191	2 914
	4	3个工作者+2个小孩	5 648	2 551		2 714	2 851	3 149	2 880
	5	3个工作者+2个无工作者	5 520	2 469		2 652	2 789	3 095	2 798
	6	3个工作者+1个小孩+1个无工作者	5 584	2 510		2 683	2 820	3 122	2 839
	7	2个工作者+3个小孩	5 566	2 526		2 660	2 795	3 079	2 804
	8	2个工作者+3个无工作者	5 375	2 403		2 567	2 704	2 999	2 682
	9	2个工作者+2个小孩+1个无工作者	5 502	2 485		2 629	2 765	3 053	2 764
	10	2个工作者+2个无工作者+1个小孩	5 439	2 444		2 598	2 734	3 026	2 723
	11	1个工作者+4个小孩	5 485	2 501		2 606	2 740	3 010	2 729
	12	1个工作者+4个无工作者	5 230	2 337		2 482	2 618	2 903	2 566
	13	1个工作者+3个小孩+1个无工作者	5 421	2 460		2 575	2 710	2 983	2 688
	14	1个工作者+3个无工作者+1个小孩	5 293	2 378		2 513	2 648	2 930	2 607
	15	1个工作者+2个小孩+2个无工作者	5 357	2 419		2 544	2 679	2 957	2 648

续表

家庭规模	序号	家庭结构	综合费用扣除标准						
			北京	陕西	浙江	河南	黑龙江	辽宁	安徽
6人家庭	1	6个工作者	6 797	3 034		3 314	3 445	3 847	3 585
	2	5个工作者+1个小孩	6 715	3 009		3 260	3 390	3 777	3 510
	3	5个工作者+1个无工作者	6 651	2 968		3 229	3 360	3 751	3 469
	4	4个工作者+2个小孩	6 633	2 984		3 206	3 335	3 708	3 434
	5	4个工作者+2个无工作者	6 506	2 902		3 144	3 274	3 655	3 353
	6	4个工作者+1个小孩+1个无工作者	6 570	2 943		3 175	3 304	3 681	3 394
	7	3个工作者+3个小孩	6 552	2 959		3 152	3 280	3 639	3 359
	8	3个工作者+3个无工作者	6 361	2 836		3 058	3 188	3 559	3 237
	9	3个工作者+2个小孩+1个无工作者	6 488	2 918		3 121	3 249	3 612	3 318
	10	3个工作者+2个无工作者+1个小孩	6 424	2 877		3 090	3 219	3 585	3 278
	11	2个工作者+4个小孩	6 470	2 933		3 098	3 225	3 569	3 284
	12	2个工作者+4个无工作者	6 215	2 769		2 973	3 102	3 463	3 121
	13	2个工作者+3个小孩+1个无工作者	6 407	2 892		3 067	3 194	3 543	3 243
	14	2个工作者+3个无工作者+1个小孩	6 279	2 810		3 004	3 133	3 489	3 162
	15	2个工作者+2个小孩+2个无工作者	6 343	2 851		3 036	3 164	3 516	3 202
	16	1个工作者+5个小孩	6389	2908		3044	3 170	3 500	3 209
	17	1个工作者+5个无工作者	6 070	2 703		2 888	3 017	3 367	3 005
	18	1个工作者+4个小孩+1个无工作者	6 325	2 867		3 013	3 139	3 473	3 168
	19	1个工作者+4个无工作者+1个小孩	6 134	2 744		2 919	3 047	3 393	3 046
	20	1个工作者+3个小孩+2个无工作者	6 261	2 826		2 981	3 108	3 447	3 127
	21	1个工作者+3个无工作者+2个小孩	6 198	2 785		2 950	3 078	3 420	3 087

续表

家庭规模	序号	家庭结构	综合费用扣除标准						
			北京	陕西	浙江	河南	黑龙江	辽宁	安徽
7人家庭	1	7个工作者	7 782	3 467		3 806	3 930	4 406	4 140
	2	6个工作者+1个小孩	7 701	3 441		3 752	3 875	4 337	4 064
	3	6个工作者+1个无工作者	7 637	3 400		3 721	3 844	4 310	4 024
	4	5个工作者+2个小孩	7 619	3 416		3 698	3 819	4 267	3 989
	5	5个工作者+2个无工作者	7 492	3 334		3 635	3 758	4 214	3 908
	6	5个工作者+1个小孩+1个无工作者	7 555	3 375		3 667	3 789	4 241	3 948
	7	4个工作者+3个小孩	7 538	3 391		3 644	3 764	4 198	3 914
	8	4个工作者+3个无工作者	7 346	3 268		3 550	3 673	4 118	3 792
	9	4个工作者+2个小孩+1个无工作者	7 474	3 350		3 613	3 734	4 171	3 873
	10	4个工作者+2个无工作者+1个小孩	7 410	3 309		3 581	3 703	4 145	3 832
	11	3个工作者+4个小孩	7 456	3 366		3 590	3 709	4 129	3 839
	12	3个工作者+4个无工作者	7 201	3 202		3 465	3 587	4 022	3 676
	13	3个工作者+3个小孩+1个无工作者	7 392	3 325		3 558	3 679	4 102	3 798
	14	3个工作者+3个无工作者+1个小孩	7 265	3 243		3 496	3 617	4 049	3 717
	15	3个工作者+2个小孩+2个无工作者	7 329	3 284		3 527	3 648	4 075	3 757
	16	2个工作者+5个小孩	7 374	3 341		3 536	3 654	4 059	3 763
	17	2个工作者+5个无工作者	7 056	3 136		3 380	3 501	3 926	3 560
	18	2个工作者+4个小孩+1个无工作者	7 311	3 300		3 504	3 623	4 033	3 723
	19	2个工作者+4个无工作者+1个小孩	7 120	3 177		3 411	3 532	3 953	3 601
	20	2个工作者+3个小孩+2个无工作者	7 247	3 259		3 473	3 593	4 006	3 682

家庭规模	序号	家庭结构	综合费用扣除标准						
			北京	陕西	浙江	河南	黑龙江	辽宁	安徽
7人家庭	21	2个工作者+3个无工作者+2个小孩	7 183	3 218		3 442	3 562	3 979	3 641
	22	1个工作者+6个小孩	7 293	3 316		3 481	3 599	3 990	3 688
	23	1个工作者+6个无工作者	6 911	3 070		3 295	3 415	3 830	3 444
	24	1个工作者+5个小孩+1个无工作者	7 229	3 275		3 450	3 568	3 963	3 647
	25	1个工作者+5个无工作者+1个小孩	6 974	3 111		3 326	3 446	3 857	3 485
	26	1个工作者+4个小孩+2个无工作者	7 165	3 234		3 419	3 538	3 937	3 607
	27	1个工作者+4个无工作者+2个小孩	7 038	3 152		3 357	3 477	3 883	3 525
	28	1个工作者+3个小孩+3个无工作者	7 102	3 193		3 388	3 507	3 910	3 566

表2 2007年部分省份个税工薪所得综合费用扣除标准（按低收入户支出水平）

元/月

家庭规模	序号	家庭结构	综合费用扣除标准						
			北京	陕西	浙江	河南	黑龙江	辽宁	安徽
1人家庭	1	1个工作者	1 855	990	1 582	940	1 065	1 205	950
2人家庭	1	2个工作者	2 881	1 489	2 472	1 493	1 609	1 851	1 585
	2	1个工作者+1个小孩	2 772	1 454	2 384	1 429	1 544	1 776	1 521
	3	1个工作者+1个无工作者	2 715	1 409	2 305	1 398	1 504	1 736	1 463
3人家庭	1	3个工作者	3 907	1 989	3 362	2 047	2 153	2 497	2 220
	2	2个工作者+1个小孩	3 799	1 954	3 274	1 982	2 088	2 422	2 156
	3	2个工作者+1个无工作者	3 741	1 909	3 195	1 951	2 048	2 382	2 098

续表

家庭规模	序号	家庭结构	综合费用扣除标准						
			北京	陕西	浙江	河南	黑龙江	辽宁	安徽
3人家庭	4	1个工作者+2个小孩；	3 690	1 918	3 185	1 917	2 022	2 346	2 092
	5	1个工作者+2个无工作者	3 575	1 829	3 027	1 856	1 943	2 267	1 976
	6	1个工作者+1个无工作者+1个小孩	3 633	1 874	3 106	1 887	1 983	2 307	2 034
4人家庭	1	4个工作者	4 934	2 488	4 253	2 600	2 697	3 143	2 855
	2	3个工作者+1个小孩	4 825	2 453	4 164	2 536	2 632	3 068	2 791
	3	3个工作者+1个无工作者	4 768	2 408	4 085	2 505	2 592	3 028	2 733
	4	2个工作者+2个小孩	4 716	2 418	4 075	2 471	2 566	2 992	2 727
	5	2个工作者+2个无工作者	4 602	2 329	3 917	2 409	2 487	2 913	2 611
	6	2个工作者+1个小孩+1个无工作者	4 659	2 373	3 996	2 440	2 527	2 953	2 669
	7	1个工作者+3个小孩	4 607	2 383	3 986	2 406	2 501	2 916	2 663
	8	1个工作者+3个无工作者	4 436	2 249	3 750	2 314	2 382	2 798	2 489
	9	1个工作者+2个小孩+1个无工作者	4 550	2 338	3 907	2 375	2 461	2 877	2 605
	10	1个工作者+2个无工作者+1个小孩	4 493	2 293	3 829	2 345	2 422	2 837	2 547
5人家庭	1	5个工作者	5 960	2 988	5 143	3 154	3 241	3 789	3 491
	2	4个工作者+1个小孩	5 851	2 953	5 054	3 089	3 176	3 713	3 426
	3	4个工作者+1个无工作者	5 794	2 908	4 975	3 058	3 136	3 674	3 368
	4	3个工作者+2个小孩	5 742	2 917	4 965	3 024	3 110	3 638	3 362
	5	3个工作者+2个无工作者	5 628	2 828	4 808	2 963	3 032	3 559	3 246
	6	3个工作者+1个小孩+1个无工作者	5 685	2 873	4 886	2 994	3 071	3 598	3 304
	7	2个工作者+3个小孩	5 634	2 882	4 876	2 960	3 045	3 562	3 298
	8	2个工作者+3个无工作者	5 462	2 748	4 640	2 867	2 927	3 444	3 124
	9	2个工作者+2个小孩+1个无工作者	5 576	2 838	4 798	2 929	3 005	3 523	3 240

续表

家庭规模	序号	家庭结构	综合费用扣除标准						
			北京	陕西	浙江	河南	黑龙江	辽宁	安徽
5人家庭	10	2个工作者+2个无工作者+1个小孩	5 519	2 793	4 719	2 898	2 966	3 483	3 182
	11	1个工作者+4个小孩	5 525	2 847	4 788	2 895	2 979	3 487	3 234
	12	1个工作者+4个无工作者	5 296	2 669	4 473	2 772	2 822	3 329	3 002
	13	1个工作者+3个小孩+1个无工作者	5 468	2 802	4 709	2 864	2 940	3 447	3 176
	14	1个工作者+3个无工作者+1个小孩	5 353	2 713	4 551	2 803	2 861	3 368	3 060
	15	1个工作者+2个小孩+2个无工作者	5 410	2 758	4 630	2 833	2 901	3 408	3 118
6人家庭	1	6个工作者	6 986	3 487	6 033	3 707	3 785	4 435	4 126
	2	5个工作者+1个小孩	6 877	3 452	5 944	3 643	3 720	4 359	4 062
	3	5个工作者+1个无工作者	6 820	3 407	5 865	3 612	3 681	4 320	4 004
	4	4个工作者+2个小孩	6 769	3 417	5 855	3 578	3 655	4 284	3 997
	5	4个工作者+2个无工作者	6 654	3 328	5 698	3 516	3 576	4 205	3 882
	6	4个工作者+1个小孩+1个无工作者	6 711	3 372	5 777	3 547	3 615	4 244	3 940
	7	3个工作者+3个小孩	6 660	3 382	5 766	3 513	3 589	4 208	3 933
	8	3个工作者+3个无工作者	6 488	3 248	5 530	3 421	3 471	4 090	3 760
	9	3个工作者+2个小孩+1个无工作者	6 603	3 337	5 688	3 482	3 550	4 169	3 875
	10	3个工作者+2个无工作者+1个小孩	6 545	3 292	5 609	3 452	3 510	4 129	3 817
	11	2个工作者+4个小孩	6 551	3 347	5 678	3 448	3 524	4 133	3 869
	12	2个工作者+4个无工作者	6 322	3 168	5 363	3 325	3 366	3 975	3 637
	13	2个工作者+3个小孩+1个无工作者	6 494	3 302	5 599	3 418	3 484	4 093	3 811
	14	2个工作者+3个无工作者+1个小孩	6 379	3 213	5 441	3 356	3 405	4 014	3 695

家庭规模	序号	家庭结构	综合费用扣除标准						
			北京	陕西	浙江	河南	黑龙江	辽宁	安徽
6人家庭	15	2个工作者+2个小孩+2个无工作者	6 437	3 257	5 520	3 387	3 445	4 054	3 753
	16	1个工作者+5个小孩	6 443	3 311	5 589	3 384	3 458	4 057	3 805
	17	1个工作者+5个无工作者	6 156	3 088	5 195	3 230	3 261	3 860	3 515
	18	1个工作者+4个小孩+1个无工作者	6 385	3 267	5 510	3 353	3 419	4 018	3 747
	19	1个工作者+4个无工作者+1个小孩	6 213	3 133	5 274	3 260	3 300	3 899	3 573
	20	1个工作者+3个小孩+2个无工作者	6 328	3 222	5 431	3 322	3 379	3 978	3 689
	21	1个工作者+3个无工作者+2个小孩	6 271	3 178	5 353	3 291	3 340	3 939	3 631
7人家庭	1	7个工作者	8 012	3 987	6 923	4 261	4 330	5 081	4 761
	2	6个工作者+1个小孩	7 904	3 952	6 834	4 196	4 264	5 005	4 697
	3	6个工作者+1个无工作者	7 846	3 907	6 755	4 165	4 225	4 966	4 639
	4	5个工作者+2个小孩	7 795	3 916	6 745	4 131	4 199	4930	4 633
	5	5个工作者+2个无工作者	7 680	3 827	6 588	4 070	4 120	4 851	4 517
	6	5个工作者+1个小孩+1个无工作者	7 738	3 872	6 667	4 101	4 159	4 890	4 575
	7	4个工作者+3个小孩	7 686	3 881	6 657	4 067	4 133	4 854	4 569
	8	4个工作者+3个无工作者	7 514	3 747	6 420	3 974	4 015	4 736	4 395
	9	4个工作者+2个小孩+1个无工作者	7 629	3 837	6 578	4 036	4 094	4 815	4 511
	10	4个工作者+2个无工作者+1个小孩	7 572	3 792	6 499	4 005	4 054	4 775	4 453
	11	3个工作者+4个小孩	7 578	3 846	6 568	4 002	4 068	4 779	4 504
	12	3个工作者+4个无工作者	7 348	3 668	6 253	3 879	3 910	4 621	4 273
	13	3个工作者+3个小孩+1个无工作者	7 520	3 801	6 489	3 971	4 028	4 739	4 446

家庭规模	序号	家庭结构	综合费用扣除标准						
			北京	陕西	浙江	河南	黑龙江	辽宁	安徽
7人家庭	14	3个工作者+3个无工作者+1个小孩	7 406	3 712	6 332	3 909	3 949	4 660	4 331
	15	3个工作者+2个小孩+2个无工作者	7 463	3 757	6 410	3 940	3 989	4 700	4 389
	16	2个工作者+5个小孩	7 469	3 811	6 479	3 937	4 002	4 703	4 440
	17	2个工作者+5个无工作者	7 182	3 588	6 085	3 783	3 805	4 506	4 151
	18	2个工作者+4个小孩+1个无工作者	7 412	3 766	6 400	3 906	3 963	4 664	4 382
	19	2个工作者+4个无工作者+1个小孩	7 240	3 632	6 164	3 814	3 844	4 545	4 209
	20	2个工作者+3个小孩+2个无工作者	7 354	3 722	6 322	3 876	3 923	4 624	4 324
	21	2个工作者+3个无工作者+2个小孩	7 297	3 677	6 243	3 845	3 884	4 585	4 266
	22	1个工作者+6个小孩	7 360	3 776	6 390	3 872	3 937	4 627	4 376
	23	1个工作者+6个无工作者	7 016	3 508	5 918	3 688	3 700	4 391	4 029
	24	1个工作者+5个小孩+1个无工作者	7 303	3 731	6 312	3 842	3 897	4 588	4 318
	25	1个工作者+5个无工作者+1个小孩	7 074	3 553	5 997	3 718	3 739	4 430	4 086
	26	1个工作者+4个小孩+2个无工作者	7 246	3 686	6 233	3 811	3 858	4 549	4 260
	27	1个工作者+4个无工作者+2个小孩	7 131	3 597	6 075	3 749	3 779	4 470	4 144
	28	1个工作者+3个小孩+3个无工作者	7 188	3 642	6 154	3 780	3 818	4 509	4 202

表3 2008 年部分省份个税工薪所得综合费用扣除标准（按低收入户支出水平）

元/月

家庭规模	序号	家庭结构	综合费用扣除标准						
			北京	陕西	浙江	河南	黑龙江	辽宁	安徽
1 人家庭	1	1 个工作者	2 187	1 072	1 727	1 018	1 267	1 270	1 228
2 人家庭	1	2 个工作者	3 268	1 646	2 688	1 637	1 895	1 947	1 967
	2	1 个工作者 +1 个小孩	3 146	1 588	2 581	1 544	1 815	1 866	1 863
	3	1 个工作者 +1 个无工作者	3 098	1 550	2 511	1523	1 778	1 832	1 830
3 人家庭	1	3 个工作者	4 349	2 221	3 649	2 257	2 523	2 624	2 705
	2	2 个工作者 +1 个小孩	4 228	2 162	3 542	2 163	2 443	2 543	2 601
	3	2 个工作者 +1 个无工作者	4 179	2 125	3 472	2 143	2 406	2 509	2 568
	4	1 个工作者 +2 个小孩；	4106	2104	3434	2 069	2 362	2 462	2 498
	5	1 个工作者 +2 个无工作者	4 009	2 029	3 294	2 028	2 289	2 394	2 431
	6	1 个工作者 +1 个无工作者 +1 个小孩	4 057	2 066	3 364	2 049	2 326	2 428	2 465
4 人家庭	1	4 个工作者	5 431	2 795	4 610	2 876	3 151	3 301	3 443
	2	3 个工作者 +1 个小孩	5 309	2 737	4 503	2 782	3 071	3 220	3 340
	3	3 个工作者 +1 个无工作者	5 260	2 699	4 432	2 762	3 034	3 186	3 307
	4	2 个工作者 +2 个小孩	5 187	2 678	4 395	2 689	2 990	3 139	3 236
	5	2 个工作者 +2 个无工作者	5 090	2 603	4 255	2 648	2 917	3 071	3 170
	6	2 个工作者 +1 个小孩 +1 个无工作者	5 139	2 641	4 325	2 668	2 953	3 105	3 203
	7	1 个工作者 +3 个小孩	5 066	2 620	4 288	2 595	2 910	3 058	3 132
	8	1 个工作者 +3 个无工作者	4 920	2 507	4 077	2 534	2 800	2 956	3 033
	9	1 个工作者 +2 个小孩 +1 个无工作者	5 017	2 582	4 218	2 575	2 873	3 024	3 099
	10	1 个工作者 +2 个无工作者 +1 个小孩	4 968	2 545	4 148	2 554	2 836	2 990	3 066
5 人家庭	1	5 个工作者	6 512	3 370	5 571	3 496	3 779	3 978	4 182
	2	4 个工作者 +1 个小孩	6 390	3 311	5 464	3 402	3 698	3 897	4 078

续表

家庭规模	序号	家庭结构	综合费用扣除标准						
			北京	陕西	浙江	河南	黑龙江	辽宁	安徽
5人家庭	3	4个工作者+1个无工作者	6 342	3 274	5 393	3 381	3 662	3 862	4 045
	4	3个工作者+2个小孩	6 269	3 253	5 356	3 308	3 618	3 816	3 974
	5	3个工作者+2个无工作者	6 171	3 178	5 216	3 267	3 544	3 747	3 908
	6	3个工作者+1个小孩+1个无工作者	6 220	3 215	5 286	3 288	3 581	3 782	3 941
	7	2个工作者+3个小孩	6 147	3 194	5 249	3 214	3 538	3 735	3 871
	8	2个工作者+3个无工作者	6 001	3 082	5 038	3 153	3 427	3 632	3 771
	9	2个工作者+2个小孩+1个无工作者	6 098	3 157	5 179	3 194	3 501	3 701	3 838
	10	2个工作者+2个无工作者+1个小孩	6 050	3 119	5 108	3 173	3 464	3 667	3 804
	11	1个工作者+4个小孩	6 026	3 136	5 142	3 121	3 457	3 654	3 767
	12	1个工作者+4个无工作者	5 831	2 986	4 861	3 039	3 310	3 517	3 634
	13	1个工作者+3个小孩+1个无工作者	5 977	3 098	5 071	3 100	3 421	3 620	3 734
	14	1个工作者+3个无工作者+1个小孩	5 879	3 023	4 931	3 059	3 347	3 552	3 668
	15	1个工作者+2个小孩+2个无工作者	5 928	3 061	5 001	3 080	3 384	3 586	3 701
6人家庭	1	6个工作者	7 593	3 944	6 532	4 115	4 406	4 654	4 920
	2	5个工作者+1个小孩	7 472	3 886	6 425	4 021	4 326	4 574	4 816
	3	5个工作者+1个无工作者	7 423	3 848	6 354	4 001	4 289	4 539	4 783
	4	4个工作者+2个小孩	7 350	3 827	6 317	3 927	4 246	4 493	4 713
	5	4个工作者+2个无工作者	7 253	3 752	6 177	3 886	4 172	4 424	4 646
	6	4个工作者+1个小孩+1个无工作者	7 301	3 790	6 247	3 907	4 209	4 459	4 680
	7	3个工作者+3个小孩	7 229	3 769	6 210	3 834	4 166	4 412	4 609
	8	3个工作者+3个无工作者	7 082	3 656	5 999	3 772	4 055	4 309	4 510

续表

家庭规模	序号	家庭结构	综合费用扣除标准						
			北京	陕西	浙江	河南	黑龙江	辽宁	安徽
6人家庭	9	3个工作者+2个小孩+1个无工作者	7 180	3 731	6 140	3 813	4 129	4 378	4 576
	10	3个工作者+2个无工作者+1个小孩	7 131	3 694	6 069	3 793	4 092	4 343	4 543
	11	2个工作者+4个小孩	7 107	3 710	6 103	3 740	4 085	4 331	4 505
	12	2个工作者+4个无工作者	6 912	3 560	5 822	3658	3938	4194	4 373
	13	2个工作者+3个小孩+1个无工作者	7 058	3 673	6 032	3 720	4 048	4 297	4 472
	14	2个工作者+3个无工作者+1个小孩	6 961	3 598	5 892	3 679	3 975	4 228	4 406
	15	2个工作者+2个小孩+2个无工作者	7 010	3 635	5 962	3 699	4 012	4 263	4 439
	16	1个工作者+5个小孩	6 985	3 652	5 995	3 646	4 005	4 250	4 402
	17	1个工作者+5个无工作者	6 742	3 465	5644	3544	3 821	4 079	4 236
	18	1个工作者+4个小孩+1个无工作者	6 937	3 614	5 925	3 626	3 968	4 216	4 369
	19	1个工作者+4个无工作者+1个小孩	6 791	3 502	5 714	3 564	3 858	4 113	4 269
	20	1个工作者+3个小孩+2个无工作者	6 888	3 577	5 855	3 605	3 931	4 182	4 335
	21	1个工作者+3个无工作者+2个小孩	6 839	3 539	5 784	3 585	3 895	4 148	4 302
7人家庭	1	7个工作者	8 675	4 519	7 493	4 734	5 034	5 331	5 658
	2	6个工作者+1个小孩	8 553	4 460	7385	4640	4 954	5 250	5 555
	3	6个工作者+1个无工作者	8 504	4 423	7 315	4 620	4 917	5 216	5 521
	4	5个工作者+2个小孩	8 432	4 402	7 278	4 547	4 874	5 170	5 451
	5	5个工作者+2个无工作者	8 334	4 327	7 138	4 506	4 800	5 101	5 385
	6	5个工作者+1个小孩+1个无工作者	8 383	4 364	7 208	4 526	4 837	5 135	5 418

家庭规模	序号	家庭结构	综合费用扣除标准						
			北京	陕西	浙江	河南	黑龙江	辽宁	安徽
7人家庭	7	4 个工作者 +3 个小孩	8 310	4 343	7 171	4 453	4 793	5 089	5 347
	8	4 个工作者 +3 个无工作者	8 164	4 231	6 960	4 392	4 683	4 986	5 248
	9	4 个工作者 +2 个小孩 +1 个无工作者	8 261	4 306	7 100	4 433	4 757	5 055	5 314
	10	4 个工作者 +2 个无工作者 +1 个小孩	8 213	4 268	7 030	4 412	4 720	5 020	5 281
	11	3 个工作者 +4 个小孩	8 188	4 284	7 063	4 359	4 713	5 008	5 244
	12	3 个工作者 +4 个无工作者	7 994	4 135	6 782	4 277	4 566	4 871	5 111
	13	3 个工作者 +3 个小孩 +1 个无工作者	8 140	4 247	6 993	4 339	4 676	4 974	5 211
	14	3 个工作者 +3 个无工作者 +1 个小孩	8 042	4 172	6 853	4 298	4 603	4 905	5 144
	15	3 个工作者 +2 个小孩 +2 个无工作者	8 091	4 210	6 923	4 318	4 639	4 940	5 177
	16	2 个工作者 +5 个小孩	8 067	4 226	6 956	4 266	4 633	4 927	5 140
	17	2 个工作者 +5 个无工作者	7 823	4 039	6 605	4 163	4 449	4 756	4 974
	18	2 个工作者 +4 个小孩 +1 个无工作者	8 018	4 189	6 886	4 245	4 596	4 893	5 107
	19	2 个工作者 +4 个无工作者 +1 个小孩	7 872	4 076	6 675	4 184	4 486	4 790	5 007
	20	2 个工作者 +3 个小孩 +2 个无工作者	7 969	4 151	6 816	4 225	4 559	4 859	5 074
	21	2 个工作者 +3 个无工作者 +2 个小孩	7 921	4 114	6 745	4 204	4 522	4 825	5 041
	22	1 个工作者 +6 个小孩	7 945	4 167	6 849	4 172	4 552	4 846	5 036
	23	1 个工作者 +6 个无工作者	7 653	3 943	6 427	4 049	4 332	4 641	4 837
	24	1 个工作者 +5 个小孩 +1 个无工作者	7 896	4 130	6 778	4 151	4 516	4 812	5 003

续表

家庭规模	序号	家庭结构	综合费用扣除标准						
			北京	陕西	浙江	河南	黑龙江	辽宁	安徽
7人家庭	25	1个工作者＋5个无工作者＋1个小孩	7 702	3 980	6 497	4 070	4 369	4 675	4 871
	26	1个工作者＋4个小孩＋2个无工作者	7 848	4 093	6 708	4 131	4 479	4 778	4 970
	27	1个工作者＋4个无工作者＋2个小孩	7 750	4 018	6 568	4 090	4 405	4 709	4 904
	28	1个工作者＋3个小孩＋3个无工作者	7 799	4 055	6 638	4 111	4 442	4 744	4 937

表4　2009年部分省份个税工薪所得综合费用扣除标准（按低收入户支出水平）

元／月

家庭规模	序号	家庭结构	综合费用扣除标准						
			北京	陕西	浙江	河南	黑龙江	辽宁	安徽
1人家庭	1	1个工作者	2 290	1 135	2 098	1 069	1 355	1 299	1 094
2人家庭	1	2个工作者	3 455	1 752	3 228	1 725	2 031	2 066	1 819
	2	1个工作者＋1个小孩	3 323	1 693	3 096	1 640	1 940	1 975	1 702
	3	1个工作者＋1个无工作者	3 266	1 648	3 010	1 606	1 908	1 927	1 675
3人家庭	1	3个工作者	4 621	2 368	4 358	2 380	2 707	2 833	2 544
	2	2个工作者＋1个小孩	4 488	2 309	4 226	2 296	2 616	2 742	2 427
	3	2个工作者＋1个无工作者	4 431	2 264	4 140	2 262	2 585	2 694	2 400
	4	1个工作者＋2个小孩；	4 356	2 250	4 094	2 211	2 525	2 651	2 311
	5	1个工作者＋2个无工作者	4 242	2 161	3 922	2 143	2 462	2 555	2 256
	6	1个工作者＋1个无工作者＋1个小孩	4 299	2 205	4 008	2 177	2 493	2 603	2 283
4人家庭	1	4个工作者	5 786	2 984	5 488	3 035	3 384	3 600	3 269
	2	3个工作者＋1个小孩	5 654	2 925	5 357	2 951	3 292	3 509	3 152

续表

家庭规模	序号	家庭结构	综合费用扣除标准						
			北京	陕西	浙江	河南	黑龙江	辽宁	安徽
4人家庭	3	3 个工作者 +1 个无工作者	5 597	2 880	5 270	2 917	3 261	3 461	3 125
	4	2 个工作者 +2 个小孩	5 521	2 866	5 225	2 867	3 201	3 418	3 036
	5	2 个工作者 +2 个无工作者	5 407	2 777	5 053	2 798	3 138	3 322	2 981
	6	2 个工作者 +1 个小孩 +1 个无工作者	5 464	2 822	5 139	2 832	3 169	3 370	3 008
	7	1 个工作者 +3 个小孩	5 389	2 807	5 093	2 782	3 110	3 327	2 919
	8	1 个工作者 +3 个无工作者	5 218	2 673	4 835	2 680	3 015	3 182	2 837
	9	1 个工作者 +2 个小孩 +1 个无工作者	5 332	2 763	5 007	2 748	3 078	3 279	2 892
	10	1 个工作者 +2 个无工作者 +1 个小孩	5 275	2 718	4 921	2 714	3 047	3 231	2 864
5人家庭	1	5 个工作者	6 952	3 600	6 619	3 691	4 060	4 367	3 994
	2	4 个工作者 +1 个小孩	6 819	3 541	6 487	3 606	3 968	4 276	3 877
	3	4 个工作者 +1 个无工作者	6 762	3 497	6 401	3 572	3 937	4 228	3 850
	4	3 个工作者 +2 个小孩	6 687	3 483	6 355	3 522	3 877	4 185	3 761
	5	3 个工作者 +2 个无工作者	6 573	3 393	6 183	3 454	3 814	4 089	3 706
	6	3 个工作者 +1 个小孩 +1 个无工作者	6 630	3 438	6 269	3 488	3 846	4 137	3 733
	7	2 个工作者 +3 个小孩	6 554	3 424	6 223	3 438	3 786	4 094	3 644
	8	2 个工作者 +3 个无工作者	6 384	3 289	5 965	3 335	3 691	3 949	3 562
	9	2 个工作者 +2 个小孩 +1 个无工作者	6 497	3 379	6 137	3 403	3 754	4 046	3 617
	10	2 个工作者 +2 个无工作者 +1 个小孩	6 440	3 334	6 051	3 369	3 723	3 998	3 589
	11	1 个工作者 +4 个小孩	6 422	3 365	6 091	3 353	3 695	4 003	3 527
	12	1 个工作者 +4 个无工作者	6 194	3 186	5 747	3 217	3 568	3 810	3 418
	13	1 个工作者 +3 个小孩 +1 个无工作者	6 365	3 320	6 005	3 319	3 663	3 955	3 500
	14	1 个工作者 +3 个无工作者 +1 个小孩	6 251	3 231	5 833	3 251	3 600	3 858	3 445
	15	1 个工作者 +2 个小孩 +2 个无工作者	6 308	3 275	5 919	3 285	3 631	3 907	3 473

家庭规模	序号	家庭结构	综合费用扣除标准						
			北京	陕西	浙江	河南	黑龙江	辽宁	安徽
6人家庭	1	6个工作者	8 117	4 217	7 749	4 346	4 736	5 134	4 719
	2	5个工作者+1个小孩	7 985	4 158	7 617	4 262	4 645	5 043	4 602
	3	5个工作者+1个无工作者	7 928	4 113	7 531	4 227	4 613	4 995	4 575
	4	4个工作者+2个小孩	7 852	4 099	7 485	4 177	4 553	4 952	4 486
	5	4个工作者+2个无工作者	7 739	4 009	7 313	4 109	4 490	4 856	4 431
	6	4个工作者+1个小孩+1个无工作者	7 795	4 054	7 399	4 143	4 522	4 904	4 458
	7	3个工作者+3个小孩	7 720	4 040	7 353	4 093	4 462	4 861	4 369
	8	3个工作者+3个无工作者	7 549	3 906	7 095	3 990	4 367	4 716	4 287
	9	3个工作者+2个小孩+1个无工作者	7 663	3 995	7 267	4 059	4 430	4 813	4 342
	10	3个工作者+2个无工作者+1个小孩	7 606	3 950	7 181	4 025	4 399	4 765	4 314
	11	2个工作者+4个小孩	7 587	3 981	7 222	4 009	4 371	4 770	4 252
	12	2个工作者+4个无工作者	7 360	3 802	6 877	3 872	4 244	4 577	4 143
	13	2个工作者+3个小孩+1个无工作者	7 530	3 936	7 135	3 974	4 339	4 722	4 225
	14	2个工作者+3个无工作者+1个小孩	7 417	3 847	6 963	3 906	4 276	4 625	4 170
	15	2个工作者+2个小孩+2个无工作者	7 473	3 891	7 049	3 940	4 308	4 674	4 198
	16	1个工作者+5个小孩	7 455	3 922	7 090	3 924	4 280	4 680	4 136
	17	1个工作者+5个无工作者	7 171	3 698	6 659	3 753	4 121	4 437	3 999
	18	1个工作者+4个小孩+1个无工作者	7 398	3 877	7 004	3 890	4 248	4 631	4 108
	19	1个工作者+4个无工作者+1个小孩	7 227	3 743	6 745	3 788	4 153	4 486	4 026
	20	1个工作者+3个小孩+2个无工作者	7 341	3 833	6 918	3 856	4 216	4 583	4 081
	21	1个工作者+3个无工作者+2个小孩	7 284	3 788	6 831	3 822	4 185	4 534	4 053

续表

家庭规模	序号	家庭结构	综合费用扣除标准						
			北京	陕西	浙江	河南	黑龙江	辽宁	安徽
7人家庭	1	7个工作者	9 283	4 833	8 879	5 001	5 412	5 901	5 444
	2	6个工作者+1个小孩	9 150	4 774	8 747	4 917	5 321	5 810	5 327
	3	6个工作者+1个无工作者	9 093	4 729	8 661	4 883	5 289	5 762	5 300
	4	5个工作者+2个小孩	9 018	4 715	8 615	4 832	5 229	5 719	5 211
	5	5个工作者+2个无工作者	8 904	4 626	8 443	4 764	5 166	5 623	5 156
	6	5个工作者+1个小孩+1个无工作者	8 961	4 670	8 529	4 798	5 198	5 671	5 183
	7	4个工作者+3个小孩	8 885	4 656	8 484	4 748	5 138	5 628	5 094
	8	4个工作者+3个无工作者	8 715	4 522	8 225	4 646	5 043	5 483	5 012
	9	4个工作者+2个小孩+1个无工作者	8 828	4 611	8 398	4 714	5 107	5 580	5 067
	10	4个工作者+2个无工作者+1个小孩	8 771	4 567	8 311	4 680	5 075	5 532	5 039
	11	3个工作者+4个小孩	8 753	4 597	8 352	4 664	5 047	5 538	4 977
	12	3个工作者+4个无工作者	8 525	4 418	8 007	4 527	4 920	5 344	4 868
	13	3个工作者+3个小孩+1个无工作者	8 696	4 552	8 266	4 630	5 015	5 489	4 950
	14	3个工作者+3个无工作者+1个小孩	8 582	4 463	8 094	4 561	4 952	5 392	4 895
	15	3个工作者+2个小孩+2个无工作者	8 639	4 508	8 180	4 596	4 984	5 441	4 923
	16	2个工作者+5个小孩	8 620	4 538	8 220	4 580	4 956	5 447	4 861
	17	2个工作者+5个无工作者	8 336	4 315	7 790	4 409	4 798	5 204	4 724
	18	2个工作者+4个小孩+1个无工作者	8 563	4 493	8 134	4 545	4 924	5 398	4 833
	19	2个工作者+4个无工作者+1个小孩	8 393	4 359	7 876	4 443	4 829	5 253	4 751
	20	2个工作者+3个小孩+2个无工作者	8 506	4 449	8 048	4 511	4 892	5 350	4 806

家庭规模	序号	家庭结构	综合费用扣除标准						
			北京	陕西	浙江	河南	黑龙江	辽宁	安徽
7人家庭	21	2个工作者+3个无工作者+2个小孩	8 450	4 404	7 962	4 477	4 861	5 301	4 779
	22	1个工作者+6个小孩	8 487	4 479	8 088	4 495	4 864	5 356	4 744
	23	1个工作者+6个无工作者	8 147	4 211	7 572	4 290	4 675	5 065	4 580
	24	1个工作者+5个小孩+1个无工作者	8 431	4 435	8 002	4 461	4 833	5 307	4 717
	25	1个工作者+5个无工作者+1个小孩	8 203	4 256	7 658	4 324	4 706	5 114	4 607
	26	1个工作者+4个小孩+2个无工作者	8 374	4 390	7 916	4 427	4 801	5 259	4 689
	27	1个工作者+4个无工作者+2个小孩	8 260	4 300	7 744	4 359	4 738	5 162	4 634
	28	1个工作者+3个小孩+3个无工作者	8 317	4 345	7 830	4 393	4 770	5 210	4 662

表5 2010年部分省份个税工薪所得综合费用扣除标准（按低收入户支出水平）

元/月

家庭规模	序号	家庭结构	综合费用扣除标准						
			北京	陕西	浙江	河南	黑龙江	辽宁	安徽
1人家庭	1	1个工作者	2 565	1 270	2 283	1 199	1 526	1 370	1 213
2人家庭	1	2个工作者	3 880	1 966	3 598	1 945	2 332	2 178	2 005
	2	1个工作者+1个小孩	3 735	1 887	3 374	1 827	2 214	2 073	1 905
	3	1个工作者+1个无工作者	3 665	1 846	3 298	1 803	2 181	2 031	1 859
3人家庭	1	3个工作者	5 196	2 662	4 914	2 691	3 139	2 986	2 798
	2	2个工作者+1个小孩	5 051	2 583	4 689	2 573	3 020	2 881	2 698
	3	2个工作者+1个无工作者	4 981	2 542	4 614	2 549	2 987	2 839	2 652

家庭规模	序号	家庭结构	综合费用扣除标准						
			北京	陕西	浙江	河南	黑龙江	辽宁	安徽
3人家庭	4	1个工作者+2个小孩	4 905	2 504	4 464	2 455	2 902	2 776	2 598
	5	1个工作者+2个无工作者	4 766	2 422	4 314	2 407	2 836	2 692	2 506
	6	1个工作者+1个无工作者+1个小孩	4 835	2 463	4 389	2 431	2 869	2 734	2 552
4人家庭	1	4个工作者	6 512	3 357	6 230	3 436	3 945	3 794	3 590
	2	3个工作者+1个小孩	6 367	3 278	6 005	3 319	3 827	3 689	3 490
	3	3个工作者+1个无工作者	6 297	3 237	5 930	3 294	3 793	3 647	3 444
	4	2个工作者+2个小孩	6 221	3 199	5 780	3 201	3 709	3 584	3 391
	5	2个工作者+2个无工作者	6 082	3 117	5 630	3 153	3 642	3 500	3 299
	6	2个工作者+1个小孩+1个无工作者	6 151	3 158	5 705	3 177	3 675	3 542	3 345
	7	1个工作者+3个小孩	6 076	3 120	5 555	3 083	3 590	3 479	3 291
	8	1个工作者+3个无工作者	5 866	2 997	5 330	3 011	3 491	3 354	3 153
	9	1个工作者+2个小孩+1个无工作者	6 006	3 079	5 480	3 059	3 557	3 437	3 245
	10	1个工作者+2个无工作者+1个小孩	5 936	3 038	5 405	3 035	3 524	3 395	3 199
5人家庭	1	5个工作者	7 828	4 053	7 546	4 182	4 751	4 602	4 383
	2	4个工作者+1个小孩	7 683	3 974	7 321	4 064	4 633	4 497	4 283
	3	4个工作者+1个无工作者	7 613	3 933	7 246	4 040	4 600	4 455	4 237
	4	3个工作者+2个小孩	7 537	3 895	7 096	3 947	4 515	4 392	4 183
	5	3个工作者+2个无工作者	7 397	3 813	6 945	3 898	4 448	4 308	4 091
	6	3个工作者+1个小孩+1个无工作者	7 467	3 854	7 021	3 922	4 482	4 350	4 137
	7	2个工作者+3个小孩	7 391	3 816	6 871	3 829	4 397	4 287	4 083
	8	2个工作者+3个无工作者	7 182	3 693	6 645	3 756	4 297	4 162	3 946
	9	2个工作者+2个小孩+1个无工作者	7 322	3 775	6 796	3 805	4 364	4 245	4 037

家庭规模	序号	家庭结构	综合费用扣除标准						
			北京	陕西	浙江	河南	黑龙江	辽宁	安徽
5人家庭	10	2个工作者+2个无工作者+1个小孩	7 252	3 734	6 720	3 781	4 330	4 203	3 992
	11	1个工作者+4个小孩	7 246	3 737	6 646	3 711	4 279	4 182	3 984
	12	1个工作者+4个无工作者	6 967	3 573	6 345	3 615	4 145	4 015	3 800
	13	1个工作者+3个小孩+1个无工作者	7 176	3 696	6 571	3 687	4 245	4 140	3 938
	14	1个工作者+3个无工作者+1个小孩	7 036	3 614	6 420	3 639	4 179	4 057	3 846
	15	1个工作者+2个小孩+2个无工作者	7 106	3 655	6 496	3 663	4 212	4 098	3 892
6人家庭	1	6个工作者	9 144	4 748	8 861	4 927	5 558	5 410	5 175
	2	5个工作者+1个小孩	8 999	4 669	8 636	4 810	5 440	5 305	5 075
	3	5个工作者+1个无工作者	8 929	4 629	8 561	4 786	5 406	5 263	5 030
	4	4个工作者+2个小孩	8 853	4 590	8 412	4 692	5 321	5 200	4 976
	5	4个工作者+2个无工作者	8 713	4 509	8 261	4 644	5 255	5 117	4 884
	6	4个工作者+1个小孩+1个无工作者	8 783	4 550	8 336	4 668	5 288	5 158	4 930
	7	3个工作者+3个小孩	8 707	4 511	8 187	4 575	5 203	5 095	4 876
	8	3个工作者+3个无工作者	8 498	4 389	7 961	4 502	5 103	4 970	4 738
	9	3个工作者+2个小孩+1个无工作者	8 638	4 470	8 111	4 550	5 170	5 053	4 830
	10	3个工作者+2个无工作者+1个小孩	8 568	4 430	8 036	4 526	5 137	5 011	4 784
	11	2个工作者+4个小孩	8 562	4 432	7 962	4 457	5 085	4 990	4 776
	12	2个工作者+4个无工作者	8 283	4 269	7 661	4 360	4 952	4 823	4 593
	13	2个工作者+3个小孩+1个无工作者	8 492	4 391	7 887	4 433	5 052	4 948	4 730
	14	2个工作者+3个无工作者+1个小孩	8 352	4 310	7 736	4 385	4 985	4 865	4 638

续表

家庭规模	序号	家庭结构	综合费用扣除标准						
			北京	陕西	浙江	河南	黑龙江	辽宁	安徽
6人家庭	15	2个工作者＋2个小孩＋2个无工作者	8 422	4 351	7 811	4 409	5 018	4 906	4 684
	16	1个工作者＋5个小孩	8 416	4 353	7 737	4 339	4 967	4 885	4 676
	17	1个工作者＋5个无工作者	8 067	4 149	7 361	4 219	4 800	4 676	4 447
	18	1个工作者＋4个小孩＋1个无工作者	8 346	4 312	7 662	4 315	4 934	4 843	4 630
	19	1个工作者＋4个无工作者＋1个小孩	8 137	4 190	7 436	4 243	4 834	4 718	4 493
	20	1个工作者＋3个小孩＋2个无工作者	8 277	4 272	7 586	4 291	4 900	4 801	4 584
	21	1个工作者＋3个无工作者＋2个小孩	8 207	4 231	7 511	4 267	4 867	4 760	4 539
7人家庭	1	7个工作者	10 460	5 444	10 177	5 673	6 364	6 218	5 968
	2	6个工作者＋1个小孩	10 315	5 365	9 952	5 555	6 246	6 113	5 868
	3	6个工作者＋1个无工作者	10 245	5 324	9 877	5 531	6 213	6 072	5 822
	4	5个工作者＋2个小孩	10 169	5 286	9 727	5 438	6 128	6 008	5 768
	5	5个工作者＋2个无工作者	10 029	5 204	9 577	5 389	6 061	5 925	5 676
	6	5个工作者＋1个小孩＋1个无工作者	10 099	5 245	9 652	5 414	6 095	5 966	5 722
	7	4个工作者＋3个小孩	10 023	5 207	9 502	5 320	6 010	5 903	5 668
	8	4个工作者＋3个无工作者	9 814	5 084	9 277	5 248	5 910	5 778	5 531
	9	4个工作者＋2个小孩＋1个无工作者	9 954	5 166	9 427	5 296	5 976	5 861	5 622
	10	4个工作者＋2个无工作者＋1个小孩	9 884	5 125	9 352	5 272	5 943	5 820	5 577
	11	3个工作者＋4个小孩	9 878	5 128	9 278	5 203	5 891	5 798	5 569
	12	3个工作者＋4个无工作者	9 599	4 964	8 977	5 106	5 758	5 631	5 385
	13	3个工作者＋3个小孩＋1个无工作者	9 808	5 087	9 202	5 178	5 858	5 756	5 523

续表

家庭规模	序号	家庭结构	综合费用扣除标准						
			北京	陕西	浙江	河南	黑龙江	辽宁	安徽
7人家庭	14	3个工作者+3个无工作者+1个小孩	9 668	5 005	9 052	5 130	5 792	5 673	5 431
	15	3个工作者+2个小孩+2个无工作者	9 738	5 046	9 127	5 154	5 825	5 714	5 477
	16	2个工作者+5个小孩	9 732	5 049	9 053	5 085	5 773	5 693	5 469
	17	2个工作者+5个无工作者	9 383	4 844	8 676	4 964	5 607	5 484	5 239
	18	2个工作者+4个小孩+1个无工作者	9 662	5 008	8 977	5 061	5 740	5 651	5 423
	19	2个工作者+4个无工作者+1个小孩	9 453	4 885	8 752	4 988	5 640	5 526	5 285
	20	2个工作者+3个小孩+2个无工作者	9 593	4 967	8 902	5 037	5 707	5 609	5 377
	21	2个工作者+3个无工作者+2个小孩	9 523	4 926	8 827	5 012	5 673	5 568	5 331
	22	1个工作者+6个小孩	9 587	4 970	8 828	4 967	5 655	5 588	5 369
	23	1个工作者+6个无工作者	9 168	4 725	8 376	4 822	5 455	5 337	5 094
	24	1个工作者+5个小孩+1个无工作者	9 517	4 929	8 752	4 943	5 622	5 546	5 323
	25	1个工作者+5个无工作者+1个小孩	9 238	4 765	8 451	4 847	5 489	5 379	5 140
	26	1个工作者+4个小孩+2个无工作者	9 447	4 888	8 677	4 919	5 589	5 504	5 277
	27	1个工作者+4个无工作者+2个小孩	9 307	4 806	8 527	4 871	5 522	5 421	5 185
	28	1个工作者+3个小孩+3个无工作者	9 377	4 847	8 602	4 895	5 555	5 463	5 231

表6　2011 年部分省（市）个税工薪所得综合费用扣除标准（按低收入户支出水平）

元/月

家庭规模	序号	家庭结构	综合费用扣除标准						
			北京	陕西	浙江	河南	黑龙江	辽宁	安徽
1人家庭	1	1 个工作者	2 861	1 515	2 439	1 391	1 709	1 489	1 336
2人家庭	1	2 个工作者	4 256	2 399	3 862	2 272	2 624	2 391	2 212
	2	1 个工作者 +1 个小孩	4 080	2 289	3 653	2 137	2 491	2 259	2 095
	3	1 个工作者 +1 个无工作者	4 025	2 236	3 565	2 109	2 450	2 209	2 017
3人家庭	1	3 个工作者	5 651	3 283	5 286	3 153	3 539	3 293	3 088
	2	2 个工作者 +1 个小孩	5 474	3 173	5 077	3 018	3 406	3 160	2 971
	3	2 个工作者 +1 个无工作者	5 419	3 120	4 988	2 990	3 365	3 111	2 893
	4	1 个工作者 +2 个小孩；	5 298	3 063	4 868	2 884	3 274	3 028	2 854
	5	1 个工作者 +2 个无工作者	5 188	2 957	4 691	2 827	3 191	2 929	2 698
	6	1 个工作者 +1 个无工作者 +1 个小孩	5 243	3 010	4 780	2 855	3 233	2 979	2 776
4人家庭	1	4 个工作者	7 046	4 168	6 709	4 034	4 453	4 194	3 964
	2	3 个工作者 +1 个小孩	6 869	4 057	6 501	3 900	4 321	4 062	3 847
	3	3 个工作者 +1 个无工作者	6 814	4 004	6 412	3 871	4 280	4 013	3 769
	4	2 个工作者 +2 个小孩	6 693	3 947	6 292	3 765	4 189	3 930	3 730
	5	2 个工作者 +2 个无工作者	6 583	3 841	6 115	3 708	4 106	3 831	3 574
	6	2 个工作者 +1 个小孩 +1 个无工作者	6 638	3 894	6 203	3 736	4 147	3 880	3 652
	7	1 个工作者 +3 个小孩	6 516	3 837	6 083	3 631	4 057	3 798	3 613
	8	1 个工作者 +3 个无工作者	6 351	3 677	5 818	3 545	3 932	3 649	3 378
	9	1 个工作者 +2 个小孩 +1 个无工作者	6 461	3 784	5 995	3 602	4 015	3 748	3 535
	10	1 个工作者 +2 个无工作者 +1 个小孩	6 406	3 731	5 906	3 573	3 974	3 699	3 457
5人家庭	1	5 个工作者	8 441	5 052	8 133	4 915	5 368	5 096	4 840
	2	4 个工作者 +1 个小孩	8 264	4 942	7 924	4 781	5 236	4 964	4 723

续表

家庭规模	序号	家庭结构	综合费用扣除标准						
			北京	陕西	浙江	河南	黑龙江	辽宁	安徽
5人家庭	3	4个工作者+1个无工作者	8 209	4 889	7 836	4 752	5 195	4 915	4 645
	4	3个工作者+2个小孩	8 088	4 831	7 715	4 646	5 104	4 832	4 606
	5	3个工作者+2个无工作者	7 978	4 725	7 538	4 589	5 021	4 733	4 450
	6	3个工作者+1个小孩+1个无工作者	8 033	4 778	7 627	4 617	5 062	4 782	4 528
	7	2个工作者+3个小孩	7 911	4 721	7 507	4 512	4 972	4 700	4 489
	8	2个工作者+3个无工作者	7 746	4 562	7 241	4 426	4 847	4 551	4 255
	9	2个工作者+2个小孩+1个无工作者	7 856	4 668	7 418	4 483	4 930	4 650	4 411
	10	2个工作者+2个无工作者+1个小孩	7 801	4 615	7 330	4 454	4 889	4 601	4 333
	11	1个工作者+4个小孩	7 734	4 611	7 298	4 377	4 839	4 568	4 372
	12	1个工作者+4个无工作者	7 514	4 398	6 944	4 262	4 673	4 369	4 059
	13	1个工作者+3个小孩+1个无工作者	7 679	4 558	7 210	4 348	4 798	4 518	4 294
	14	1个工作者+3个无工作者+1个小孩	7 569	4 452	7 033	4 291	4 715	4 419	4 137
	15	1个工作者+2个小孩+2个无工作者	7 624	4 505	7 121	4 320	4 756	4 468	4 216
6人家庭	1	6个工作者	9 836	5 936	9 556	5 796	6 283	5 998	5 717
	2	5个工作者+1个小孩	9 659	5 826	9 348	5 662	6 151	5 866	5 599
	3	5个工作者+1个无工作者	9 604	5 773	9 259	5 633	6 109	5 816	5 521
	4	4个工作者+2个小孩	9 482	5 716	9 139	5 527	6 019	5 734	5 482
	5	4个工作者+2个无工作者	9 372	5 610	8 962	5 470	5 936	5 635	5 326
	6	4个工作者+1个小孩+1个无工作者	9 427	5 663	9 050	5 498	5 977	5 684	5 404
	7	3个工作者+3个小孩	9 306	5 606	8 930	5 393	5 886	5 602	5 365
	8	3个工作者+3个无工作者	9 141	5 446	8 665	5 307	5 762	5 453	5 131

续表

家庭规模	序号	家庭结构	综合费用扣除标准						
			北京	陕西	浙江	河南	黑龙江	辽宁	安徽
6人家庭	9	3个工作者 + 2个小孩 + 1个无工作者	9 251	5 552	8 842	5 364	5 845	5 552	5 287
	10	3个工作者 + 2个无工作者 + 1个小孩	9 196	5 499	8 753	5 335	5 803	5 502	5 209
	11	2个工作者 + 4个小孩	9 129	5 495	8 722	5 258	5 754	5 470	5 248
	12	2个工作者 + 4个无工作者	8 909	5 283	8 368	5 143	5 588	5 271	4 936
	13	2个工作者 + 3个小孩 + 1个无工作者	9 074	5 442	8 633	5 230	5 713	5 420	5 170
	14	2个工作者 + 3个无工作者 + 1个小孩	8 964	5 336	8 456	5 172	5 630	5 321	5 014
	15	2个工作者 + 2个小孩 + 2个无工作者	9 019	5 389	8 545	5 201	5 671	5 370	5 092
	16	1个工作者 + 5个小孩	8 952	5 385	8 513	5 124	5 622	5 337	5 131
	17	1个工作者 + 5个无工作者	8 677	5 119	8 071	4 980	5 415	5 089	4 740
	18	1个工作者 + 4个小孩 + 1个无工作者	8 897	5 332	8 425	5 095	5 580	5 288	5 053
	19	1个工作者 + 4个无工作者 + 1个小孩	8 732	5 173	8 159	5 009	5 456	5 139	4 818
	20	1个工作者 + 3个小孩 + 2个无工作者	8 842	5 279	8 336	5 066	5 539	5 238	4 975
	21	1个工作者 + 3个无工作者 + 2个小孩	8 787	5 226	8 248	5 038	5 498	5 189	4 896
7人家庭	1	7个工作者	11 231	6 821	10 980	6 677	7 198	6 900	6 593
	2	6个工作者 + 1个小孩	11 054	6 711	10 771	6 543	7 066	6 768	6 476
	3	6个工作者 + 1个无工作者	10 999	6 657	10 683	6 514	7 024	6 718	6 398
	4	5个工作者 + 2个小孩	10 877	6 600	10 562	6 408	6 933	6 636	6 358
	5	5个工作者 + 2个无工作者	10 767	6 494	10 385	6 351	6 851	6 536	6 202
	6	5个工作者 + 1个小孩 + 1个无工作者	10 822	6 547	10 474	6 379	6 892	6 586	6 280

家庭规模	序号	家庭结构	综合费用扣除标准						
			北京	陕西	浙江	河南	黑龙江	辽宁	安徽
7人家庭	7	4 个工作者 +3 个小孩	10 701	6 490	10 354	6 274	6 801	6 504	6 241
	8	4 个工作者 +3 个无工作者	10 536	6 331	10 088	6 188	6 677	6 355	6 007
	9	4 个工作者 +2 个小孩 +1 个无工作者	10 646	6 437	10 265	6 245	6 760	6 454	6 163
	10	4 个工作者 +2 个无工作者 +1 个小孩	10 591	6 384	10 177	6 216	6 718	6 404	6 085
	11	3 个工作者 +4 个小孩	10 524	6 380	10 145	6 139	6 669	6 371	6 124
	12	3 个工作者 +4 个无工作者	10 304	6 167	9 791	6 024	6 503	6 173	5 812
	13	3 个工作者 +3 个小孩 +1 个无工作者	10 469	6 327	10 057	6 111	6 628	6 322	6 046
	14	3 个工作者 +3 个无工作者 +1 个小孩	10 359	6 220	9 880	6 053	6 545	6 223	5 890
	15	3 个工作者 +2 个小孩 +2 个无工作者	10 414	6 273	9 968	6 082	6 586	6 272	5 968
	16	2 个工作者 +5 个小孩	10 347	6 269	9 937	6 005	6 537	6 239	6 007
	17	2 个工作者 +5 个无工作者	10 072	6 004	9 494	5 861	6 329	5 991	5 616
	18	2 个工作者 +4 个小孩 +1 个无工作者	10 292	6 216	9 848	5 976	6 495	6 190	5 929
	19	2 个工作者 +4 个无工作者 +1 个小孩	10 127	6 057	9 583	5 890	6 371	6 041	5 695
	20	2 个工作者 +3 个小孩 +2 个无工作者	10 237	6 163	9 760	5 947	6 454	6 140	5 851
	21	2 个工作者 +3 个无工作者 +2 个小孩	10 182	6 110	9 671	5 919	6 412	6 090	5 773
	22	1 个工作者 +6 个小孩	10 171	6 159	9 728	5 870	6 405	6 107	5 890
	23	1 个工作者 +6 个无工作者	9 841	5 840	9 197	5 698	6 156	5 809	5 421
	24	1 个工作者 +5 个小孩 +1 个无工作者	10 116	6 106	9 640	5 842	6 363	6 057	5 812

续表

家庭规模	序号	家庭结构	综合费用扣除标准						
			北京	陕西	浙江	河南	黑龙江	辽宁	安徽
7人家庭	25	1个工作者＋5个无工作者＋1个小孩	9 896	5 894	9 286	5 727	6 197	5 859	5 499
	26	1个工作者＋4个小孩＋2个无工作者	10 061	6 053	9 551	5 813	6 322	6 008	5 733
	27	1个工作者＋4个无工作者＋2个小孩	9 951	5 947	9 374	5 756	6 239	5 909	5 577
	28	1个工作者＋3个小孩＋3个无工作者	10 006	6 000	9 463	5 784	6 280	5 958	5 655

附录4 按中低收入户支出水平测算的 个税工薪所得综合费用扣除标准

表1　2006年部分省份个税工薪所得综合费用扣除标准（按中低收入户支出水平）

元/月

家庭规模	序号	家庭结构	综合费用扣除标准						
			北京	陕西	浙江	河南	黑龙江	辽宁	安徽
1人家庭	1	1个工作者	2 196	1 014		936	1 123	1 151	911
2人家庭	1	2个工作者	3 510	1 588		1 507	1 708	1 811	1 565
	2	1个工作者+1个小孩	3 383	1 543		1 436	1 625	1 735	1 466
	3	1个工作者+1个无工作者	3 297	1 491		1 403	1 593	1 693	1 424
3人家庭	1	3个工作者	4 825	2 162		2 079	2 293	2 471	2 219
	2	2个工作者+1个小孩	4 697	2 117		2 008	2 210	2 395	2 120
	3	2个工作者+1个无工作者	4 611	2 065		1 975	2 178	2 353	2 078
	4	1个工作者+2个小孩；	4 569	2 072		1 936	2 126	2 319	2 022
	5	1个工作者+2个无工作者	4 398	1 968		1 871	2 062	2 235	1 937
	6	1个工作者+1个无工作者+1个小孩	4 484	2 020		1 903	2 094	2 277	1 979
4人家庭	1	4个工作者	6 139	2 737		2 651	2 878	3 132	2 874
	2	3个工作者+1个小孩	6 011	2 692		2 580	2 795	3 055	2 775
	3	3个工作者+1个无工作者	5 925	2 639		2 547	2 763	3 013	2 732
	4	2个工作者+2个小孩	5 884	2 647		2 508	2 711	2 979	2 676
	5	2个工作者+2个无工作者	5 712	2 542		2 443	2 647	2 895	2 591
	6	2个工作者+1个小孩+1个无工作者	5 798	2 594		2 475	2 679	2 937	2 634

续表

家庭规模	序号	家庭结构	综合费用扣除标准						
			北京	陕西	浙江	河南	黑龙江	辽宁	安徽
4人家庭	7	1个工作者＋3个小孩	5 756	2 602		2 436	2 628	2 903	2 577
	8	1个工作者＋3个无工作者	5 499	2 444		2 339	2 532	2 776	2 450
	9	1个工作者＋2个小孩＋1个无工作者	5 670	2 549		2 404	2 596	2 861	2 535
	10	1个工作者＋2个无工作者＋1个小孩	5 584	2 497		2 371	2 564	2 819	2 493
5人家庭	1	5个工作者	7 453	3 311		3 223	3 463	3 792	3 528
	2	4个工作者＋1个小孩	7 325	3 266		3 151	3 380	3 716	3 429
	3	4个工作者＋1个无工作者	7 239	3 214		3 119	3 348	3 674	3 387
	4	3个工作者＋2个小孩	7 198	3 221		3 080	3 296	3 639	3 330
	5	3个工作者＋2个无工作者	7 026	3 116		3 015	3 232	3 555	3 246
	6	3个工作者＋1个小孩＋1个无工作者	7 112	3 169		3 047	3 264	3 597	3 288
	7	2个工作者＋3个小孩	7 070	3 176		3 008	3 213	3 563	3 231
	8	2个工作者＋3个无工作者	6 813	3 019		2 910	3 117	3 437	3 104
	9	2个工作者＋2个小孩＋1个无工作者	6 984	3 124		2 976	3 181	3 521	3 189
	10	2个工作者＋2个无工作者＋1个小孩	6 899	3 071		2 943	3 149	3 479	3 147
	11	1个工作者＋4个小孩	6 943	3 131		2 936	3 129	3 487	3 133
	12	1个工作者＋4个无工作者	6 599	2 921		2 806	3 001	3 318	2 963
	13	1个工作者＋3个小孩＋1个无工作者	6 857	3 079		2 904	3 097	3 445	3 090
	14	1个工作者＋3个无工作者＋1个小孩	6 685	2 974		2 839	3 033	3 361	3 006
	15	1个工作者＋2个小孩＋2个无工作者	6 771	3 026		2 871	3 065	3 403	3 048

续表

家庭规模	序号	家庭结构	综合费用扣除标准						
			北京	陕西	浙江	河南	黑龙江	辽宁	安徽
6人家庭	1	6个工作者	8 767	3 885		3 795	4 048	4 452	4 182
	2	5个工作者+1个小孩	8 639	3 840		3 723	3 965	4 376	4 083
	3	5个工作者+1个无工作者	8 554	3 788		3 691	3 933	4 334	4 041
	4	4个工作者+2个小孩	8 512	3 795		3 652	3 881	4 300	3 985
	5	4个工作者+2个无工作者	8 340	3 691		3 587	3 817	4 215	3 900
	6	4个工作者+1个小孩+1个无工作者	8 426	3 743		3 619	3 849	4 258	3 942
	7	3个工作者+3个小孩	8 384	3 750		3 580	3 798	4 224	3 886
	8	3个工作者+3个无工作者	8 127	3 593		3 482	3 702	4 097	3 759
	9	3个工作者+2个小孩+1个无工作者	8 298	3 698		3 547	3 766	4 181	3 843
	10	3个工作者+2个无工作者+1个小孩	8 213	3 646		3 515	3 734	4 139	3 801
	11	2个工作者+4个小孩	8 257	3 706		3 508	3 714	4 147	3 787
	12	2个工作者+4个无工作者	7 914	3 496		3 378	3 586	3 979	3 618
	13	2个工作者+3个小孩+1个无工作者	8 171	3 653		3 476	3 682	4 105	3 745
	14	2个工作者+3个无工作者+1个小孩	7 999	3 548		3 411	3 618	4 021	3 660
	15	2个工作者+2个小孩+2个无工作者	8 085	3 601		3 443	3 650	4 063	3 702
	16	1个工作者+5个小孩	8 129	3 661		3 437	3 630	4 071	3 688
	17	1个工作者+5个无工作者	7 700	3 398		3 274	3 471	3 860	3 477
	18	1个工作者+4个小孩+1个无工作者	8 043	3 608		3 404	3 599	4 029	3 646
	19	1个工作者+4个无工作者+1个小孩	7 786	3 451		3 306	3 503	3 902	3 519
	20	1个工作者+3个小孩+2个无工作者	7 958	3 556		3 372	3 567	3 987	3 604
	21	1个工作者+3个无工作者+2个小孩	7 872	3 503		3 339	3 535	3 945	3 561

家庭规模	序号	家庭结构	综合费用扣除标准						
			北京	陕西	浙江	河南	黑龙江	辽宁	安徽
7人家庭	1	7 个工作者	10 081	4 460		4 367	4 633	5 113	4 836
	2	6 个工作者 +1 个小孩	9 953	4 415		4 295	4 550	5 036	4 738
	3	6 个工作者 +1 个无工作者	9 868	4 362		4 263	4 518	4 994	4 695
	4	5 个工作者 +2 个小孩	9 826	4 370		4 223	4 466	4 960	4 639
	5	5 个工作者 +2 个无工作者	9 654	4 265		4 158	4 402	4 876	4 554
	6	5 个工作者 +1 个小孩 +1 个无工作者	9 740	4 317		4 191	4 434	4 918	4 597
	7	4 个工作者 +3 个小孩	9 698	4 325		4 152	4 382	4 884	4 540
	8	4 个工作者 +3 个无工作者	9 441	4 167		4 054	4 287	4 757	4 413
	9	4 个工作者 +2 个小孩 +1 个无工作者	9 613	4 272		4 119	4 351	4 842	4 498
	10	4 个工作者 +2 个无工作者 +1 个小孩	9 527	4 220		4 087	4 319	4 799	4 455
	11	3 个工作者 +4 个小孩	9 571	4 280		4 080	4 299	4 808	4 441
	12	3 个工作者 +4 个无工作者	9 228	4 070		3 950	4 171	4 639	4 272
	13	3 个工作者 +3 个小孩 +1 个无工作者	9 485	4 227		4 048	4 267	4 765	4 399
	14	3 个工作者 +3 个无工作者 +1 个小孩	9 313	4 122		3 983	4 203	4 681	4 314
	15	3 个工作者 +2 个小孩 +2 个无工作者	9 399	4 175		4 015	4 235	4 723	4 357
	16	2 个工作者 +5 个小孩	9 443	4 235		4 009	4 215	4 731	4 343
	17	2 个工作者 +5 个无工作者	9 014	3 973		3 846	4 056	4 521	4 131
	18	2 个工作者 +4 个小孩 +1 个无工作者	9 357	4 182		3 976	4 183	4 689	4 300
	19	2 个工作者 +4 个无工作者 +1 个小孩	9 100	4 025		3 878	4 088	4 563	4 173
	20	2 个工作者 +3 个小孩 +2 个无工作者	9 272	4 130		3 943	4 152	4 647	4 258

续表

家庭规模	序号	家庭结构	综合费用扣除标准						
			北京	陕西	浙江	河南	黑龙江	辽宁	安徽
7人家庭	21	2个工作者+3个无工作者+2个小孩	9 186	4 078		3 911	4 120	4 605	4 216
	22	1个工作者+6个小孩	9 316	4 190		3 937	4 132	4 655	4 244
	23	1个工作者+6个无工作者	8 801	3 875		3 742	3 940	4 402	3 990
	24	1个工作者+5个小孩+1个无工作者	9 230	4 138		3 904	4 100	4 613	4 201
	25	1个工作者+5个无工作者+1个小孩	8 887	3 928		3 774	3 972	4 444	4 032
	26	1个工作者+4个小孩+2个无工作者	9 144	4 085		3 872	4 068	4 571	4 159
	27	1个工作者+4个无工作者+2个小孩	8 973	3 980		3 807	4 004	4 486	4 074
	28	1个工作者+3个小孩+3个无工作者	9 058	4 033		3 839	4 036	4 529	4 117

表2　2007年部分省份个税工薪所得综合费用扣除标准（按中低收入户支出水平）

元/月

家庭规模	序号	家庭结构	综合费用扣除标准						
			北京	陕西	浙江	河南	黑龙江	辽宁	安徽
1人家庭	1	1个工作者	2 116	1 161	1 771	1 086	1 209	1 356	1067
2人家庭	1	2个工作者	3 403	1 831	2 850	1 785	1 897	2 154	1 819
	2	1个工作者+1个小孩	3 270	1 757	2 717	1 683	1 805	2 057	1 721
	3	1个工作者+1个无工作者	3 195	1 716	2 640	1 650	1 762	2 012	1 662
3人家庭	1	3个工作者	4 690	2 502	3 930	2 484	2 586	2 951	2 571
	2	2个工作者+1个小孩	4 557	2 427	3 797	2 382	2 493	2 854	2 474
	3	2个工作者+1个无工作者	4 482	2 386	3 719	2 349	2 450	2 809	2 414

家庭规模	序号	家庭结构	综合费用扣除标准						
			北京	陕西	浙江	河南	黑龙江	辽宁	安徽
3人家庭	4	1个工作者+2个小孩	4 424	2 353	3 664	2 281	2 401	2 757	2 376
	5	1个工作者+2个无工作者	4 274	2 271	3 508	2 214	2 315	2 667	2 258
	6	1个工作者+1个无工作者+1个小孩	4 349	2 312	3 586	2 248	2 358	2 712	2 317
4人家庭	1	4个工作者	5 977	3 172	5 009	3 183	3 274	3 748	3 323
	2	3个工作者+1个小孩	5 844	3 098	4 876	3 081	3 182	3 651	3 226
	3	3个工作者+1个无工作者	5 769	3 057	4 798	3 048	3 138	3 606	3 167
	4	2个工作者+2个小孩	5 711	3 024	4 743	2 980	3 089	3 555	3 128
	5	2个工作者+2个无工作者	5 562	2 942	4 587	2 913	3 003	3 464	3 010
	6	2个工作者+1个小孩+1个无工作者	5 637	2 983	4 665	2 947	3 046	3 509	3 069
	7	1个工作者+3个小孩	5 579	2 949	4 610	2 879	2 997	3 458	3 030
	8	1个工作者+3个无工作者	5 354	2 827	4 376	2 779	2 868	3 322	2 853
	9	1个工作者+2个小孩+1个无工作者	5 504	2 909	4 532	2 845	2 954	3 413	2 971
	10	1个工作者+2个无工作者+1个小孩	5 429	2 868	4 454	2 812	2 911	3 368	2 912
5人家庭	1	5个工作者	7 264	3 842	6 088	3 882	3 962	4 545	4 075
	2	4个工作者+1个小孩	7 131	3 768	5 955	3 780	3 870	4 448	3 978
	3	4个工作者+1个无工作者	7 056	3 727	5 877	3 747	3 827	4 403	3 919
	4	3个工作者+2个小孩	6 999	3 694	5 822	3 679	3 778	4 352	3 880
	5	3个工作者+2个无工作者	6 849	3 612	5 666	3 612	3 691	4 261	3 762
	6	3个工作者+1个小孩+1个无工作者	6 924	3 653	5 744	3 646	3 734	4 307	3 821
	7	2个工作者+3个小孩	6 866	3 620	5 689	3 578	3 685	4 255	3 783
	8	2个工作者+3个无工作者	6 641	3 497	5 455	3 478	3 556	4 119	3 605
	9	2个工作者+2个小孩+1个无工作者	6 791	3 579	5 611	3 544	3 642	4 210	3 724

续表

家庭规模	序号	家庭结构	综合费用扣除标准						
			北京	陕西	浙江	河南	黑龙江	辽宁	安徽
5人家庭	10	2个工作者+2个无工作者+1个小孩	6 716	3 538	5 533	3 511	3 599	4 165	3 664
	11	1个工作者+4个小孩	6 733	3 546	5 556	3 476	3 593	4 159	3 685
	12	1个工作者+4个无工作者	6 433	3 382	5 245	3 343	3 421	3 978	3 449
	13	1个工作者+3个小孩+1个无工作者	6 658	3 505	5 478	3 443	3 550	4 113	3 626
	14	1个工作者+3个无工作者+1个小孩	6 508	3 423	5 322	3 376	3 464	4 023	3 508
	15	1个工作者+2个小孩+2个无工作者	6 583	3 464	5 400	3 410	3 507	4 068	3 567
6人家庭	1	6个工作者	8 551	4 513	7 167	4 581	4 650	5 342	4 827
	2	5个工作者+1个小孩	8 418	4 439	7 034	4 480	4 558	5 246	4 730
	3	5个工作者+1个无工作者	8 343	4 398	6 956	4 446	4 515	5 200	4 671
	4	4个工作者+2个小孩	8 286	4 365	6 901	4 378	4 466	5 149	4 632
	5	4个工作者+2个无工作者	8 136	4 283	6 745	4 311	4 379	5 058	4 514
	6	4个工作者+1个小孩+1个无工作者	8 211	4 324	6 823	4 345	4 423	5 104	4 573
	7	3个工作者+3个小孩	8 153	4 290	6 768	4 277	4 373	5 052	4 535
	8	3个工作者+3个无工作者	7 928	4 168	6 535	4 177	4 244	4 917	4 358
	9	3个工作者+2个小孩+1个无工作者	8 078	4 249	6 690	4 243	4 330	5 007	4 476
	10	3个工作者+2个无工作者+1个小孩	8 003	4 209	6 612	4 210	4 287	4 962	4 417
	11	2个工作者+4个小孩	8 020	4 216	6 635	4 175	4 281	4 956	4 437
	12	2个工作者+4个无工作者	7 721	4 053	6 324	4 042	4 109	4 775	4 201
	13	2个工作者+3个小孩+1个无工作者	7 945	4 175	6 557	4 142	4 238	4 910	4 378
	14	2个工作者+3个无工作者+1个小孩	7 795	4 093	6 402	4 075	4 152	4 820	4 260

续表

家庭规模	序号	家庭结构	综合费用扣除标准						
			北京	陕西	浙江	河南	黑龙江	辽宁	安徽
6人家庭	15	2个工作者＋2个小孩＋2个无工作者	7 870	4 134	6 479	4 109	4 195	4 865	4 319
	16	1个工作者＋5个小孩	7 888	4 142	6 502	4 074	4 189	4 859	4 340
	17	1个工作者＋5个无工作者	7 513	3 937	6 113	3 907	3 973	4 633	4 044
	18	1个工作者＋4个小孩＋1个无工作者	7 813	4 101	6 424	4 041	4 146	4 814	4 280
	19	1个工作者＋4个无工作者＋1个小孩	7 588	3 978	6 191	3 941	4 016	4 678	4 103
	20	1个工作者＋3个小孩＋2个无工作者	7 738	4 060	6 346	4 007	4 103	4 769	4 221
	21	1个工作者＋3个无工作者＋2个小孩	7 663	4 019	6 269	3 974	4 060	4 723	4 162
7人家庭	1	7个工作者	9 838	5 183	8 246	5 280	5 338	6 139	5 580
	2	6个工作者＋1个小孩	9 706	5 109	8 113	5 179	5 246	6 043	5 482
	3	6个工作者＋1个无工作者	9 631	5 068	8 035	5 145	5 203	5 997	5 423
	4	5个工作者＋2个小孩	9 573	5 035	7 980	5 077	5 154	5 946	5 384
	5	5个工作者＋2个无工作者	9 423	4 953	7 825	5 011	5 068	5 856	5 266
	6	5个工作者＋1个小孩＋1个无工作者	9 498	4 994	7 902	5 044	5 111	5 901	5 325
	7	4个工作者＋3个小孩	9 440	4 961	7 847	4 976	5 062	5 849	5 287
	8	4个工作者＋3个无工作者	9 215	4 838	7 614	4 876	4 932	5 714	5 110
	9	4个工作者＋2个小孩＋1个无工作者	9 365	4 920	7 769	4 942	5 019	5 804	5 228
	10	4个工作者＋2个无工作者＋1个小孩	9 290	4 879	7 692	4 909	4 975	5 759	5 169
	11	3个工作者＋4个小孩	9 307	4 887	7 714	4 874	4 969	5 753	5 189 \
	12	3个工作者＋4个无工作者	9 008	4 723	7 403	4 741	4 797	5 572	4 953
	13	3个工作者＋3个小孩＋1个无工作者	9 232	4 846	7 636	4 841	4 926	5 708	5 130

家庭规模	序号	家庭结构	综合费用扣除标准						
			北京	陕西	浙江	河南	黑龙江	辽宁	安徽
7人家庭	14	3个工作者 +3个无工作者 +1个小孩	9 083	4 764	7 481	4 774	4 840	5 617	5 012
	15	3个工作者 +2个小孩 +2个无工作者	9 158	4 805	7 559	4 808	4 883	5 662	5 071
	16	2个工作者 +5个小孩	9 175	4 812	7 581	4 773	4 877	5 656	5 092
	17	2个工作者 +5个无工作者	8 800	4 608	7 192	4 606	4 662	5 430	4 796
	18	2个工作者 +4个小孩 +1个无工作者	9 100	4 772	7 503	4 740	4 834	5 611	5 033
	19	2个工作者 +4个无工作者 +1个小孩	8 875	4 649	7 270	4 640	4 705	5 475	4 855
	20	2个工作者 +3个小孩 +2个无工作者	9 025	4 731	7 426	4 706	4 791	5 566	4 973
	21	2个工作者 +3个无工作者 +2个小孩	8 950	4 690	7 348	4 673	4 748	5 521	4 914
	22	1个工作者 +6个小孩	9 042	4 738	7 448	4 672	4 785	5 560	4 994
	23	1个工作者 +6个无工作者	8 592	4 493	6 981	4 472	4 526	5 288	4 640
	24	1个工作者 +5个小孩 +1个无工作者	8 967	4 697	7 370	4 638	4 742	5 514	4 935
	25	1个工作者 +5个无工作者 +1个小孩	8 667	4 534	7 059	4 505	4 569	5 333	4 699
	26	1个工作者 +4个小孩 +2个无工作者	8 892	4 656	7 293	4 605	4 699	5 469	4 876
	27	1个工作者 +4个无工作者 +2个小孩	8 742	4 575	7 137	4 538	4 612	5 379	4 758
	28	1个工作者 +3个小孩 +3个无工作者	8 817	4 616	7 215	4 572	4 656	5 424	4 817

表3 2008年部分省份个税工薪所得综合费用扣除标准（按中低收入户支出水平）

元/月

家庭规模	序号	家庭结构	综合费用扣除标准						
			北京	陕西	浙江	河南	黑龙江	辽宁	安徽
1人家庭	1	1个工作者	2 545	1 265	1 999	1 157	1 418	1 454	1 341
2人家庭	1	2个工作者	3 984	2 033	3 232	1 914	2 196	2 314	2 193
	2	1个工作者+1个小孩	3 800	1 951	3 048	1 801	2 086	2 204	2 054
	3	1个工作者+1个无工作者	3 736	1 896	2 971	1 768	2 049	2 159	2 012
3人家庭	1	3个工作者	5 423	2 800	4 464	2 672	2 974	3 175	3 044
	2	2个工作者+1个小孩	5 240	2 718	4 280	2 559	2 865	3 064	2 905
	3	2个工作者+1个无工作者	5 175	2 664	4 204	2 526	2 827	3 019	2 864
	4	1个工作者+2个小孩	5 056	2 636	4 097	2 445	2 755	2 954	2 766
	5	1个工作者+2个无工作者	4 928	2 527	3 943	2 380	2 680	2 864	2 683
	6	1个工作者+1个无工作者+1个小孩	4 992	2 582	4 020	2 413	2 718	2 909	2 725
4人家庭	1	4个工作者	6 862	3 568	5 697	3 430	3 752	4 036	3 896
	2	3个工作者+1个小孩	6 679	3 486	5 513	3 316	3 643	3 925	3 757
	3	3个工作者+1个无工作者	6 615	3 431	5 436	3 284	3 605	3 880	3 715
	4	2个工作者+2个小孩	6 495	3 404	5 329	3 203	3 533	3 814	3 618
	5	2个工作者+2个无工作者	6 367	3 295	5 176	3 138	3 458	3 724	3 534
	6	2个工作者+1个小孩+1个无工作者	6 431	3 349	5 252	3 170	3 496	3 769	3 576
	7	1个工作者+3个小孩	6 312	3 322	5 145	3 090	3 424	3 703	3 479
	8	1个工作者+3个无工作者	6 119	3 158	4 915	2 992	3 311	3 569	3 353
	9	1个工作者+2个小孩+1个无工作者	6 248	3 267	5 069	3 057	3 386	3 658	3 437
	10	1个工作者+2个无工作者+1个小孩	6 183	3 213	4 992	3 024	3 349	3 614	3 395
5人家庭	1	5个工作者	8 302	4 336	6 929	4 187	4 530	4 896	4 747
	2	4个工作者+1个小孩	8 118	4 254	6 746	4 074	4 421	4 786	4 608

续表

家庭规模	序号	家庭结构	综合费用扣除标准						
			北京	陕西	浙江	河南	黑龙江	辽宁	安徽
5人家庭	3	4个工作者+1个无工作者	8 054	4 199	6 669	4 041	4 383	4 741	4 567
	4	3个工作者+2个小孩	7 935	4 172	6 562	3 961	4 311	4 675	4 469
	5	3个工作者+2个无工作者	7 806	4 062	6 408	3 895	4 236	4 585	4 386
	6	3个工作者+1个小孩+1个无工作者	7 870	4 117	6 485	3 928	4 274	4 630	4 428
	7	2个工作者+3个小孩	7 751	4 090	6 378	3 848	4 202	4 564	4 330
	8	2个工作者+3个无工作者	7 558	3 925	6 148	3 749	4 089	4 429	4 205
	9	2个工作者+2个小孩+1个无工作者	7 687	4 035	6 301	3 815	4 164	4 519	4 289
	10	2个工作者+2个无工作者+1个小孩	7 623	3 980	6 224	3 782	4 127	4 474	4 247
	11	1个工作者+4个小孩	7 568	4 008	6 194	3 734	4 093	4 453	4 191
	12	1个工作者+4个无工作者	7 310	3 789	5 887	3 603	3 943	4 274	4 024
	13	1个工作者+3个小孩+1个无工作者	7 503	3 953	6 117	3 702	4 055	4 408	4 150
	14	1个工作者+3个无工作者+1个小孩	7 375	3 843	5 964	3 636	3 980	4 319	4 066
	15	1个工作者+2个小孩+2个无工作者	7 439	3 898	6 041	3 669	4 018	4 363	4 108
6人家庭	1	6个工作者	9 741	5 103	8 162	4 945	5 308	5 757	5 599
	2	5个工作者+1个小孩	9 558	5 021	7 978	4 832	5 199	5 646	5 460
	3	5个工作者+1个无工作者	9 493	4 967	7 901	4 799	5 161	5 601	5 418
	4	4个工作者+2个小孩	9 374	4 939	7 794	4 719	5 089	5 535	5 321
	5	4个工作者+2个无工作者	9 245	4 830	7 641	4 653	5 015	5 446	5 237
	6	4个工作者+1个小孩+1个无工作者	9 310	4 885	7 718	4 686	5 052	5 490	5 279
	7	3个工作者+3个小孩	9 191	4 857	7 611	4 605	4 980	5 425	5 182
	8	3个工作者+3个无工作者	8 998	4 693	7 380	4 507	4 868	5 290	5 056

续表

家庭规模	序号	家庭结构	综合费用扣除标准						
			北京	陕西	浙江	河南	黑龙江	辽宁	安徽
6人家庭	9	3个工作者+2个小孩+1个无工作者	9 126	4 803	7 534	4 573	4 943	5 380	5 140
	10	3个工作者+2个无工作者+1个小孩	9 062	4 748	7 457	4 540	4 905	5 335	5 098
	11	2个工作者+4个小孩	9 007	4 776	7 427	4 492	4 871	5 314	5 043
	12	2个工作者+4个无工作者	8 750	4 556	7 120	4 361	4 721	5 134	4 876
	13	2个工作者+3个小孩+1个无工作者	8 943	4 721	7 350	4 459	4 833	5 269	5 001
	14	2个工作者+3个无工作者+1个小孩	8 814	4 611	7 196	4 394	4 758	5 179	4 917
	15	2个工作者+2个小孩+2个无工作者	8 878	4 666	7 273	4 427	4 796	5 224	4 959
	16	1个工作者+5个小孩	8 824	4 694	7 243	4 379	4 761	5 203	4 904
	17	1个工作者+5个无工作者	8 502	4 420	6 859	4 215	4 574	4 979	4 695
	18	1个工作者+4个小孩+1个无工作者	8 759	4 639	7 166	4 346	4 724	5 158	4 862
	19	1个工作者+4个无工作者+1个小孩	8 566	4 474	6 936	4 248	4 611	5 023	4 737
	20	1个工作者+3个小孩+2个无工作者	8 695	4 584	7 089	4 313	4 686	5 113	4 820
	21	1个工作者+3个无工作者+2个小孩	8 631	4 529	7 013	4 281	4 649	5 068	4 778
7人家庭	1	7个工作者	11 180	5 871	9 394	5 703	6 086	6 617	6 450
	2	6个工作者+1个小孩	10 997	5 789	9 211	5 589	5 977	6 507	6 311
	3	6个工作者+1个无工作者	10 933	5 734	9 134	5 557	5 940	6 462	6 269
	4	5个工作者+2个小孩	10 813	5 707	9 027	5 476	5 868	6 396	6 172
	5	5个工作者+2个无工作者	10 685	5 597	8 873	5 411	5 793	6 306	6 089
	6	5个工作者+1个小孩+1个无工作者	10 749	5 652	8 950	5 443	5 830	6 351	6 130

家庭规模	序号	家庭结构	综合费用扣除标准						
			北京	陕西	浙江	河南	黑龙江	辽宁	安徽
7人家庭	7	4个工作者+3个小孩	10 630	5 625	8 843	5 363	5 758	6 285	6 033
	8	4个工作者+3个无工作者	10 437	5 461	8 613	5 265	5 646	6 150	5 908
	9	4个工作者+2个小孩+1个无工作者	10 566	5 570	8 766	5 330	5 721	6 240	5 991
	10	4个工作者+2个无工作者+1个小孩	10 501	5 516	8 689	5 298	5 683	6 195	5 950
	11	3个工作者+4个小孩	10 446	5 543	8 659	5 250	5 649	6 174	5 894
	12	3个工作者+4个无工作者	10 189	5 324	8 352	5 119	5 499	5 995	5 727
	13	3个工作者+3个小孩+1个无工作者	10 382	5 488	8 583	5 217	5 611	6 129	5 852
	14	3个工作者+3个无工作者+1个小孩	10 253	5 379	8 429	5 152	5 536	6 040	5 769
	15	3个工作者+2个小孩+2个无工作者	10 318	5 434	8 506	5 184	5 574	6 085	5 811
	16	2个工作者+5个小孩	10 263	5 461	8 476	5 137	5 539	6 064	5 755
	17	2个工作者+5个无工作者	9 941	5 187	8 091	4 973	5 352	5 839	5 546
	18	2个工作者+4个小孩+1个无工作者	10 199	5 406	8 399	5 104	5 502	6 019	5 713
	19	2个工作者+4个无工作者+1个小孩	10 006	5 242	8 168	5 006	5 389	5 884	5 588
	20	2个工作者+3个小孩+2个无工作者	10 134	5 352	8 322	5 071	5 464	5 974	5 672
	21	2个工作者+3个无工作者+2个小孩	10 070	5 297	8 245	5 038	5 427	5 929	5 630
	22	1个工作者+6个小孩	10 079	5 379	8 292	5 023	5 430	5 953	5 616
	23	1个工作者+6个无工作者	9 693	5 050	7 831	4 827	5 205	5 683	5 365
	24	1个工作者+5个小孩+1个无工作者	10 015	5 324	8 215	4 991	5 392	5 908	5 575

续表

家庭规模	序号	家庭结构	综合费用扣除标准						
			北京	陕西	浙江	河南	黑龙江	辽宁	安徽
7人家庭	25	1个工作者＋5个无工作者＋1个小孩	9 758	5 105	7 908	4 860	5 242	5 728	5 407
	26	1个工作者＋4个小孩＋2个无工作者	9 951	5 270	8 138	4 958	5 355	5 863	5 533
	27	1个工作者＋4个无工作者＋2个小孩	9 822	5 160	7 985	4 892	5 280	5 773	5 449
	28	1个工作者＋3个小孩＋3个无工作者	9 886	5 215	8 061	4 925	5 317	5 818	5 491

表4　2009年部分省份个税工薪所得综合费用扣除标准（按中低收入户支出水平）

元/月

家庭规模	序号	家庭结构	综合费用扣除标准						
			北京	陕西	浙江	河南	黑龙江	辽宁	安徽
1人家庭	1	1个工作者	2 765	1 383	2 288	1 234	1 576	1 457	1 271
2人家庭	1	2个工作者	4 406	2 248	3 609	2 054	2 473	2 382	2 174
	2	1个工作者＋1个小孩	4 180	2 146	3 424	1 933	2 333	2 251	2 041
	3	1个工作者＋1个无工作者	4 093	2 092	3 346	1 899	2 285	2 202	1 985
3人家庭	1	3个工作者	6 047	3 112	4 930	2 874	3 370	3 308	3 077
	2	2个工作者＋1个小孩	5 821	3 010	4 745	2 753	3 230	3 177	2 944
	3	2个工作者＋1个无工作者	5 734	2 957	4 667	2 719	3 182	3 127	2 888
	4	1个工作者＋2个小孩；	5 594	2 909	4 560	2 633	3 089	3 046	2 811
	5	1个工作者＋2个无工作者	5 421	2 801	4 404	2 564	2 994	2 946	2 699
	6	1个工作者＋1个无工作者＋1个小孩	5 508	2 855	4 482	2 598	3 041	2 996	2 755
4人家庭	1	4个工作者	7 688	3 976	6 251	3 694	4 267	4 233	3 979
	2	3个工作者＋1个小孩	7 461	3 874	6 066	3 573	4 127	4 102	3 847
	3	3个工作者＋1个无工作者	7 375	3 821	5 988	3 539	4 079	4 052	3 791

续表

家庭规模	序号	家庭结构	综合费用扣除标准						
			北京	陕西	浙江	河南	黑龙江	辽宁	安徽
4人家庭	4	2个工作者+2个小孩	7 235	3 773	5 881	3 453	3 986	3 971	3 714
	5	2个工作者+2个无工作者	7 062	3 666	5 725	3 384	3 891	3 872	3 602
	6	2个工作者+1个小孩+1个无工作者	7 149	3 719	5 803	3 418	3 938	3 921	3 658
	7	1个工作者+3个小孩	7 009	3 671	5 696	3 332	3 846	3 840	3 581
	8	1个工作者+3个无工作者	6 750	3 510	5 462	3 229	3 702	3 691	3 413
	9	1个工作者+2个小孩+1个无工作者	6 922	3 618	5 618	3 298	3 798	3 790	3 525
	10	1个工作者+2个无工作者+1个小孩	6 836	3 564	5 540	3 263	3 750	3 741	3 469
5人家庭	1	5个工作者	9 329	4 840	7 572	4 513	5 164	5 158	4 882
	2	4个工作者+1个小孩	9 102	4 739	7 387	4 393	5 024	5 027	4 749
	3	4个工作者+1个无工作者	9 016	4 685	7 309	4 358	4 976	4 977	4 693
	4	3个工作者+2个小孩	8 876	4 637	7 202	4 273	4 883	4 896	4 616
	5	3个工作者+2个无工作者	8 703	4 530	7 046	4 204	4 788	4 797	4 505
	6	3个工作者+1个小孩+1个无工作者	8 790	4 583	7 124	4 238	4 835	4 846	4 561
	7	2个工作者+3个小孩	8 650	4 536	7 017	4 152	4 743	4 765	4 483
	8	2个工作者+3个无工作者	8 390	4 375	6 783	4 049	4 599	4 616	4 316
	9	2个工作者+2个小孩+1个无工作者	8 563	4 482	6 939	4 118	4 695	4 715	4 428
	10	2个工作者+2个无工作者+1个小孩	8 477	4 428	6 861	4 083	4 647	4 666	4 372
	11	1个工作者+4个小孩	8 423	4 434	6 831	4 032	4 602	4 634	4 351
	12	1个工作者+4个无工作者	8 078	4 219	6 519	3 894	4 411	4 436	4 127
	13	1个工作者+3个小孩+1个无工作者	8 337	4 380	6 753	3 997	4 554	4 584	4 295
	14	1个工作者+3个无工作者+1个小孩	8 164	4 273	6 597	3 928	4 459	4 485	4 183
	15	1个工作者+2个小孩+2个无工作者	8 251	4 327	6 675	3 963	4 507	4 535	4 239

续表

家庭规模	序号	家庭结构	综合费用扣除标准						
			北京	陕西	浙江	河南	黑龙江	辽宁	安徽
6人家庭	1	6个工作者	10 970	5 704	8 893	5 333	6 061	6 083	5 785
	2	5个工作者+1个小孩	10 743	5 603	8 708	5 213	5 921	5 952	5 652
	3	5个工作者+1个无工作者	10 657	5 549	8 630	5 178	5 873	5 902	5 596
	4	4个工作者+2个小孩	10 517	5 501	8 523	5 092	5 780	5 821	5 519
	5	4个工作者+2个无工作者	10 344	5 394	8 367	5 023	5 685	5 722	5 407
	6	4个工作者+1个小孩+1个无工作者	10 430	5 448	8 445	5 058	5 732	5 771	5 463
	7	3个工作者+3个小孩	10 291	5 400	8 338	4 972	5 640	5 690	5 386
	8	3个工作者+3个无工作者	10 031	5 239	8 104	4 868	5 496	5 541	5 219
	9	3个工作者+2个小孩+1个无工作者	10 204	5 346	8 260	4 937	5 592	5 640	5 330
	10	3个工作者+2个无工作者+1个小孩	10 118	5 292	8 182	4 903	5 544	5 591	5 274
	11	2个工作者+4个小孩	10 064	5 298	8 152	4 852	5 499	5 559	5 253
	12	2个工作者+4个无工作者	9 719	5 084	7 840	4 713	5 308	5 361	5 030
	13	2个工作者+3个小孩+1个无工作者	9 978	5 245	8 074	4 817	5 451	5 509	5 197
	14	2个工作者+3个无工作者+1个小孩	9 805	5 137	7 918	4 748	5 356	5 410	5 086
	15	2个工作者+2个小孩+2个无工作者	9 891	5 191	7 996	4 783	5 404	5 460	5 142
	16	1个工作者+5个小孩	9 838	5 197	7 967	4 731	5 359	5 428	5 120
	17	1个工作者+5个无工作者	9 406	4 928	7 577	4 558	5 120	5 180	4 841
	18	1个工作者+4个小孩+1个无工作者	9 751	5 143	7 889	4 697	5 311	5 378	5 065
	19	1个工作者+4个无工作者+1个小孩	9 492	4 982	7 655	4 593	5 167	5 230	4 897
	20	1个工作者+3个小孩+2个无工作者	9 665	5 089	7 811	4 662	5 263	5 329	5 009
	21	1个工作者+3个无工作者+2个小孩	9 579	5 036	7 733	4 628	5 215	5 279	4 953

续表

家庭规模	序号	家庭结构	综合费用扣除标准						
			北京	陕西	浙江	河南	黑龙江	辽宁	安徽
7人家庭	1	7个工作者	12 610	6 569	10 214	6 153	6 958	7 008	6 687
	2	6个工作者+1个小孩	12 384	6 467	10 029	6 033	6 818	6 877	6 555
	3	6个工作者+1个无工作者	12 298	6 413	9 951	5 998	6 770	6 828	6 499
	4	5个工作者+2个小孩	12 158	6 366	9 844	5 912	6 677	6 746	6 422
	5	5个工作者+2个无工作者	11 985	6 258	9 688	5 843	6 582	6 647	6 310
	6	5个工作者+1个小孩+1个无工作者	12 071	6 312	9 766	5 878	6 629	6 697	6 366
	7	4个工作者+3个小孩	11 931	6 264	9 659	5 792	6 537	6 615	6 289
	8	4个工作者+3个无工作者	11 672	6 103	9 425	5 688	6 393	6 466	6 121
	9	4个工作者+2个小孩+1个无工作者	11 845	6 210	9 581	5 757	6 489	6 566	6 233
	10	4个工作者+2个无工作者+1个小孩	11 759	6 157	9 503	5 723	6 441	6 516	6 177
	11	3个工作者+4个小孩	11 705	6 163	9 473	5 671	6 396	6 484	6 156
	12	3个工作者+4个无工作者	11 359	5 948	9 161	5 533	6 205	6 286	5 933
	13	3个工作者+3个小孩+1个无工作者	11 619	6 109	9 395	5 637	6 348	6 435	6 100
	14	3个工作者+3个无工作者+1个小孩	11 446	6 001	9 239	5 568	6 253	6 335	5 988
	15	3个工作者+2个小孩+2个无工作者	11 532	6 055	9 317	5 602	6 301	6 385	6 044
	16	2个工作者+5个小孩	11 479	6 061	9 288	5 551	6 256	6 353	6 023
	17	2个工作者+5个无工作者	11 047	5 793	8 898	5 378	6 017	6 105	5 744
	18	2个工作者+4个小孩+1个无工作者	11 392	6 007	9 210	5 516	6 208	6 304	5 967
	19	2个工作者+4个无工作者+1个小孩	11 133	5 846	8 976	5 413	6 064	6 155	5 800
	20	2个工作者+3个小孩+2个无工作者	11 306	5 954	9 132	5 482	6 160	6 254	5 911

续表

家庭规模	序号	家庭结构	综合费用扣除标准						
			北京	陕西	浙江	河南	黑龙江	辽宁	安徽
7人家庭	21	2个工作者+3个无工作者+2个小孩	11 220	5 900	9 054	5 447	6 112	6 204	5 856
	22	1个工作者+6个小孩	11 252	5 960	9 103	5 431	6 115	6 222	5 890
	23	1个工作者+6个无工作者	10 734	5 637	8 635	5 223	5 828	5 925	5 555
	24	1个工作者+5个小孩+1个无工作者	11 166	5 906	9 025	5 396	6 067	6 172	5 834
	25	1个工作者+5个无工作者+1个小孩	10 820	5 691	8 713	5 258	5 876	5 974	5 611
	26	1个工作者+4个小孩+2个无工作者	11 080	5 852	8 947	5 362	6 020	6 123	5 779
	27	1个工作者+4个无工作者+2个小孩	10 907	5 745	8 791	5 292	5 924	6 024	5 667
	28	1个工作者+3个小孩+3个无工作者	10 993	5 798	8 869	5 327	5 972	6 073	5 723

表5 2010年部分省份个税工薪所得综合费用扣除标准（按中低收入户支出水平）

元/月

家庭规模	序号	家庭结构	综合费用扣除标准						
			北京	陕西	浙江	河南	黑龙江	辽宁	安徽
1人家庭	1	1个工作者	3 118	1 564	2 452	1 339	1 693	1 562	1 433
2人家庭	1	2个工作者	4 988	2 553	3 937	2 224	2 668	2 562	2 445
	2	1个工作者+1个小孩	4 723	2 430	3 692	2 093	2 520	2 420	2 291
	3	1个工作者+1个无工作者	4 618	2 369	3 604	2 061	2 476	2 365	2 240
3人家庭	1	3个工作者	6 858	3 542	5 423	3 108	3 642	3 562	3 457
	2	2个工作者+1个小孩	6 592	3 419	5 178	2 978	3 494	3 420	3 303
	3	2个工作者+1个无工作者	6 488	3 359	5 089	2 946	3 450	3 365	3 253

家庭规模	序号	家庭结构	综合费用扣除标准						
			北京	陕西	浙江	河南	黑龙江	辽宁	安徽
3人家庭	4	1个工作者+2个小孩；	6 327	3 296	4 933	2 848	3 347	3 279	3 149
	5	1个工作者+2个无工作者	6 118	3 175	4 756	2 783	3 258	3 169	3 048
	6	1个工作者+1个无工作者+1个小孩	6 222	3 236	4 844	2 816	3 303	3 224	3 098
4人家庭	1	4个工作者	8 728	4 531	6 908	3 993	4 616	4 562	4 470
	2	3个工作者+1个小孩	8 462	4 408	6 663	3 863	4 468	4 420	4 316
	3	3个工作者+1个无工作者	8 358	4 348	6 574	3 831	4 424	4 365	4 265
	4	2个工作者+2个小孩	8 196	4 285	6 418	3 733	4 321	4 279	4 161
	5	2个工作者+2个无工作者	7 987	4 164	6 241	3 668	4 233	4 169	4 061
	6	2个工作者+1个小孩+1个无工作者	8 092	4 225	6 329	3 700	4 277	4 224	4 111
	7	1个工作者+3个小孩	7 931	4 162	6 173	3 602	4 174	4 137	4 007
	8	1个工作者+3个无工作者	7 617	3 981	5 907	3 506	4 041	3 973	3 856
	9	1个工作者+2个小孩+1个无工作者	7 826	4 102	6 084	3 570	4 130	4 082	3 957
	10	1个工作者+2个无工作者+1个小孩	7 722	4 041	5 996	3 538	4 085	4 028	3 906
5人家庭	1	5个工作者	10 597	5 520	8 393	4 878	5 590	5 562	5 482
	2	4个工作者+1个小孩	10 332	5 397	8 148	4 748	5 443	5 420	5 328
	3	4个工作者+1个无工作者	10 227	5 337	8 060	4 716	5 398	5 365	5 278
	4	3个工作者+2个小孩	10 066	5 274	7 903	4 617	5 295	5 279	5 174
	5	3个工作者+2个无工作者	9 857	5 153	7 726	4 553	5 207	5 169	5 073
	6	3个工作者+1个小孩+1个无工作者	9 962	5 214	7 815	4 585	5 251	5 224	5 123
	7	2个工作者+3个小孩	9 801	5 152	7 658	4 487	5 148	5 137	5 019
	8	2个工作者+3个无工作者	9 487	4 970	7 393	4 391	5 015	4 973	4 868
	9	2个工作者+2个小孩+1个无工作者	9 696	5 091	7 570	4 455	5 104	5 082	4 969

续表

家庭规模	序号	家庭结构	综合费用扣除标准						
			北京	陕西	浙江	河南	黑龙江	辽宁	安徽
5人家庭	10	2个工作者+2个无工作者+1个小孩	9 591	5 031	7 481	4 423	5 059	5 028	4 919
	11	1个工作者+4个小孩	9 535	5 029	7 413	4 357	5 001	4 996	4 865
	12	1个工作者+4个无工作者	9 117	4 787	7 059	4 228	4 823	4 777	4 664
	13	1个工作者+3个小孩+1个无工作者	9 430	4 968	7 325	4 324	4 956	4 941	4 815
	14	1个工作者+3个无工作者+1个小孩	9 221	4 847	7 148	4 260	4 868	4 832	4 714
	15	1个工作者+2个小孩+2个无工作者	9 326	4 908	7 236	4 292	4 912	4 886	4 764
6人家庭	1	6个工作者	12 467	6 509	9 878	5 763	6 564	6 562	6 495
	2	5个工作者+1个小孩	12 202	6 386	9 633	5 633	6 417	6 420	6 340
	3	5个工作者+1个无工作者	12 097	6 326	9 545	5 601	6 372	6 365	6 290
	4	4个工作者+2个小孩	11 936	6 264	9 388	5 502	6 269	6 279	6 186
	5	4个工作者+2个无工作者	11 727	6 143	9 211	5 438	6 181	6 169	6 085
	6	4个工作者+1个小孩+1个无工作者	11 831	6 203	9 300	5 470	6 225	6 224	6 136
	7	3个工作者+3个小孩	11 670	6 141	9 143	5 372	6 122	6 137	6 032
	8	3个工作者+3个无工作者	11 357	5 959	8 878	5 276	5 989	5 973	5 881
	9	3个工作者+2个小孩+1个无工作者	11 566	6 080	9 055	5 340	6 078	6 082	5 981
	10	3个工作者+2个无工作者+1个小孩	11 461	6 020	8 966	5 308	6 033	6 028	5 931
	11	2个工作者+4个小孩	11 405	6 018	8 898	5 241	5 975	5 996	5 877
	12	2个工作者+4个无工作者	10 986	5 776	8 544	5 113	5 797	5 777	5 676
	13	2个工作者+3个小孩+1个无工作者	11 300	5 957	8 810	5 209	5 931	5 941	5 827
	14	2个工作者+3个无工作者+1个小孩	11 091	5 836	8 633	5 145	5 842	5 832	5 727

续表

家庭规模	序号	家庭结构	综合费用扣除标准						
			北京	陕西	浙江	河南	黑龙江	辽宁	安徽
6人家庭	15	2个工作者+2个小孩+2个无工作者	11 196	5 897	8 721	5 177	5 886	5 886	5 777
	16	1个工作者+5个小孩	11 139	5 895	8 653	5 111	5 828	5 854	5 723
	17	1个工作者+5个无工作者	10 616	5 592	8 211	4 951	5 606	5 581	5 472
	18	1个工作者+4个小孩+1个无工作者	11 035	5 834	8 565	5 079	5 783	5 799	5 673
	19	1个工作者+4个无工作者+1个小孩	10 721	5 653	8 299	4 983	5 650	5 635	5 522
	20	1个工作者+3个小孩+2个无工作者	10 930	5 774	8 476	5 047	5 739	5 745	5 622
	21	1个工作者+3个无工作者+2个小孩	10 825	5 713	8 388	5 015	5 695	5 690	5 572
7人家庭	1	7个工作者	14 337	7 499	11 363	6 648	7 538	7 561	7 507
	2	6个工作者+1个小孩	14 071	7 376	11 118	6 518	7 391	7 420	7 353
	3	6个工作者+1个无工作者	13 967	7 315	11 030	6 486	7 346	7 365	7 303
	4	5个工作者+2个小孩	13 806	7 253	10 873	6 387	7 244	7 279	7 199
	5	5个工作者+2个无工作者	13 597	7 132	10 696	6 323	7 155	7 169	7 098
	6	5个工作者+1个小孩+1个无工作者	13 701	7 192	10 785	6 355	7 199	7 224	7 148
	7	4个工作者+3个小孩	13 540	7 130	10 629	6 257	7 096	7 137	7 044
	8	4个工作者+3个无工作者	13 226	6 948	10 363	6 161	6 963	6 973	6 893
	9	4个工作者+2个小孩+1个无工作者	13 436	7 069	10 540	6 225	7 052	7 082	6 994
	10	4个工作者+2个无工作者+1个小孩	13 331	7 009	10 452	6 193	7 008	7 028	6 944
	11	3个工作者+4个小孩	13 275	7 007	10 384	6 126	6 949	6 996	6 890
	12	3个工作者+4个无工作者	12 856	6 765	10 030	5 998	6 772	6 777	6 689
	13	3个工作者+3个小孩+1个无工作者	13 170	6 946	10 295	6 094	6 905	6 941	6 840

家庭规模	序号	家庭结构	综合费用扣除标准						
			北京	陕西	浙江	河南	黑龙江	辽宁	安徽
7人家庭	14	3个工作者+3个无工作者+1个小孩	12 961	6 825	10 118	6 030	6 816	6 831	6 739
	15	3个工作者+2个小孩+2个无工作者	13 065	6 886	10 207	6 062	6 860	6 886	6 789
	16	2个工作者+5个小孩	13 009	6 884	10 139	5 996	6 802	6 854	6 736
	17	2个工作者+5个无工作者	12 486	6 581	9 696	5 835	6 580	6 581	6 484
	18	2个工作者+4个小孩+1个无工作者	12 904	6 823	10 050	5 964	6 757	6 799	6 685
	19	2个工作者+4个无工作者+1个小孩	12 591	6 642	9 785	5 868	6 624	6 635	6 534
	20	2个工作者+3个小孩+2个无工作者	12 800	6 763	9 962	5 932	6 713	6 745	6 635
	21	2个工作者+3个无工作者+2个小孩	12 695	6 702	9 873	5 900	6 669	6 690	6 585
	22	1个工作者+6个小孩	12 743	6 761	9 894	5 866	6 654	6 713	6 581
	23	1个工作者+6个无工作者	12 116	6 398	9 363	5 673	6 388	6 384	6 279
	24	1个工作者+5个小孩+1个无工作者	12 639	6 700	9 805	5 833	6 610	6 658	6 531
	25	1个工作者+5个无工作者+1个小孩	12 220	6 458	9 451	5 705	6 433	6 439	6 330
	26	1个工作者+4个小孩+2个无工作者	12 534	6 640	9 717	5 801	6 566	6 603	6 481
	27	1个工作者+4个无工作者+2个小孩	12 325	6 519	9 540	5 737	6 477	6 494	6 380
	28	1个工作者+3个小孩+3个无工作者	12 430	6 579	9 628	5 769	6 521	6 549	6 430

表6　2011年部分省份个税工薪所得综合费用扣除标准（按中低收入户支出水平）

元/月

家庭规模	序号	家庭结构	综合费用扣除标准						
			北京	陕西	浙江	河南	黑龙江	辽宁	安徽
1人家庭	1	1个工作者	3 353	1 786	2 732	1 591	1 891	1 705	1 547
2人家庭	1	2个工作者	5 239	2 942	4 450	2 673	2 987	2 823	2 634
	2	1个工作者+1个小孩	4 993	2 785	4 133	2 493	2 812	2 643	2 437
	3	1个工作者+1个无工作者	4 891	2 719	4 038	2 451	2 759	2 588	2 383
3人家庭	1	3个工作者	7 125	4 098	6 167	3 754	4 084	3 941	3 721
	2	2个工作者+1个小孩	6 879	3 941	5 850	3 574	3 908	3 762	3 524
	3	2个工作者+1个无工作者	6 778	3 875	5 755	3 532	3 856	3 706	3 470
	4	1个工作者+2个小孩	6 632	3 784	5 533	3 394	3 733	3 582	3 328
	5	1个工作者+2个无工作者	6 430	3 652	5 343	3 310	3 628	3 471	3 220
	6	1个工作者+1个无工作者+1个小孩	6 531	3 718	5 438	3 352	3 680	3 526	3 274
4人家庭	1	4个工作者	9 012	5 254	7 885	4 836	5 180	5 059	4 808
	2	3个工作者+1个小孩	8 765	5 097	7 568	4 656	5 005	4 880	4 611
	3	3个工作者+1个无工作者	8 664	5 031	7 473	4 614	4 952	4 824	4 557
	4	2个工作者+2个小孩	8 518	4 940	7 250	4 476	4 829	4 700	4 415
	5	2个工作者+2个无工作者	8 316	4 808	7 060	4 392	4 724	4 589	4 307
	6	2个工作者+1个小孩+1个无工作者	8 417	4 874	7 155	4 434	4 777	4 644	4 361
	7	1个工作者+3个小孩	8 272	4 783	6 933	4 295	4 654	4 520	4 218
	8	1个工作者+3个无工作者	7 968	4 584	6 648	4 169	4 496	4 354	4 056
	9	1个工作者+2个小孩+1个无工作者	8 171	4 717	6 838	4 253	4 601	4 465	4 164
	10	1个工作者+2个无工作者+1个小孩	8 069	4 651	6 743	4 211	4 549	4 409	4 110
5人家庭	1	5个工作者	10 898	6 410	9 602	5 918	6 277	6 178	5 895
	2	4个工作者+1个小孩	10 651	6 253	9 285	5 737	6 101	5 998	5 698

续表

家庭规模	序号	家庭结构	综合费用扣除标准						
			北京	陕西	浙江	河南	黑龙江	辽宁	安徽
5人家庭	3	4个工作者+1个无工作者	10 550	6 187	9 190	5 695	6 049	5 942	5 644
	4	3个工作者+2个小孩	10 405	6 096	8 968	5 557	5 926	5 818	5 502
	5	3个工作者+2个无工作者	10 202	5 964	8 778	5 473	5 821	5 707	5 394
	6	3个工作者+1个小孩+1个无工作者	10 304	6 030	8 873	5 515	5 873	5 762	5 448
	7	2个工作者+3个小孩	10 158	5 939	8 651	5 377	5 750	5 638	5 305
	8	2个工作者+3个无工作者	9 854	5 740	8 365	5 251	5 593	5 472	5 143
	9	2个工作者+2个小孩+1个无工作者	10 057	5 873	8 556	5 335	5 698	5 583	5 251
	10	2个工作者+2个无工作者+1个小孩	9 956	5 807	8 460	5 293	5 645	5 527	5 197
	11	1个工作者+4个小孩	9 912	5 782	8 333	5 197	5 575	5 458	5 109
	12	1个工作者+4个无工作者	9 507	5 517	7 953	5 029	5 365	5 236	4 893
	13	1个工作者+3个小孩+1个无工作者	9 810	5 716	8 238	5 155	5 522	5 403	5 055
	14	1个工作者+3个无工作者+1个小孩	9 608	5 583	8 048	5 071	5 417	5 292	4 947
	15	1个工作者+2个小孩+2个无工作者	9 709	5 650	8 143	5 113	5 470	5 347	5 001
6人家庭	1	6个工作者	12 784	7 566	11 320	6 999	7 374	7 296	6 982
	2	5个工作者+1个小孩	12 538	7 409	11 003	6 819	7 198	7 116	6 785
	3	5个工作者+1个无工作者	12 436	7 343	10 907	6 777	7 146	7 060	6 731
	4	4个工作者+2个小孩	12 291	7 252	10 685	6 639	7 022	6 936	6 589
	5	4个工作者+2个无工作者	12 089	7 120	10 495	6 555	6 917	6 825	6 481
	6	4个工作者+1个小孩+1个无工作者	12 190	7 186	10 590	6 597	6 970	6 881	6 535
	7	3个工作者+3个小孩	12 044	7 095	10 368	6 458	6 847	6 756	6 393
	8	3个工作者+3个无工作者	11 741	6 896	10 083	6 333	6 689	6 590	6 230

家庭规模	序号	家庭结构	综合费用扣除标准						
			北京	陕西	浙江	河南	黑龙江	辽宁	安徽
6人家庭	9	3个工作者+2个小孩+1个无工作者	11 943	7 029	10 273	6 416	6 794	6 701	6 338
	10	3个工作者+2个无工作者+1个小孩	11 842	6 963	10 178	6 375	6 742	6 645	6 284
	11	2个工作者+4个小孩	11 798	6 938	10 051	6 278	6 671	6 576	6 196
	12	2个工作者+4个无工作者	11 393	6 673	9 670	6 110	6 461	6 355	5 980
	13	2个工作者+3个小孩+1个无工作者	11 697	6 872	9 956	6 236	6 619	6 521	6 142
	14	2个工作者+3个无工作者+1个小孩	11 494	6 739	9 765	6 152	6 514	6 410	6 034
	15	2个工作者+2个小孩+2个无工作者	11 595	6 806	9 861	6 194	6 566	6 466	6 088
	16	1个工作者+5个小孩	11 551	6 781	9 734	6 098	6 496	6 397	6 000
	17	1个工作者+5个无工作者	11 045	6 450	9 258	5 888	6 233	6 119	5 729
	18	1个工作者+4个小孩+1个无工作者	11 450	6 715	9 639	6 056	6 443	6 341	5 946
	19	1个工作者+4个无工作者+1个小孩	11 146	6 516	9 353	5 930	6 286	6 175	5 783
	20	1个工作者+3个小孩+2个无工作者	11 349	6 649	9 543	6 014	6 391	6 286	5 891
	21	1个工作者+3个无工作者+2个小孩	11 247	6 582	9 448	5 972	6 338	6 230	5 837
7人家庭	1	7个工作者	14 671	8 722	13 037	8 081	8 470	8 414	8 069
	2	6个工作者+1个小孩	14 424	8 565	12 720	7 900	8 295	8 234	7 872
	3	6个工作者+1个无工作者	14 323	8 499	12 625	7 858	8 242	8 179	7 818
	4	5个工作者+2个小孩	14 177	8 408	12 403	7 720	8 119	8 054	7 676
	5	5个工作者+2个无工作者	13 975	8 276	12 213	7 636	8 014	7 943	7 568
	6	5个工作者+1个小孩+1个无工作者	14 076	8 342	12 308	7 678	8 067	7 999	7 622

家庭规模	序号	家庭结构	综合费用扣除标准						
			北京	陕西	浙江	河南	黑龙江	辽宁	安徽
7人家庭	7	4个工作者+3个小孩	13 931	8 251	12 086	7 540	7 943	7 874	7 480
	8	4个工作者+3个无工作者	13 627	8 052	11 800	7 414	7 786	7 708	7 317
	9	4个工作者+2个小孩+1个无工作者	13 830	8 185	11 990	7 498	7 891	7 819	7 425
	10	4个工作者+2个无工作者+1个小孩	13 728	8 119	11 895	7 456	7 838	7 763	7 371
	11	3个工作者+4个小孩	13 684	8 094	11 768	7 360	7 768	7 695	7 283
	12	3个工作者+4个无工作者	13 279	7 829	11 388	7 192	7 558	7 473	7 067
	13	3个工作者+3个小孩+1个无工作者	13 583	8 028	11 673	7 318	7 715	7 639	7 229
	14	3个工作者+3个无工作者+1个小孩	13 380	7 895	11 483	7 234	7 610	7 528	7 121
	15	3个工作者+2个小孩+2个无工作者	13 482	7 962	11 578	7 276	7 663	7 584	7 175
	16	2个工作者+5个小孩	13 437	7 937	11 451	7 180	7 592	7 515	7 087
	17	2个工作者+5个无工作者	12 931	7 606	10 975	6 970	7 330	7 237	6 816
	18	2个工作者+4个小孩+1个无工作者	13 336	7 871	11 356	7 138	7 540	7 459	7 033
	19	2个工作者+4个无工作者+1个小孩	13 032	7 672	11 071	7 012	7 382	7 293	6 870
	20	2个工作者+3个小孩+2个无工作者	13 235	7 805	11 261	7 096	7 487	7 404	6 979
	21	2个工作者+3个无工作者+2个小孩	13 134	7 738	11 166	7 054	7 435	7 348	6 924
	22	1个工作者+6个小孩	13 191	7 780	11 134	6 999	7 417	7 335	6 890
	23	1个工作者+6个无工作者	12 583	7 382	10 563	6 748	7 102	7 002	6 566
	24	1个工作者+5个小孩+1个无工作者	13 090	7 714	11 039	6 957	7 364	7 279	6 836

家庭规模	序号	家庭结构	综合费用扣除标准						
			北京	陕西	浙江	河南	黑龙江	辽宁	安徽
7人家庭	25	1个工作者＋5个无工作者＋1个小孩	12 685	7 449	10 658	6 790	7 154	7 058	6 620
	26	1个工作者＋4个小孩＋2个无工作者	12 988	7 648	10 944	6 915	7 312	7 224	6 782
	27	1个工作者＋4个无工作者＋2个小孩	12 786	7 515	10 753	6 831	7 207	7 113	6 674
	28	1个工作者＋3个小孩＋3个无工作者	12 887	7 581	10 848	6 873	7 259	7 169	6 728

附录5 按中等收入户支出水平测算
个税工薪所得综合费用扣除标准

表1 2006年部分省份个税工薪所得综合费用扣除标准（按中等收入户支出水平）

元/月

家庭规模	序号	家庭结构	综合费用扣除标准						
			北京	陕西	浙江	河南	黑龙江	辽宁	安徽
1人家庭	1	1个工作者	2 365	1 213		1 091	1 277	1 300	1 046
2人家庭	1	2个工作者	3 847	1 987		1 818	2 015	2 109	1 835
	2	1个工作者＋1个小孩	3 684	1 885		1 718	1 914	1 997	1 709
	3	1个工作者＋1个无工作者	3 606	1 824		1 680	1 869	1 958	1 655
3人家庭	1	3个工作者	5 329	2 761		2 546	2 753	2 918	2 624
	2	2个工作者＋1个小孩	5 166	2 659		2 446	2 652	2 807	2 499
	3	2个工作者＋1个无工作者	5 089	2 598		2 408	2 607	2 767	2 444
	4	1个工作者＋2个小孩；	5 003	2 558		2 345	2 551	2 695	2 373
	5	1个工作者＋2个无工作者	4 848	2 435		2 270	2 461	2 616	2 264
	6	1个工作者＋1个无工作者＋1个小孩	4 925	2 496		2 308	2 506	2 655	2 319
4人家庭	1	4个工作者	6 812	3 535		3 273	3 491	3 727	3 414
	2	3个工作者＋1个小孩	6 648	3 433		3 173	3 390	3 616	3 288
	3	3个工作者＋1个无工作者	6 571	3 372		3 135	3 345	3 576	3 234
	4	2个工作者＋2个小孩	6 485	3 332		3 073	3 289	3 504	3 163
	5	2个工作者＋2个无工作者	6 331	3 209		2 997	3 200	3 425	3 053
	6	2个工作者＋1个小孩＋1个无工作者	6 408	3 270		3 035	3 244	3 465	3 108

续表

家庭规模	序号	家庭结构	综合费用扣除标准						
			北京	陕西	浙江	河南	黑龙江	辽宁	安徽
4人家庭	7	1个工作者+3个小孩	6 322	3 230		2 972	3 187	3 393	3 037
	8	1个工作者+3个无工作者	6 090	3 046		2 859	3 054	3 274	2 873
	9	1个工作者+2个小孩+1个无工作者	6 244	3 169		2 935	3 143	3 353	2 982
	10	1个工作者+2个无工作者+1个小孩	6 167	3 108		2 897	3 098	3 313	2 928
5人家庭	1	5个工作者	8 294	4 309		4 001	4 230	4 536	4 203
	2	4个工作者+1个小孩	8 131	4 207		3 900	4 128	4 425	4 078
	3	4个工作者+1个无工作者	8 054	4 146		3 863	4 084	4 385	4 023
	4	3个工作者+2个小孩	7 967	4 105		3 800	4 027	4 313	3 952
	5	3个工作者+2个无工作者	7 813	3 983		3 725	3 938	4 234	3 843
	6	3个工作者+1个小孩+1个无工作者	7 890	4 044		3 762	3 982	4 274	3 897
	7	2个工作者+3个小孩	7 804	4 004		3 700	3 926	4 202	3 826
	8	2个工作者+3个无工作者	7 572	3 820		3 587	3 792	4 083	3 663
	9	2个工作者+2个小孩+1个无工作者	7 727	3 943		3 662	3 881	4 162	3 772
	10	2个工作者+2个无工作者+1个小孩	7 650	3 881		3 624	3 836	4 123	3 717
	11	1个工作者+4个小孩	7 641	3 902		3 599	3 824	4 090	3 701
	12	1个工作者+4个无工作者	7 332	3 657		3 449	3 646	3 932	3 482
	13	1个工作者+3个小孩+1个无工作者	7 563	3 841		3 562	3 780	4 051	3 646
	14	1个工作者+3个无工作者+1个小孩	7 409	3 719		3 486	3 690	3 971	3 537
	15	1个工作者+2个小孩+2个无工作者	7 486	3 780		3 524	3 735	4 011	3 591

续表

家庭规模	序号	家庭结构	综合费用扣除标准						
			北京	陕西	浙江	河南	黑龙江	辽宁	安徽
6人家庭	1	6个工作者	9 777	5 083		4 728	4 968	5 346	4 993
	2	5个工作者+1个小孩	9 613	4 981		4 628	4 866	5 234	4 867
	3	5个工作者+1个无工作者	9 536	4 920		4 590	4 822	5 195	4 812
	4	4个工作者+2个小孩	9 450	4 879		4 527	4 765	5 123	4 741
	5	4个工作者+2个无工作者	9 295	4 757		4 452	4 676	5 043	4 632
	6	4个工作者+1个小孩+1个无工作者	9 373	4 818		4 490	4 721	5 083	4 687
	7	3个工作者+3个小孩	9 286	4 778		4 427	4 664	5 011	4 616
	8	3个工作者+3个无工作者	9 055	4 594		4 314	4 530	4 892	4 452
	9	3个工作者+2个小孩+1个无工作者	9 209	4 717		4 389	4 619	4 971	4 561
	10	3个工作者+2个无工作者+1个小孩	9 132	4 655		4 352	4 575	4 932	4 507
	11	2个工作者+4个小孩	9 123	4 676		4 327	4 563	4 900	4 490
	12	2个工作者+4个无工作者	8 814	4 431		4 176	4 384	4 741	4 272
	13	2个工作者+3个小孩+1个无工作者	9 046	4 615		4 289	4 518	4 860	4 435
	14	2个工作者+3个无工作者+1个小孩	8 891	4 493		4 214	4 429	4 781	4 326
	15	2个工作者+2个小孩+2个无工作者	8 969	4 554		4 251	4 473	4 820	4 381
	16	1个工作者+5个小孩	8 960	4 574		4 226	4 461	4 788	4 364
	17	1个工作者+5个无工作者	8 574	4 269		4 038	4 238	4 590	4 091
	18	1个工作者+4个小孩+1个无工作者	8 883	4 513		4 189	4 417	4 748	4 310
	19	1个工作者+4个无工作者+1个小孩	8 651	4 330		4 076	4 283	4 629	4 146
	20	1个工作者+3个小孩+2个无工作者	8 805	4 452		4 151	4 372	4 709	4 255
	21	1个工作者+3个无工作者+2个小孩	8 728	4 391		4 113	4 327	4 669	4 201

续表

家庭规模	序号	家庭结构	综合费用扣除标准						
			北京	陕西	浙江	河南	黑龙江	辽宁	安徽
7人家庭	1	7个工作者	11 259	5 857		5 455	5 706	6 155	5 782
	2	6个工作者+1个小孩	11 096	5 755		5 355	5 605	6 043	5 656
	3	6个工作者+1个无工作者	11 018	5 694		5 317	5 560	6 004	5 602
	4	5个工作者+2个小孩	10 932	5 653		5 255	5 503	5 932	5 531
	5	5个工作者+2个无工作者	10 778	5 531		5 179	5 414	5 853	5 422
	6	5个工作者+1个小孩+1个无工作者	10 855	5 592		5 217	5 459	5 892	5 476
	7	4个工作者+3个小孩	10 769	5 552		5 154	5 402	5 820	5 405
	8	4个工作者+3个无工作者	10 537	5 368		5 041	5 268	5 701	5 241
	9	4个工作者+2个小孩+1个无工作者	10 692	5 490		5 117	5 357	5 781	5 350
	10	4个工作者+2个无工作者+1个小孩	10 614	5 429		5 079	5 313	5 741	5 296
	11	3个工作者+4个小孩	10 606	5 450		5 054	5 301	5 709	5 279
	12	3个工作者+4个无工作者	10 297	5 205		4 903	5 122	5 550	5 061
	13	3个工作者+3个小孩+1个无工作者	10 528	5 389		5 016	5 256	5 669	5 225
	14	3个工作者+3个无工作者+1个小孩	10 374	5 266		4 941	5 167	5 590	5 116
	15	3个工作者+2个小孩+2个无工作者	10 451	5 328		4 979	5 211	5 629	5 170
	16	2个工作者+5个小孩	10 442	5 348		4 954	5 199	5 597	5 154
	17	2个工作者+5个无工作者	10 056	5 042		4 765	4 976	5 399	4 881
	18	2个工作者+4个小孩+1个无工作者	10 365	5 287		4 916	5 155	5 558	5 099
	19	2个工作者+4个无工作者+1个小孩	10 133	5 104		4 803	5 021	5 439	4 935
	20	2个工作者+3个小孩+2个无工作者	10 288	5 226		4 878	5 110	5 518	5 045

续表

家庭规模	序号	家庭结构	综合费用扣除标准						
			北京	陕西	浙江	河南	黑龙江	辽宁	安徽
7人家庭	21	2 个工作者 +3 个无工作者 +2 个小孩	10 210	5 165		4 841	5 066	5 478	4 990
	22	1 个工作者 +6 个小孩	10 279	5 246		4 853	5 098	5 486	5 028
	23	1 个工作者 +6 个无工作者	9 815	4 880		4 627	4 830	5 248	4 701
	24	1 个工作者 +5 个小孩 +1 个无工作者	10 202	5 185		4 816	5 053	5 446	4 973
	25	1 个工作者 +5 个无工作者 +1 个小孩	9 893	4 941		4 665	4 875	5 288	4 755
	26	1 个工作者 +4 个小孩 +2 个无工作者	10 124	5 124		4 778	5 009	5 406	4 919
	27	1 个工作者 +4 个无工作者 +2 个小孩	9 970	5 002		4 703	4 920	5 327	4 810
	28	1 个工作者 +3 个小孩 +3 个无工作者	10 047	5 063		4 740	4 964	5 367	4 864

表2 2007 年部分省份个税工薪所得综合费用扣除标准（按中等收入户支出水平）

元/月

家庭规模	序号	家庭结构	综合费用扣除标准						
			北京	陕西	浙江	河南	黑龙江	辽宁	安徽
1人家庭	1	1 个工作者	2 441	1 297	2 005	1 224	1 334	1 522	1 229
2人家庭	1	2 个工作者	4 054	2 103	3 317	2 063	2 147	2 484	2 143
	2	1 个工作者 +1 个小孩	3 829	2 012	3 127	1 945	2 024	2 351	2 022
	3	1 个工作者 +1 个无工作者	3 761	1 959	3 044	1 905	1 975	2 298	1 952
3人家庭	1	3 个工作者	5 667	2 910	4 629	2 901	2 960	3 446	3 057
	2	2 个工作者 +1 个小孩	5 442	2 819	4 440	2 783	2 837	3 313	2 936
	3	2 个工作者 +1 个无工作者	5 374	2 765	4 357	2 743	2 788	3 260	2 866

家庭规模	序号	家庭结构	综合费用扣除标准						
			北京	陕西	浙江	河南	黑龙江	辽宁	安徽
3人家庭	4	1个工作者+2个小孩;	5 218	2 727	4 250	2 665	2 714	3 180	2 815
	5	1个工作者+2个无工作者	5 080	2 621	4 084	2 586	2 617	3 074	2 676
	6	1个工作者+1个无工作者+1个小孩	5 149	2 674	4 167	2 625	2 665	3 127	2 745
4人家庭	1	4个工作者	7 280	3 717	5 942	3 739	3 772	4 409	3 971
	2	3个工作者+1个小孩	7 055	3 625	5 752	3 621	3 650	4 276	3 850
	3	3个工作者+1个无工作者	6 986	3 572	5 669	3 581	3 601	4 223	3 780
	4	2个工作者+2个小孩	6 830	3 534	5 563	3 503	3 527	4 142	3 728
	5	2个工作者+2个无工作者	6 693	3 427	5 397	3 424	3 430	4 037	3 590
	6	2个工作者+1个小孩+1个无工作者	6 762	3 481	5 480	3 463	3 478	4 089	3 659
	7	1个工作者+3个小孩	6 606	3 443	5 373	3 385	3 404	4 009	3 607
	8	1个工作者+3个无工作者	6 400	3 283	5 124	3 267	3 259	3 851	3 399
	9	1个工作者+2个小孩+1个无工作者	6 537	3 389	5 290	3 346	3 355	3 956	3 538
	10	1个工作者+2个无工作者+1个小孩	6 468	3 336	5 207	3 306	3 307	3 903	3 469
5人家庭	1	5个工作者	8 892	4 523	7 254	4 577	4 585	5 371	4 885
	2	4个工作者+1个小孩	8 668	4 432	7 065	4 459	4 462	5 238	4 764
	3	4个工作者+1个无工作者	8 599	4 379	6 982	4 419	4 414	5 185	4 694
	4	3个工作者+2个小孩	8 443	4 341	6 875	4 341	4 340	5 105	4 642
	5	3个工作者+2个无工作者	8 306	4 234	6 709	4 262	4 243	4 999	4 504
	6	3个工作者+1个小孩+1个无工作者	8 375	4 287	6 792	4 301	4 291	5 052	4 573
	7	2个工作者+3个小孩	8 219	4 249	6 686	4 223	4 217	4 971	4 521
	8	2个工作者+3个无工作者	8 012	4 089	6 437	4 105	4 071	4 813	4 313
	9	2个工作者+2个小孩+1个无工作者	8 150	4 196	6 603	4 184	4 168	4 918	4 452

家庭规模	序号	家庭结构	综合费用扣除标准						
			北京	陕西	浙江	河南	黑龙江	辽宁	安徽
5人家庭	10	2个工作者+2个无工作者+1个小孩	8 081	4 143	6 520	4 144	4 120	4 866	4 383
	11	1个工作者+4个小孩	7 994	4 158	6 496	4 105	4 094	4 838	4 400
	12	1个工作者+4个无工作者	7 719	3 945	6 164	3 947	3 900	4 627	4 123
	13	1个工作者+3个小孩+1个无工作者	7 925	4 105	6 413	4 066	4 045	4 785	4 331
	14	1个工作者+3个无工作者+1个小孩	7 788	3 998	6 247	3 987	3 948	4 680	4 192
	15	1个工作者+2个小孩+2个无工作者	7 857	4 051	6 330	4 026	3 997	4 732	4 262
6人家庭	1	6个工作者	10 505	5 330	8 567	5 415	5 398	6 334	5 799
	2	5个工作者+1个小孩	10 281	5 239	8 377	5 297	5 275	6 200	5 678
	3	5个工作者+1个无工作者	10 212	5 185	8 294	5 257	5 227	6 148	5 608
	4	4个工作者+2个小孩	10 056	5 147	8 188	5 179	5 152	6 067	5 556
	5	4个工作者+2个无工作者	9 919	5 041	8 022	5 100	5 056	5 962	5 418
	6	4个工作者+1个小孩+1个无工作者	9 987	5 094	8 105	5 139	5 104	6 014	5 487
	7	3个工作者+3个小孩	9 832	5 056	7 998	5 061	5 030	5 934	5 435
	8	3个工作者+3个无工作者	9 625	4 896	7 749	4 943	4 884	5 776	5 227
	9	3个工作者+2个小孩+1个无工作者	9 763	5 003	7 915	5 022	4 981	5 881	5 366
	10	3个工作者+2个无工作者+1个小孩	9 694	4 949	7 832	4 982	4 933	5 828	5 297
	11	2个工作者+4个小孩	9 607	4 965	7 809	4 943	4 907	5 800	5 314
	12	2个工作者+4个无工作者	9 332	4 751	7 477	4 785	4 713	5 589	5 037
	13	2个工作者+3个小孩+1个无工作者	9 538	4 911	7 726	4 904	4 858	5 747	5 245
	14	2个工作者+3个无工作者+1个小孩	9 401	4 805	7 560	4 825	4 761	5 642	5 106

家庭规模	序号	家庭结构	综合费用扣除标准						
			北京	陕西	浙江	河南	黑龙江	辽宁	安徽
6人家庭	15	2个工作者+2个小孩+2个无工作者	9 469	4 858	7 643	4 864	4 810	5 695	5 176
	16	1个工作者+5个小孩	9 382	4 873	7 619	4 825	4 784	5 667	5 193
	17	1个工作者+5个无工作者	9 039	4 607	7 204	4 628	4 542	5 403	4 846
	18	1个工作者+4个小孩+1个无工作者	9 314	4 820	7 536	4 786	4 735	5 614	5 124
	19	1个工作者+4个无工作者+1个小孩	9 107	4 660	7 287	4 668	4 590	5 456	4 916
	20	1个工作者+3个小孩+2个无工作者	9 245	4 767	7 453	4 746	4 687	5 561	5 054
	21	1个工作者+3个无工作者+2个小孩	9 176	4 713	7 370	4 707	4 638	5 509	4 985
7人家庭	1	7个工作者	12 118	6 137	9 879	6 253	6 211	7 296	6 713
	2	6个工作者+1个小孩	11 894	6 045	9 690	6 135	6 088	7 163	6 591
	3	6个工作者+1个无工作者	11 825	5 992	9 607	6 095	6 040	7 110	6 522
	4	5个工作者+2个小孩	11 669	5 954	9 500	6 017	5 965	7 029	6 470
	5	5个工作者+2个无工作者	11 531	5 847	9 334	5 938	5 868	6 924	6 332
	6	5个工作者+1个小孩+1个无工作者	11 600	5 901	9 417	5 977	5 917	6 977	6 401
	7	4个工作者+3个小孩	11 444	5 863	9 311	5 899	5 842	6 896	6 349
	8	4个工作者+3个无工作者	11 238	5 703	9 062	5 781	5 697	6 738	6 141
	9	4个工作者+2个小孩+1个无工作者	11 376	5 809	9 228	5 860	5 794	6 843	6 280
	10	4个工作者+2个无工作者+1个小孩	11 307	5 756	9 145	5 820	5 745	6 791	6 211
	11	3个工作者+4个小孩	11 220	5 771	9 121	5 781	5 719	6 763	6 228
	12	3个工作者+4个无工作者	10 945	5 558	8 789	5 623	5 526	6 552	5 951
	13	3个工作者+3个小孩+1个无工作者	11 151	5 718	9 038	5 742	5 671	6 710	6 159

家庭规模	序号	家庭结构	综合费用扣除标准						
			北京	陕西	浙江	河南	黑龙江	辽宁	安徽
	14	3个工作者＋3个无工作者＋1个小孩	11 014	5 611	8 872	5 663	5 574	6 605	6 020
	15	3个工作者＋2个小孩＋2个无工作者	11 082	5 665	8 955	5 702	5 623	6 657	6 090
	16	2个工作者＋5个小孩	10 995	5 680	8 932	5 663	5 597	6 629	6 107
	17	2个工作者＋5个无工作者	10 651	5 413	8 517	5 466	5 354	6 366	5 760
	18	2个工作者＋4个小孩＋1个无工作者	10 926	5 627	8 849	5 624	5 548	6 577	6 038
	19	2个工作者＋4个无工作者＋1个小孩	10 720	5 467	8 600	5 506	5 403	6 418	5 830
	20	2个工作者＋3个小孩＋2个无工作者	10 858	5 573	8 766	5 584	5 500	6 524	5 968
7人家庭	21	2个工作者＋3个无工作者＋2个小孩	10 789	5 520	8 683	5 545	5 451	6 471	5 899
	22	1个工作者＋6个小孩	10 771	5 589	8 742	5 545	5 474	6 496	5 986
	23	1个工作者＋6个无工作者	10 358	5 269	8 244	5 309	5 183	6 180	5 570
	24	1个工作者＋5个小孩＋1个无工作者	10 702	5 535	8 659	5 506	5 425	6 443	5 917
	25	1个工作者＋5个无工作者＋1个小孩	10 427	5 322	8 327	5 348	5 232	6 232	5 639
	26	1个工作者＋4个小孩＋2个无工作者	10 633	5 482	8 576	5 467	5 377	6 390	5 847
	27	1个工作者＋4个无工作者＋2个小孩	10 496	5 375	8 410	5 388	5 280	6 285	5 709
	28	1个工作者＋3个小孩＋3个无工作者	10 564	5 429	8 493	5 427	5 328	6 338	5 778

表3 2008年部分省份个税工薪所得综合费用扣除标准（按中等收入户支出水平）

元／月

家庭规模	序号	家庭结构	综合费用扣除标准						
			北京	陕西	浙江	河南	黑龙江	辽宁	安徽
1人家庭	1	1个工作者	2 835	1 448	2 227	1 322	1 584	1 678	1 507
2人家庭	1	2个工作者	4 565	2 398	3 687	2 246	2 528	2 762	2 524
	2	1个工作者+1个小孩	4 307	2 285	3 432	2 104	2 378	2 612	2 364
	3	1个工作者+1个无工作者	4 244	2 218	3 354	2 065	2 334	2 556	2 308
3人家庭	1	3个工作者	6 294	3 349	5 148	3 169	3 473	3 846	3 541
	2	2个工作者+1个小孩	6 037	3 235	4 892	3 027	3 323	3 696	3 382
	3	2个工作者+1个无工作者	5 974	3 168	4 815	2 988	3 279	3 640	3 325
	4	1个工作者+2个小孩；	5 779	3 121	4 636	2 885	3 173	3 546	3 222
	5	1个工作者+2个无工作者	5 654	2 988	4 482	2 807	3 085	3 434	3 108
	6	1个工作者+1个无工作者+1个小孩	5 716	3 055	4 559	2 846	3 129	3 490	3 165
4人家庭	1	4个工作者	8 024	4 299	6 608	4 092	4 417	4 931	4 559
	2	3个工作者+1个小孩	7 766	4 186	6 353	3 951	4 267	4 781	4 399
	3	3个工作者+1个无工作者	7 703	4 119	6 275	3 912	4 223	4 724	4 342
	4	2个工作者+2个小孩	7 509	4 072	6 097	3 809	4 117	4 631	4 239
	5	2个工作者+2个无工作者	7 383	3 938	5 942	3 731	4 029	4 518	4 125
	6	2个工作者+1个小孩+1个无工作者	7 446	4 005	6 020	3 770	4 073	4 574	4 182
	7	1个工作者+3个小孩	7 251	3 958	5 841	3 667	3 967	4 480	4 079
	8	1个工作者+3个无工作者	7 063	3 758	5 610	3 550	3 835	4 312	3 909
	9	1个工作者+2个小孩+1个无工作者	7 188	3 891	5 764	3 628	3 923	4 424	4 022
	10	1个工作者+2个无工作者+1个小孩	7 126	3 825	5 687	3 589	3 879	4 368	3 966
5人家庭	1	5个工作者	9 753	5 250	8 069	5 016	5 362	6 015	5 576
	2	4个工作者+1个小孩	9 496	5 136	7 813	4 874	5 212	5 865	5 416

续表

家庭规模	序号	家庭结构	综合费用扣除标准						
			北京	陕西	浙江	河南	黑龙江	辽宁	安徽
5人家庭	3	4个工作者+1个无工作者	9 433	5 069	7 736	4 835	5 168	5 809	5 359
	4	3个工作者+2个小孩	9 238	5 022	7 557	4 732	5 062	5 715	5 256
	5	3个工作者+2个无工作者	9 113	4 889	7 403	4 654	4 974	5 603	5 143
	6	3个工作者+1个小孩+1个无工作者	9 176	4 956	7 480	4 693	5 018	5 659	5 199
	7	2个工作者+3个小孩	8 981	4 909	7 302	4 590	4 912	5 565	5 096
	8	2个工作者+3个无工作者	8 792	4 708	7 070	4 473	4 780	5 397	4 926
	9	2个工作者+2个小孩+1个无工作者	8 918	4 842	7 224	4 551	4 868	5 509	5 039
	10	2个工作者+2个无工作者+1个小孩	8 855	4 775	7 147	4 512	4 824	5 453	4 983
	11	1个工作者+4个小孩	8 723	4 795	7 046	4 449	4 762	5 415	4 936
	12	1个工作者+4个无工作者	8 472	4 528	6 737	4 293	4 586	5 191	4 709
	13	1个工作者+3个小孩+1个无工作者	8 660	4 728	6 969	4 410	4 718	5 359	4 880
	14	1个工作者+3个无工作者+1个小孩	8 535	4 594	6 814	4 332	4 630	5 247	4 766
	15	1个工作者+2个小孩+2个无工作者	8 598	4 661	6 891	4 371	4 674	5 303	4 823
6人家庭	1	6个工作者	11 483	6 200	9 529	5 939	6 306	7 099	6 593
	2	5个工作者+1个小孩	11 226	6 087	9 273	5 797	6 156	6 949	6 433
	3	5个工作者+1个无工作者	11 163	6 020	9 196	5 758	6 112	6 893	6 376
	4	4个工作者+2个小孩	10 968	5 973	9 018	5 656	6 006	6 799	6 273
	5	4个工作者+2个无工作者	10 842	5 839	8 863	5 578	5 918	6 687	6 160
	6	4个工作者+1个小孩+1个无工作者	10 905	5 906	8 941	5 617	5 962	6 743	6 217
	7	3个工作者+3个小孩	10 710	5 859	8 762	5 514	5 856	6 649	6 113
	8	3个工作者+3个无工作者	10 522	5 659	8 531	5 397	5 724	6 481	5 943

续表

家庭规模	序号	家庭结构	综合费用扣除标准						
			北京	陕西	浙江	河南	黑龙江	辽宁	安徽
6人家庭	9	3个工作者+2个小孩+1个无工作者	10 648	5 792	8 685	5 475	5 812	6 593	6 057
	10	3个工作者+2个无工作者+1个小孩	10 585	5 725	8 608	5 436	5 768	6 537	6 000
	11	2个工作者+4个小孩	10 453	5 745	8 506	5 372	5 706	6 499	5 954
	12	2个工作者+4个无工作者	10 202	5 478	8 198	5 216	5 530	6 275	5 727
	13	2个工作者+3个小孩+1个无工作者	10 390	5 679	8 429	5 333	5 662	6 443	5 897
	14	2个工作者+3个无工作者+1个小孩	10 265	5 545	8 275	5 255	5 574	6 331	5 783
	15	2个工作者+2个小孩+2个无工作者	10 327	5 612	8 352	5 294	5 618	6 387	5 840
	16	1个工作者+5个小孩	10 195	5 632	8 251	5 230	5 556	6 349	5 794
	17	1个工作者+5个无工作者	9 881	5 297	7 865	5 035	5 336	6 069	5 510
	18	1个工作者+4个小孩+1个无工作者	10 132	5 565	8 173	5 191	5 512	6 293	5 737
	19	1个工作者+4个无工作者+1个小孩	9 944	5 364	7 942	5 074	5 380	6 125	5 567
	20	1个工作者+3个小孩+2个无工作者	10 070	5 498	8 096	5 152	5 468	6 237	5 680
	21	1个工作者+3个无工作者+2个小孩	10 007	5 431	8 019	5 113	5 424	6 181	5 623
7人家庭	1	7个工作者	13 213	7 151	10 990	6 863	7 250	8 183	7 610
	2	6个工作者+1个小孩	12 955	7 037	10 734	6 721	7 100	8 033	7 450
	3	6个工作者+1个无工作者	12 892	6 970	10 657	6 682	7 056	7 977	7 394
	4	5个工作者+2个小孩	12 698	6 923	10 478	6 579	6 950	7 883	7 290
	5	5个工作者+2个无工作者	12 572	6 790	10 324	6 501	6 862	7 771	7 177
	6	5个工作者+1个小孩+1个无工作者	12 635	6 856	10 401	6 540	6 906	7 827	7 234

续表

家庭规模	序号	家庭结构	综合费用扣除标准						
			北京	陕西	浙江	河南	黑龙江	辽宁	安徽
7人家庭	7	4个工作者+3个小孩	12 440	6 810	10 222	6 437	6 800	7 733	7 131
	8	4个工作者+3个无工作者	12 252	6 609	9 991	6 320	6 668	7 565	6 960
	9	4个工作者+2个小孩+1个无工作者	12 377	6 743	10 145	6 398	6 756	7 677	7 074
	10	4个工作者+2个无工作者+1个小孩	12 315	6 676	10 068	6 359	6 712	7 621	7 017
	11	3个工作者+4个小孩	12 182	6 696	9 967	6 295	6 650	7 583	6 971
	12	3个工作者+4个无工作者	11 931	6 428	9 658	6 139	6 475	7 359	6 744
	13	3个工作者+3个小孩+1个无工作者	12 120	6 629	9 890	6 256	6 606	7 527	6 914
	14	3个工作者+3个无工作者+1个小孩	11 994	6 495	9 735	6 178	6 518	7 415	6 800
	15	3个工作者+2个小孩+2个无工作者	12 057	6 562	9 812	6 217	6 562	7 471	6 857
	16	2个工作者+5个小孩	11 925	6 582	9 711	6 154	6 500	7 433	6 811
	17	2个工作者+5个无工作者	11 611	6 248	9 325	5 959	6 281	7 153	6 527
	18	2个工作者+4个小孩+1个无工作者	11 862	6 515	9 634	6 115	6 456	7 377	6 754
	19	2个工作者+4个无工作者+1个小孩	11 674	6 315	9 402	5 998	6 325	7 209	6 584
	20	2个工作者+3个小孩+2个无工作者	11 799	6 449	9 557	6 076	6 412	7 321	6 697
	21	2个工作者+3个无工作者+2个小孩	11 737	6 382	9 480	6 037	6 368	7 265	6 641
	22	1个工作者+6个小孩	11 667	6 469	9 455	6 012	6 350	7 283	6 651
	23	1个工作者+6个无工作者	11 291	6 067	8 992	5 778	6 087	6 947	6 311
	24	1个工作者+5个小孩+1个无工作者	11 605	6 402	9 378	5 973	6 306	7 227	6 594

续表

家庭规模	序号	家庭结构	综合费用扣除标准						
			北京	陕西	浙江	河南	黑龙江	辽宁	安徽
7人家庭	25	1个工作者 + 5个无工作者 + 1个小孩	11 354	6 134	9 069	5 817	6 131	7 003	6 367
	26	1个工作者 + 4个小孩 + 2个无工作者	11 542	6 335	9 301	5 934	6 262	7 171	6 538
	27	1个工作者 + 4个无工作者 + 2个小孩	11 416	6 201	9 147	5 856	6 175	7 059	6 424
	28	1个工作者 + 3个小孩 + 3个无工作者	11 479	6 268	9 224	5 895	6 219	7 115	6 481

表4 2009年部分省份个税工薪所得综合费用扣除标准（按中等收入户支出水平）

元/月

家庭规模	序号	家庭结构	综合费用扣除标准						
			北京	陕西	浙江	河南	黑龙江	辽宁	安徽
1人家庭	1	1个工作者	2 996	1 585	2 619	1 396	1 751	1 715	1 536
2人家庭	1	2个工作者	4 869	2 651	4 271	2 378	2 823	2 898	2 702
	2	1个工作者 + 1个小孩	4 583	2 507	3 983	2 227	2 641	2 721	2 504
	3	1个工作者 + 1个无工作者	4 507	2 454	3 897	2 182	2 598	2 652	2 450
3人家庭	1	3个工作者	6 741	3 717	5 922	3 361	3 895	4 081	3 869
	2	2个工作者 + 1个小孩	6 455	3 573	5 634	3 209	3 713	3 904	3 671
	3	2个工作者 + 1个无工作者	6 379	3 520	5 549	3 164	3 670	3 835	3 617
	4	1个工作者 + 2个小孩；	6 169	3 428	5 346	3 058	3 532	3 728	3 473
	5	1个工作者 + 2个无工作者	6 017	3 322	5 175	2 967	3 445	3 590	3 364
	6	1个工作者 + 1个无工作者 + 1个小孩	6 093	3 375	5 261	3 012	3 488	3 659	3 419
4人家庭	1	4个工作者	8 613	4 783	7 574	4 343	4 967	5 264	5 036
	2	3个工作者 + 1个小孩	8 327	4 639	7 286	4 191	4 785	5 087	4 838
	3	3个工作者 + 1个无工作者	8 252	4 586	7 200	4 146	4 742	5 018	4 784

续表

家庭规模	序号	家庭结构	综合费用扣除标准						
			北京	陕西	浙江	河南	黑龙江	辽宁	安徽
4人家庭	4	2个工作者+2个小孩	8 041	4 495	6 998	4 040	4 604	4 911	4 640
	5	2个工作者+2个无工作者	7 890	4 388	6 827	3 949	4 517	4 772	4 531
	6	2个工作者+1个小孩+1个无工作者	7 965	4 441	6 912	3 994	4 560	4 842	4 585
	7	1个工作者+3个小孩	7 755	4 350	6 709	3 888	4 422	4 734	4 442
	8	1个工作者+3个无工作者	7 528	4 191	6 453	3 752	4 292	4 527	4 278
	9	1个工作者+2个小孩+1个无工作者	7 679	4 297	6 624	3 843	4 379	4 665	4 387
	10	1个工作者+2个无工作者+1个小孩	7 604	4 244	6 539	3 798	4 335	4 596	4 333
5人家庭	1	5个工作者	10 486	5 850	9 226	5 325	6 039	6 446	6 203
	2	4个工作者+1个小孩	10 200	5 705	8 937	5 173	5 857	6 270	6 005
	3	4个工作者+1个无工作者	10 124	5 652	8 852	5 128	5 814	6 201	5 950
	4	3个工作者+2个小孩	9 913	5 561	8 649	5 022	5 676	6 094	5 807
	5	3个工作者+2个无工作者	9 762	5 455	8 479	4 931	5 589	5 955	5 698
	6	3个工作者+1个小孩+1个无工作者	9 838	5 508	8 564	4 977	5 632	6 024	5 752
	7	2个工作者+3个小孩	9 627	5 416	8 361	4 870	5 494	5 917	5 608
	8	2个工作者+3个无工作者	9 400	5 257	8 105	4 735	5 364	5 710	5 445
	9	2个工作者+2个小孩+1个无工作者	9 551	5 363	8 276	4 825	5 451	5 848	5 554
	10	2个工作者+2个无工作者+1个小孩	9 476	5 310	8 190	4 780	5 408	5 779	5 500
	11	1个工作者+4个小孩	9 341	5 272	8 073	4 719	5 312	5 741	5 410
	12	1个工作者+4个无工作者	9 038	5 060	7 731	4 538	5 139	5 464	5 193
	13	1个工作者+3个小孩+1个无工作者	9 265	5 219	7 987	4 673	5 269	5 672	5 356
	14	1个工作者+3个无工作者+1个小孩	9 114	5 113	7 817	4 583	5 183	5 533	5 247
	15	1个工作者+2个小孩+2个无工作者	9 190	5 166	7 902	4 628	5 226	5 602	5 301

续表

家庭规模	序号	家庭结构	综合费用扣除标准						
			北京	陕西	浙江	河南	黑龙江	辽宁	安徽
6人家庭	1	6个工作者	12 358	6 916	10 877	6 307	7 111	7 629	7 370
	2	5个工作者+1个小孩	12 072	6 771	10 589	6 156	6 929	7 453	7 172
	3	5个工作者+1个无工作者	11 996	6 718	10 504	6 110	6 886	7 384	7 117
	4	4个工作者+2个小孩	11 786	6 627	10 301	6 004	6 748	7 276	6 973
	5	4个工作者+2个无工作者	11 634	6 521	10 130	5 913	6 661	7 138	6 865
	6	4个工作者+1个小孩+1个无工作者	11 710	6 574	10 216	5 959	6 704	7 207	6 919
	7	3个工作者+3个小孩	11 499	6 482	10 013	5 852	6 566	7 100	6 775
	8	3个工作者+3个无工作者	11 273	6 323	9 757	5 717	6 436	6 893	6 612
	9	3个工作者+2个小孩+1个无工作者	11 424	6 429	9 927	5 807	6 523	7 031	6 721
	10	3个工作者+2个无工作者+1个小孩	11 348	6 376	9 842	5 762	6 480	6 962	6 666
	11	2个工作者+4个小孩	11 213	6 338	9 724	5 701	6 384	6 924	6 577
	12	2个工作者+4个无工作者	10 911	6 126	9 383	5 520	6 211	6 647	6 360
	13	2个工作者+3个小孩+1个无工作者	11 137	6 285	9 639	5 656	6 341	6 854	6 523
	14	2个工作者+3个无工作者+1个小孩	10 986	6 179	9 468	5 565	6 255	6 716	6 414
	15	2个工作者+2个小孩+2个无工作者	11 062	6 232	9 554	5 610	6 298	6 785	6 468
	16	1个工作者+5个小孩	10 927	6 193	9 436	5 549	6 202	6 747	6 379
	17	1个工作者+5个无工作者	10 549	5 928	9 009	5 323	5 986	6 401	6 107
	18	1个工作者+4个小孩+1个无工作者	10 851	6 140	9 351	5 504	6 159	6 678	6 324
	19	1个工作者+4个无工作者+1个小孩	10 624	5 981	9 095	5 368	6 030	6 471	6 161
	20	1个工作者+3个小孩+2个无工作者	10 776	6 087	9 265	5 459	6 116	6 609	6 270
	21	1个工作者+3个无工作者+2个小孩	10 700	6 034	9 180	5 414	6 073	6 540	6 216

续表

家庭规模	序号	家庭结构	综合费用扣除标准						
			北京	陕西	浙江	河南	黑龙江	辽宁	安徽
7人家庭	1	7个工作者	14 230	7 982	12 529	7 289	8 183	8 812	8 537
	2	6个工作者+1个小孩	13 944	7 837	12 241	7 138	8 001	8 636	8 338
	3	6个工作者+1个无工作者	13 869	7 784	12 155	7 092	7 958	8 567	8 284
	4	5个工作者+2个小孩	13 658	7 693	11 953	6 986	7 820	8 459	8 140
	5	5个工作者+2个无工作者	13 507	7 587	11 782	6 896	7 733	8 321	8 031
	6	5个工作者+1个小孩+1个无工作者	13 582	7 640	11 867	6 941	7 777	8 390	8 086
	7	4个工作者+3个小孩	13 372	7 548	11 664	6 835	7 638	8 283	7 942
	8	4个工作者+3个无工作者	13 145	7 389	11 408	6 699	7 508	8 075	7 779
	9	4个工作者+2个小孩+1个无工作者	13 296	7 495	11 579	6 789	7 595	8 214	7 888
	10	4个工作者+2个无工作者+1个小孩	13 220	7 442	11 494	6 744	7 552	8 145	7 833
	11	3个工作者+4个小孩	13 085	7 404	11 376	6 683	7 456	8 107	7 744
	12	3个工作者+4个无工作者	12 783	7 192	11 035	6 502	7 283	7 830	7 526
	13	3个工作者+3个小孩+1个无工作者	13 010	7 351	11 291	6 638	7 413	8 037	7 689
	14	3个工作者+3个无工作者+1个小孩	12 859	7 245	11 120	6 547	7 327	7 899	7 581
	15	3个工作者+2个小孩+2个无工作者	12 934	7 298	11 205	6 593	7 370	7 968	7 635
	16	2个工作者+5个小孩	12 799	7 259	11 088	6 531	7 275	7 930	7 546
	17	2个工作者+5个无工作者	12 421	6 994	10 661	6 305	7 058	7 584	7 274
	18	2个工作者+4个小孩+1个无工作者	12 724	7 206	11 002	6 486	7 231	7 861	7 491
	19	2个工作者+4个无工作者+1个小孩	12 497	7 047	10 746	6 350	7 102	7 653	7 328
	20	2个工作者+3个小孩+2个无工作者	12 648	7 153	10 917	6 441	7 188	7 792	7 437

续表

家庭规模	序号	家庭结构	综合费用扣除标准						
			北京	陕西	浙江	河南	黑龙江	辽宁	安徽
7人家庭	21	2个工作者＋3个无工作者＋2个小孩	12 572	7 100	10 832	6 396	7 145	7 723	7 383
	22	1个工作者＋6个小孩	12 513	7 115	10 800	6 380	7 093	7 754	7 348
	23	1个工作者＋6个无工作者	12 059	6 797	10 288	6 108	6 833	7 339	7 021
	24	1个工作者＋5个小孩＋1个无工作者	12 437	7 062	10 714	6 335	7 050	7 685	7 293
	25	1个工作者＋5个无工作者＋1个小孩	12 135	6 850	10 373	6 154	6 877	7 408	7 076
	26	1个工作者＋4个小孩＋2个无工作者	12 362	7 009	10 629	6 289	7 006	7 615	7 239
	27	1个工作者＋4个无工作者＋2个小孩	12 211	6 903	10 458	6 199	6 920	7 477	7 130
	28	1个工作者＋3个小孩＋3个无工作者	12 286	6 956	10 544	6 244	6 963	7 546	7 184

表5　2010年部分省份个税工薪所得综合费用扣除标准（按中等收入户支出水平）

元/月

家庭规模	序号	家庭结构	综合费用扣除标准						
			北京	陕西	浙江	河南	黑龙江	辽宁	安徽
1人家庭	1	1个工作者	3 369	1 758	2 858	1 558	1 880	1 775	1 650
2人家庭	1	2个工作者	5 489	2 942	4 749	2 663	3 041	2 988	2 880
	2	1个工作者＋1个小孩	5 142	2 772	4 371	2 472	2 854	2 791	2 645
	3	1个工作者＋1个无工作者	5 064	2 708	4 287	2 444	2 804	2 734	2 590
3人家庭	1	3个工作者	7 609	4 126	6 640	3 767	4 202	4 202	4 110
	2	2个工作者＋1个小孩	7 262	3 956	6 262	3 577	4 015	4 004	3 875
	3	2个工作者＋1个无工作者	7 184	3 892	6 178	3 549	3 965	3 948	3 820

家庭规模	序号	家庭结构	综合费用扣除标准						
			北京	陕西	浙江	河南	黑龙江	辽宁	安徽
3人家庭	4	1个工作者+2个小孩；	6 916	3 786	5 884	3 386	3 828	3 806	3 639
	5	1个工作者+2个无工作者	6 759	3 657	5 716	3 330	3 727	3 694	3 530
	6	1个工作者+1个无工作者+1个小孩	6 838	3 722	5 800	3 358	3 777	3 750	3 585
4人家庭	1	4个工作者	9 728	5 310	8 531	4 872	5 363	5 415	5 340
	2	3个工作者+1个小孩	9 382	5 140	8 153	4 681	5 176	5 217	5 105
	3	3个工作者+1个无工作者	9 304	5 076	8 069	4 653	5 126	5 161	5 050
	4	2个工作者+2个小孩	9 036	4 970	7 775	4 490	4 989	5 020	4 869
	5	2个工作者+2个无工作者	8 879	4 841	7 607	4 434	4 888	4 907	4 760
	6	2个工作者+1个小孩+1个无工作者	8 958	4 906	7 691	4 462	4 938	4 963	4 815
	7	1个工作者+3个小孩	8 690	4 800	7 397	4 300	4 801	4 822	4 634
	8	1个工作者+3个无工作者	8 454	4 607	7 145	4 215	4 650	4 653	4 470
	9	1个工作者+2个小孩+1个无工作者	8 611	4 736	7 313	4 272	4 751	4 766	4 579
	10	1个工作者+2个无工作者+1个小孩	8 533	4 671	7 229	4 244	4 701	4 709	4 525
5人家庭	1	5个工作者	11 848	6 494	10 422	5 976	6 524	6 628	6 571
	2	4个工作者+1个小孩	11 502	6 324	10 044	5 786	6 337	6 431	6 335
	3	4个工作者+1个无工作者	11 424	6 259	9 960	5 758	6 287	6 374	6 280
	4	3个工作者+2个小孩	11 156	6 154	9 666	5 595	6 150	6 233	6 099
	5	3个工作者+2个无工作者	10 999	6 025	9 498	5 539	6 049	6 120	5 990
	6	3个工作者+1个小孩+1个无工作者	11 078	6 089	9 582	5 567	6 099	6 177	6 045
	7	2个工作者+3个小孩	10 810	5 984	9 288	5 404	5 962	6 035	5 864
	8	2个工作者+3个无工作者	10 574	5 791	9 036	5 320	5 811	5 866	5 700
	9	2个工作者+2个小孩+1个无工作者	10 731	5 920	9 204	5 376	5 912	5 979	5 809

家庭规模	序号	家庭结构	综合费用扣除标准						
			北京	陕西	浙江	河南	黑龙江	辽宁	安徽
5人家庭	10	2个工作者 + 2个无工作者 + 1个小孩	10 653	5 855	9 120	5 348	5 862	5 923	5 755
	11	1个工作者 + 4个小孩	10 464	5 814	8 910	5 214	5 775	5 838	5 628
	12	1个工作者 + 4个无工作者	10 149	5 556	8 575	5 101	5 574	5 613	5 410
	13	1个工作者 + 3个小孩 + 1个无工作者	10 385	5 750	8 826	5 186	5 724	5 781	5 574
	14	1个工作者 + 3个无工作者 + 1个小孩	10 228	5 621	8 659	5 129	5 624	5 669	5 465
	15	1个工作者 + 2个小孩 + 2个无工作者	10 307	5 685	8 742	5 157	5 674	5 725	5 519
6人家庭	1	6个工作者	13 968	7 677	12 313	7 081	7 685	7 842	7 801
	2	5个工作者 + 1个小孩	13 622	7 508	11 935	6 890	7 498	7 644	7 565
	3	5个工作者 + 1个无工作者	13 544	7 443	11 851	6 862	7 448	7 588	7 511
	4	4个工作者 + 2个小孩	13 276	7 338	11 557	6 700	7 311	7 446	7 330
	5	4个工作者 + 2个无工作者	13 119	7 209	11 389	6 643	7 210	7 334	7 220
	6	4个工作者 + 1个小孩 + 1个无工作者	13 197	7 273	11 473	6 671	7 260	7 390	7 275
	7	3个工作者 + 3个小孩	12 930	7 168	11 179	6 509	7 123	7 249	7 094
	8	3个工作者 + 3个无工作者	12 694	6 974	10 927	6 425	6 972	7 080	6 930
	9	3个工作者 + 2个小孩 + 1个无工作者	12 851	7 103	11 095	6 481	7 073	7 192	7 039
	10	3个工作者 + 2个无工作者 + 1个小孩	12 773	7 039	11 011	6 453	7 023	7 136	6 985
	11	2个工作者 + 4个小孩	12 584	6 998	10 801	6 318	6 936	7 051	6 858
	12	2个工作者 + 4个无工作者	12 269	6 740	10 466	6 206	6 735	6 826	6 640
	13	2个工作者 + 3个小孩 + 1个无工作者	12 505	6 933	10 717	6 290	6 885	6 995	6 804
	14	2个工作者 + 3个无工作者 + 1个小孩	12 348	6 805	10 549	6 234	6 785	6 882	6 695

续表

家庭规模	序号	家庭结构	综合费用扣除标准						
			北京	陕西	浙江	河南	黑龙江	辽宁	安徽
6人家庭	15	2个工作者+2个小孩+2个无工作者	12 427	6 869	10 633	6 262	6 835	6 938	6 749
	16	1个工作者+5个小孩	12 238	6 828	10 423	6 127	6 748	6 853	6 623
	17	1个工作者+5个无工作者	11 844	6 506	10 004	5 987	6 497	6 572	6 350
	18	1个工作者+4个小孩+1个无工作者	12 159	6 763	10 339	6 099	6 698	6 797	6 568
	19	1个工作者+4个无工作者+1个小孩	11 923	6 570	10 088	6 015	6 547	6 628	6 405
	20	1个工作者+3个小孩+2个无工作者	12 080	6 699	10 256	6 071	6 648	6 741	6 514
	21	1个工作者+3个无工作者+2个小孩	12 002	6 635	10 172	6 043	6 598	6 685	6 459
7人家庭	1	7个工作者	16 088	8 861	14 203	8 186	8 846	9 055	9 031
	2	6个工作者+1个小孩	15 742	8 691	13 826	7 995	8 659	8 857	8 795
	3	6个工作者+1个无工作者	15 663	8 627	13 742	7 967	8 609	8 801	8 741
	4	5个工作者+2个小孩	15 396	8 521	13 448	7 804	8 472	8 660	8 560
	5	5个工作者+2个无工作者	15 239	8 393	13 280	7 748	8 371	8 547	8 450
	6	5个工作者+1个小孩+1个无工作者	15 317	8 457	13 364	7 776	8 421	8 603	8 505
	7	4个工作者+3个小孩	15 050	8 352	13 070	7 613	8 284	8 462	8 324
	8	4个工作者+3个无工作者	14 814	8 158	12 818	7 529	8 133	8 293	8 160
	9	4个工作者+2个小孩+1个无工作者	14 971	8 287	12 986	7 585	8 234	8 406	8 270
	10	4个工作者+2个无工作者+1个小孩	14 893	8 223	12 902	7 557	8 184	8 349	8 215
	11	3个工作者+4个小孩	14 704	8 182	12 692	7 423	8 097	8 264	8 089
	12	3个工作者+4个无工作者	14 389	7 924	12 356	7 310	7 896	8 039	7 870
	13	3个工作者+3个小孩+1个无工作者	14 625	8 117	12 608	7 395	8 046	8 208	8 034

家庭规模	序号	家庭结构	综合费用扣除标准						
			北京	陕西	浙江	河南	黑龙江	辽宁	安徽
	14	3 个工作者 + 3 个无工作者 + 1 个小孩	14 468	7 988	12 440	7 338	7 946	8 095	7 925
	15	3 个工作者 + 2 个小孩 + 2 个无工作者	14 546	8 053	12 524	7 367	7 996	8 152	7 979
	16	2 个工作者 + 5 个小孩	14 358	8 012	12 314	7 232	7 909	8 067	7 853
	17	2 个工作者 + 5 个无工作者	13 964	7 690	11 895	7 091	7 658	7 785	7 580
	18	2 个工作者 + 4 个小孩 + 1 个无工作者	14 279	7 947	12 230	7 204	7 859	8 010	7 798
	19	2 个工作者 + 4 个无工作者 + 1 个小孩	14 043	7 754	11 979	7 120	7 708	7 842	7 635
	20	2 个工作者 + 3 个小孩 + 2 个无工作者	14 200	7 883	12 146	7 176	7 809	7 954	7 744
7 人家庭	21	2 个工作者 + 3 个无工作者 + 2 个小孩	14 122	7 818	12 063	7 148	7 759	7 898	7 689
	22	1 个工作者 + 6 个小孩	14 012	7 842	11 936	7 041	7 722	7 869	7 618
	23	1 个工作者 + 6 个无工作者	13 539	7 455	11 433	6 873	7 420	7 531	7 290
	24	1 个工作者 + 5 个小孩 + 1 个无工作者	13 933	7 777	11 853	7 013	7 672	7 813	7 563
	25	1 个工作者 + 5 个无工作者 + 1 个小孩	13 618	7 520	11 517	6 901	7 471	7 588	7 345
	26	1 个工作者 + 4 个小孩 + 2 个无工作者	13 854	7 713	11 769	6 985	7 621	7 756	7 508
	27	1 个工作者 + 4 个无工作者 + 2 个小孩	13 697	7 584	11 601	6 929	7 521	7 644	7 399
	28	1 个工作者 + 3 个小孩 + 3 个无工作者	13 776	7 649	11 685	6 957	7 571	7 700	7 454

表6 2011年部分省份个税工薪所得综合费用扣除标准（按中等收入户支出水平）

元/月

家庭规模	序号	家庭结构	综合费用扣除标准						
			北京	陕西	浙江	河南	黑龙江	辽宁	安徽
1人家庭	1	1个工作者	3 693	1 998	3 275	1 826	2 130	2 020	1 770
2人家庭	1	2个工作者	5 919	3 366	5 535	3 142	3 467	3 453	3 081
	2	1个工作者+1个小孩	5 596	3 148	5 034	2 902	3 217	3 189	2 835
	3	1个工作者+1个无工作者	5 506	3 077	4 940	2 852	3 168	3 136	2 777
3人家庭	1	3个工作者	8 145	4 734	7 796	4 458	4 803	4 886	4 391
	2	2个工作者+1个小孩	7 822	4 516	7 295	4 218	4 553	4 622	4 146
	3	2个工作者+1个无工作者	7 732	4 445	7 201	4 168	4 505	4 568	4 088
	4	1个工作者+2个小孩；	7 499	4 297	6 793	3 979	4 304	4 358	3 900
	5	1个工作者+2个无工作者	7 320	4 156	6 606	3 878	4 206	4 251	3 784
	6	1个工作者+1个无工作者+1个小孩	7 409	4 226	6 699	3 928	4 255	4 305	3 842
4人家庭	1	4个工作者	10 372	6 102	10 056	5 774	6 140	6 319	5 702
	2	3个工作者+1个小孩	10 049	5 884	9 555	5 535	5 890	6 055	5 456
	3	3个工作者+1个无工作者	9 959	5 813	9 461	5 484	5 841	6 001	5 398
	4	2个工作者+2个小孩	9 726	5 665	9 054	5 295	5 640	5 791	5 211
	5	2个工作者+2个无工作者	9 546	5 524	8 866	5 194	5 543	5 684	5 094
	6	2个工作者+1个小孩+1个无工作者	9 636	5 594	8 960	5 244	5 591	5 738	5 153
	7	1个工作者+3个小孩	9 403	5 447	8 552	5 055	5 390	5 528	4 965
	8	1个工作者+3个无工作者	9 133	5 234	8 271	4 904	5 244	5 367	4 790
	9	1个工作者+2个小孩+1个无工作者	9 313	5 376	8 459	5 005	5 342	5 474	4 907
	10	1个工作者+2个无工作者+1个小孩	9 223	5 305	8 365	4 954	5 293	5 420	4 849
5人家庭	1	5个工作者	12 598	7 471	12 316	7 090	7 476	7 752	7 013
	2	4个工作者+1个小孩	12 275	7 252	11 815	6 851	7 226	7 488	6 767

家庭规模	序号	家庭结构	综合费用扣除标准						
			北京	陕西	浙江	河南	黑龙江	辽宁	安徽
5人家庭	3	4个工作者+1个无工作者	12 185	7 181	11 721	6 800	7 177	7 434	6 709
	4	3个工作者+2个小孩	11 952	7 033	11 314	6 611	6 977	7 224	6 521
	5	3个工作者+2个无工作者	11 772	6 892	11 126	6 510	6 879	7 117	6 405
	6	3个工作者+1个小孩+1个无工作者	11 862	6 962	11 220	6 561	6 928	7 171	6 463
	7	2个工作者+3个小孩	11 629	6 815	10 813	6 371	6 727	6 961	6 276
	8	2个工作者+3个无工作者	11 359	6 602	10 531	6 220	6 580	6 800	6 101
	9	2个工作者+2个小孩+1个无工作者	11 539	6 744	10 719	6 321	6 678	6 907	6 218
	10	2个工作者+2个无工作者+1个小孩	11 449	6 673	10 625	6 271	6 629	6 853	6 159
	11	1个工作者+4个小孩	11 306	6 596	10 312	6 132	6 477	6 697	6 030
	12	1个工作者+4个无工作者	10 946	6 313	9 936	5 930	6 282	6 482	5 797
	13	1个工作者+3个小孩+1个无工作者	11 216	6 525	10 218	6 081	6 428	6 643	5 972
	14	1个工作者+3个无工作者+1个小孩	11 036	6 384	10 030	5 981	6 331	6 536	5 855
	15	1个工作者+2个小孩+2个无工作者	11 126	6 454	10 124	6 031	6 380	6 590	5 914
6人家庭	1	6个工作者	14 824	8 839	14 576	8 406	8 812	9 185	8 323
	2	5个工作者+1个小孩	14 501	8 620	14 075	8 167	8 563	8 921	8 078
	3	5个工作者+1个无工作者	14 411	8 549	13 981	8 116	8 514	8 867	8 019
	4	4个工作者+2个小孩	14 178	8 401	13 574	7 927	8 313	8 657	7 832
	5	4个工作者+2个无工作者	13 998	8 260	13 386	7 826	8 215	8 550	7 716
	6	4个工作者+1个小孩+1个无工作者	14 088	8 331	13 480	7 877	8 264	8 604	7 774
	7	3个工作者+3个小孩	13 855	8 183	13 073	7 687	8 063	8 394	7 587
	8	3个工作者+3个无工作者	13 585	7 970	12 791	7 536	7 917	8 233	7 412

续表

家庭规模	序号	家庭结构	综合费用扣除标准						
			北京	陕西	浙江	河南	黑龙江	辽宁	安徽
6人家庭	9	3个工作者+2个小孩+1个无工作者	13 765	8 112	12 979	7 637	8 014	8 340	7 528
	10	3个工作者+2个无工作者+1个小孩	13 675	8 041	12 885	7 587	7 966	8 286	7 470
	11	2个工作者+4个小孩	13 532	7 964	12 572	7 448	7 814	8 130	7 341
	12	2个工作者+4个无工作者	13 172	7 681	12 196	7 246	7 618	7 915	7 108
	13	2个工作者+3个小孩+1个无工作者	13 442	7 893	12 478	7 397	7 765	8 076	7 283
	14	2个工作者+3个无工作者+1个小孩	13 262	7 752	12 290	7 297	7 667	7 969	7 166
	15	2个工作者+2个小孩+2个无工作者	13 352	7 823	12 384	7 347	7 716	8 023	7 224
	16	1个工作者+5个小孩	13 209	7 746	12 071	7 208	7 564	7 866	7 095
	17	1个工作者+5个无工作者	12 760	7 391	11 601	6 956	7 320	7 598	6 804
	18	1个工作者+4个小孩+1个无工作者	13 119	7 675	11 977	7 158	7 515	7 813	7 037
	19	1个工作者+4个无工作者+1个小孩	12 849	7 462	11 695	7 007	7 369	7 652	6 862
	20	1个工作者+3个小孩+2个无工作者	13 029	7 604	11 883	7 107	7 466	7 759	6 979
	21	1个工作者+3个无工作者+2个小孩	12 939	7 533	11 789	7 057	7 417	7 705	6 920
7人家庭	1	7个工作者	17 051	10 207	16 837	9 722	10 149	10 618	9 634
	2	6个工作者+1个小孩	16 728	9 988	16 335	9 483	9 899	10 354	9 388
	3	6个工作者+1个无工作者	16 638	9 917	16 242	9 432	9 850	10 300	9 330
	4	5个工作者+2个小孩	16 405	9 769	15 834	9 243	9 649	10 090	9 143
	5	5个工作者+2个无工作者	16 225	9 628	15 646	9 142	9 552	9 983	9 026
	6	5个工作者+1个小孩+1个无工作者	16 315	9 699	15 740	9 193	9 600	10 037	9 084

家庭规模	序号	家庭结构	综合费用扣除标准						
			北京	陕西	浙江	河南	黑龙江	辽宁	安徽
7人家庭	7	4个工作者+3个小孩	16 082	9 551	15 333	9 004	9 400	9 827	8 897
	8	4个工作者+3个无工作者	15 812	9 338	15 051	8 852	9 253	9 666	8 722
	9	4个工作者+2个小孩+1个无工作者	15 992	9 480	15 239	8 953	9 351	9 773	8 839
	10	4个工作者+2个无工作者+1个小孩	15 902	9 409	15 145	8 903	9 302	9 719	8 781
	11	3个工作者+4个小孩	15 758	9 332	14 832	8 764	9 150	9 563	8 652
	12	3个工作者+4个无工作者	15 399	9 049	14 456	8 562	8 955	9 348	8 418
	13	3个工作者+3个小孩+1个无工作者	15 669	9 261	14 738	8 713	9 101	9 509	8 593
	14	3个工作者+3个无工作者+1个小孩	15 489	9 120	14 550	8 613	9 003	9 402	8 477
	15	3个工作者+2个小孩+2个无工作者	15 579	9 191	14 644	8 663	9 052	9 456	8 535
	16	2个工作者+5个小孩	15 435	9 114	14 331	8 524	8 900	9 299	8 406
	17	2个工作者+5个无工作者	14 986	8 760	13 861	8 272	8 656	9 031	8 114
	18	2个工作者+4个小孩+1个无工作者	15 345	9 043	14 237	8 474	8 851	9 245	8 348
	19	2个工作者+4个无工作者+1个小孩	15 076	8 830	13 955	8 323	8 705	9 085	8 173
	20	2个工作者+3个小孩+2个无工作者	15 256	8 972	14 143	8 423	8 803	9 192	8 289
	21	2个工作者+3个无工作者+2个小孩	15 166	8 901	14 049	8 373	8 754	9 138	8 231
	22	1个工作者+6个小孩	15 112	8 895	13 830	8 285	8 651	9 035	8 160
	23	1个工作者+6个无工作者	14 573	8 470	13 266	7 982	8 358	8 714	7 811
	24	1个工作者+5个小孩+1个无工作者	15 022	8 824	13 736	8 234	8 602	8 982	8 102

家庭规模	序号	家庭结构	综合费用扣除标准						
			北京	陕西	浙江	河南	黑龙江	辽宁	安徽
7人家庭	25	1个工作者+5个无工作者+1个小孩	14 663	8 541	13 360	8 033	8 406	8 767	7 869
	26	1个工作者+4个小孩+2个无工作者	14 933	8 753	13 642	8 184	8 553	8 928	8 044
	27	1个工作者+4个无工作者+2个小孩	14 753	8 612	13 454	8 083	8 455	8 821	7 927
	28	1个工作者+3个小孩+3个无工作者	14 843	8 683	13 548	8 133	8 504	8 875	7 985

附录6 按中高收入户支出水平测算的
个税工薪所得综合费用扣除标准

表1　2006年部分省份个税工薪所得综合费用扣除标准（按中高等收入户支出水平）

元/月

家庭规模	序号	家庭结构	综合费用扣除标准						
			北京	陕西	浙江	河南	黑龙江	辽宁	安徽
1人家庭	1	1个工作者	2 601	1 290		1 239	1 441	1 492	1 216
2人家庭	1	2个工作者	4 320	2 141		2 114	2 344	2 494	2 175
	2	1个工作者+1个小孩	4 087	2 063		1 979	2 210	2 337	2 001
	3	1个工作者+1个无工作者	4 000	1 986		1 941	2 153	2 288	1 954
3人家庭	1	3个工作者	6 039	2 992		2 989	3 247	3 496	3 134
	2	2个工作者+1个小孩	5 806	2 913		2 854	3 113	3 338	2 960
	3	2个工作者+1个无工作者	5 719	2 837		2 816	3 056	3 290	2 914
	4	1个工作者+2个小孩；	5 573	2 835		2 719	2 979	3 181	2 787
	5	1个工作者+2个无工作者	5 399	2 682		2 643	2 866	3 083	2 693
	6	1个工作者+1个无工作者+1个小孩	5 486	2 759		2 681	2 922	3 132	2 740
4人家庭	1	4个工作者	7 758	3 843		3 864	4 149	4 498	4 094
	2	3个工作者+1个小孩	7 525	3 764		3 729	4 015	4 340	3 920
	3	3个工作者+1个无工作者	7 438	3 688		3 691	3 959	4 292	3 873
	4	2个工作者+2个小孩	7 292	3 686		3 594	3 881	4 183	3 746
	5	2个工作者+2个无工作者	7 118	3 533		3 519	3 768	4 085	3 652
	6	2个工作者+1个小孩+1个无工作者	7 205	3 610		3 556	3 825	4 134	3 699

续表

家庭规模	序号	家庭结构	综合费用扣除标准						
			北京	陕西	浙江	河南	黑龙江	辽宁	安徽
4人家庭	7	1个工作者+3个小孩	7 059	3 607		3 459	3 748	4 025	3 572
	8	1个工作者+3个无工作者	6 798	3 379		3 346	3 578	3 879	3 432
	9	1个工作者+2个小孩+1个无工作者	6 972	3 531		3 421	3 691	3 976	3 525
	10	1个工作者+2个无工作者+1个小孩	6 885	3 455		3 383	3 634	3 928	3 478
5人家庭	1	5个工作者	9 477	4 694		4 739	5 052	5 500	5 053
	2	4个工作者+1个小孩	9 244	4 615		4 604	4 918	5 342	4 879
	3	4个工作者+1个无工作者	9 157	4 539		4 567	4 862	5 293	4 832
	4	3个工作者+2个小孩	9 011	4 537		4 469	4 784	5 184	4 705
	5	3个工作者+2个无工作者	8 837	4 384		4 394	4 671	5 087	4 612
	6	3个工作者+1个小孩+1个无工作者	8 924	4 460		4 431	4 728	5 136	4 658
	7	2个工作者+3个小孩	8 778	4 458		4 334	4 650	5 027	4 531
	8	2个工作者+3个无工作者	8 517	4 230		4 221	4 481	4 881	4 391
	9	2个工作者+2个小孩+1个无工作者	8 691	4 382		4 296	4 594	4 978	4 485
	10	2个工作者+2个无工作者+1个小孩	8 604	4 306		4 259	4 537	4 929	4 438
	11	1个工作者+4个小孩	8 546	4 380		4 199	4 516	4 869	4 357
	12	1个工作者+4个无工作者	8 197	4 075		4 048	4 290	4 674	4 170
	13	1个工作者+3个小孩+1个无工作者	8 458	4 303		4 161	4 460	4 820	4 311
	14	1个工作者+3个无工作者+1个小孩	8 284	4 151		4 086	4 347	4 723	4 217
	15	1个工作者+2个小孩+2个无工作者	8 371	4 227		4 123	4 403	4 772	4 264

续表

家庭规模	序号	家庭结构	综合费用扣除标准						
			北京	陕西	浙江	河南	黑龙江	辽宁	安徽
6人家庭	1	6个工作者	11 196	5 545		5 615	5 955	6 502	6 012
	2	5个工作者+1个小孩	10 963	5 466		5 479	5 821	6 344	5 838
	3	5个工作者+1个无工作者	10 876	5 390		5 442	5 764	6 295	5 792
	4	4个工作者+2个小孩	10 730	5 388		5 344	5 687	6 186	5 664
	5	4个工作者+2个无工作者	10 556	5 235		5 269	5 574	6 089	5 571
	6	4个工作者+1个小孩+1个无工作者	10 643	5 311		5 307	5 630	6 138	5 618
	7	3个工作者+3个小孩	10 497	5 309		5 209	5 553	6 029	5 491
	8	3个工作者+3个无工作者	10 236	5 080		5 096	5 383	5 883	5 350
	9	3个工作者+2个小孩+1个无工作者	10 410	5 233		5 171	5 496	5 980	5 444
	10	3个工作者+2个无工作者+1个小孩	10 323	5 157		5 134	5 440	5 931	5 397
	11	2个工作者+4个小孩	10 264	5 230		5 074	5 419	5 871	5 317
	12	2个工作者+4个无工作者	9 916	4 926		4 923	5 193	5 676	5 130
	13	2个工作者+3个小孩+1个无工作者	10 177	5 154		5 036	5 362	5 822	5 270
	14	2个工作者+3个无工作者+1个小孩	10 003	5 002		4 961	5 249	5 725	5 176
	15	2个工作者+2个小孩+2个无工作者	10 090	5 078		4 998	5 306	5 774	5 223
	16	1个工作者+5个小孩	10 032	5 152		4 939	5 285	5 713	5 143
	17	1个工作者+5个无工作者	9 596	4 771		4 750	5 002	5 470	4 909
	18	1个工作者+4个小孩+1个无工作者	9 944	5 076		4 901	5 229	5 665	5 096
	19	1个工作者+4个无工作者+1个小孩	9 683	4 847		4 788	5 059	5 519	4 956
	20	1个工作者+3个小孩+2个无工作者	9 857	4 999		4 863	5 172	5 616	5 049
	21	1个工作者+3个无工作者+2个小孩	9 770	4 923		4 826	5 115	5 567	5 003

家庭规模	序号	家庭结构	综合费用扣除标准						
			北京	陕西	浙江	河南	黑龙江	辽宁	安徽
7人家庭	1	7个工作者	12 914	6 396		6 490	6 857	7 503	6 972
	2	6个工作者＋1个小孩	12 682	6 317		6 355	6 724	7 346	6 798
	3	6个工作者＋1个无工作者	12 595	6 241		6 317	6 667	7 297	6 751
	4	5个工作者＋2个小孩	12 449	6 238		6 219	6 590	7 188	6 624
	5	5个工作者＋2个无工作者	12 275	6 086		6 144	6 477	7 091	6 530
	6	5个工作者＋1个小孩＋1个无工作者	12 362	6 162		6 182	6 533	7 139	6 577
	7	4个工作者＋3个小孩	12 216	6 160		6 084	6 456	7 030	6 450
	8	4个工作者＋3个无工作者	11 955	5 931		5 971	6 286	6 884	6 310
	9	4个工作者＋2个小孩＋1个无工作者	12 129	6 084		6 046	6 399	6 982	6 403
	10	4个工作者＋2个无工作者＋1个小孩	12 042	6 008		6 009	6 343	6 933	6 356
	11	3个工作者＋4个小孩	11 983	6 081		5 949	6 322	6 873	6 276
	12	3个工作者＋4个无工作者	11 635	5 777		5 798	6 096	6 678	6 089
	13	3个工作者＋3个小孩＋1个无工作者	11 896	6 005		5 911	6 265	6 824	6 229
	14	3个工作者＋3个无工作者＋1个小孩	11 722	5 853		5 836	6 152	6 727	6 136
	15	3个工作者＋2个小孩＋2个无工作者	11 809	5 929		5 874	6 209	6 775	6 183
	16	2个工作者＋5个小孩	11 751	6 003		5 814	6 188	6 715	6 102
	17	2个工作者＋5个无工作者	11 315	5 622		5 626	5 905	6 472	5 868
	18	2个工作者＋4个小孩＋1个无工作者	11 663	5 927		5 776	6 131	6 666	6 055
	19	2个工作者＋4个无工作者＋1个小孩	11 402	5 698		5 663	5 962	6 520	5 915
	20	2个工作者＋3个小孩＋2个无工作者	11 576	5 850		5 738	6 075	6 618	6 009

续表

家庭规模	序号	家庭结构	综合费用扣除标准						
			北京	陕西	浙江	河南	黑龙江	辽宁	安徽
7人家庭	21	2个工作者＋3个无工作者＋2个小孩	11 489	5 774		5 701	6 018	6 569	5 962
	22	1个工作者＋6个小孩	11 518	5 924		5 678	6 054	6 557	5 928
	23	1个工作者＋6个无工作者	10 995	5 467		5 453	5 715	6 265	5 648
	24	1个工作者＋5个小孩＋1个无工作者	11 431	5 848		5 641	5 997	6 509	5 882
	25	1个工作者＋5个无工作者＋1个小孩	11 082	5 543		5 490	5 771	6 314	5 694
	26	1个工作者＋4个小孩＋2个无工作者	11 343	5 772		5 603	5 941	6 460	5 835
	27	1个工作者＋4个无工作者＋2个小孩	11 169	5 619		5 528	5 828	6 363	5 741
	28	1个工作者＋3个小孩＋3个无工作者	11 256	5 696		5 566	5 884	6 411	5 788

表2　2007年部分省份个税工薪所得综合费用扣除标准（按中高等收入户支出水平）

元/月

家庭规模	序号	家庭结构	综合费用扣除标准						
			北京	陕西	浙江	河南	黑龙江	辽宁	安徽
1人家庭	1	1个工作者	2 694	1 435	2 513	1 408	1 501	1 745	1 387
2人家庭	1	2个工作者	4 559	2 381	4 334	2 429	2 481	2 931	2 459
	2	1个工作者＋1个小孩	4 268	2 273	3 983	2 270	2 313	2 752	2 269
	3	1个工作者＋1个无工作者	4 190	2 204	3 870	2 225	2 261	2 695	2 216
3人家庭	1	3个工作者	6 424	3 326	6 156	3 450	3 462	4 117	3 532
	2	2个工作者＋1个小孩	6 134	3 218	5 804	3 291	3 293	3 938	3 341
	3	2个工作者＋1个无工作者	6 055	3 149	5 692	3 246	3 241	3 881	3 289

续表

家庭规模	序号	家庭结构	综合费用扣除标准						
			北京	陕西	浙江	河南	黑龙江	辽宁	安徽
3人家庭	4	1个工作者+2个小孩;	5 843	3 111	5 453	3 133	3 125	3 759	3 151
	5	1个工作者+2个无工作者	5 686	2 972	5 228	3 042	3 021	3 645	3 046
	6	1个工作者+1个无工作者+1个小孩	5 765	3 042	5 340	3 087	3 073	3 702	3 098
4人家庭	1	4个工作者	8 289	4 271	7 977	4 471	4 442	5 303	4 604
	2	3个工作者+1个小孩	7 999	4 164	7 625	4 312	4 273	5 124	4 414
	3	3个工作者+1个无工作者	7 920	4 094	7 513	4 267	4 222	5 067	4 361
	4	2个工作者+2个小孩	7 708	4 056	7 274	4 154	4 105	4 945	4 223
	5	2个工作者+2个无工作者	7 551	3 917	7 049	4 063	4 001	4 831	4 118
	6	2个工作者+1个小孩+1个无工作者	7 630	3 987	7 161	4 108	4 053	4 888	4 171
	7	1个工作者+3个小孩	7 418	3 949	6 923	3 995	3 937	4 766	4 033
	8	1个工作者+3个无工作者	7 183	3 741	6 585	3 859	3 781	4 595	3 875
	9	1个工作者+2个小孩+1个无工作者	7 340	3 879	6 810	3 950	3 885	4 709	3 980
	10	1个工作者+2个无工作者+1个小孩	7 261	3 810	6 697	3 904	3 833	4 652	3 928
5人家庭	1	5个工作者	10 154	5 216	9 798	5 492	5 422	6 489	5 676
	2	4个工作者+1个小孩	9 864	5 109	9 447	5 333	5 254	6 310	5 486
	3	4个工作者+1个无工作者	9 785	5 039	9 334	5 288	5 202	6 253	5 433
	4	3个工作者+2个小孩	9 574	5 001	9 095	5 175	5 085	6 131	5 296
	5	3个工作者+2个无工作者	9 417	4 863	8 870	5 084	4 982	6 017	5 190
	6	3个工作者+1个小孩+1个无工作者	9 495	4 932	8 983	5 129	5 033	6 074	5 243
	7	2个工作者+3个小孩	9 283	4 894	8 744	5 016	4 917	5 952	5 105
	8	2个工作者+3个无工作者	9 048	4 686	8 406	4 880	4 761	5 781	4 947
	9	2个工作者+2个小孩+1个无工作者	9 205	4 825	8 631	4 971	4 865	5 895	5 053

续表

家庭规模	序号	家庭结构	综合费用扣除标准						
			北京	陕西	浙江	河南	黑龙江	辽宁	安徽
5人家庭	10	2个工作者+2个无工作者+1个小孩	9 126	4 755	8 519	4 925	4 813	5 838	5 000
	11	1个工作者+4个小孩	8 993	4 787	8 392	4 858	4 748	5 773	4 915
	12	1个工作者+4个无工作者	8 679	4 509	7 942	4 676	4 541	5 545	4 704
	13	1个工作者+3个小孩+1个无工作者	8 914	4 717	8 280	4 812	4 697	5 716	4 862
	14	1个工作者+3个无工作者+1个小孩	8 757	4 579	8 055	4 721	4 593	5 602	4 757
	15	1个工作者+2个小孩+2个无工作者	8 836	4 648	8 167	4 767	4 645	5 659	4 810
6人家庭	1	6个工作者	12 019	6 161	11 619	6 513	6 402	7 675	6 748
	2	5个工作者+1个小孩	11 729	6 054	11 268	6 355	6 234	7 496	6 558
	3	5个工作者+1个无工作者	11 651	5 985	11 155	6 309	6 182	7 439	6 505
	4	4个工作者+2个小孩	11 439	5 947	10 916	6 196	6 065	7 317	6 368
	5	4个工作者+2个无工作者	11 282	5 808	10 691	6 105	5 962	7 203	6 262
	6	4个工作者+1个小孩+1个无工作者	11 360	5 877	10 804	6 150	6 014	7 260	6 315
	7	3个工作者+3个小孩	11 148	5 839	10 565	6 037	5 897	7 138	6 178
	8	3个工作者+3个无工作者	10 913	5 631	10 227	5 901	5 742	6 967	6 019
	9	3个工作者+2个小孩+1个无工作者	11 070	5 770	10 452	5 992	5 845	7 081	6 125
	10	3个工作者+2个无工作者+1个小孩	10 991	5 700	10 340	5 946	5 793	7 024	6 072
	11	2个工作者+4个小孩	10 858	5 732	10 214	5 879	5 729	6 959	5 987
	12	2个工作者+4个无工作者	10 544	5 454	9 763	5 697	5 521	6 731	5 777
	13	2个工作者+3个小孩+1个无工作者	10 780	5 663	10 101	5 833	5 677	6 902	5 935
	14	2个工作者+3个无工作者+1个小孩	10 623	5 524	9 876	5 742	5 573	6 788	5 829

家庭规模	序号	家庭结构	综合费用扣除标准						
			北京	陕西	浙江	河南	黑龙江	辽宁	安徽
6人家庭	15	2 个工作者 + 2 个小孩 + 2 个无工作者	10 701	5 593	9 988	5 788	5 625	6 845	5 882
	16	1 个工作者 + 5 个小孩	10 568	5 625	9 862	5 720	5 560	6 780	5 797
	17	1 个工作者 + 5 个无工作者	10 175	5 278	9 299	5 493	5 301	6 495	5 534
	18	1 个工作者 + 4 个小孩 + 1 个无工作者	10 489	5 555	9 750	5 675	5 508	6 723	5 744
	19	1 个工作者 + 4 个无工作者 + 1 个小孩	10 254	5 347	9 412	5 538	5 353	6 552	5 586
	20	1 个工作者 + 3 个小孩 + 2 个无工作者	10 411	5 486	9 637	5 629	5 457	6 666	5 692
	21	1 个工作者 + 3 个无工作者 + 2 个小孩	10 332	5 416	9 524	5 584	5 405	6 609	5 639
7人家庭	1	7 个工作者	13 885	7 107	13 441	7 534	7 382	8 861	7 821
	2	6 个工作者 + 1 个小孩	13 594	6 999	13 089	7 376	7 214	8 682	7 630
	3	6 个工作者 + 1 个无工作者	13 516	6 930	12 976	7 330	7 162	8 625	7 578
	4	5 个工作者 + 2 个小孩	13 304	6 892	12 738	7 217	7 046	8 503	7 440
	5	5 个工作者 + 2 个无工作者	13 147	6 753	12 512	7 126	6 942	8 389	7 335
	6	5 个工作者 + 1 个小孩 + 1 个无工作者	13 225	6 822	12 625	7 172	6 994	8 446	7 387
	7	4 个工作者 + 3 个小孩	13 014	6 785	12 386	7 059	6 877	8 324	7 250
	8	4 个工作者 + 3 个无工作者	12 778	6 576	12 048	6 922	6 722	8 153	7 092
	9	4 个工作者 + 2 个小孩 + 1 个无工作者	12 935	6 715	12 274	7 013	6 825	8 267	7 197
	10	4 个工作者 + 2 个无工作者 + 1 个小孩	12 857	6 646	12 161	6 967	6 774	8 210	7 144
	11	3 个工作者 + 4 个小孩	12 723	6 677	12 035	6 900	6 709	8 145	7 060
	12	3 个工作者 + 4 个无工作者	12 409	6 400	11 584	6 718	6 502	7 917	6 849
	13	3 个工作者 + 3 个小孩 + 1 个无工作者	12 645	6 608	11 922	6 854	6 657	8 088	7 007

家庭规模	序号	家庭结构	综合费用扣除标准						
			北京	陕西	浙江	河南	黑龙江	辽宁	安徽
	14	3个工作者+3个无工作者+1个小孩	12 488	6 469	11 697	6 763	6 553	7 974	6 901
	15	3个工作者+2个小孩+2个无工作者	12 566	6 538	11 810	6 809	6 605	8 031	6 954
	16	2个工作者+5个小孩	12 433	6 570	11 683	6 741	6 540	7 966	6 869
	17	2个工作者+5个无工作者	12 040	6 223	11 120	6 514	6 281	7 681	6 606
	18	2个工作者+4个小孩+1个无工作者	12 354	6 500	11 571	6 696	6 489	7 909	6 817
	19	2个工作者+4个无工作者+1个小孩	12 119	6 292	11 233	6 559	6 333	7 738	6 659
	20	2个工作者+3个小孩+2个无工作者	12 276	6 431	11 458	6 650	6 437	7 852	6 764
7人家庭	21	2个工作者+3个无工作者+2个小孩	12 197	6 362	11 346	6 605	6 385	7 795	6 711
	22	1个工作者+6个小孩	12 142	6 462	11 332	6 583	6 372	7 786	6 679
	23	1个工作者+6个无工作者	11 671	6 046	10 656	6 309	6 061	7 445	6 363
	24	1个工作者+5个小孩+1个无工作者	12 064	6 393	11 219	6 537	6 320	7 729	6 626
	25	1个工作者+5个无工作者+1个小孩	11 750	6 115	10 769	6 355	6 113	7 502	6 416
	26	1个工作者+4个小孩+2个无工作者	11 985	6 324	11 107	6 492	6 268	7 673	6 574
	27	1个工作者+4个无工作者+2个小孩	11 828	6 185	10 882	6 401	6 165	7 559	6 468
	28	1个工作者+3个小孩+3个无工作者	11 907	6 254	10 994	6 446	6 217	7 616	6 521

表3　2008 年部分省份个税工薪所得综合费用扣除标准（按中高等收入户支出水平）

元/月

家庭规模	序号	家庭结构	综合费用扣除标准						
			北京	陕西	浙江	河南	黑龙江	辽宁	安徽
1 人家庭	1	1 个工作者	3 204	1 688	2 729	1 480	1 845	1 946	1 748
2 人家庭	1	2 个工作者	5 303	2 879	4 692	2 562	3 051	3 300	3 007
	2	1 个工作者 +1 个小孩	4 954	2 712	4 299	2 409	2 846	3 099	2 804
	3	1 个工作者 +1 个无工作者	4 885	2 645	4 192	2 358	2 794	3 028	2 739
3 人家庭	1	3 个工作者	7 401	4 070	6 655	3 643	4 257	4 653	4 265
	2	2 个工作者 +1 个小孩	7 053	3 903	6 262	3 490	4 052	4 452	4 063
	3	2 个工作者 +1 个无工作者	6 984	3 835	6 155	3 439	4 000	4 382	3 997
	4	1 个工作者 +2 个小孩；	6 704	3 736	5 869	3 337	3 846	4 251	3 860
	5	1 个工作者 +2 个无工作者	6 566	3 601	5 655	3 235	3 743	4 110	3 729
	6	1 个工作者 +1 个无工作者 +1 个小孩	6 635	3 668	5 762	3 286	3 795	4 181	3 794
4 人家庭	1	4 个工作者	9 500	5 261	8 618	4 724	5 462	6 006	5 523
	2	3 个工作者 +1 个小孩	9 152	5 094	8 225	4 572	5 257	5 805	5 321
	3	3 个工作者 +1 个无工作者	9 082	5 026	8 118	4 520	5 205	5 735	5 255
	4	2 个工作者 +2 个小孩	8 803	4 927	7 832	4 419	5 052	5 605	5 119
	5	2 个工作者 +2 个无工作者	8 665	4 792	7 618	4 316	4 948	5 463	4 987
	6	2 个工作者 +1 个小孩 +1 个无工作者	8 734	4 859	7 725	4 368	5 000	5 534	5 053
	7	1 个工作者 +3 个小孩	8 455	4 760	7 440	4 266	4 847	5 404	4 916
	8	1 个工作者 +3 个无工作者	8 247	4 558	7 118	4 113	4 692	5 192	4 719
	9	1 个工作者 +2 个小孩 +1 个无工作者	8 385	4 692	7 332	4 215	4 795	5 333	4 850
	10	1 个工作者 +2 个无工作者 +1 个小孩	8 316	4 625	7 225	4 164	4 743	5 263	4 785
5 人家庭	1	5 个工作者	11 599	6 451	10 581	5 806	6 668	7 359	6 782
	2	4 个工作者 +1 个小孩	11 250	6 284	10 188	5 653	6 463	7 158	6 579

家庭规模	序号	家庭结构	综合费用扣除标准						
			北京	陕西	浙江	河南	黑龙江	辽宁	安徽
5人家庭	3	4个工作者+1个无工作者	11 181	6 217	10 081	5 602	6 411	7 088	6 514
	4	3个工作者+2个小孩	10 902	6 117	9 795	5 500	6 258	6 958	6 377
	5	3个工作者+2个无工作者	10 763	5 983	9 581	5 398	6 154	6 817	6 245
	6	3个工作者+1个小孩+1个无工作者	10 833	6 050	9 688	5 449	6 206	6 887	6 311
	7	2个工作者+3个小孩	10 553	5 950	9 402	5 347	6 053	6 757	6 174
	8	2个工作者+3个无工作者	10 346	5 748	9 080	5 194	5 897	6 545	5 977
	9	2个工作者+2个小孩+1个无工作者	10 484	5 883	9 295	5 296	6 001	6 686	6 109
	10	2个工作者+2个无工作者+1个小孩	10 415	5 816	9 188	5 245	5 949	6 616	6 043
	11	1个工作者+4个小孩	10 205	5 783	9 010	5 195	5 848	6 556	5 972
	12	1个工作者+4个无工作者	9 928	5 514	8 580	4 990	5 640	6 274	5 709
	13	1个工作者+3个小孩+1个无工作者	10 136	5 716	8 902	5 143	5 796	6 486	5 906
	14	1个工作者+3个无工作者+1个小孩	9 997	5 581	8 688	5 041	5 692	6 345	5 775
	15	1个工作者+2个小孩+2个无工作者	10 067	5 649	8 795	5 092	5 744	6 415	5 841
6人家庭	1	6个工作者	13 697	7 642	12 544	6 887	7 874	8 712	8 040
	2	5个工作者+1个小孩	13 349	7 475	12 151	6 734	7 669	8 512	7 838
	3	5个工作者+1个无工作者	13 280	7 408	12 044	6 683	7 617	8 441	7 772
	4	4个工作者+2个小孩	13 001	7 308	11 758	6 582	7 463	8 311	7 635
	5	4个工作者+2个无工作者	12 862	7 173	11 544	6 479	7 360	8 170	7 504
	6	4个工作者+1个小孩+1个无工作者	12 931	7 241	11 651	6 530	7 412	8 240	7 570
	7	3个工作者+3个小孩	12 652	7 141	11 365	6 429	7 258	8 110	7 433
	8	3个工作者+3个无工作者	12 445	6 939	11 043	6 275	7 103	7 899	7 236

续表

家庭规模	序号	家庭结构	综合费用扣除标准						
			北京	陕西	浙江	河南	黑龙江	辽宁	安徽
6人家庭	9	3个工作者＋2个小孩＋1个无工作者	12 583	7 074	11 258	6 378	7 207	8 040	7 367
	10	3个工作者＋2个无工作者＋1个小孩	12 514	7 006	11 151	6 326	7 155	7 969	7 301
	11	2个工作者＋4个小孩	12 304	6 974	10 973	6 276	7 053	7 910	7 230
	12	2个工作者＋4个无工作者	12 027	6 705	10 543	6 071	6 846	7 627	6 968
	13	2个工作者＋3个小孩＋1个无工作者	12 234	6 907	10 865	6 225	7 001	7 839	7 165
	14	2个工作者＋3个无工作者＋1个小孩	12 096	6 772	10 651	6 123	6 898	7 698	7 033
	15	2个工作者＋2个小孩＋2个无工作者	12 165	6 839	10 758	6 174	6 950	7 768	7 099
	16	1个工作者＋5个小孩	11 955	6 807	10 580	6 123	6 848	7 709	7 028
	17	1个工作者＋5个无工作者	11 609	6 470	10 043	5 867	6 589	7 356	6 699
	18	1个工作者＋4个小孩＋1个无工作者	11 886	6 740	10 472	6 072	6 796	7 638	6 962
	19	1个工作者＋4个无工作者＋1个小孩	11 678	6 538	10 150	5 919	6 641	7 427	6 765
	20	1个工作者＋3个小孩＋2个无工作者	11 817	6 672	10 365	6 021	6 744	7 568	6 897
	21	1个工作者＋3个无工作者＋2个小孩	11 748	6 605	10 258	5 970	6 693	7 497	6 831
7人家庭	1	7个工作者	15 796	8 833	14 507	7 969	9 079	10 065	9 298
	2	6个工作者＋1个小孩	15 448	8 666	14 114	7 816	8 874	9 865	9 096
	3	6个工作者＋1个无工作者	15 379	8 599	14 007	7 765	8 822	9 794	9 030
	4	5个工作者＋2个小孩	15 099	8 499	13 721	7 663	8 669	9 664	8 894
	5	5个工作者＋2个无工作者	14 961	8 364	13 507	7 561	8 565	9 523	8 762
	6	5个工作者＋1个小孩＋1个无工作者	15 030	8 432	13 614	7 612	8 617	9 594	8 828

家庭规模	序号	家庭结构	综合费用扣除标准						
			北京	陕西	浙江	河南	黑龙江	辽宁	安徽
7人家庭	7	4个工作者+3个小孩	14 751	8 332	13 328	7 510	8 464	9 463	8 691
	8	4个工作者+3个无工作者	14 543	8 130	13 006	7 357	8 308	9 252	8 494
	9	4个工作者+2个小孩+1个无工作者	14 682	8 265	13 221	7 459	8 412	9 393	8 625
	10	4个工作者+2个无工作者+1个小孩	14 612	8 197	13 114	7 408	8 360	9 322	8 560
	11	3个工作者+4个小孩	14 402	8 165	12 935	7 357	8 259	9 263	8 489
	12	3个工作者+4个无工作者	14 126	7 896	12 506	7 153	8 052	8 980	8 226
	13	3个工作者+3个小孩+1个无工作者	14 333	8 098	12 828	7 306	8 207	9 192	8 423
	14	3个工作者+3个无工作者+1个小孩	14 195	7 963	12 613	7 204	8 103	9 051	8 292
	15	3个工作者+2个小孩+2个无工作者	14 264	8 030	12 721	7 255	8 155	9 122	8 357
	16	2个工作者+5个小孩	14 054	7 998	12 543	7 205	8 054	9 062	8 286
	17	2个工作者+5个无工作者	13 708	7 661	12 006	6 949	7 795	8 709	7 958
	18	2个工作者+4个小孩+1个无工作者	13 985	7 931	12 435	7 153	8 002	8 991	8 221
	19	2个工作者+4个无工作者+1个小孩	13 777	7 729	12 113	7 000	7 846	8 780	8 023
	20	2个工作者+3个小孩+2个无工作者	13 916	7 863	12 328	7 102	7 950	8 921	8 155
	21	2个工作者+3个无工作者+2个小孩	13 846	7 796	12 221	7 051	7 898	8 850	8 089
	22	1个工作者+6个小孩	13 705	7 831	12 150	7 052	7 849	8 861	8 084
	23	1个工作者+6个无工作者	13 290	7 427	11 506	6 745	7 538	8 438	7 690
	24	1个工作者+5个小孩+1个无工作者	13 636	7 764	12 042	7 001	7 797	8 791	8 018

续表

家庭规模	序号	家庭结构	综合费用扣除标准						
			北京	陕西	浙江	河南	黑龙江	辽宁	安徽
7人家庭	25	1个工作者+5个无工作者+1个小孩	13 360	7 494	11 613	6 796	7 590	8 508	7 755
	26	1个工作者+4个小孩+2个无工作者	13 567	7 696	11 935	6 949	7 745	8 720	7 952
	27	1个工作者+4个无工作者+2个小孩	13 429	7 561	11 720	6 847	7 641	8 579	7 821
	28	1个工作者+3个小孩+3个无工作者	13 498	7 629	11 828	6 898	7 693	8 650	7 887

表4 2009年部分省份个税工薪所得综合费用扣除标准（按中高等收入户支出水平）

元/月

家庭规模	序号	家庭结构	综合费用扣除标准						
			北京	陕西	浙江	河南	黑龙江	辽宁	安徽
1人家庭	1	1个工作者	3 408	1 810	3 280	1 679	1 998	2 030	1 732
2人家庭	1	2个工作者	5 693	3 100	5 592	2 943	3 316	3 528	3 096
	2	1个工作者+1个小孩	5 282	2 909	5 065	2 721	3 088	3 268	2 844
	3	1个工作者+1个无工作者	5 210	2 850	4 958	2 680	3 041	3 200	2 774
3人家庭	1	3个工作者	7 977	4 390	7 904	4 208	4 634	5 025	4 459
	2	2个工作者+1个小孩	7 566	4 200	7 377	3 986	4 406	4 766	4 207
	3	2个工作者+1个无工作者	7 494	4 140	7 270	3 945	4 359	4 697	4 138
	4	1个工作者+2个小孩；	7 155	4 009	6 850	3 764	4 178	4 507	3 955
	5	1个工作者+2个无工作者	7 011	3 890	6 637	3 682	4 084	4 369	3 816
	6	1个工作者+1个无工作者+1个小孩	7 083	3 950	6 744	3 723	4 131	4 438	3 886
4人家庭	1	4个工作者	10 261	5 681	10 216	5 472	5 953	6 523	5 823
	2	3个工作者+1个小孩	9 850	5 490	9 689	5 250	5 724	6 264	5 571
	3	3个工作者+1个无工作者	9 778	5 431	9 582	5 209	5 677	6 195	5 501

家庭规模	序号	家庭结构	综合费用扣除标准						
			北京	陕西	浙江	河南	黑龙江	辽宁	安徽
4人家庭	4	2个工作者+2个小孩	9 439	5 299	9 162	5 028	5 496	6 004	5 319
	5	2个工作者+2个无工作者	9 295	5 181	8 949	4 946	5 402	5 867	5 180
	6	2个工作者+1个小孩+1个无工作者	9 367	5 240	9 056	4 987	5 449	5 936	5 249
	7	1个工作者+3个小孩	9 028	5 109	8 636	4 806	5 268	5 745	5 067
	8	1个工作者+3个无工作者	8 812	4 931	8 315	4 684	5 127	5 539	4 859
	9	1个工作者+2个小孩+1个无工作者	8 956	5 049	8 529	4 765	5 221	5 676	4 998
	10	1个工作者+2个无工作者+1个小孩	8 884	4 990	8 422	4 724	5 174	5 608	4 928
5人家庭	1	5个工作者	12 546	6 971	12 528	6 736	7 271	8 021	7 186
	2	4个工作者+1个小孩	12 135	6 780	12 001	6 514	7 043	7 762	6 934
	3	4个工作者+1个无工作者	12 062	6 721	11 894	6 474	6 996	7 693	6 865
	4	3个工作者+2个小孩	11 724	6 590	11 475	6 293	6 814	7 502	6 682
	5	3个工作者+2个无工作者	11 579	6 471	11 261	6 211	6 720	7 365	6 543
	6	3个工作者+1个小孩+1个无工作者	11 651	6 530	11 368	6 252	6 767	7 433	6 613
	7	2个工作者+3个小孩	11 312	6 399	10 948	6 071	6 586	7 243	6 431
	8	2个工作者+3个无工作者	11 096	6 221	10 627	5 948	6 445	7 037	6 222
	9	2个工作者+2个小孩+1个无工作者	11 240	6 340	10 841	6 030	6 539	7 174	6 361
	10	2个工作者+2个无工作者+1个小孩	11 168	6 280	10 734	5 989	6 492	7 105	6 291
	11	1个工作者+4个小孩	10 901	6 208	10 421	5 849	6 358	6 983	6 179
	12	1个工作者+4个无工作者	10 613	5 971	9 994	5 685	6 170	6 709	5 901
	13	1个工作者+3个小孩+1个无工作者	10 829	6 149	10 314	5 808	6 311	6 915	6 109
	14	1个工作者+3个无工作者+1个小孩	10 685	6 031	10 101	5 726	6 217	6 777	5 970
	15	1个工作者+2个小孩+2个无工作者	10 757	6 090	10 207	5 767	6 264	6 846	6 040

家庭规模	序号	家庭结构	综合费用扣除标准						
			北京	陕西	浙江	河南	黑龙江	辽宁	安徽
6人家庭	1	6个工作者	14 830	8 261	14 840	8 001	8 590	9 519	8 549
	2	5个工作者+1个小孩	14 419	8 071	14 313	7 779	8 361	9 259	8 298
	3	5个工作者+1个无工作者	14 347	8 011	14 207	7 738	8 314	9 191	8 228
	4	4个工作者+2个小孩	14 008	7 880	13 787	7 557	8 133	9 000	8 046
	5	4个工作者+2个无工作者	13 864	7 761	13 573	7 475	8 039	8 863	7 907
	6	4个工作者+1个小孩+1个无工作者	13 936	7 821	13 680	7 516	8 086	8 931	7 976
	7	3个工作者+3个小孩	13 597	7 689	13 260	7 335	7 904	8 741	7 794
	8	3个工作者+3个无工作者	13 380	7 512	12 939	7 212	7 763	8 534	7 585
	9	3个工作者+2个小孩+1个无工作者	13 525	7 630	13 153	7 294	7 857	8 672	7 724
	10	3个工作者+2个无工作者+1个小孩	13 453	7 571	13 046	7 253	7 810	8 603	7 655
	11	2个工作者+4个小孩	13 186	7 499	12 733	7 113	7 676	8 481	7 542
	12	2个工作者+4个无工作者	12 897	7 262	12 306	6 950	7 488	8 206	7 264
	13	2个工作者+3个小孩+1个无工作者	13 114	7 439	12 626	7 072	7 629	8 412	7 473
	14	2个工作者+3个无工作者+1个小孩	12 969	7 321	12 413	6 990	7 535	8 275	7 334
	15	2个工作者+2个小孩+2个无工作者	13 042	7 380	12 520	7 031	7 582	8 344	7 403
	16	1个工作者+5个小孩	12 775	7 308	12 207	6 891	7 448	8 222	7 290
	17	1个工作者+5个无工作者	12 414	7 012	11 672	6 687	7 213	7 878	6 943
	18	1个工作者+4个小孩+1个无工作者	12 703	7 249	12 100	6 850	7 401	8 153	7 221
	19	1个工作者+4个无工作者+1个小孩	12 486	7 071	11 779	6 728	7 260	7 947	7 012
	20	1个工作者+3个小孩+2个无工作者	12 630	7 190	11 993	6 809	7 354	8 084	7 151
	21	1个工作者+3个无工作者+2个小孩	12 558	7 130	11 886	6 769	7 307	8 016	7 082

家庭规模	序号	家庭结构	综合费用扣除标准						
			北京	陕西	浙江	河南	黑龙江	辽宁	安徽
7人家庭	1	7个工作者	17 114	9 552	17 152	9 265	9 908	11 017	9 913
	2	6个工作者 +1 个小孩	16 703	9 361	16 625	9 043	9 680	10 757	9 661
	3	6个工作者 +1 个无工作者	16 631	9 302	16 519	9 003	9 633	10 688	9 592
	4	5个工作者 +2 个小孩	16 292	9 170	16 099	8 821	9 451	10 498	9 409
	5	5个工作者 +2 个无工作者	16 148	9 052	15 885	8 740	9 357	10 360	9 270
	6	5个工作者 +1 个小孩 +1 个无工作者	16 220	9 111	15 992	8 781	9 404	10 429	9 340
	7	4个工作者 +3 个小孩	15 881	8 980	15 572	8 599	9 223	10 238	9 157
	8	4个工作者 +3 个无工作者	15 665	8 802	15 252	8 477	9 082	10 032	8 949
	9	4个工作者 +2 个小孩 +1 个无工作者	15 809	8 920	15 465	8 559	9 176	10 170	9 088
	10	4个工作者 +2 个无工作者 +1 个小孩	15 737	8 861	15 358	8 518	9 129	10 101	9 018
	11	3个工作者 +4 个小孩	15 470	8 789	15 045	8 378	8 994	9 979	8 906
	12	3个工作者 +4 个无工作者	15 182	8 552	14 618	8 214	8 806	9 704	8 628
	13	3个工作者 +3 个小孩 +1 个无工作者	15 398	8 730	14 939	8 337	8 947	9 910	8 836
	14	3个工作者 +3 个无工作者 +1 个小孩	15 254	8 611	14 725	8 255	8 853	9 773	8 697
	15	3个工作者 +2 个小孩 +2 个无工作者	15 326	8 671	14 832	8 296	8 900	9 841	8 767
	16	2个工作者 +5 个小孩	15 059	8 598	14 519	8 156	8 766	9 719	8 654
	17	2个工作者 +5 个无工作者	14 699	8 302	13 985	7 951	8 531	9 376	8 306
	18	2个工作者 +4 个小孩 +1 个无工作者	14 987	8 539	14 412	8 115	8 719	9 651	8 584
	19	2个工作者 +4 个无工作者 +1 个小孩	14 771	8 361	14 091	7 992	8 578	9 445	8 376
	20	2个工作者 +3 个小孩 +2 个无工作者	14 915	8 480	14 305	8 074	8 672	9 582	8 515

续表

家庭规模	序号	家庭结构	综合费用扣除标准						
			北京	陕西	浙江	河南	黑龙江	辽宁	安徽
7人家庭	21	2个工作者 +3个无工作者 +2个小孩	14 843	8 421	14 198	8 033	8 625	9 513	8 445
	22	1个工作者 +6个小孩	14 648	8 408	13 992	7 934	8 538	9 460	8 402
	23	1个工作者 +6个无工作者	14 215	8 052	13 351	7 688	8 256	9 048	7 985
	24	1个工作者 +5个小孩 +1个无工作者	14 576	8 348	13 885	7 893	8 491	9 391	8 332
	25	1个工作者 +5个无工作者 +1个小孩	14 287	8 112	13 458	7 729	8 303	9 117	8 054
	26	1个工作者 +4个小孩 +2个无工作者	14 504	8 289	13 778	7 852	8 444	9 323	8 263
	27	1个工作者 +4个无工作者 +2个小孩	14 360	8 171	13 565	7 770	8 350	9 185	8 124
	28	1个工作者 +3个小孩 +3个无工作者	14 432	8 230	13 671	7 811	8 397	9 254	8 193

表5 2010年部分省份个税工薪所得综合费用扣除标准（按中高等收入户支出水平）

元/月

家庭规模	序号	家庭结构	综合费用扣除标准						
			北京	陕西	浙江	河南	黑龙江	辽宁	安徽
1人家庭	1	1个工作者	3 747	1 966	3 348	1 880	2 158	2 068	1 939
2人家庭	1	2个工作者	6 245	3 357	5 729	3 307	3 596	3 574	3 458
	2	1个工作者 +1个小孩	5 799	3 154	5 179	3 048	3 317	3 309	3 165
	3	1个工作者 +1个无工作者	5 720	3 080	5 070	3 010	3 271	3 248	3 104
3人家庭	1	3个工作者	8 744	4 748	8 110	4 733	5 035	5 081	4 977
	2	2个工作者 +1个小孩	8 298	4 545	7 560	4 475	4 756	4 815	4 684
	3	2个工作者 +1个无工作者	8 219	4 471	7 451	4 437	4 709	4 755	4 622

续表

家庭规模	序号	家庭结构	综合费用扣除标准						
			北京	陕西	浙江	河南	黑龙江	辽宁	安徽
3人家庭	4	1个工作者＋2个小孩；	7 852	4 343	7 010	4 217	4 477	4 550	4 391
	5	1个工作者＋2个无工作者	7 693	4 194	6 792	4 141	4 384	4 428	4 268
	6	1个工作者＋1个无工作者＋1个小孩	7 772	4 268	6 901	4 179	4 430	4 489	4 329
4人家庭	1	4个工作者	11 242	6 139	10 491	6 160	6 473	6 587	6 496
	2	3个工作者＋1个小孩	10 796	5 937	9 941	5 901	6 194	6 321	6 203
	3	3个工作者＋1个无工作者	10 717	5 862	9 832	5 863	6 148	6 261	6 141
	4	2个工作者＋2个小孩	10 350	5 734	9 391	5 643	5 915	6 056	5 910
	5	2个工作者＋2个无工作者	10 192	5 585	9 173	5 567	5 822	5 935	5 787
	6	2个工作者＋1个小孩＋1个无工作者	10 271	5 659	9 282	5 605	5 869	5 995	5 848
	7	1个工作者＋3个小孩	9 904	5 531	8 842	5 385	5 636	5 791	5 616
	8	1个工作者＋3个无工作者	9 666	5 307	8 514	5 271	5 497	5 609	5 432
	9	1个工作者＋2个小孩＋1个无工作者	9 825	5 457	8 732	5 347	5 590	5 730	5 555
	10	1个工作者＋2个无工作者＋1个小孩	9 745	5 382	8 623	5 309	5 543	5 669	5 494
5人家庭	1	5个工作者	13 741	7 530	12 871	7 586	7 912	8 093	8 015
	2	4个工作者＋1个小孩	13 295	7 328	12 322	7 328	7 633	7 828	7 722
	3	4个工作者＋1个无工作者	13 215	7 253	12 213	7 290	7 586	7 767	7 660
	4	3个工作者＋2个小孩	12 848	7 125	11 772	7 070	7 354	7 562	7 429
	5	3个工作者＋2个无工作者	12 690	6 976	11 554	6 994	7 261	7 441	7 306
	6	3个工作者＋1个小孩＋1个无工作者	12 769	7 050	11 663	7 032	7 307	7 502	7 367
	7	2个工作者＋3个小孩	12 402	6 923	11 223	6 812	7 075	7 297	7 135
	8	2个工作者＋3个无工作者	12 165	6 699	10 895	6 697	6 935	7 115	6 951
	9	2个工作者＋2个小孩＋1个无工作者	12 323	6 848	11 113	6 773	7 028	7 236	7 074

续表

家庭规模	序号	家庭结构	综合费用扣除标准						
			北京	陕西	浙江	河南	黑龙江	辽宁	安徽
5人家庭	10	2个工作者+2个无工作者+1个小孩	12 244	6 773	11 004	6 735	6 982	7 176	7 013
	11	1个工作者+4个小孩	11 956	6 720	10 673	6 553	6 795	7 032	6 842
	12	1个工作者+4个无工作者	11 639	6 421	10 236	6 401	6 609	6 789	6 597
	13	1个工作者+3个小孩+1个无工作者	11 877	6 645	10 564	6 515	6 749	6 971	6 781
	14	1个工作者+3个无工作者+1个小孩	11 719	6 496	10 345	6 439	6 656	6 850	6 658
	15	1个工作者+2个小孩+2个无工作者	11 798	6 571	10 454	6 477	6 702	6 910	6 720
6人家庭	1	6个工作者	16 239	8 921	15 252	9 013	9 350	9 599	9 534
	2	5个工作者+1个小孩	15 793	8 719	14 703	8 754	9 071	9 334	9 241
	3	5个工作者+1个无工作者	15 714	8 644	14 593	8 716	9 025	9 273	9 179
	4	4个工作者+2个小孩	15 347	8 516	14 153	8 496	8 792	9 069	8 948
	5	4个工作者+2个无工作者	15 188	8 367	13 934	8 420	8 699	8 947	8 825
	6	4个工作者+1个小孩+1个无工作者	15 268	8 442	14 044	8 458	8 746	9 008	8 886
	7	3个工作者+3个小孩	14 901	8 314	13 603	8 238	8 513	8 803	8 654
	8	3个工作者+3个无工作者	14 663	8 090	13 275	8 124	8 373	8 621	8 470
	9	3个工作者+2个小孩+1个无工作者	14 821	8 239	13 494	8 200	8 466	8 743	8 593
	10	3个工作者+2个无工作者+1个小孩	14 742	8 164	13 385	8 162	8 420	8 682	8 532
	11	2个工作者+4个小孩	14 454	8 111	13 054	7 980	8 234	8 538	8 361
	12	2个工作者+4个无工作者	14 138	7 812	12 616	7 827	8 048	8 295	8 116
	13	2个工作者+3个小孩+1个无工作者	14 375	8 036	12 944	7 942	8 187	8 477	8 300
	14	2个工作者+3个无工作者+1个小孩	14 217	7 887	12 726	7 866	8 094	8 356	8 177

续表

家庭规模	序号	家庭结构	综合费用扣除标准						
			北京	陕西	浙江	河南	黑龙江	辽宁	安徽
6人家庭	15	2个工作者+2个小孩+2个无工作者	14 296	7 962	12 835	7 904	8 141	8 417	8 239
	16	1个工作者+5个小孩	14 008	7 909	12 504	7 722	7 955	8 273	8 068
	17	1个工作者+5个无工作者	13 612	7 535	11 958	7 531	7 722	7 969	7 761
	18	1个工作者+4个小孩+1个无工作者	13 929	7 834	12 395	7 684	7 908	8 212	8 007
	19	1个工作者+4个无工作者+1个小孩	13 692	7 610	12 067	7 569	7 769	8 030	7 823
	20	1个工作者+3个小孩+2个无工作者	13 850	7 759	12 286	7 645	7 862	8 151	7 945
	21	1个工作者+3个无工作者+2个小孩	13 771	7 685	12 176	7 607	7 815	8 090	7 884
7人家庭	1	7个工作者	18 737	10 312	17 633	10 439	10 789	11 106	11 053
	2	6个工作者+1个小孩	18 291	10 110	17 084	10 181	10 510	10 840	10 760
	3	6个工作者+1个无工作者	18 212	10 035	16 974	10 143	10 463	10 780	10 698
	4	5个工作者+2个小孩	17 845	9 907	16 534	9 923	10 230	10 575	10 466
	5	5个工作者+2个无工作者	17 687	9 758	16 315	9 846	10 137	10 454	10 344
	6	5个工作者+1个小孩+1个无工作者	17 766	9 833	16 425	9 885	10 184	10 514	10 405
	7	4个工作者+3个小孩	17 399	9 705	15 984	9 664	9 951	10 310	10 173
	8	4个工作者+3个无工作者	17 161	9 481	15 656	9 550	9 812	10 128	9 989
	9	4个工作者+2个小孩+1个无工作者	17 320	9 630	15 875	9 626	9 905	10 249	10 112
	10	4个工作者+2个无工作者+1个小孩	17 241	9 555	15 766	9 588	9 858	10 188	10 051
	11	3个工作者+4个小孩	16 953	9 502	15 435	9 406	9 672	10 044	9 880
	12	3个工作者+4个无工作者	16 636	9 204	14 997	9 254	9 486	9 801	9 635
	13	3个工作者+3个小孩+1个无工作者	16 874	9 428	15 325	9 368	9 626	9 983	9 819

家庭规模	序号	家庭结构	综合费用扣除标准						
			北京	陕西	浙江	河南	黑龙江	辽宁	安徽
7人家庭	14	3个工作者+3个无工作者+1个小孩	16 715	9 278	15 107	9 292	9 533	9 862	9 696
	15	3个工作者+2个小孩+2个无工作者	16 794	9 353	15 216	9 330	9 579	9 923	9 757
	16	2个工作者+5个小孩	16 507	9 300	14 885	9 148	9 393	9 779	9 587
	17	2个工作者+5个无工作者	16 111	8 926	14 338	8 958	9 161	9 475	9 280
	18	2个工作者+4个小孩+1个无工作者	16 427	9 225	14 776	9 110	9 347	9 718	9 526
	19	2个工作者+4个无工作者+1个小孩	16 190	9 001	14 448	8 996	9 207	9 536	9 342
	20	2个工作者+3个小孩+2个无工作者	16 348	9 150	14 666	9 072	9 300	9 657	9 464
	21	2个工作者+3个无工作者+2个小孩	16 269	9 076	14 557	9 034	9 254	9 597	9 403
	22	1个工作者+6个小孩	16 060	9 097	14 335	8 890	9 114	9 513	9 294
	23	1个工作者+6个无工作者	15 585	8 649	13 679	8 661	8 835	9 149	8 926
	24	1个工作者+5个小孩+1个无工作者	15 981	9 022	14 226	8 852	9 068	9 453	9 233
	25	1个工作者+5个无工作者+1个小孩	15 665	8 724	13 789	8 700	8 882	9 210	8 987
	26	1个工作者+4个小孩+2个无工作者	15 902	8 948	14 117	8 814	9 021	9 392	9 171
	27	1个工作者+4个无工作者+2个小孩	15 744	8 798	13 898	8 738	8 928	9 271	9 048
	28	1个工作者+3个小孩+3个无工作者	15 823	8 873	14 007	8 776	8 975	9 331	9 110

表6 2011年部分省份个税工薪所得综合费用扣除标准（按中高等收入户支出水平）

元/月

家庭规模	序号	家庭结构	综合费用扣除标准						
			北京	陕西	浙江	河南	黑龙江	辽宁	安徽
1人家庭	1	1个工作者	4 278	2 330	3 716	2 109	2 385	2 322	2 120
2人家庭	1	2个工作者	7 089	4 030	6 418	3 708	3 975	4 057	3 781
	2	1个工作者+1个小孩	6 589	3 742	5 798	3 411	3 648	3 708	3 440
	3	1个工作者+1个无工作者	6 493	3 647	5 678	3 363	3 601	3 647	3 372
3人家庭	1	3个工作者	9 900	5 730	9 119	5 308	5 566	5 792	5 441
	2	2个工作者+1个小孩	9 400	5 442	8 499	5 011	5 239	5 443	5 101
	3	2个工作者+1个无工作者	9 304	5 347	8 380	4 962	5 192	5 382	5 033
	4	1个工作者+2个小孩；	8 900	5 154	7 879	4 714	4 912	5 094	4 760
	5	1个工作者+2个无工作者	8 708	4 964	7 640	4 617	4 818	4 971	4 625
	6	1个工作者+1个无工作者+1个小孩	8 804	5 059	7 760	4 665	4 865	5 032	4 693
4人家庭	1	4个工作者	12 712	7 430	11 821	6 907	7 156	7 527	7 102
	2	3个工作者+1个小孩	12 212	7 142	11 201	6 610	6 829	7 178	6 761
	3	3个工作者+1个无工作者	12 115	7 046	11 081	6 562	6 782	7 117	6 694
	4	2个工作者+2个小孩	11 712	6 854	10 581	6 313	6 502	6 829	6 421
	5	2个工作者+2个无工作者	11 519	6 663	10 342	6 216	6 408	6 706	6 285
	6	2个工作者+1个小孩+1个无工作者	11 615	6 759	10 461	6 265	6 455	6 767	6 353
	7	1个工作者+3个小孩	11 212	6 566	9 960	6 016	6 175	6 480	6 080
	8	1个工作者+3个无工作者	10 923	6 280	9 602	5 871	6 034	6 295	5 877
	9	1个工作者+2个小孩+1个无工作者	11 115	6 471	9 841	5 968	6 128	6 418	6 013
	10	1个工作者+2个无工作者+1个小孩	11 019	6 376	9 722	5 919	6 081	6 357	5 945
5人家庭	1	5个工作者	15 523	9 129	14 522	8 506	8 747	9 262	8 763
	2	4个工作者+1个小孩	15 023	8 842	13 902	8 209	8 420	8 913	8 422

家庭规模	序号	家庭结构	综合费用扣除标准						
			北京	陕西	浙江	河南	黑龙江	辽宁	安徽
5人家庭	3	4个工作者+1个无工作者	14 927	8 746	13 783	8 161	8 373	8 852	8 354
	4	3个工作者+2个小孩	14 523	8 554	13 282	7 912	8 093	8 564	8 082
	5	3个工作者+2个无工作者	14 330	8 363	13 043	7 816	7 999	8 441	7 946
	6	3个工作者+1个小孩+1个无工作者	14 427	8 459	13 163	7 864	8 046	8 503	8 014
	7	2个工作者+3个小孩	14 023	8 266	12 662	7 615	7 766	8 215	7 741
	8	2个工作者+3个无工作者	13 734	7 980	12 304	7 470	7 625	8 031	7 537
	9	2个工作者+2个小孩+1个无工作者	13 927	8 171	12 543	7 567	7 719	8 153	7 673
	10	2个工作者+2个无工作者+1个小孩	13 830	8 076	12 423	7 519	7 672	8 092	7 605
	11	1个工作者+4个小孩	13 523	7 979	12 042	7 318	7 439	7 865	7 400
	12	1个工作者+4个无工作者	13 138	7 597	11 564	7 125	7 251	7 620	7 129
	13	1个工作者+3个小孩+1个无工作者	13 427	7 883	11 922	7 270	7 392	7 804	7 333
	14	1个工作者+3个无工作者+1个小孩	13 234	7 692	11 684	7 173	7 298	7 681	7 197
	15	1个工作者+2个小孩+2个无工作者	13 330	7 788	11 803	7 221	7 345	7 743	7 265
6人家庭	1	6个工作者	18 334	10 829	17 224	10 106	10 337	10 997	10 423
	2	5个工作者+1个小孩	17 834	10 541	16 604	9 809	10 010	10 648	10 083
	3	5个工作者+1个无工作者	17 738	10 446	16 484	9 760	9 963	10 587	10 015
	4	4个工作者+2个小孩	17 334	10 254	15 984	9 512	9 683	10 299	9 742
	5	4个工作者+2个无工作者	17 142	10 063	15 745	9 415	9 589	10 176	9 606
	6	4个工作者+1个小孩+1个无工作者	17 238	10 158	15 864	9 463	9 636	10 238	9 674
	7	3个工作者+3个小孩	16 834	9 966	15 363	9 215	9 356	9 950	9 402
	8	3个工作者+3个无工作者	16 546	9 680	15 005	9 069	9 215	9 766	9 198

家庭规模	序号	家庭结构	综合费用扣除标准						
			北京	陕西	浙江	河南	黑龙江	辽宁	安徽
6人家庭	9	3个工作者+2个小孩+1个无工作者	16 738	9 871	15 244	9 166	9 309	9 888	9 334
	10	3个工作者+2个无工作者+1个小孩	16 642	9 775	15 125	9 118	9 262	9 827	9 266
	11	2个工作者+4个小孩	16 334	9 678	14 743	8 918	9 029	9 600	9 061
	12	2个工作者+4个无工作者	15 949	9 297	14 266	8 724	8 841	9 355	8 790
	13	2个工作者+3个小孩+1个无工作者	16 238	9 583	14 624	8 869	8 982	9 539	8 993
	14	2个工作者+3个无工作者+1个小孩	16 046	9 392	14 385	8 772	8 888	9 416	8 858
	15	2个工作者+2个小孩+2个无工作者	16 142	9 488	14 504	8 821	8 935	9 478	8 925
	16	1个工作者+5个小孩	15 834	9 391	14 123	8 620	8 702	9 251	8 721
	17	1个工作者+5个无工作者	15 353	8 914	13 526	8 379	8 467	8 944	8 381
	18	1个工作者+4个小孩+1个无工作者	15 738	9 295	14 004	8 572	8 655	9 190	8 653
	19	1个工作者+4个无工作者+1个小孩	15 449	9 009	13 645	8 427	8 514	9 006	8 449
	20	1个工作者+3个小孩+2个无工作者	15 642	9 200	13 884	8 524	8 608	9 128	8 585
	21	1个工作者+3个无工作者+2个小孩	15 546	9 105	13 765	8 475	8 561	9 067	8 517
7人家庭	1	7个工作者	21 145	12 529	19 925	11 705	11 928	12 733	12 084
	2	6个工作者+1个小孩	20 645	12 241	19 305	11 408	11 601	12 383	11 743
	3	6个工作者+1个无工作者	20 549	12 146	19 186	11 360	11 554	12 322	11 675
	4	5个工作者+2个小孩	20 145	11 954	18 685	11 111	11 274	12 034	11 403
	5	5个工作者+2个无工作者	19 953	11 763	18 446	11 014	11 180	11 911	11 267
	6	5个工作者+1个小孩+1个无工作者	20 049	11 858	18 566	11 063	11 227	11 973	11 335

家庭规模	序号	家庭结构	综合费用扣除标准						
			北京	陕西	浙江	河南	黑龙江	辽宁	安徽
	7	4个工作者+3个小孩	19 645	11 666	18 065	10 814	10 947	11 685	11 062
	8	4个工作者+3个无工作者	19 357	11 380	17 707	10 669	10 806	11 501	10 859
	9	4个工作者+2个小孩+1个无工作者	19 549	11 571	17 945	10 766	10 900	11 623	10 994
	10	4个工作者+2个无工作者+1个小孩	19 453	11 475	17 826	10 717	10 853	11 562	10 926
	11	3个工作者+4个小孩	19 145	11 378	17 445	10 517	10 620	11 336	10 722
	12	3个工作者+4个无工作者	18 761	10 997	16 967	10 323	10 432	11 090	10 450
	13	3个工作者+3个小孩+1个无工作者	19 049	11 283	17 325	10 468	10 573	11 274	10 654
	14	3个工作者+3个无工作者+1个小孩	18 857	11 092	17 087	10 372	10 479	11 151	10 518
7人家庭	15	3个工作者+2个小孩+2个无工作者	18 953	11 187	17 206	10 420	10 526	11 213	10 586
	16	2个工作者+5个小孩	18 645	11 091	16 825	10 220	10 293	10 986	10 381
	17	2个工作者+5个无工作者	18 164	10 614	16 228	9 978	10 058	10 679	10 042
	18	2个工作者+4个小孩+1个无工作者	18 549	10 995	16 705	10 171	10 246	10 925	10 313
	19	2个工作者+4个无工作者+1个小孩	18 261	10 709	16 347	10 026	10 105	10 741	10 110
	20	2个工作者+3个小孩+2个无工作者	18 453	10 900	16 586	10 123	10 199	10 864	10 245
	21	2个工作者+3个无工作者+2个小孩	18 357	10 804	16 466	10 075	10 152	10 802	10 178
	22	1个工作者+6个小孩	18 145	10 803	16 204	9 923	9 966	10 637	10 041
	23	1个工作者+6个无工作者	17 568	10 231	15 488	9 632	9 684	10 269	9 633
	24	1个工作者+5个小孩+1个无工作者	18 049	10 707	16 085	9 874	9 919	10 576	9 973

续表

家庭规模	序号	家庭结构	综合费用扣除标准						
			北京	陕西	浙江	河南	黑龙江	辽宁	安徽
7人家庭	25	1个工作者+5个无工作者+1个小孩	17 664	10 326	15 607	9 681	9 731	10 330	9 701
	26	1个工作者+4个小孩+2个无工作者	17 953	10 612	15 966	9 826	9 872	10 514	9 905
	27	1个工作者+4个无工作者+2个小孩	17 761	10 421	15 727	9 729	9 778	10 392	9 769
	28	1个工作者+3个小孩+3个无工作者	17 857	10 517	15 846	9 778	9 825	10 453	9 837

附录7 按高收入户支出水平测算的 个税工薪所得综合费用扣除标准

表1 2006年部分省份个税工薪所得综合费用扣除标准（按高等收入户支出水平）

元/月

家庭规模	序号	家庭结构	综合费用扣除标准						
			北京	陕西	浙江	河南	黑龙江	辽宁	安徽
1人家庭	1	1个工作者	3 377	1 667		1 386	1 718	1 704	1 421
2人家庭	1	2个工作者	5 871	2 895		2 409	2 898	2 918	2 587
	2	1个工作者+1个小孩	5 407	2 726		2 253	2 684	2 694	2 332
	3	1个工作者+1个无工作者	5 313	2 638		2 206	2 629	2 647	2 279
3人家庭	1	3个工作者	8 366	4 123		3 432	4 077	4 131	3 752
	2	2个工作者+1个小孩	7 902	3 954		3 276	3 863	3 908	3 497
	3	2个工作者+1个无工作者	7 808	3 866		3 229	3 809	3 861	3 444
	4	1个工作者+2个小孩；	7 438	3 784		3 120	3 649	3 684	3 242
	5	1个工作者+2个无工作者	7 250	3 608		3 025	3 540	3 591	3 136
	6	1个工作者+1个无工作者+1个小孩	7 344	3 696		3 072	3 595	3 638	3 189
4人家庭	1	4个工作者	10 861	5 351		4 454	5 257	5 345	4 917
	2	3个工作者+1个小孩	10 397	5 182		4 298	5 043	5 121	4 662
	3	3个工作者+1个无工作者	10 302	5 094		4 251	4 988	5 075	4 609
	4	2个工作者+2个小孩	9 932	5 012		4 142	4 829	4 898	4 407
	5	2个工作者+2个无工作者	9 744	4 836		4 048	4 719	4 804	4 301
	6	2个工作者+1个小孩+1个无工作者	9 838	4 924		4 095	4 774	4 851	4 354

续表

家庭规模	序号	家庭结构	综合费用扣除标准						
			北京	陕西	浙江	河南	黑龙江	辽宁	安徽
4人家庭	7	1个工作者+3个小孩	9 468	4 842		3 986	4 615	4 675	4 153
	8	1个工作者+3个无工作者	9 186	4 578		3 845	4 451	4 534	3 993
	9	1个工作者+2个小孩+1个无工作者	9 374	4 754		3 939	4 560	4 628	4 099
	10	1个工作者+2个无工作者+1个小孩	9 280	4 666		3 892	4 506	4 581	4 046
5人家庭	1	5个工作者	13 355	6 579		5 477	6 437	6 558	6 082
	2	4个工作者+1个小孩	12 891	6 410		5 321	6 223	6 335	5 827
	3	4个工作者+1个无工作者	12 797	6 322		5 274	6 168	6 288	5 774
	4	3个工作者+2个小孩	12 427	6 240		5 165	6 009	6 111	5 573
	5	3个工作者+2个无工作者	12 239	6 064		5 071	5 899	6 018	5 466
	6	3个工作者+1个小孩+1个无工作者	12 333	6 152		5 118	5 954	6 065	5 519
	7	2个工作者+3个小孩	11 963	6 070		5 009	5 795	5 888	5 318
	8	2个工作者+3个无工作者	11 681	5 806		4 867	5 630	5 748	5 158
	9	2个工作者+2个小孩+1个无工作者	11 869	5 982		4 962	5 740	5 841	5 265
	10	2个工作者+2个无工作者+1个小孩	11 775	5 894		4 915	5 685	5 794	5 211
	11	1个工作者+4个小孩	11 499	5 901		4 853	5 581	5 665	5 063
	12	1个工作者+4个无工作者	11 123	5 548		4 664	5 362	5 478	4 850
	13	1个工作者+3个小孩+1个无工作者	11 405	5 813		4 806	5 526	5 618	5 010
	14	1个工作者+3个无工作者+1个小孩	11 217	5 637		4 711	5 416	5 524	4 903
	15	1个工作者+2个小孩+2个无工作者	11 311	5 725		4 758	5 471	5 571	4 957

续表

家庭规模	序号	家庭结构	综合费用扣除标准						
			北京	陕西	浙江	河南	黑龙江	辽宁	安徽
6人家庭	1	6个工作者	15 850	7 807		6 500	7 616	7 772	7 247
	2	5个工作者+1个小孩	15 386	7 638		6 344	7 402	7 548	6 993
	3	5个工作者+1个无工作者	15 292	7 550		6 297	7 348	7 502	6 939
	4	4个工作者+2个小孩	14 922	7 468		6 188	7 188	7 325	6 738
	5	4个工作者+2个无工作者	14 734	7 292		6 093	7 079	7 231	6 631
	6	4个工作者+1个小孩+1个无工作者	14 828	7 380		6 141	7 134	7 278	6 685
	7	3个工作者+3个小孩	14 458	7 298		6 032	6 974	7 102	6 483
	8	3个工作者+3个无工作者	14 175	7 034		5 890	6 810	6 961	6 323
	9	3个工作者+2个小孩+1个无工作者	14 363	7 210		5 984	6 920	7 055	6 430
	10	3个工作者+2个无工作者+1个小孩	14 269	7 122		5 937	6 865	7 008	6 377
	11	2个工作者+4个小孩	13 993	7 129		5 875	6 760	6 878	6 228
	12	2个工作者+4个无工作者	13 617	6 776		5 687	6 541	6 691	6 015
	13	2个工作者+3个小孩+1个无工作者	13 899	7 041		5 828	6 706	6 831	6 175
	14	2个工作者+3个无工作者+1个小孩	13 711	6 865		5 734	6 596	6 738	6 069
	15	2个工作者+2个小孩+2个无工作者	13 805	6 953		5 781	6 651	6 785	6 122
	16	1个工作者+5个小孩	13 529	6 959		5 719	6 546	6 655	5 973
	17	1个工作者+5个无工作者	13 059	6 519		5 484	6 272	6 421	5 707
	18	1个工作者+4个小孩+1个无工作者	13 435	6 871		5 672	6 492	6 608	5 920
	19	1个工作者+4个无工作者+1个小孩	13 153	6 607		5 531	6 327	6 468	5 760
	20	1个工作者+3个小孩+2个无工作者	13 341	6 783		5 625	6 437	6 561	5 867
	21	1个工作者+3个无工作者+2个小孩	13 247	6 695		5 578	6 382	6 514	5 814

续表

家庭规模	序号	家庭结构	综合费用扣除标准						
			北京	陕西	浙江	河南	黑龙江	辽宁	安徽
7人家庭	1	7个工作者	18 344	9 035		7 523	8 796	8 985	8 412
	2	6个工作者+1个小孩	17 880	8 866		7 366	8 582	8 762	8 158
	3	6个工作者+1个无工作者	17 786	8 778		7 319	8 527	8 715	8 104
	4	5个工作者+2个小孩	17 416	8 696		7 210	8 368	8 539	7 903
	5	5个工作者+2个无工作者	17 228	8 520		7 116	8 258	8 445	7 796
	6	5个工作者+1个小孩+1个无工作者	17 322	8 608		7 163	8 313	8 492	7 850
	7	4个工作者+3个小孩	16 952	8 526		7 054	8 154	8 315	7 648
	8	4个工作者+3个无工作者	16 670	8 262		6 913	7 990	8 175	7 488
	9	4个工作者+2个小孩+1个无工作者	16 858	8 438		7 007	8 099	8 268	7 595
	10	4个工作者+2个无工作者+1个小孩	16 764	8 350		6 960	8 044	8 222	7 542
	11	3个工作者+4个小孩	16 488	8 357		6 898	7 940	8 092	7 393
	12	3个工作者+4个无工作者	16 112	8 004		6 710	7 721	7 905	7 180
	13	3个工作者+3个小孩+1个无工作者	16 394	8 269		6 851	7 885	8 045	7 340
	14	3个工作者+3个无工作者+1个小孩	16 206	8 093		6 757	7 776	7 951	7 234
	15	3个工作者+2个小孩+2个无工作者	16 300	8 181		6 804	7 830	7 998	7 287
	16	2个工作者+5个小孩	16 024	8 187		6 742	7 726	7 868	7 139
	17	2个工作者+5个无工作者	15 554	7 747		6 506	7 452	7 634	6 872
	18	2个工作者+4个小孩+1个无工作者	15 930	8 099		6 695	7 671	7 822	7 085
	19	2个工作者+4个无工作者+1个小孩	15 648	7 835		6 553	7 507	7 681	6 926
	20	2个工作者+3个小孩+2个无工作者	15 836	8 011		6 648	7 616	7 775	7 032

续表

家庭规模	序号	家庭结构	综合费用扣除标准						
			北京	陕西	浙江	河南	黑龙江	辽宁	安徽
7人家庭	21	2个工作者＋3个无工作者＋2个小孩	15 742	7 923		6 601	7 562	7 728	6 979
	22	1个工作者＋6个小孩	15 560	8 017		6 586	7 512	7 645	6 884
	23	1个工作者＋6个无工作者	14 996	7 489		6 303	7 183	7 364	6 564
	24	1个工作者＋5个小孩＋1个无工作者	15 466	7 929		6 539	7 457	7 598	6 831
	25	1个工作者＋5个无工作者＋1个小孩	15 090	7 577		6 350	7 238	7 411	6 618
	26	1个工作者＋4个小孩＋2个无工作者	15 372	7 841		6 492	7 402	7 551	6 777
	27	1个工作者＋4个无工作者＋2个小孩	15 184	7 665		6 397	7 293	7 458	6 671
	28	1个工作者＋3个小孩＋3个无工作者	15 278	7 753		6 445	7 348	7 505	6 724

表2　2007年部分省份个税工薪所得综合费用扣除标准（按高等收入户支出水平）

元/月

家庭规模	序号	家庭结构	综合费用扣除标准						
			北京	陕西	浙江	河南	黑龙江	辽宁	安徽
1人家庭	1	1个工作者	3 359	1 957	2 930	1 547	1 745	2 066	1 581
2人家庭	1	2个工作者	5 889	3 423	5 169	2 708	2 969	3 572	2 847
	2	1个工作者＋1个小孩	5 363	3 180	4 669	2 516	2 757	3 260	2 601
	3	1个工作者＋1个无工作者	5 275	3 105	4 543	2 479	2 700	3 209	2 545
3人家庭	1	3个工作者	8 419	4 890	7 407	3 868	4 193	5 079	4 113
	2	2个工作者＋1个小孩	7 893	4 647	6 907	3 677	3 981	4 766	3 867
	3	2个工作者＋1个无工作者	7 806	4 571	6 781	3 640	3 924	4 716	3 811

续表

家庭规模	序号	家庭结构	综合费用扣除标准						
			北京	陕西	浙江	河南	黑龙江	辽宁	安徽
3人家庭	4	1个工作者+2个小孩；	7 367	4 404	6 407	3 485	3 769	4 453	3 620
	5	1个工作者+2个无工作者	7 192	4 253	6 156	3 412	3 655	4 353	3 510
	6	1个工作者+1个无工作者+1个小孩	7 280	4 328	6 281	3 448	3 712	4 403	3 565
4人家庭	1	4个工作者	10 950	6 356	9 645	5 029	5 417	6 586	5 379
	2	3个工作者+1个小孩	10 424	6 113	9 145	4 837	5 205	6 273	5 133
	3	3个工作者+1个无工作者	10 336	6 038	9 019	4 801	5 148	6 222	5 077
	4	2个工作者+2个小孩	9 898	5 870	8 645	4 646	4 993	5 960	4 886
	5	2个工作者+2个无工作者	9 722	5 719	8 394	4 572	4 879	5 859	4 776
	6	2个工作者+1个小孩+1个无工作者	9 810	5 795	8 519	4 609	4 936	5 910	4 831
	7	1个工作者+3个小孩	9 372	5 627	8 145	4 454	4 781	5 647	4 640
	8	1个工作者+3个无工作者	9 108	5 400	7 768	4 344	4 610	5 496	4 474
	9	1个工作者+2个小孩+1个无工作者	9 284	5 552	8 019	4 417	4 724	5 597	4 585
	10	1个工作者+2个无工作者+1个小孩	9 196	5 476	7 894	4 381	4 667	5 546	4 530
5人家庭	1	5个工作者	13 480	7 823	11 883	6 190	6 641	8 092	6 645
	2	4个工作者+1个小孩	12 954	7 580	11 383	5 998	6 429	7 779	6 399
	3	4个工作者+1个无工作者	12 866	7 504	11 258	5 961	6 372	7 729	6 343
	4	3个工作者+2个小孩	12 428	7 337	10 883	5 806	6 217	7 467	6 152
	5	3个工作者+2个无工作者	12 252	7 185	10 632	5 733	6 103	7 366	6 042
	6	3个工作者+1个小孩+1个无工作者	12 340	7 261	10 758	5 770	6 160	7 416	6 097
	7	2个工作者+3个小孩	11 902	7 094	10 383	5 615	6 005	7 154	5 906
	8	2个工作者+3个无工作者	11 639	6 867	10 006	5 505	5 834	7 003	5 740
	9	2个工作者+2个小孩+1个无工作者	11 814	7 018	10 258	5 578	5 948	7 103	5 851

续表

家庭规模	序号	家庭结构	综合费用扣除标准						
			北京	陕西	浙江	河南	黑龙江	辽宁	安徽
5人家庭	10	2个工作者+2个无工作者+1个小孩	11 726	6 943	10 132	5 541	5 891	7 053	5 796
	11	1个工作者+4个小孩	11 376	6 851	9 883	5 423	5 793	6 841	5 660
	12	1个工作者+4个无工作者	11 025	6 548	9 381	5 276	5 565	6 639	5 439
	13	1个工作者+3个小孩+1个无工作者	11 288	6 775	9 758	5 386	5 736	6 790	5 605
	14	1个工作者+3个无工作者+1个小孩	11 113	6 624	9 506	5 313	5 622	6 690	5 494
	15	1个工作者+2个小孩+2个无工作者	11 200	6 700	9 632	5 350	5 679	6 740	5 550
6人家庭	1	6个工作者	16 010	9 289	14 122	7 350	7 865	9 599	7 911
	2	5个工作者+1个小孩	15 484	9 046	13 622	7 159	7 653	9 286	7 664
	3	5个工作者+1个无工作者	15 397	8 971	13 496	7 122	7 596	9 236	7 609
	4	4个工作者+2个小孩	14 958	8 803	13 122	6 967	7 441	8 973	7 418
	5	4个工作者+2个无工作者	14 783	8 652	12 870	6 894	7 327	8 873	7 308
	6	4个工作者+1个小孩+1个无工作者	14 871	8 728	12 996	6 930	7 384	8 923	7 363
	7	3个工作者+3个小孩	14 432	8 560	12 622	6 775	7 229	8 660	7 172
	8	3个工作者+3个无工作者	14 169	8 333	12 245	6 665	7 058	8 509	7 006
	9	3个工作者+2个小孩+1个无工作者	14 345	8 485	12 496	6 739	7 172	8 610	7 117
	10	3个工作者+2个无工作者+1个小孩	14 257	8 409	12 370	6 702	7 115	8 560	7 062
	11	2个工作者+4个小孩	13 906	8 317	12 122	6 584	7 017	8 347	6 926
	12	2个工作者+4个无工作者	13 555	8 015	11 619	6 437	6 789	8 146	6 705
	13	2个工作者+3个小孩+1个无工作者	13 819	8 242	11 996	6 547	6 960	8 297	6 871
	14	2个工作者+3个无工作者+1个小孩	13 643	8 090	11 745	6 474	6 846	8 196	6 760

家庭规模	序号	家庭结构	综合费用扣除标准						
			北京	陕西	浙江	河南	黑龙江	辽宁	安徽
6人家庭	15	2个工作者＋2个小孩＋2个无工作者	13 731	8 166	11 870	6 510	6 903	8 247	6 815
	16	1个工作者＋5个小孩	13 380	8 074	11 622	6 392	6 805	8 034	6 680
	17	1个工作者＋5个无工作者	12 942	7 696	10 993	6 209	6 520	7 783	6 403
	18	1个工作者＋4个小孩＋1个无工作者	13 293	7 999	11 496	6 355	6 748	7 984	6 625
	19	1个工作者＋4个无工作者＋1个小孩	13 029	7 772	11 119	6 245	6 577	7 833	6 459
	20	1个工作者＋3个小孩＋2个无工作者	13 205	7 923	11 370	6 319	6 691	7 934	6 569
	21	1个工作者＋3个无工作者＋2个小孩	13 117	7 847	11 245	6 282	6 634	7 883	6 514
7人家庭	1	7个工作者	18 541	10 756	16 360	8 511	9 089	11 106	9 177
	2	6个工作者＋1个小孩	18 015	10 513	15 860	8 319	8 877	10 793	8 930
	3	6个工作者＋1个无工作者	17 927	10 437	15 734	8 283	8 820	10 742	8 875
	4	5个工作者＋2个小孩	17 489	10 270	15 360	8 128	8 665	10 480	8 684
	5	5个工作者＋2个无工作者	17 313	10 118	15 109	8 054	8 551	10 379	8 574
	6	5个工作者＋1个小孩＋1个无工作者	17 401	10 194	15 234	8 091	8 608	10 429	8 629
	7	4个工作者＋3个小孩	16 963	10 027	14 860	7 936	8 453	10 167	8 438
	8	4个工作者＋3个无工作者	16 699	9 800	14 483	7 826	8 282	10 016	8 272
	9	4个工作者＋2个小孩＋1个无工作者	16 875	9 951	14 734	7 899	8 396	10 117	8 383
	10	4个工作者＋2个无工作者＋1个小孩	16 787	9 875	14 609	7 863	8 339	10 066	8 328
	11	3个工作者＋4个小孩	16 437	9 784	14 360	7 744	8 241	9 854	8 192
	12	3个工作者＋4个无工作者	16 086	9 481	13 857	7 598	8 013	9 653	7 971
	13	3个工作者＋3个小孩＋1个无工作者	16 349	9 708	14 234	7 708	8 184	9 804	8 137

续表

家庭规模	序号	家庭结构	综合费用扣除标准						
			北京	陕西	浙江	河南	黑龙江	辽宁	安徽
7人家庭	14	3 个工作者 + 3 个无工作者 + 1 个小孩	16 173	9 557	13 983	7 634	8 070	9 703	8 026
	15	3 个工作者 + 2 个小孩 + 2 个无工作者	16 261	9 633	14 109	7 671	8 127	9 753	8 081
	16	2 个工作者 + 5 个小孩	15 911	9 541	13 860	7 553	8 029	9 541	7 946
	17	2 个工作者 + 5 个无工作者	15 472	9 163	13 232	7 369	7 744	9 289	7 669
	18	2 个工作者 + 4 个小孩 + 1 个无工作者	15 823	9 465	13 734	7 516	7 972	9 491	7 891
	19	2 个工作者 + 4 个无工作者 + 1 个小孩	15 560	9 238	13 357	7 406	7 801	9 340	7 725
	20	2 个工作者 + 3 个小孩 + 2 个无工作者	15 735	9 390	13 609	7 479	7 915	9 440	7 835
	21	2 个工作者 + 3 个无工作者 + 2 个小孩	15 647	9 314	13 483	7 443	7 858	9 390	7 780
	22	1 个工作者 + 6 个小孩	15 385	9 298	13 360	7 361	7 816	9 228	7 700
	23	1 个工作者 + 6 个无工作者	14 858	8 844	12 606	7 141	7 475	8 926	7 368
	24	1 个工作者 + 5 个小孩 + 1 个无工作者	15 297	9 222	13 234	7 324	7 759	9 178	7 644
	25	1 个工作者 + 5 个无工作者 + 1 个小孩	14 946	8 920	12 732	7 178	7 532	8 977	7 423
	26	1 个工作者 + 4 个小孩 + 2 个无工作者	15 209	9 147	13 109	7 288	7 703	9 128	7 589
	27	1 个工作者 + 4 个无工作者 + 2 个小孩	15 034	8 995	12 857	7 214	7 589	9 027	7 479
	28	1 个工作者 + 3 个小孩 + 3 个无工作者	15 121	9 071	12 983	7 251	7 646	9 077	7 534

表3　2008年部分省份个税工薪所得综合费用扣除标准（按高等收入户支出水平）

元/月

家庭规模	序号	家庭结构	综合费用扣除标准						
			北京	陕西	浙江	河南	黑龙江	辽宁	安徽
1人家庭	1	1个工作者	4 034	2 190	3 186	1 754	2 050	2 334	2 124
2人家庭	1	2个工作者	6 963	3 883	5 606	3 109	3 461	4 075	3 758
	2	1个工作者＋1个小孩	6 370	3 579	5 122	2 891	3 245	3 774	3 419
	3	1个工作者＋1个无工作者	6 277	3 515	4 981	2 833	3 181	3 709	3 363
3人家庭	1	3个工作者	9 891	5 575	8 026	4 464	4 871	5 816	5 393
	2	2个工作者＋1个小孩	9 299	5 271	7 542	4 247	4 656	5 515	5 054
	3	2个工作者＋1个无工作者	9 205	5 208	7 401	4 189	4 591	5 450	4 997
	4	1个工作者＋2个小孩；	8 706	4 967	7 057	4 029	4 440	5 214	4 715
	5	1个工作者＋2个无工作者	8 519	4 840	6 776	3 913	4 312	5 083	4 602
	6	1个工作者＋1个无工作者＋1个小孩	8 613	4 904	6 917	3 971	4 376	5 148	4 658
4人家庭	1	4个工作者	12 820	7 268	10 446	5 819	6 282	7 557	7 027
	2	3个工作者＋1个小孩	12 227	6 964	9 961	5 602	6 066	7 256	6 688
	3	3个工作者＋1个无工作者	12 134	6 900	9 821	5 544	6 002	7 190	6 631
	4	2个工作者＋2个小孩	11 635	6 660	9 477	5 384	5 851	6 954	6 349
	5	2个工作者＋2个无工作者	11 448	6 533	9 196	5 268	5 722	6 824	6 236
	6	2个工作者＋1个小孩＋1个无工作者	11 541	6 596	9 337	5 326	5 786	6 889	6 292
	7	1个工作者＋3个小孩	11 042	6 356	8 993	5 166	5 636	6 653	6 010
	8	1个工作者＋3个无工作者	10 762	6 165	8 571	4 992	5 442	6 457	5 841
	9	1个工作者＋2个小孩＋1个无工作者	10 949	6 292	8 852	5 108	5 571	6 588	5 953
	10	1个工作者＋2个无工作者＋1个小孩	10 855	6 229	8 712	5 050	5 507	6 523	5 897
5人家庭	1	5个工作者	15 748	8 960	12 866	7 175	7 692	9 298	8 661
	2	4个工作者＋1个小孩	15 156	8 656	12 381	6 957	7 477	8 997	8 322

续表

家庭规模	序号	家庭结构	综合费用扣除标准						
			北京	陕西	浙江	河南	黑龙江	辽宁	安徽
5人家庭	3	4个工作者+1个无工作者	15 063	8 593	12 241	6 899	7 412	8 931	8 266
	4	3个工作者+2个小孩	14 563	8 352	11 897	6 739	7 261	8 695	7 983
	5	3个工作者+2个无工作者	14 377	8 225	11 616	6 623	7 133	8 565	7 870
	6	3个工作者+1个小孩+1个无工作者	14 470	8 289	11 756	6 681	7 197	8 630	7 927
	7	2个工作者+3个小孩	13 971	8 048	11 413	6 521	7 046	8 394	7 644
	8	2个工作者+3个无工作者	13 691	7 858	10 991	6 348	6 853	8 198	7 475
	9	2个工作者+2个小孩+1个无工作者	13 878	7 985	11 272	6 463	6 982	8 329	7 588
	10	2个工作者+2个无工作者+1个小孩	13 784	7 921	11 132	6 406	6 917	8 264	7 531
	11	1个工作者+4个小孩	13 378	7 744	10 928	6 304	6 831	8 093	7 305
	12	1个工作者+4个无工作者	13 005	7 491	10 366	6 072	6 573	7 832	7 080
	13	1个工作者+3个小孩+1个无工作者	13 285	7 681	10 788	6 246	6 766	8 028	7 249
	14	1个工作者+3个无工作者+1个小孩	13 098	7 554	10 507	6 130	6 637	7 897	7 136
	15	1个工作者+2个小孩+2个无工作者	13 192	7 617	10 647	6 188	6 702	7 962	7 192
6人家庭	1	6个工作者	18 677	10 653	15 285	8 530	9 103	11 039	10 295
	2	5个工作者+1个小孩	18 085	10 349	14 801	8 312	8 887	10 737	9 956
	3	5个工作者+1个无工作者	17 991	10 285	14 661	8 254	8 823	10 672	9 900
	4	4个工作者+2个小孩	17 492	10 045	14 317	8 094	8 672	10 436	9 617
	5	4个工作者+2个无工作者	17 305	9 918	14 036	7 978	8 543	10 306	9 504
	6	4个工作者+1个小孩+1个无工作者	17 399	9 981	14 176	8 036	8 608	10 371	9 561
	7	3个工作者+3个小孩	16 900	9 741	13 832	7 876	8 457	10 135	9 278
	8	3个工作者+3个无工作者	16 619	9 551	13 411	7 703	8 263	9 939	9 109

家庭规模	序号	家庭结构	综合费用扣除标准						
			北京	陕西	浙江	河南	黑龙江	辽宁	安徽
6人家庭	9	3个工作者+2个小孩+1个无工作者	16 806	9 677	13 692	7 819	8 392	10 070	9 222
	10	3个工作者+2个无工作者+1个小孩	16 713	9 614	13 551	7 761	8 328	10 005	9 165
	11	2个工作者+4个小孩	16 307	9 437	13 348	7 659	8 241	9 834	8 939
	12	2个工作者+4个无工作者	15 933	9 183	12 786	7 427	7 983	9 573	8 714
	13	2个工作者+3个小孩+1个无工作者	16 214	9 373	13 208	7 601	8 177	9 769	8 883
	14	2个工作者+3个无工作者+1个小孩	16 027	9 247	12 927	7 485	8 048	9 638	8 770
	15	2个工作者+2个小孩+2个无工作者	16 120	9 310	13 067	7 543	8 112	9 703	8 826
	16	1个工作者+5个小孩	15 715	9 133	12 864	7 441	8 026	9 533	8 600
	17	1个工作者+5个无工作者	15 248	8 816	12 161	7 151	7 703	9 206	8 318
	18	1个工作者+4个小孩+1个无工作者	15 621	9 069	12 723	7 383	7 961	9 467	8 544
	19	1个工作者+4个无工作者+1个小孩	15 341	8 879	12 302	7 209	7 768	9 272	8 375
	20	1个工作者+3个小孩+2个无工作者	15 528	9 006	12 583	7 325	7 897	9 402	8 488
	21	1个工作者+3个无工作者+2个小孩	15 434	8 943	12 442	7 267	7 832	9 337	8 431
7人家庭	1	7个工作者	21 606	12 345	17 705	9 885	10 513	12 780	11 929
	2	6个工作者+1个小孩	21 013	12 041	17 221	9 667	10 298	12 478	11 590
	3	6个工作者+1个无工作者	20 920	11 978	17 080	9 609	10 233	12 413	11 534
	4	5个工作者+2个小孩	20 421	11 737	16 736	9 449	10 082	12 177	11 251
	5	5个工作者+2个无工作者	20 234	11 611	16 455	9 334	9 954	12 047	11 139
	6	5个工作者+1个小孩+1个无工作者	20 327	11 674	16 596	9 391	10 018	12 112	11 195

续表

家庭规模	序号	家庭结构	综合费用扣除标准						
			北京	陕西	浙江	河南	黑龙江	辽宁	安徽
7人家庭	7	4个工作者+3个小孩	19 828	11 433	16 252	9 232	9 867	11 876	10 912
	8	4个工作者+3个无工作者	19 548	11 243	15 831	9 058	9 674	11 680	10 743
	9	4个工作者+2个小孩+1个无工作者	19 735	11 370	16 112	9 174	9 803	11 811	10 856
	10	4个工作者+2个无工作者+1个小孩	19 641	11 306	15 971	9 116	9 738	11 745	10 800
	11	3个工作者+4个小孩	19 236	11 129	15 768	9 014	9 652	11 575	10 573
	12	3个工作者+4个无工作者	18 862	10 876	15 206	8 782	9 394	11 314	10 348
	13	3个工作者+3个小孩+1个无工作者	19 142	11 066	15 627	8 956	9 587	11 509	10 517
	14	3个工作者+3个无工作者+1个小孩	18 956	10 939	15 346	8 840	9 458	11 379	10 404
	15	3个工作者+2个小孩+2个无工作者	19 049	11 002	15 487	8 898	9 523	11 444	10 461
	16	2个工作者+5个小孩	18 643	10 825	15 283	8 796	9 436	11 274	10 234
	17	2个工作者+5个无工作者	18 176	10 508	14 581	8 507	9 114	10 947	9 953
	18	2个工作者+4个小孩+1个无工作者	18 550	10 762	15 143	8 738	9 372	11 208	10 178
	19	2个工作者+4个无工作者+1个小孩	18 270	10 572	14 721	8 565	9 178	11 013	10 009
	20	2个工作者+3个小孩+2个无工作者	18 456	10 698	15 002	8 680	9 307	11 143	10 122
	21	2个工作者+3个无工作者+2个小孩	18 363	10 635	14 862	8 622	9 243	11 078	10 065
	22	1个工作者+6个小孩	18 051	10 521	14 799	8 578	9 221	10 972	9 895
	23	1个工作者+6个无工作者	17 490	10 141	13 956	8 231	8 834	10 581	9 557
	24	1个工作者+5个小孩+1个无工作者	17 957	10 458	14 659	8 521	9 156	10 907	9 839

续表

家庭规模	序号	家庭结构	综合费用扣除标准						
			北京	陕西	浙江	河南	黑龙江	辽宁	安徽
7人家庭	25	1个工作者+5个无工作者+1个小孩	17 584	10 204	14 097	8 289	8 899	10 646	9 614
	26	1个工作者+4个小孩+2个无工作者	17 864	10 394	14 518	8 463	9 092	10 842	9 783
	27	1个工作者+4个无工作者+2个小孩	17 677	10 268	14 237	8 347	8 963	10 711	9 670
	28	1个工作者+3个小孩+3个无工作者	17 771	10 331	14 378	8 405	9 027	10 777	9 726

表4　2009年部分省份个税工薪所得综合费用扣除标准（按高等收入户支出水平）

元/月

家庭规模	序号	家庭结构	综合费用扣除标准						
			北京	陕西	浙江	河南	黑龙江	辽宁	安徽
1人家庭	1	1个工作者	4 268	2 376	3 632	1 911	2 297	2 483	1 941
2人家庭	1	2个工作者	7 412	4 232	6 297	3 409	3 915	4 434	3 512
	2	1个工作者+1个小孩	6 777	3 873	5 667	3 137	3 616	4 006	3 211
	3	1个工作者+1个无工作者	6 683	3 801	5 548	3 086	3 561	3 934	3 141
3人家庭	1	3个工作者	10 557	6 089	8 962	4 906	5 532	6 386	5 084
	2	2个工作者+1个小孩	9 921	5 729	8 332	4 634	5 233	5 957	4 783
	3	2个工作者+1个无工作者	9 827	5 658	8 213	4 583	5 179	5 885	4 713
	4	1个工作者+2个小孩	9 286	5 370	7 702	4 362	4 935	5 528	4 482
	5	1个工作者+2个无工作者	9 097	5 226	7 464	4 261	4 825	5 384	4 342
	6	1个工作者+1个无工作者+1个小孩	9 191	5 298	7 583	4 311	4 880	5 456	4 412
4人家庭	1	4个工作者	13 701	7 946	11 626	6 403	7 150	8 337	6 656
	2	3个工作者+1个小孩	13 065	7 586	10 997	6 131	6 851	7 908	6 355
	3	3个工作者+1个无工作者	12 971	7 514	10 878	6 080	6 796	7 836	6 285

续表

家庭规模	序号	家庭结构	综合费用扣除标准						
			北京	陕西	浙江	河南	黑龙江	辽宁	安徽
4人家庭	4	2个工作者+2个小孩	12 430	7 226	10 367	5 859	6 552	7 479	6 053
	5	2个工作者+2个无工作者	12 241	7 083	10 129	5 758	6 443	7 335	5 914
	6	2个工作者+1个小孩+1个无工作者	12 335	7 155	10 248	5 809	6 498	7 407	5 984
	7	1个工作者+3个小孩	11 794	6 867	9 737	5 587	6 254	7 050	5 752
	8	1个工作者+3个无工作者	11 511	6 651	9 381	5 436	6 089	6 835	5 543
	9	1个工作者+2个小孩+1个无工作者	11 700	6 795	9 618	5 537	6 199	6 978	5 682
	10	1个工作者+2个无工作者+1个小孩	11 606	6 723	9 499	5 486	6 144	6 907	5 613
5人家庭	1	5个工作者	16 845	9 802	14 291	7 900	8 768	10 288	8 228
	2	4个工作者+1个小孩	16 209	9 443	13 661	7 628	8 469	9 859	7 927
	3	4个工作者+1个无工作者	16 115	9 371	13 543	7 578	8 414	9 787	7 857
	4	3个工作者+2个小孩	15 574	9 083	13 032	7 356	8 170	9 430	7 625
	5	3个工作者+2个无工作者	15 385	8 939	12 794	7 255	8 060	9 287	7 486
	6	3个工作者+1个小孩+1个无工作者	15 480	9 011	12 913	7 306	8 115	9 358	7 556
	7	2个工作者+3个小孩	14 938	8 723	12 402	7 085	7 871	9 001	7 324
	8	2个工作者+3个无工作者	14 655	8 508	12 045	6 933	7 707	8 786	7 115
	9	2个工作者+2个小孩+1个无工作者	14 844	8 652	12 283	7 034	7 816	8 930	7 254
	10	2个工作者+2个无工作者+1个小孩	14 750	8 580	12 164	6 983	7 762	8 858	7 184
	11	1个工作者+4个小孩	14 303	8 364	11 772	6 813	7 573	8 573	7 022
	12	1个工作者+4个无工作者	13 926	8 077	11 297	6 611	7 353	8 285	6 744
	13	1个工作者+3个小孩+1个无工作者	14 209	8 292	11 653	6 762	7 518	8 501	6 953
	14	1个工作者+3个无工作者+1个小孩	14 020	8 148	11 416	6 661	7 408	8 357	6 813
	15	1个工作者+2个小孩+2个无工作者	14 114	8 220	11 534	6 712	7 463	8 429	6 883

续表

家庭规模	序号	家庭结构	综合费用扣除标准						
			北京	陕西	浙江	河南	黑龙江	辽宁	安徽
	1	6个工作者	19 989	11 659	16 956	9 397	10 385	12 239	9 800
	2	5个工作者+1个小孩	19 354	11 299	16 326	9 125	10 087	11 810	9 499
	3	5个工作者+1个无工作者	19 259	11 227	16 207	9 075	10 032	11 738	9 429
	4	4个工作者+2个小孩	18 718	10 940	15 696	8 854	9 788	11 381	9 197
	5	4个工作者+2个无工作者	18 529	10 796	15 459	8 752	9 678	11 238	9 058
	6	4个工作者+1个小孩+1个无工作者	18 624	10 868	15 578	8 803	9 733	11 310	9 127
	7	3个工作者+3个小孩	18 083	10 580	15 067	8 582	9 489	10 953	8 896
	8	3个工作者+3个无工作者	17 800	10 365	14 710	8 430	9 324	10 737	8 687
	9	3个工作者+2个小孩+1个无工作者	17 988	10 508	14 948	8 531	9 434	10 881	8 826
	10	3个工作者+2个无工作者+1个小孩	17 894	10 436	14 829	8 481	9 379	10 809	8 756
	11	2个工作者+4个小孩	17 447	10 220	14 437	8 310	9 190	10 524	8 594
6人家庭	12	2个工作者+4个无工作者	17 070	9 933	13 962	8 108	8 971	10 236	8 315
	13	2个工作者+3个小孩+1个无工作者	17 353	10 149	14 318	8 259	9 135	10 452	8 525
	14	2个工作者+3个无工作者+1个小孩	17 164	10 005	14 080	8 158	9 026	10 308	8 385
	15	2个工作者+2个小孩+2个无工作者	17 258	10 077	14 199	8 209	9 080	10 380	8 455
	16	1个工作者+5个小孩	16 812	9 861	13 807	8 038	8 892	10 095	8 293
	17	1个工作者+5个无工作者	16 340	9 502	13 213	7 785	8 617	9 736	7 944
	18	1个工作者+4个小孩+1个无工作者	16 717	9 789	13 688	7 987	8 837	10 023	8 223
	19	1个工作者+4个无工作者+1个小孩	16 434	9 574	13 332	7 836	8 672	9 808	8 014
	20	1个工作者+3个小孩+2个无工作者	16 623	9 717	13 569	7 937	8 782	9 951	8 154
	21	1个工作者+3个无工作者+2个小孩	16 529	9 645	13 451	7 886	8 727	9 880	8 084

续表

家庭规模	序号	家庭结构	综合费用扣除标准						
			北京	陕西	浙江	河南	黑龙江	辽宁	安徽
7人家庭	1	7个工作者	23 133	13 515	19 621	10 894	12 003	14 190	11 372
	2	6个工作者 +1 个小孩	22 498	13 156	18 991	10 623	11 704	13 761	11 070
	3	6个工作者 +1 个无工作者	22 403	13 084	18 872	10 572	11 649	13 689	11 001
	4	5个工作者 +2 个小孩	21 862	12 796	18 361	10 351	11 406	13 332	10 769
	5	5个工作者 +2 个无工作者	21 674	12 653	18 123	10 250	11 296	13 189	10 630
	6	5个工作者 +1 个小孩 +1 个无工作者	21 768	12 724	18 242	10 300	11 351	13 261	10 699
	7	4个工作者 +3 个小孩	21 227	12 437	17 731	10 079	11 107	12 904	10 468
	8	4个工作者 +3 个无工作者	20 944	12 221	17 375	9 927	10 942	12 688	10 258
	9	4个工作者 +2 个小孩 +1 个无工作者	21 132	12 365	17 613	10 028	11 052	12 832	10 398
	10	4个工作者 +2 个无工作者 +1 个小孩	21 038	12 293	17 494	9 978	10 997	12 760	10 328
	11	3个工作者 +4 个小孩	20 591	12 077	17 102	9 807	10 808	12 475	10 166
	12	3个工作者 +4 个无工作者	20 214	11 790	16 626	9 605	10 588	12 188	9 887
	13	3个工作者 +3 个小孩 +1 个无工作者	20 497	12 005	16 983	9 756	10 753	12 403	10 096
	14	3个工作者 +3 个无工作者 +1 个小孩	20 308	11 862	16 745	9 655	10 643	12 259	9 957
	15	3个工作者 +2 个小孩 +2 个无工作者	20 403	11 933	16 864	9 706	10 698	12 331	10 027
	16	2个工作者 +5 个小孩	19 956	11 717	16 472	9 535	10 509	12 046	9 865
	17	2个工作者 +5 个无工作者	19 484	11 358	15 878	9 283	10 235	11 687	9 516
	18	2个工作者 +4 个小孩 +1 个无工作者	19 861	11 646	16 353	9 485	10 454	11 974	9 795
	19	2个工作者 +4 个无工作者 +1 个小孩	19 578	11 430	15 997	9 333	10 290	11 759	9 586
	20	2个工作者 +3 个小孩 +2 个无工作者	19 767	11 574	16 234	9 434	10 399	11 902	9 725

续表

家庭规模	序号	家庭结构	综合费用扣除标准						
			北京	陕西	浙江	河南	黑龙江	辽宁	安徽
7人家庭	21	2个工作者＋3个无工作者＋2个小孩	19 673	11 502	16 115	9 384	10 345	11 831	9 656
	22	1个工作者＋6个小孩	19 320	11 358	15 842	9 263	10 211	11 617	9 563
	23	1个工作者＋6个无工作者	18 754	10 927	15 129	8 960	9 881	11 186	9 145
	24	1个工作者＋5个小孩＋1个无工作者	19 226	11 286	15 723	9 213	10 156	11 545	9 494
	25	1个工作者＋5个无工作者＋1个小孩	18 849	10 999	15 248	9 011	9 936	11 258	9 215
	26	1个工作者＋4个小孩＋2个无工作者	19 132	11 214	15 604	9 162	10 101	11 474	9 424
	27	1个工作者＋4个无工作者＋2个小孩	18 943	11 071	15 367	9 061	9 991	11 330	9 285
	28	1个工作者＋3个小孩＋3个无工作者	19 037	11 142	15 486	9 112	10 046	11 402	9 354

表5　2010年部分省份个税工薪所得综合费用扣除标准（按高等收入户支出水平）

元/月

家庭规模	序号	家庭结构	综合费用扣除标准						
			北京	陕西	浙江	河南	黑龙江	辽宁	安徽
1人家庭	1	1个工作者	4 689	2 632	3 825	2 191	2 447	2 622	2 233
2人家庭	1	2个工作者	8 129	4 689	6 682	3 928	4 175	4 683	4 046
	2	1个工作者＋1个小孩	7 406	4 285	6 022	3 618	3 837	4 281	3 737
	3	1个工作者＋1个无工作者	7 311	4 215	5 890	3 574	3 783	4 196	3 645
3人家庭	1	3个工作者	11 569	6 746	9 540	5 665	5 903	6 744	5 859
	2	2个工作者＋1个小孩	10 846	6 342	8 879	5 355	5 565	6 342	5 550
	3	2个工作者＋1个无工作者	10 751	6 272	8 747	5 311	5 510	6 257	5 458

续表

家庭规模	序号	家庭结构	综合费用扣除标准						
			北京	陕西	浙江	河南	黑龙江	辽宁	安徽
3人家庭	4	1个工作者+2个小孩；	10 123	5 938	8 218	5 045	5 226	5 939	5 241
	5	1个工作者+2个无工作者	9 933	5 798	7 955	4 956	5 118	5 770	5 057
	6	1个工作者+1个无工作者+1个小孩	10 028	5 868	8 087	5 001	5 172	5 855	5 149
4人家庭	1	4个工作者	15 009	8 803	12 397	7 403	7 630	8 805	7 672
	2	3个工作者+1个小孩	14 286	8 399	11 737	7 093	7 292	8 402	7 363
	3	3个工作者+1个无工作者	14 192	8 329	11 605	7 048	7 238	8 318	7 271
	4	2个工作者+2个小孩	13 563	7 995	11 076	6 783	6 954	8 000	7 054
	5	2个工作者+2个无工作者	13 374	7 855	10 812	6 694	6 846	7 830	6 870
	6	2个工作者+1个小孩+1个无工作者	13 469	7 925	10 944	6 738	6 900	7 915	6 962
	7	1个工作者+3个小孩	12 840	7 591	10 415	6 473	6 616	7 598	6 745
	8	1个工作者+3个无工作者	12 556	7 382	10 020	6 339	6 453	7 343	6 469
	9	1个工作者+2个小孩+1个无工作者	12 745	7 521	10 283	6 428	6 562	7 513	6 653
	10	1个工作者+2个无工作者+1个小孩	12 651	7 451	10 152	6 384	6 508	7 428	6 561
5人家庭	1	5个工作者	18 450	10 860	15 255	9 140	9 358	10 865	9 486
	2	4个工作者+1个小孩	17 727	10 456	14 594	8 830	9 020	10 463	9 177
	3	4个工作者+1个无工作者	17 632	10 386	14 462	8 785	8 966	10 378	9 085
	4	3个工作者+2个小孩	17 004	10 052	13 934	8 520	8 682	10 061	8 868
	5	3个工作者+2个无工作者	16 814	9 913	13 670	8 431	8 573	9 891	8 684
	6	3个工作者+1个小孩+1个无工作者	16 909	9 982	13 802	8 475	8 628	9 976	8 776
	7	2个工作者+3个小孩	16 281	9 648	13 273	8 210	8 344	9 658	8 558
	8	2个工作者+3个无工作者	15 996	9 439	12 877	8 076	8 181	9 404	8 283
	9	2个工作者+2个小孩+1个无工作者	16 186	9 578	13 141	8 165	8 290	9 574	8 466

家庭规模	序号	家庭结构	综合费用扣除标准						
			北京	陕西	浙江	河南	黑龙江	辽宁	安徽
5人家庭	10	2个工作者+2个无工作者+1个小孩	16 091	9 508	13 009	8 121	8 235	9 489	8 375
	11	1个工作者+4个小孩	15 557	9 244	12 612	7 900	8 006	9 256	8 249
	12	1个工作者+4个无工作者	15 178	8 965	12 085	7 722	7 789	8 917	7 882
	13	1个工作者+3个小孩+1个无工作者	15 463	9 174	12 480	7 855	7 952	9 171	8 157
	14	1个工作者+3个无工作者+1个小孩	15 273	9 034	12 217	7 766	7 843	9 002	7 974
	15	1个工作者+2个小孩+2个无工作者	15 368	9 104	12 348	7 811	7 897	9 087	8 065
6人家庭	1	6个工作者	21 890	12 917	18 113	10 877	11 086	12 926	11 299
	2	5个工作者+1个小孩	21 167	12 513	17 452	10 567	10 748	12 524	10 990
	3	5个工作者+1个无工作者	21 072	12 444	17 320	10 523	10 694	12 439	10 898
	4	4个工作者+2个小孩	20 444	12 109	16 791	10 257	10 410	12 121	10 681
	5	4个工作者+2个无工作者	20 254	11 970	16 527	10 168	10 301	11 952	10 497
	6	4个工作者+1个小孩+1个无工作者	20 349	12 039	16 659	10 213	10 355	12 037	10 589
	7	3个工作者+3个小孩	19 721	11 705	16 131	9 947	10 072	11 719	10 372
	8	3个工作者+3个无工作者	19 436	11 496	15 735	9 813	9 909	11 465	10 096
	9	3个工作者+2个小孩+1个无工作者	19 626	11 635	15 999	9 903	10 017	11 634	10 280
	10	3个工作者+2个无工作者+1个小孩	19 531	11 565	15 867	9 858	9 963	11 550	10 188
	11	2个工作者+4个小孩	18 998	11 301	15 470	9 637	9 734	11 317	10 063
	12	2个工作者+4个无工作者	18 618	11 022	14 942	9 459	9 516	10 978	9 695
	13	2个工作者+3个小孩+1个无工作者	18 903	11 231	15 338	9 593	9 679	11 232	9 971
	14	2个工作者+3个无工作者+1个小孩	18 713	11 092	15 074	9 503	9 571	11 063	9 787

续表

家庭规模	序号	家庭结构	综合费用扣除标准						
			北京	陕西	浙江	河南	黑龙江	辽宁	安徽
6人家庭	15	2个工作者+2个小孩+2个无工作者	18 808	11 161	15 206	9 548	9 625	11 147	9 879
	16	1个工作者+5个小孩	18 275	10 896	14 809	9 327	9 395	10 915	9 754
	17	1个工作者+5个无工作者	17 800	10 548	14 150	9 104	9 124	10 491	9 294
	18	1个工作者+4个小孩+1个无工作者	18 180	10 827	14 677	9 283	9 341	10 830	9 662
	19	1个工作者+4个无工作者+1个小孩	17 895	10 618	14 282	9 149	9 178	10 575	9 386
	20	1个工作者+3个小孩+2个无工作者	18 085	10 757	14 545	9 238	9 287	10 745	9 570
	21	1个工作者+3个无工作者+2个小孩	17 990	10 687	14 413	9 193	9 233	10 660	9 478
7人家庭	1	7个工作者	25 330	14 975	20 970	12 614	12 814	14 987	13 112
	2	6个工作者+1个小孩	24 607	14 570	20 309	12 304	12 476	14 584	12 803
	3	6个工作者+1个无工作者	24 512	14 501	20 178	12 260	12 421	14 500	12 711
	4	5个工作者+2个小孩	23 884	14 166	19 649	11 994	12 138	14 182	12 494
	5	5个工作者+2个无工作者	23 694	14 027	19 385	11 905	12 029	14 013	12 310
	6	5个工作者+1个小孩+1个无工作者	23 789	14 097	19 517	11 950	12 083	14 097	12 402
	7	4个工作者+3个小孩	23 161	13 762	18 988	11 684	11 799	13 780	12 185
	8	4个工作者+3个无工作者	22 876	13 553	18 592	11 551	11 637	13 526	11 909
	9	4个工作者+2个小孩+1个无工作者	23 066	13 692	18 856	11 640	11 745	13 695	12 093
	10	4个工作者+2个无工作者+1个小孩	22 971	13 623	18 724	11 595	11 691	13 610	12 001
	11	3个工作者+4个小孩	22 438	13 358	18 327	11 374	11 461	13 378	11 876
	12	3个工作者+4个无工作者	22 059	13 079	17 800	11 196	11 244	13 038	11 508
	13	3个工作者+3个小孩+1个无工作者	22 343	13 288	18 196	11 330	11 407	13 293	11 784

续表

家庭规模	序号	家庭结构	综合费用扣除标准						
			北京	陕西	浙江	河南	黑龙江	辽宁	安徽
7人家庭	14	3 个工作者 +3 个无工作者 +1 个小孩	22 153	13 149	17 932	11 241	11 298	13 123	11 600
	15	3 个工作者 +2 个小孩 +2 个无工作者	22 248	13 218	18 064	11 285	11 353	13 208	11 692
	16	2 个工作者 +5 个小孩	21 715	12 954	17 667	11 064	11 123	12 975	11 567
	17	2 个工作者 +5 个无工作者	21 241	12 605	17 007	10 842	10 852	12 551	11 107
	18	2 个工作者 +4 个小孩 +1 个无工作者	21 620	12 884	17 535	11 020	11 069	12 890	11 475
	19	2 个工作者 +4 个无工作者 +1 个小孩	21 336	12 675	17 139	10 886	10 906	12 636	11 199
	20	2 个工作者 +3 个小孩 +2 个无工作者	21 525	12 814	17 403	10 975	11 015	12 806	11 383
	21	2 个工作者 +3 个无工作者 +2 个小孩	21 430	12 744	17 271	10 931	10 960	12 721	11 291
	22	1 个工作者 +6 个小孩	20 992	12 549	17 006	10 754	10 785	12 573	11 258
	23	1 个工作者 +6 个无工作者	20 423	12 131	16 215	10 487	10 459	12 064	10 706
	24	1 个工作者 +5 个小孩 +1 个无工作者	20 897	12 480	16 874	10 710	10 731	12 488	11 166
	25	1 个工作者 +5 个无工作者 +1 个小孩	20 518	12 201	16 347	10 532	10 514	12 149	10 798
	26	1 个工作者 +4 个小孩 +2 个无工作者	20 802	12 410	16 742	10 665	10 677	12 403	11 074
	27	1 个工作者 +4 个无工作者 +2 个小孩	20 612	12 271	16 478	10 576	10 568	12 234	10 890
	28	1 个工作者 +3 个小孩 +3 个无工作者	20 707	12 340	16 610	10 621	10 622	12 319	10 982

表6 2011年部分省份个税工薪所得综合费用扣除标准（按高等收入户支出水平）

元/月

家庭规模	序号	家庭结构	综合费用扣除标准						
			北京	陕西	浙江	河南	黑龙江	辽宁	安徽
1人家庭	1	1个工作者	5 380	2 986	4 345	2 375	2 783	2 796	2 418
2人家庭	1	2个工作者	9 293	5 341	7 675	4 241	4 771	5 006	4 377
	2	1个工作者+1个小孩	8 531	4 862	6 867	3 892	4 332	4 543	3 921
	3	1个工作者+1个无工作者	8 388	4 786	6 722	3 834	4 288	4 460	3 837
3人家庭	1	3个工作者	13 207	7 696	11 005	6 107	6 760	7 215	6 336
	2	2个工作者+1个小孩	12 444	7 218	10 197	5 757	6 321	6 752	5 880
	3	2个工作者+1个无工作者	12 301	7 141	10 052	5 699	6 276	6 669	5 796
	4	1个工作者+2个小孩；	11 681	6 739	9 389	5 408	5 881	6 290	5 424
	5	1个工作者+2个无工作者	11 395	6 587	9 099	5 292	5 793	6 123	5 256
	6	1个工作者+1个无工作者+1个小孩	11 538	6 663	9 244	5 350	5 837	6 206	5 340
4人家庭	1	4个工作者	17 120	10 052	14 335	7 972	8 749	9 424	8 294
	2	3个工作者+1个小孩	16 358	9 573	13 527	7 623	8 309	8 962	7 838
	3	3个工作者+1个无工作者	16 214	9 497	13 382	7 565	8 265	8 878	7 754
	4	2个工作者+2个小孩	15 595	9 094	12 719	7 274	7 870	8 499	7 383
	5	2个工作者+2个无工作者	15 309	8 942	12 429	7 158	7 781	8 332	7 214
	6	2个工作者+1个小孩+1个无工作者	15 452	9 018	12 574	7 216	7 826	8 416	7 299
	7	1个工作者+3个小孩	14 832	8 616	11 912	6 924	7 431	8 036	6 927
	8	1个工作者+3个无工作者	14 403	8 387	11 476	6 751	7 298	7 787	6 674
	9	1个工作者+2个小孩+1个无工作者	14 689	8 540	11 766	6 866	7 386	7 953	6 843
	10	1个工作者+2个无工作者+1个小孩	14 546	8 463	11 621	6 809	7 342	7 870	6 759
5人家庭	1	5个工作者	21 034	12 407	17 665	9 838	10 737	11 634	10 253
	2	4个工作者+1个小孩	20 271	11 928	16 857	9 488	10 298	11 171	9 797

续表

家庭规模	序号	家庭结构	综合费用扣除标准						
			北京	陕西	浙江	河南	黑龙江	辽宁	安徽
5人家庭	3	4 个工作者 + 1 个无工作者	20 128	11 852	16 712	9 431	10 254	11 088	9 713
	4	3 个工作者 + 2 个小孩	19 508	11 450	16 049	9 139	9 859	10 708	9 341
	5	3 个工作者 + 2 个无工作者	19 222	11 297	15 759	9 023	9 770	10 542	9 173
	6	3 个工作者 + 1 个小孩 + 1 个无工作者	19 365	11 374	15 904	9 081	9 814	10 625	9 257
	7	2 个工作者 + 3 个小孩	18 745	10 971	15 242	8 790	9 419	10 246	8 885
	8	2 个工作者 + 3 个无工作者	18 316	10 742	14 806	8 616	9 286	9 996	8 633
	9	2 个工作者 + 2 个小孩 + 1 个无工作者	18 602	10 895	15 096	8 732	9 375	10 163	8 801
	10	2 个工作者 + 2 个无工作者 + 1 个小孩	18 459	10 819	14 951	8 674	9 331	10 079	8 717
	11	1 个工作者 + 4 个小孩	17 983	10 493	14 434	8 441	8 980	9 783	8 430
	12	1 个工作者 + 4 个无工作者	17 410	10 188	13 852	8 209	8 803	9 450	8 093
	13	1 个工作者 + 3 个小孩 + 1 个无工作者	17 840	10 416	14 288	8 383	8 936	9 700	8 345
	14	1 个工作者 + 3 个无工作者 + 1 个小孩	17 553	10 264	13 998	8 267	8 847	9 533	8 177
	15	1 个工作者 + 2 个小孩 + 2 个无工作者	17 696	10 340	14 143	8 325	8 891	9 617	8 261
6人家庭	1	6 个工作者	24 947	14 762	20 995	11 703	12 726	13 843	12 212
	2	5 个工作者 + 1 个小孩	24 184	14 284	20 187	11 354	12 287	13 380	11 756
	3	5 个工作者 + 1 个无工作者	24 041	14 208	20 042	11 296	12 242	13 297	11 672
	4	4 个工作者 + 2 个小孩	23 422	13 805	19 379	11 005	11 847	12 918	11 300
	5	4 个工作者 + 2 个无工作者	23 135	13 653	19 089	10 889	11 759	12 751	11 132
	6	4 个工作者 + 1 个小孩 + 1 个无工作者	23 279	13 729	19 234	10 947	11 803	12 834	11 216
	7	3 个工作者 + 3 个小孩	22 659	13 327	18 572	10 656	11 408	12 455	10 844
	8	3 个工作者 + 3 个无工作者	22 230	13 098	18 136	10 482	11 275	12 205	10 592

家庭规模	序号	家庭结构	综合费用扣除标准						
			北京	陕西	浙江	河南	黑龙江	辽宁	安徽
6人家庭	9	3个工作者+2个小孩+1个无工作者	22 516	13 250	18 426	10 598	11 364	12 372	10 760
	10	3个工作者+2个无工作者+1个小孩	22 373	13 174	18 281	10 540	11 319	12 289	10 676
	11	2个工作者+4个小孩	21 896	12 848	17 764	10 306	10 969	11 993	10 388
	12	2个工作者+4个无工作者	21 324	12 543	17 182	10 075	10 791	11 659	10 052
	13	2个工作者+3个小孩+1个无工作者	21 753	12 772	17 618	10 248	10 924	11 909	10 304
	14	2个工作者+3个无工作者+1个小孩	21 467	12 619	17 328	10 133	10 836	11 743	10 136
	15	2个工作者+2个小孩+2个无工作者	21 610	12 695	17 473	10 191	10 880	11 826	10 220
	16	1个工作者+5个小孩	21 133	12 369	16 956	9 957	10 529	11 530	9 932
	17	1个工作者+5个无工作者	20 418	11 988	16 229	9 668	10 308	11 113	9 512
	18	1个工作者+4个小孩+1个无工作者	20 990	12 293	16 811	9 899	10 485	11 447	9 848
	19	1个工作者+4个无工作者+1个小孩	20 561	12 064	16 375	9 725	10 352	11 197	9 596
	20	1个工作者+3个小孩+2个无工作者	20 847	12 217	16 665	9 841	10 441	11 363	9 764
	21	1个工作者+3个无工作者+2个小孩	20 704	12 141	16 520	9 783	10 396	11 280	9 680
7人家庭	1	7个工作者	28 861	17 118	24 325	13 569	14 715	16 052	14 170
	2	6个工作者+1个小孩	28 098	16 639	23 517	13 220	14 275	15 590	13 715
	3	6个工作者+1个无工作者	27 955	16 563	23 372	13 162	14 231	15 506	13 630
	4	5个工作者+2个小孩	27 335	16 161	22 709	12 870	13 836	15 127	13 259
	5	5个工作者+2个无工作者	27 049	16 008	22 419	12 755	13 747	14 960	13 090
	6	5个工作者+1个小孩+1个无工作者	27 192	16 084	22 564	12 813	13 792	15 044	13 175

续表

家庭规模	序号	家庭结构	综合费用扣除标准						
			北京	陕西	浙江	河南	黑龙江	辽宁	安徽
7人家庭	7	4 个工作者 +3 个小孩	26 572	15 682	21 902	12 521	13 397	14 665	12 803
	8	4 个工作者 +3 个无工作者	26 143	15 453	21 466	12 348	13 264	14 415	12 551
	9	4 个工作者 +2 个小孩 +1 个无工作者	26 429	15 606	21 756	12 463	13 352	14 581	12 719
	10	4 个工作者 +2 个无工作者 +1 个小孩	26 286	15 529	21 611	12 405	13 308	14 498	12 635
	11	3 个工作者 +4 个小孩	25 810	15 203	21 094	12 172	12 957	14 202	12 347
	12	3 个工作者 +4 个无工作者	25 237	14 898	20 512	11 940	12 780	13 869	12 011
	13	3 个工作者 +3 个小孩 +1 个无工作者	25 666	15 127	20 948	12 114	12 913	14 119	12 263
	14	3 个工作者 +3 个无工作者 +1 个小孩	25 380	14 975	20 658	11 998	12 824	13 952	12 095
	15	3 个工作者 +2 个小孩 +2 个无工作者	25 523	15 051	20 803	12 056	12 869	14 035	12 179
	16	2 个工作者 +5 个小孩	25 047	14 725	20 286	11 823	12 518	13 739	11 891
	17	2 个工作者 +5 个无工作者	24 331	14 343	19 559	11 533	12 296	13 323	11 471
	18	2 个工作者 +4 个小孩 +1 个无工作者	24 904	14 649	20 141	11 765	12 473	13 656	11 807
	19	2 个工作者 +4 个无工作者 +1 个小孩	24 474	14 420	19 705	11 591	12 341	13 406	11 555
	20	2 个工作者 +3 个小孩 +2 个无工作者	24 761	14 572	19 995	11 707	12 429	13 573	11 723
	21	2 个工作者 +3 个无工作者 +2 个小孩	24 618	14 496	19 850	11 649	12 385	13 489	11 639
	22	1 个工作者 +6 个小孩	24 284	14 246	19 478	11 473	12 078	13 277	11 435
	23	1 个工作者 +6 个无工作者	23 425	13 789	18 606	11 126	11 813	12 777	10 931
	24	1 个工作者 +5 个小孩 +1 个无工作者	24 141	14 170	19 333	11 415	12 034	13 193	11 351

续表

家庭规模	序号	家庭结构	综合费用扣除标准						
			北京	陕西	浙江	河南	黑龙江	辽宁	安徽
7人家庭	25	1个工作者＋5个无工作者＋1个小孩	23 569	13 865	18 751	11 184	11 857	12 860	11 015
	26	1个工作者＋4个小孩＋2个无工作者	23 998	14 094	19 187	11 358	11 990	13 110	11 267
	27	1个工作者＋4个无工作者＋2个小孩	23 712	13 941	18 897	11 242	11 901	12 943	11 099
	28	1个工作者＋3个小孩＋3个无工作者	23 855	14 017	19 042	11 300	11 946	13 027	11 183

附录8 按最高收入户支出水平测算的 个税工薪所得综合费用扣除标准

表1 2006年部分省份个税工薪所得综合费用扣除标准（按最高收入户支出水平）

元/月

家庭规模	序号	家庭结构	综合费用扣除标准				
			浙江	河南	黑龙江	辽宁	安徽
1人家庭	1	1个工作者		1 747	2 059	2 179	1 734
2人家庭	1	2个工作者		3 130	3 580	3 867	3 211
	2	1个工作者+1个小孩		2 865	3 285	3 539	2 880
	3	1个工作者+1个无工作者		2 812	3 234	3 473	2 825
3人家庭	1	3个工作者		4 513	5 100	5 555	4 688
	2	2个工作者+1个小孩		4 248	4 806	5 227	4 357
	3	2个工作者+1个无工作者		4 195	4 755	5 161	4 302
	4	1个工作者+2个小孩；		3 984	4 512	4 900	4 026
	5	1个工作者+2个无工作者		3 878	4 409	4 767	3 917
	6	1个工作者+1个无工作者+1个小孩		3 931	4 460	4 833	3 972
4人家庭	1	4个工作者		5 896	6 621	7 243	6 165
	2	3个工作者+1个小孩		5 631	6 327	6 915	5 834
	3	3个工作者+1个无工作者		5 579	6 275	6 849	5 780
	4	2个工作者+2个小孩		5 367	6 032	6 588	5 504
	5	2个工作者+2个无工作者		5 261	5 930	6 455	5 394
	6	2个工作者+1个小孩+1个无工作者		5 314	5 981	6 521	5 449
	7	1个工作者+3个小孩		5 102	5 738	6 261	5 173
	8	1个工作者+3个无工作者		4 944	5 584	6 061	5 009

续表

家庭规模	序号	家庭结构	综合费用扣除标准				
			浙江	河南	黑龙江	辽宁	安徽
4人家庭	9	1个工作者+2个小孩+1个无工作者		5 049	5 687	6 194	5 118
	10	1个工作者+2个无工作者+1个小孩		4 997	5 635	6 127	5 063
5人家庭	1	5个工作者		7 279	8 142	8 931	7 642
	2	4个工作者+1个小孩		7 014	7 847	8 603	7 311
	3	4个工作者+1个无工作者		6 962	7 796	8 537	7 257
	4	3个工作者+2个小孩		6 750	7 553	8 276	6 981
	5	3个工作者+2个无工作者		6 644	7 450	8 143	6 871
	6	3个工作者+1个小孩+1个无工作者		6 697	7 502	8 209	6 926
	7	2个工作者+3个小孩		6 485	7 259	7 949	6 650
	8	2个工作者+3个无工作者		6 327	7 105	7 749	6 486
	9	2个工作者+2个小孩+1个无工作者		6 432	7 207	7 882	6 595
	10	2个工作者+2个无工作者+1个小孩		6 380	7 156	7 815	6 540
	11	1个工作者+4个小孩		6 221	6 964	7 622	6 319
	12	1个工作者+4个无工作者		6 009	6 759	7 355	6 100
	13	1个工作者+3个小孩+1个无工作者		6 168	6 913	7 555	6 264
	14	1个工作者+3个无工作者+1个小孩		6 062	6 810	7 422	6 155
	15	1个工作者+2个小孩+2个无工作者		6 115	6 862	7 488	6 210
6人家庭	1	6个工作者		8 662	9 662	10 619	9 119
	2	5个工作者+1个小孩		8 397	9 368	10 291	8 789
	3	5个工作者+1个无工作者		8 345	9 317	10 225	8 734
	4	4个工作者+2个小孩		8 133	9 074	9 964	8 458
	5	4个工作者+2个无工作者		8 027	8 971	9 831	8 348
	6	4个工作者+1个小孩+1个无工作者		8 080	9 022	9 897	8 403
	7	3个工作者+3个小孩		7 868	8 779	9 637	8 127
	8	3个工作者+3个无工作者		7 710	8 625	9 437	7 963
	9	3个工作者+2个小孩+1个无工作者		7 815	8 728	9 570	8 072
	10	3个工作者+2个无工作者+1个小孩		7 763	8 677	9 503	8 018
	11	2个工作者+4个小孩		7 604	8 485	9 310	7 796
	12	2个工作者+4个无工作者		7 392	8 280	9 043	7 577

续表

家庭规模	序号	家庭结构	综合费用扣除标准				
			浙江	河南	黑龙江	辽宁	安徽
6人家庭	13	2 个工作者 +3 个小孩 +1 个无工作者		7 551	8 434	9 243	7 742
	14	2 个工作者 +3 个无工作者 +1 个小孩		7 445	8 331	9 110	7 632
	15	2 个工作者 +2 个小孩 +2 个无工作者		7 498	8 382	9 176	7 687
	16	1 个工作者 +5 个小孩		7 339	8 191	8 982	7 466
	17	1 个工作者 +5 个无工作者		7 075	7 934	8 649	7 192
	18	1 个工作者 +4 个小孩 +1 个无工作者		7 286	8 139	8 916	7 411
	19	1 个工作者 +4 个无工作者 +1 个小孩		7 128	7 985	8 716	7 247
	20	1 个工作者 +3 个小孩 +2 个无工作者		7 234	8 088	8 849	7 356
	21	1 个工作者 +3 个无工作者 +2 个小孩		7 181	8 037	8 782	7 301
7人家庭	1	7 个工作者		10 045	11 183	12 307	10 597
	2	6 个工作者 +1 个小孩		9 780	10 889	11 979	10 266
	3	6 个工作者 +1 个无工作者		9 728	10 837	11 913	10 211
	4	5 个工作者 +2 个小孩		9 516	10 594	11 652	9 935
	5	5 个工作者 +2 个无工作者		9 410	10 492	11 519	9 826
	6	5 个工作者 +1 个小孩 +1 个无工作者		9 463	10 543	11 585	9 880
	7	4 个工作者 +3 个小孩		9 251	10 300	11 325	9 604
	8	4 个工作者 +3 个无工作者		9 093	10 146	11 125	9 440
	9	4 个工作者 +2 个小孩 +1 个无工作者		9 199	10 249	11 258	9 550
	10	4 个工作者 +2 个无工作者 +1 个小孩		9 146	10 197	11 192	9 495
	11	3 个工作者 +4 个小孩		8 987	10 006	10 998	9 273
	12	3 个工作者 +4 个无工作者		8 776	9 800	10 731	9 055
	13	3 个工作者 +3 个小孩 +1 个无工作者		8 934	9 954	10 931	9 219
	14	3 个工作者 +3 个无工作者 +1 个小孩		8 828	9 852	10 798	9 109
	15	3 个工作者 +2 个小孩 +2 个无工作者		8 881	9 903	10 864	9 164
	16	2 个工作者 +5 个小孩		8 722	9 711	10 670	8 943
	17	2 个工作者 +5 个无工作者		8 458	9 455	10 337	8 669
	18	2 个工作者 +4 个小孩 +1 个无工作者		8 669	9 660	10 604	8 888
	19	2 个工作者 +4 个无工作者 +1 个小孩		8 511	9 506	10 404	8 724

家庭规模	序号	家庭结构	综合费用扣除标准				
			浙江	河南	黑龙江	辽宁	安徽
7人家庭	20	2个工作者+3个小孩+2个无工作者		8 617	9 609	10 537	8 833
	21	2个工作者+3个无工作者+2个小孩		8 564	9 557	10 470	8 779
	22	1个工作者+6个小孩		8 458	9 417	10 343	8 612
	23	1个工作者+6个无工作者		8 141	9 109	9 943	8 284
	24	1个工作者+5个小孩+1个无工作者		8 405	9 366	10 276	8 557
	25	1个工作者+5个无工作者+1个小孩		8 194	9 160	10 010	8 338
	26	1个工作者+4个小孩+2个无工作者		8 352	9 314	10 210	8 502
	27	1个工作者+4个无工作者+2个小孩		8 246	9 212	10 076	8 393
	28	1个工作者+3个小孩+3个无工作者		8 299	9 263	10 143	8 448

表2　2007年部分省份个税工薪所得综合费用扣除标准（按最高收入户支出水平）

元/月

家庭规模	序号	家庭结构	综合费用扣除标准				
			浙江	河南	黑龙江	辽宁	安徽
1人家庭	1	1个工作者	3 985	1 942	2 297	2 460	1 968
2人家庭	1	2个工作者	7 279	3 498	4 073	4 361	3 621
	2	1个工作者+1个小孩	6 516	3 201	3 697	4 014	3 293
	3	1个工作者+1个无工作者	6 331	3 141	3 625	3 930	3 230
3人家庭	1	3个工作者	10 572	5 053	5 848	6 262	5 275
	2	2个工作者+1个小孩	9 809	4 757	5 473	5 915	4 947
	3	2个工作者+1个无工作者	9 625	4 696	5 401	5 831	4 884
	4	1个工作者+2个小孩；	9 047	4 460	5 098	5 567	4 619
	5	1个工作者+2个无工作者	8 677	4 339	4 953	5 400	4 493
	6	1个工作者+1个无工作者+1个小孩	8 862	4 399	5 025	5 484	4 556
4人家庭	1	4个工作者	13 865	6 609	7 624	8 163	6 928
	2	3个工作者+1个小孩	13 103	6 312	7 249	7 815	6 600
	3	3个工作者+1个无工作者	12 918	6 252	7 177	7 732	6 537

家庭规模	序号	家庭结构	综合费用扣除标准				
			浙江	河南	黑龙江	辽宁	安徽
4人家庭	4	2个工作者+2个小孩	12 340	6 015	6 873	7 468	6 272
	5	2个工作者+2个无工作者	11 971	5 895	6 729	7 301	6 146
	6	2个工作者+1个小孩+1个无工作者	12 155	5 955	6 801	7 384	6 209
	7	1个工作者+3个小孩	11 577	5 719	6 498	7 121	5 944
	8	1个工作者+3个无工作者	11 023	5 537	6 282	6 870	5 755
	9	1个工作者+2个小孩+1个无工作者	11 393	5 658	6 426	7 037	5 881
	10	1个工作者+2个无工作者+1个小孩	11 208	5 598	6 354	6 954	5 818
5人家庭	1	5个工作者	17 159	8 165	9 400	10 063	8 581
	2	4个工作者+1个小孩	16 396	7 868	9 024	9 716	8 253
	3	4个工作者+1个无工作者	16 211	7 807	8 952	9 632	8 190
	4	3个工作者+2个小孩	15 633	7 571	8 649	9 369	7 925
	5	3个工作者+2个无工作者	15 264	7 450	8 505	9 202	7 799
	6	3个工作者+1个小孩+1个无工作者	15 449	7 511	8 577	9 285	7 862
	7	2个工作者+3个小孩	14 871	7 274	8 274	9 022	7 597
	8	2个工作者+3个无工作者	14 317	7 093	8 057	8 771	7 408
	9	2个工作者+2个小孩+1个无工作者	14 686	7 214	8 202	8 938	7 534
	10	2个工作者+2个无工作者+1个小孩	14 501	7 153	8 129	8 854	7 471
	11	1个工作者+4个小孩	14 108	6 977	7 898	8 675	7 269
	12	1个工作者+4个无工作者	13 369	6 736	7 610	8 340	7 017
	13	1个工作者+3个小孩+1个无工作者	13 923	6 917	7 826	8 591	7 206
	14	1个工作者+3个无工作者+1个小孩	13 554	6 796	7 682	8 424	7 080
	15	1个工作者+2个小孩+2个无工作者	13 739	6 857	7 754	8 507	7 143
6人家庭	1	6个工作者	20 452	9 720	11 176	11 964	10 234
	2	5个工作者+1个小孩	19 689	9 423	10 800	11 617	9 906
	3	5个工作者+1个无工作者	19 505	9 363	10 728	11 533	9 844
	4	4个工作者+2个小孩	18 927	9 127	10 425	11 270	9 578
	5	4个工作者+2个无工作者	18 557	9 006	10 281	11 102	9 453
	6	4个工作者+1个小孩+1个无工作者	18 742	9 066	10 353	11 186	9 516

家庭规模	序号	家庭结构	综合费用扣除标准				
			浙江	河南	黑龙江	辽宁	安徽
6人家庭	7	3 个工作者 +3 个小孩	18 164	8 830	10 049	10 923	9 250
	8	3 个工作者 +3 个无工作者	17 610	8 649	9 833	10 672	9 062
	9	3 个工作者 +2 个小孩 +1 个无工作者	17 979	8 769	9 977	10 839	9 187
	10	3 个工作者 +2 个无工作者 +1 个小孩	17 795	8 709	9 905	10 755	9 125
	11	2 个工作者 +4 个小孩	17 401	8 533	9 674	10 575	8 922
	12	2 个工作者 +4 个无工作者	16 663	8 291	9 386	10 241	8 671
	13	2 个工作者 +3 个小孩 +1 个无工作者	17 217	8 473	9 602	10 492	8 859
	14	2 个工作者 +3 个无工作者 +1 个小孩	16 847	8 352	9 458	10 324	8 734
	15	2 个工作者 +2 个小孩 +2 个无工作者	17 032	8 412	9 530	10 408	8 797
	16	1 个工作者 +5 个小孩	16 639	8 236	9 299	10 228	8 594
	17	1 个工作者 +5 个无工作者	15 715	7 934	8 938	9 810	8 280
	18	1 个工作者 +4 个小孩 +1 个无工作者	16 454	8 176	9 227	10 145	8 531
	19	1 个工作者 +4 个无工作者 +1 个小孩	15 900	7 995	9 010	9 894	8 343
	20	1 个工作者 +3 个小孩 +2 个无工作者	16 269	8 115	9 154	10 061	8 469
	21	1 个工作者 +3 个无工作者 +2 个小孩	16 085	8 055	9 082	9 977	8 406
7人家庭	1	7 个工作者	23 745	11 276	12 951	13 865	11 888
	2	6 个工作者 +1 个小孩	22 982	10 979	12 576	13 518	11 560
	3	6 个工作者 +1 个无工作者	22 798	10 919	12 504	13 434	11 497
	4	5 个工作者 +2 个小孩	22 220	10 682	12 201	13 171	11 232
	5	5 个工作者 +2 个无工作者	21 851	10 561	12 056	13 003	11 106
	6	5 个工作者 +1 个小孩 +1 个无工作者	22 035	10 622	12 128	13 087	11 169
	7	4 个工作者 +3 个小孩	21 457	10 385	11 825	12 823	10 904
	8	4 个工作者 +3 个无工作者	20 903	10 204	11 609	12 572	10 715
	9	4 个工作者 +2 个小孩 +1 个无工作者	21 273	10 325	11 753	12 740	10 841
	10	4 个工作者 +2 个无工作者 +1 个小孩	21 088	10 265	11 681	12 656	10 778
	11	3 个工作者 +4 个小孩	20 695	10 089	11 450	12 476	10 576
	12	3 个工作者 +4 个无工作者	19 956	9 847	11 161	12 142	10 324
	13	3 个工作者 +3 个小孩 +1 个无工作者	20 510	10 028	11 378	12 393	10 513

续表

家庭规模	序号	家庭结构	综合费用扣除标准				
			浙江	河南	黑龙江	辽宁	安徽
7人家庭	14	3个工作者+3个无工作者+1个小孩	20 141	9 907	11 233	12 225	10 387
	15	3个工作者+2个小孩+2个无工作者	20 325	9 968	11 306	12 309	10 450
	16	2个工作者+5个小孩	19 932	9 792	11 074	12 129	10 248
	17	2个工作者+5个无工作者	19 009	9 490	10 714	11 711	9 933
	18	2个工作者+4个小孩+1个无工作者	19 747	9 731	11 002	12 045	10 185
	19	2个工作者+4个无工作者+1个小孩	19 193	9 550	10 786	11 794	9 996
	20	2个工作者+3个小孩+2个无工作者	19 563	9 671	10 930	11 962	10 122
	21	2个工作者+3个无工作者+2个小孩	19 378	9 611	10 858	11 878	10 059
	22	1个工作者+6个小孩	19 169	9 495	10 699	11 782	9 920
	23	1个工作者+6个无工作者	18 061	9 133	10 266	11 280	9 542
	24	1个工作者+5个小孩+1个无工作者	18 985	9 435	10 627	11 698	9 857
	25	1个工作者+5个无工作者+1个小孩	18 246	9 193	10 339	11 364	9 605
	26	1个工作者+4个小孩+2个无工作者	18 800	9 374	10 555	11 615	9 794
	27	1个工作者+4个无工作者+2个小孩	18 431	9 253	10 411	11 447	9 668
	28	1个工作者+3个小孩+3个无工作者	18 615	9 314	10 483	11 531	9 731

表3 2008年部分省份个税工薪所得综合费用扣除标准（按最高收入户支出水平）

元/月

家庭规模	序号	家庭结构	综合费用扣除标准				
			浙江	河南	黑龙江	辽宁	安徽
1人家庭	1	1个工作者	4 309	2 362	2 707	3 549	2 580
2人家庭	1	2个工作者	7 852	4 324	4 775	6 504	4 670
	2	1个工作者+1个小孩	7 095	3 942	4 347	5 835	4 303
	3	1个工作者+1个无工作者	6 893	3 884	4 265	5 745	4 170
3人家庭	1	3个工作者	11 394	6 287	6 842	9 460	6 760
	2	2个工作者+1个小孩	10 638	5 905	6 415	8 790	6 393
	3	2个工作者+1个无工作者	10 435	5 847	6 333	8 700	6 260

续表

家庭规模	序号	家庭结构	综合费用扣除标准				
			浙江	河南	黑龙江	辽宁	安徽
3人家庭	4	1个工作者+2个小孩；	9 882	5 523	5 988	8 120	6 025
	5	1个工作者+2个无工作者	9 477	5 406	5 824	7 941	5 759
	6	1个工作者+1个无工作者+1个小孩	9 679	5 465	5 906	8 030	5 892
4人家庭	1	4个工作者	14 937	8 250	8 910	12 415	8 850
	2	3个工作者+1个小孩	14 181	7 868	8 483	11 746	8 483
	3	3个工作者+1个无工作者	13 978	7 810	8 401	11 656	8 350
	4	2个工作者+2个小孩	13 424	7 486	8 055	11 076	8 115
	5	2个工作者+2个无工作者	13 019	7 369	7 891	10 896	7 849
	6	2个工作者+1个小孩+1个无工作者	13 222	7 427	7 973	10 986	7 982
	7	1个工作者+3个小孩	12 668	7 104	7 628	10 406	7 748
	8	1个工作者+3个无工作者	12 061	6 929	7 382	10 137	7 349
	9	1个工作者+2个小孩+1个无工作者	12 466	7 045	7 546	10 316	7 615
	10	1个工作者+2个无工作者+1个小孩	12 263	6 987	7 464	10 226	7 482
5人家庭	1	5个工作者	18 479	10 213	10 978	15 371	10 940
	2	4个工作者+1个小孩	17 723	9 831	10 550	14 701	10 573
	3	4个工作者+1个无工作者	17 520	9 772	10 468	14 611	10 440
	4	3个工作者+2个小孩	16 967	9 449	10 123	14 031	10 205
	5	3个工作者+2个无工作者	16 562	9 332	9 959	13 852	9 939
	6	3个工作者+1个小孩+1个无工作者	16 764	9 390	10 041	13 942	10 072
	7	2个工作者+3个小孩	16 211	9 067	9 695	13 361	9 838
	8	2个工作者+3个无工作者	15 603	8 891	9 449	13 092	9 439
	9	2个工作者+2个小孩+1个无工作者	16 008	9 008	9 613	13 272	9 705
	10	2个工作者+2个无工作者+1个小孩	15 806	8 950	9 531	13 182	9 572
	11	1个工作者+4个小孩	15 455	8 684	9 268	12 692	9 470
	12	1个工作者+4个无工作者	14 645	8 451	8 940	12 333	8 938
	13	1个工作者+3个小孩+1个无工作者	15 252	8 626	9 186	12 602	9 337
	14	1个工作者+3个无工作者+1个小孩	14 847	8 509	9 022	12 422	9 071
	15	1个工作者+2个小孩+2个无工作者	15 050	8 568	9 104	12 512	9 204

家庭规模	序号	家庭结构	综合费用扣除标准				
			浙江	河南	黑龙江	辽宁	安徽
6人家庭	1	6 个工作者	22 022	12 176	13 045	18 326	13 030
	2	5 个工作者 + 1 个小孩	21 266	11 794	12 618	17 657	12 663
	3	5 个工作者 + 1 个无工作者	21 063	11 735	12 536	17 567	12 530
	4	4 个工作者 + 2 个小孩	20 510	11 412	12 190	16 987	12 295
	5	4 个工作者 + 2 个无工作者	20 104	11 295	12 026	16 807	12 029
	6	4 个工作者 + 1 个小孩 + 1 个无工作者	20 307	11 353	12 108	16 897	12 162
	7	3 个工作者 + 3 个小孩	19 754	11 029	11 763	16 317	11 928
	8	3 个工作者 + 3 个无工作者	19 146	10 854	11 517	16 048	11 529
	9	3 个工作者 + 2 个小孩 + 1 个无工作者	19 551	10 971	11 681	16 227	11 795
	10	3 个工作者 + 2 个无工作者 + 1 个小孩	19 348	10 913	11 599	16 137	11 662
	11	2 个工作者 + 4 个小孩	18 997	10 647	11 335	15 647	11 560
	12	2 个工作者 + 4 个无工作者	18 187	10 414	11 007	15 288	11 028
	13	2 个工作者 + 3 个小孩 + 1 个无工作者	18 795	10 589	11 253	15 557	11 427
	14	2 个工作者 + 3 个无工作者 + 1 个小孩	18 390	10 472	11 089	15 378	11 161
	15	2 个工作者 + 2 个小孩 + 2 个无工作者	18 592	10 531	11 171	15 468	11 294
	16	1 个工作者 + 5 个小孩	18 241	10 265	10 908	14 977	11 193
	17	1 个工作者 + 5 个无工作者	17 228	9 973	10 498	14 528	10 528
	18	1 个工作者 + 4 个小孩 + 1 个无工作者	18 039	10 207	10 826	14 888	11 060
	19	1 个工作者 + 4 个无工作者 + 1 个小孩	17 431	10 032	10 580	14 618	10 661
	20	1 个工作者 + 3 个小孩 + 2 个无工作者	17 836	10 148	10 744	14 798	10 927
	21	1 个工作者 + 3 个无工作者 + 2 个小孩	17 634	10 090	10 662	14 708	10 794
7人家庭	1	7 个工作者	25 564	14 139	15 113	21 282	15 120
	2	6 个工作者 + 1 个小孩	24 808	13 756	14 685	20 612	14 753
	3	6 个工作者 + 1 个无工作者	24 606	13 698	14 603	20 522	14 620
	4	5 个工作者 + 2 个小孩	24 052	13 374	14 258	19 942	14 385
	5	5 个工作者 + 2 个无工作者	23 647	13 258	14 094	19 763	14 119
	6	5 个工作者 + 1 个小孩 + 1 个无工作者	23 850	13 316	14 176	19 853	14 252
	7	4 个工作者 + 3 个小孩	23 296	12 992	13 830	19 273	14 018

续表

家庭规模	序号	家庭结构	综合费用扣除标准				
			浙江	河南	黑龙江	辽宁	安徽
7人家庭	8	4个工作者+3个无工作者	22 688	12 817	13 584	19 003	13 619
	9	4个工作者+2个小孩+1个无工作者	23 093	12 934	13 748	19 183	13 885
	10	4个工作者+2个无工作者+1个小孩	22 891	12 875	13 666	19 093	13 752
	11	3个工作者+4个小孩	22 540	12 610	13 403	18 603	13 650
	12	3个工作者+4个无工作者	21 730	12 377	13 075	18 244	13 118
	13	3个工作者+3个小孩+1个无工作者	22 337	12 552	13 321	18 513	13 517
	14	3个工作者+3个无工作者+1个小孩	21 932	12 435	13 157	18 333	13 251
	15	3个工作者+2个小孩+2个无工作者	22 135	12 493	13 239	18 423	13 384
	16	2个工作者+5个小孩	21 784	12 228	12 975	17 933	13 283
	17	2个工作者+5个无工作者	20 771	11 936	12 566	17 484	12 618
	18	2个工作者+4个小孩+1个无工作者	21 581	12 170	12 894	17 843	13 150
	19	2个工作者+4个无工作者+1个小孩	20 974	11 994	12 648	17 574	12 751
	20	2个工作者+3个小孩+2个无工作者	21 379	12 111	12 812	17 753	13 017
	21	2个工作者+3个无工作者+2个小孩	21 176	12 053	12 730	17 664	12 884
	22	1个工作者+6个小孩	21 028	11 846	12 548	17 263	12 916
	23	1个工作者+6个无工作者	19 812	11 496	12 056	16 724	12 117
	24	1个工作者+5个小孩+1个无工作者	20 825	11 787	12 466	17 173	12 783
	25	1个工作者+5个无工作者+1个小孩	20 015	11 554	12 138	16 814	12 250
	26	1个工作者+4个小孩+2个无工作者	20 623	11 729	12 384	17 084	12 650
	27	1个工作者+4个无工作者+2个小孩	20 218	11 612	12 220	16 904	12 384
	28	1个工作者+3个小孩+3个无工作者	20 420	11 671	12 302	16 994	12 517

表4　2009年部分省份个税工薪所得综合费用扣除标准（按最高收入户支出水平）

元/月

家庭规模	序号	家庭结构	综合费用扣除标准				
			浙江	河南	黑龙江	辽宁	安徽
1人家庭	1	1个工作者	5 009	2 453	3 186	3 553	2 616

续表

家庭规模	序号	家庭结构	综合费用扣除标准				
			浙江	河南	黑龙江	辽宁	安徽
2人家庭	1	2个工作者	9 051	4 491	5 694	6 575	4 863
	2	1个工作者＋1个小孩	8 041	4 027	5 073	5 838	4 352
	3	1个工作者＋1个无工作者	7 856	3 965	5 010	5 758	4 268
3人家庭	1	3个工作者	13 093	6 530	8 201	9 596	7 110
	2	2个工作者＋1个小孩	12 083	6 065	7 580	8 859	6 599
	3	2个工作者＋1个无工作者	11 898	6 004	7 517	8 779	6 515
	4	1个工作者＋2个小孩；	11 072	5 601	6 959	8 122	6 088
	5	1个工作者＋2个无工作者	10 702	5 478	6 834	7 963	5 921
	6	1个工作者＋1个无工作者＋1个小孩	10 887	5 540	6 896	8 042	6 005
4人家庭	1	4个工作者	17 135	8 568	10 708	12 617	9 356
	2	3个工作者＋1个小孩	16 125	8 104	10 087	11 880	8 846
	3	3个工作者＋1个无工作者	15 940	8 043	10 025	11 801	8 762
	4	2个工作者＋2个小孩	15 114	7 639	9 466	11 143	8 335
	5	2个工作者＋2个无工作者	14 744	7 517	9 341	10 984	8 168
	6	2个工作者＋1个小孩＋1个无工作者	14 929	7 578	9 404	11 064	8 252
	7	1个工作者＋3个小孩	14 103	7 175	8 845	10 406	7 825
	8	1个工作者＋3个无工作者	13 549	6 991	8 657	10 168	7 574
	9	1个工作者＋2个小孩＋1个无工作者	13 918	7 114	8 783	10 327	7 741
	10	1个工作者＋2个无工作者＋1个小孩	13 734	7 052	8 720	10 247	7 657
5人家庭	1	5个工作者	21 177	10 607	13 216	15 638	11 603
	2	4个工作者＋1个小孩	20 167	10 143	12 595	14 901	11 093
	3	4个工作者＋1个无工作者	19 982	10 081	12 532	14 822	11 009
	4	3个工作者＋2个小孩	19 156	9 678	11 973	14 164	10 582
	5	3个工作者＋2个无工作者	18 786	9 555	11 848	14 006	10 415
	6	3个工作者＋1个小孩＋1个无工作者	18 971	9 617	11 911	14 085	10 498
	7	2个工作者＋3个小孩	18 145	9 214	11 352	13 427	10 072
	8	2个工作者＋3个无工作者	17 591	9 030	11 165	13 189	9 820
	9	2个工作者＋2个小孩＋1个无工作者	17 960	9 152	11 290	13 348	9 988

家庭规模	序号	家庭结构	综合费用扣除标准				
			浙江	河南	黑龙江	辽宁	安徽
5人家庭	10	2个工作者+2个无工作者+1个小孩	17 776	9 091	11 227	13 269	9 904
	11	1个工作者+4个小孩	17 135	8 749	10 731	12 690	9 561
	12	1个工作者+4个无工作者	16 395	8 504	10 481	12 373	9 226
	13	1个工作者+3个小孩+1个无工作者	16 950	8 688	10 669	12 611	9 477
	14	1个工作者+3个无工作者+1个小孩	16 580	8 565	10 543	12 452	9 310
	15	1个工作者+2个小孩+2个无工作者	16 765	8 626	10 606	12 532	9 394
6人家庭	1	6个工作者	25 219	12 646	15 723	18 659	13 850
	2	5个工作者+1个小孩	24 209	12 181	15 102	17 922	13 340
	3	5个工作者+1个无工作者	24 024	12 120	15 039	17 843	13 256
	4	4个工作者+2个小孩	23 198	11 717	14 481	17 185	12 829
	5	4个工作者+2个无工作者	22 828	11 594	14 356	17 027	12 662
	6	4个工作者+1个小孩+1个无工作者	23 013	11 655	14 418	17 106	12 745
	7	3个工作者+3个小孩	22 187	11 252	13 860	16 448	12 319
	8	3个工作者+3个无工作者	21 633	11 068	13 672	16 210	12 067
	9	3个工作者+2个小孩+1个无工作者	22 002	11 191	13 797	16 369	12 235
	10	3个工作者+2个无工作者+1个小孩	21 818	11 129	13 734	16 290	12 151
	11	2个工作者+4个小孩	21 177	10 788	13 239	15 711	11 808
	12	2个工作者+4个无工作者	20 437	10 542	12 988	15 394	11 473
	13	2个工作者+3个小孩+1个无工作者	20 992	10 726	13 176	15 632	11 724
	14	2个工作者+3个无工作者+1个小孩	20 622	10 604	13 051	15 473	11 557
	15	2个工作者+2个小孩+2个无工作者	20 807	10 665	13 113	15 553	11 641
	16	1个工作者+5个小孩	20 166	10 323	12 618	14 974	11 297
	17	1个工作者+5个无工作者	19 241	10 016	12 304	14 578	10 879
	18	1个工作者+4个小孩+1个无工作者	19 981	10 262	12 555	14 895	11 214
	19	1个工作者+4个无工作者+1个小孩	19 426	10 078	12 367	14 657	10 963
	20	1个工作者+3个小孩+2个无工作者	19 796	10 200	12 492	14 816	11 130
	21	1个工作者+3个无工作者+2个小孩	19 611	10 139	12 430	14 736	11 046

家庭规模	序号	家庭结构	综合费用扣除标准				
			浙江	河南	黑龙江	辽宁	安徽
7人家庭	1	7个工作者	29 261	14 684	18 230	21 681	16 097
	2	6个工作者+1个小孩	28 251	14 220	17 609	20 944	15 587
	3	6个工作者+1个无工作者	28 066	14 158	17 546	20 864	15 503
	4	5个工作者+2个小孩	27 240	13 755	16 988	20 206	15 076
	5	5个工作者+2个无工作者	26 870	13 633	16 863	20 048	14 909
	6	5个工作者+1个小孩+1个无工作者	27 055	13 694	16 925	20 127	14 992
	7	4个工作者+3个小孩	26 229	13 291	16 367	19 469	14 565
	8	4个工作者+3个无工作者	25 675	13 107	16 179	19 232	14 314
	9	4个工作者+2个小孩+1个无工作者	26 044	13 229	16 304	19 390	14 482
	10	4个工作者+2个无工作者+1个小孩	25 860	13 168	16 242	19 311	14 398
	11	3个工作者+4个小孩	25 219	12 826	15 746	18 732	14 055
	12	3个工作者+4个无工作者	24 479	12 581	15 495	18 415	13 720
	13	3个工作者+3个小孩+1个无工作者	25 034	12 765	15 683	18 653	13 971
	14	3个工作者+3个无工作者+1个小孩	24 664	12 642	15 558	18 495	13 804
	15	3个工作者+2个小孩+2个无工作者	24 849	12 704	15 621	18 574	13 887
	16	2个工作者+5个小孩	24 208	12 362	15 125	17 995	13 544
	17	2个工作者+5个无工作者	23 283	12 055	14 812	17 599	13 126
	18	2个工作者+4个小孩+1个无工作者	24 023	12 300	15 062	17 916	13 461
	19	2个工作者+4个无工作者+1个小孩	23 468	12 116	14 874	17 678	13 209
	20	2个工作者+3个小孩+2个无工作者	23 838	12 239	15 000	17 837	13 377
	21	2个工作者+3个无工作者+2个小孩	23 653	12 178	14 937	17 758	13 293
	22	1个工作者+6个小孩	23 197	11 897	14 504	17 258	13 034
	23	1个工作者+6个无工作者	22 088	11 529	14 128	16 783	12 531
	24	1个工作者+5个小孩+1个无工作者	23 012	11 836	14 441	17 179	12 950
	25	1个工作者+5个无工作者+1个小孩	22 273	11 590	14 191	16 862	12 615
	26	1个工作者+4个小孩+2个无工作者	22 828	11 775	14 379	17 100	12 866
	27	1个工作者+4个无工作者+2个小孩	22 458	11 652	14 253	16 941	12 699
	28	1个工作者+3个小孩+3个无工作者	22 643	11 713	14 316	17 021	12 783

表5 2010年部分省份个税工薪所得综合费用扣除标准（按最高收入户支出水平）

元/月

家庭规模	序号	家庭结构	综合费用扣除标准				
			浙江	河南	黑龙江	辽宁	安徽
1人家庭	1	1个工作者	5 256	2 971	3 687	4 279	2 971
2人家庭	1	2个工作者	9 545	5 488	6 654	7 997	5 522
	2	1个工作者 +1个小孩	8 424	4 872	5 895	7 080	4 933
	3	1个工作者 +1个无工作者	8 227	4 819	5 840	6 974	4 806
3人家庭	1	3个工作者	13 834	8 006	9 622	11 715	8 073
	2	2个工作者 +1个小孩	12 713	7 389	8 863	10 798	7 484
	3	2个工作者 +1个无工作者	12 516	7 336	8 807	10 692	7 357
	4	1个工作者 +2个小孩；	11 592	6 772	8 103	9 881	6 895
	5	1个工作者 +2个无工作者	11 199	6 666	7 992	9 670	6 640
	6	1个工作者 +1个无工作者 +1个小孩	11 395	6 719	8 048	9 775	6 767
4人家庭	1	4个工作者	18 122	10 523	12 589	15 433	10 624
	2	3个工作者 +1个小孩	17 002	9 907	11 830	14 516	10 035
	3	3个工作者 +1个无工作者	16 805	9 853	11 775	14 410	9 908
	4	2个工作者 +2个小孩	15 881	9 290	11 071	13 599	9 445
	5	2个工作者 +2个无工作者	15 488	9 184	10 960	13 387	9 191
	6	2个工作者 +1个小孩 +1个无工作者	15 684	9 237	11 015	13 493	9 318
	7	1个工作者 +3个小孩	14 760	8 673	10 311	12 682	8 856
	8	1个工作者 +3个无工作者	14 170	8 514	10 145	12 365	8 475
	9	1个工作者 +2个小孩 +1个无工作者	14 564	8 620	10 256	12 576	8 729
	10	1个工作者 +2个无工作者 +1个小孩	14 367	8 567	10 201	12 470	8 602
5人家庭	1	5个工作者	22 411	13 041	15 557	19 150	13 175
	2	4个工作者 +1个小孩	21 291	12 424	14 798	18 233	12 586
	3	4个工作者 +1个无工作者	21 094	12 371	14 742	18 128	12 458
	4	3个工作者 +2个小孩	20 170	11 807	14 038	17 317	11 996
	5	3个工作者 +2个无工作者	19 776	11 701	13 927	17 105	11 742
	6	3个工作者 +1个小孩 +1个无工作者	19 973	11 754	13 983	17 211	11 869

续表

家庭规模	序号	家庭结构	综合费用扣除标准				
			浙江	河南	黑龙江	辽宁	安徽
5人家庭	7	2个工作者+3个小孩	19 049	11 190	13 279	16 400	11 407
	8	2个工作者+3个无工作者	18 459	11 031	13 113	16 082	11 026
	9	2个工作者+2个小孩+1个无工作者	18 853	11 137	13 223	16 294	11 280
	10	2个工作者+2个无工作者+1个小孩	18 656	11 084	13 168	16 188	11 153
	11	1个工作者+4个小孩	17 929	10 574	12 520	15 483	10 818
	12	1个工作者+4个无工作者	17 142	10 361	12 298	15 060	10 309
	13	1个工作者+3个小孩+1个无工作者	17 732	10 521	12 464	15 377	10 691
	14	1个工作者+3个无工作者+1个小孩	17 338	10 414	12 353	15 165	10 436
	15	1个工作者+2个小孩+2个无工作者	17 535	10 468	12 409	15 271	10 564
6人家庭	1	6个工作者	26 700	15 558	18 525	22 868	15 726
	2	5个工作者+1个小孩	25 580	14 941	17 765	21 951	15 137
	3	5个工作者+1个无工作者	25 383	14 888	17 710	21 845	15 009
	4	4个工作者+2个小孩	24 459	14 325	17 006	21 034	14 547
	5	4个工作者+2个无工作者	24 065	14 218	16 895	20 823	14 293
	6	4个工作者+1个小孩+1个无工作者	24 262	14 271	16 950	20 929	14 420
	7	3个工作者+3个小孩	23 338	13 708	16 246	20 118	13 958
	8	3个工作者+3个无工作者	22 748	13 549	16 080	19 800	13 577
	9	3个工作者+2个小孩+1个无工作者	23 141	13 655	16 191	20 012	13 831
	10	3个工作者+2个无工作者+1个小孩	22 945	13 602	16 136	19 906	13 704
	11	2个工作者+4个小孩	22 217	13 091	15 487	19 201	13 369
	12	2个工作者+4个无工作者	21 430	12 879	15 265	18 777	12 860
	13	2个工作者+3个小孩+1个无工作者	22 021	13 038	15 432	19 095	13 242
	14	2个工作者+3个无工作者+1个小孩	21 627	12 932	15 321	18 883	12 987
	15	2个工作者+2个小孩+2个无工作者	21 824	12 985	15 376	18 989	13 115
	16	1个工作者+5个小孩	21 097	12 474	14 728	18 284	12 780
	17	1个工作者+5个无工作者	20 113	12 209	14 451	17 755	12 144
	18	1个工作者+4个小孩+1个无工作者	20 900	12 421	14 672	18 178	12 653
	19	1个工作者+4个无工作者+1个小孩	20 310	12 262	14 506	17 861	12 271

续表

家庭规模	序号	家庭结构	综合费用扣除标准				
			浙江	河南	黑龙江	辽宁	安徽
6人家庭	20	1个工作者＋3个小孩＋2个无工作者	20 703	12 368	14 617	18 072	12 525
	21	1个工作者＋3个无工作者＋2个小孩	20 506	12 315	14 561	17 966	12 398
7人家庭	1	7个工作者	30 989	18 075	21 492	26 586	18 277
	2	6个工作者＋1个小孩	29 868	17 459	20 733	25 669	17 688
	3	6个工作者＋1个无工作者	29 672	17 406	20 677	25 563	17 560
	4	5个工作者＋2个小孩	28 748	16 842	19 973	24 752	17 098
	5	5个工作者＋2个无工作者	28 354	16 736	19 862	24 540	16 844
	6	5个工作者＋1个小孩＋1个无工作者	28 551	16 789	19 918	24 646	16 971
	7	4个工作者＋3个小孩	27 627	16 225	19 214	23 835	16 509
	8	4个工作者＋3个无工作者	27 037	16 066	19 048	23 518	16 128
	9	4个工作者＋2个小孩＋1个无工作者	27 430	16 172	19 159	23 729	16 382
	10	4个工作者＋2个无工作者＋1个小孩	27 233	16 119	19 103	23 624	16 255
	11	3个工作者＋4个小孩	26 506	15 608	18 455	22 918	15 920
	12	3个工作者＋4个无工作者	25 719	15 396	18 233	22 495	15 411
	13	3个工作者＋3个小孩＋1个无工作者	26 310	15 555	18 399	22 813	15 793
	14	3个工作者＋3个无工作者＋1个小孩	25 916	15 449	18 288	22 601	15 538
	15	3个工作者＋2个小孩＋2个无工作者	26 113	15 502	18 344	22 707	15 665
	16	2个工作者＋5个小孩	25 386	14 992	17 695	22 002	15 331
	17	2个工作者＋5个无工作者	24 402	14 726	17 418	21 472	14 695
	18	2个工作者＋4个小孩＋1个无工作者	25 189	14 939	17 640	21 896	15 203
	19	2个工作者＋4个无工作者＋1个小孩	24 599	14 779	17 473	21 578	14 822
	20	2个工作者＋3个小孩＋2个无工作者	24 992	14 886	17 584	21 790	15 076
	21	2个工作者＋3个无工作者＋2个小孩	24 795	14 832	17 529	21 684	14 949
	22	1个工作者＋6个小孩	24 265	14 375	16 936	21 085	14 741
	23	1个工作者＋6个无工作者	23 084	14 057	16 603	20 450	13 978
	24	1个工作者＋5个小孩＋1个无工作者	24 068	14 322	16 880	20 979	14 614
	25	1个工作者＋5个无工作者＋1个小孩	23 281	14 110	16 659	20 556	14 105
	26	1个工作者＋4个小孩＋2个无工作者	23 871	14 269	16 825	20 873	14 487
	27	1个工作者＋4个无工作者＋2个小孩	23 478	14 163	16 714	20 661	14 233
	28	1个工作者＋3个小孩＋3个无工作者	23 675	14 216	16 770	20 767	14 360

表6　2011年部分省份个税工薪所得综合费用扣除标准（按最高收入户支出水平）

元/月

家庭规模	序号	家庭结构	综合费用扣除标准				
			浙江	河南	黑龙江	辽宁	安徽
1人家庭	1	1个工作者	5 901	3 475	4 398	4 856	2 817
2人家庭	1	2个工作者	10 788	6 440	8 002	9 124	5 175
	2	1个工作者+1个小孩	9 512	5 729	7 107	8 033	4 580
	3	1个工作者+1个无工作者	9 312	5 661	7 009	7 914	4 494
3人家庭	1	3个工作者	15 674	9 405	11 606	13 393	7 533
	2	2个工作者+1个小孩	14 399	8 694	10 711	12 301	6 937
	3	2个工作者+1个无工作者	14 198	8 626	10 613	12 183	6 852
	4	1个工作者+2个小孩；	13 123	7 983	9 817	11 210	6 342
	5	1个工作者+2个无工作者	12 722	7 847	9 620	10 973	6 171
	6	1个工作者+1个无工作者+1个小孩	12 923	7 915	9 718	11 091	6 256
4人家庭	1	4个工作者	20 560	12 370	15 210	17 661	9 891
	2	3个工作者+1个小孩	19 285	11 659	14 315	16 570	9 295
	3	3个工作者+1个无工作者	19 084	11 591	14 217	16 452	9 210
	4	2个工作者+2个小孩	18 010	10 948	13 421	15 479	8 699
	5	2个工作者+2个无工作者	17 608	10 812	13 224	15 242	8 529
	6	2个工作者+1个小孩+1个无工作者	17 809	10 880	13 322	15 360	8 614
	7	1个工作者+3个小孩	16 735	10 237	12 526	14 387	8 104
	8	1个工作者+3个无工作者	16 132	10 033	12 231	14 032	7 847
	9	1个工作者+2个小孩+1个无工作者	16 534	10 169	12 428	14 269	8 018
	10	1个工作者+2个无工作者+1个小孩	16 333	10 101	12 329	14 150	7 933
5人家庭	1	5个工作者	25 446	15 335	18 814	21 930	12 249
	2	4个工作者+1个小孩	24 171	14 624	17 919	20 839	11 653
	3	4个工作者+1个无工作者	23 970	14 556	17 821	20 720	11 568
	4	3个工作者+2个小孩	22 896	13 913	17 025	19 747	11 057
	5	3个工作者+2个无工作者	22 494	13 777	16 828	19 510	10 886
	6	3个工作者+1个小孩+1个无工作者	22 695	13 845	16 926	19 629	10 972

家庭规模	序号	家庭结构	综合费用扣除标准				
			浙江	河南	黑龙江	辽宁	安徽
5人家庭	7	2个工作者 + 3个小孩	21 621	13 202	16 130	18 656	10 462
	8	2个工作者 + 3个无工作者	21 019	12 999	15 835	18 300	10 205
	9	2个工作者 + 2个小孩 + 1个无工作者	21 420	13 134	16 032	18 537	10 376
	10	2个工作者 + 2个无工作者 + 1个小孩	21 219	13 066	15 933	18 419	10 291
	11	1个工作者 + 4个小孩	20 346	12 491	15 235	17 564	9 866
	12	1个工作者 + 4个无工作者	19 543	12 220	14 842	17 091	9 524
	13	1个工作者 + 3个小孩 + 1个无工作者	20 145	12 423	15 137	17 446	9 780
	14	1个工作者 + 3个无工作者 + 1个小孩	19 743	12 287	14 940	17 209	9 609
	15	1个工作者 + 2个小孩 + 2个无工作者	19 944	12 355	15 039	17 327	9 695
6人家庭	1	6个工作者	30 333	18 300	22 418	26 199	14 607
	2	5个工作者 + 1个小孩	29 057	17 589	21 523	25 107	14 011
	3	5个工作者 + 1个无工作者	28 857	17 522	21 425	24 989	13 925
	4	4个工作者 + 2个小孩	27 782	16 878	20 628	24 016	13 415
	5	4个工作者 + 2个无工作者	27 381	16 743	20 432	23 779	13 244
	6	4个工作者 + 1个小孩 + 1个无工作者	27 581	16 811	20 530	23 897	13 330
	7	3个工作者 + 3个小孩	26 507	16 167	19 734	22 924	12 819
	8	3个工作者 + 3个无工作者	25 905	15 964	19 439	22 569	12 563
	9	3个工作者 + 2个小孩 + 1个无工作者	26 306	16 100	19 636	22 806	12 734
	10	3个工作者 + 2个无工作者 + 1个小孩	26 106	16 032	19 537	22 687	12 648
	11	2个工作者 + 4个小孩	25 232	15 456	18 839	21 833	12 224
	12	2个工作者 + 4个无工作者	24 429	15 185	18 446	21 359	11 882
	13	2个工作者 + 3个小孩 + 1个无工作者	25 031	15 388	18 741	21 714	12 138
	14	2个工作者 + 3个无工作者 + 1个小孩	24 630	15 253	18 544	21 478	11 967
	15	2个工作者 + 2个小孩 + 2个无工作者	24 830	15 321	18 643	21 596	12 053
	16	1个工作者 + 5个小孩	23 957	14 745	17 945	20 741	11 628
	17	1个工作者 + 5个无工作者	22 953	14 406	17 453	20 149	11 201
	18	1个工作者 + 4个小孩 + 1个无工作者	23 756	14 677	17 847	20 623	11 542
	19	1个工作者 + 4个无工作者 + 1个小孩	23 154	14 474	17 551	20 268	11 286
	20	1个工作者 + 3个小孩 + 2个无工作者	23 555	14 610	17 748	20 505	11 457
	21	1个工作者 + 3个无工作者 + 2个小孩	23 354	14 542	17 650	20 386	11 371

续表

家庭规模	序号	家庭结构	综合费用扣除标准				
			浙江	河南	黑龙江	辽宁	安徽
7人家庭	1	7个工作者	35 219	21 266	26 021	30 467	16 964
	2	6个工作者+1个小孩	33 944	20 555	25 127	29 376	16 369
	3	6个工作者+1个无工作者	33 743	20 487	25 029	29 257	16 283
	4	5个工作者+2个小孩	32 668	19 844	24 232	28 284	15 773
	5	5个工作者+2个无工作者	32 267	19 708	24 036	28 048	15 602
	6	5个工作者+1个小孩+1个无工作者	32 468	19 776	24 134	28 166	15 687
	7	4个工作者+3个小孩	31 393	19 133	23 338	27 193	15 177
	8	4个工作者+3个无工作者	30 791	18 929	23 043	26 838	14 921
	9	4个工作者+2个小孩+1个无工作者	31 193	19 065	23 240	27 075	15 092
	10	4个工作者+2个无工作者+1个小孩	30 992	18 997	23 141	26 956	15 006
	11	3个工作者+4个小孩	30 118	18 422	22 443	26 101	14 581
	12	3个工作者+4个无工作者	29 315	18 150	22 050	25 628	14 240
	13	3个工作者+3个小孩+1个无工作者	29 917	18 354	22 345	25 983	14 496
	14	3个工作者+3个无工作者+1个小孩	29 516	18 218	22 148	25 746	14 325
	15	3个工作者+2个小孩+2个无工作者	29 717	18 286	22 247	25 865	14 411
	16	2个工作者+5个小孩	28 843	17 711	21 549	25 010	13 986
	17	2个工作者+5个无工作者	27 839	17 371	21 057	24 418	13 558
	18	2个工作者+4个小孩+1个无工作者	28 642	17 643	21 450	24 892	13 900
	19	2个工作者+4个无工作者+1个小孩	28 040	17 439	21 155	24 536	13 644
	20	2个工作者+3个小孩+2个无工作者	28 441	17 575	21 352	24 773	13 815
	21	2个工作者+3个无工作者+2个小孩	28 241	17 507	21 254	24 655	13 729
	22	1个工作者+6个小孩	27 568	17 000	20 654	23 919	13 390
	23	1个工作者+6个无工作者	26 363	16 592	20 064	23 208	12 877
	24	1个工作者+5个小孩+1个无工作者	27 367	16 932	20 556	23 800	13 304
	25	1个工作者+5个无工作者+1个小孩	26 564	16 660	20 162	23 326	12 963
	26	1个工作者+4个小孩+2个无工作者	27 166	16 864	20 458	23 682	13 219
	27	1个工作者+4个无工作者+2个小孩	26 765	16 728	20 261	23 445	13 048
	28	1个工作者+3个小孩+3个无工作者	26 966	16 796	20 359	23 563	13 134

参考文献

[1] Haig R M. The Concept of Income – economic and Legal Aspects[J]. The Federal Income Tax, 1921, 1(7).

[2] Simons H C. Personal Income Taxation [M]. Chicago: University of Chicago Press, 1950.

[3] Cooney, John. The International Handbook of Corporate and Personal Taxes [M]. Boston: Butteruorths Tolley Limited, 2003.

[4] Alm J, Whittington L A. Income Taxes and the Timing of Marital Decisions[J]. Journal of Public Economics, 1997, 64(2): 219 – 240.

[5] Plotnick R D, Smolensky E, Evenhouse E, et al. Inequality, Poverty, and the Fisc in Twentieth – century America[J]. Journal of Post Keynesian Economics, 1998: 51 – 75.

[6] Orshansky M. Children of the Poor[J]. Social Security Bulletin, 1963, 26: 3 – 13.

[7] Orshansky M. Recounting the Poor: A Five – Year Review [J]. Social Security Bulletin, 1966, 29: 20.

[8] Fisher G M. The Development and History of the Poverty Thresholds[J]. Social Security Bulletin, 1992, 55: 3.

[9] Orshansky M. Counting the Poor: Another Look at the Poverty Profile[J]. Social Security Bulletin, 1988, 51(50): 25.

[10] Fisher G M. Poverty Guidelines for 1992[J]. Social Security Bulletin, 1992, 55: 43.

[11] Brown E J. Growing Common Law of Taxation[J]. S. Cal. L. Rev. , 1960, 34: 235.

[12] Trigg P R. Some Income Tax Aspects of Community Property Law[J]. Mich. L. Rev. , 1947, 46: 1 – 16.

［13］Kalinka S. Taxation of Community Income：It is Time for Congress to Override Poe v. Seaborn［J］. La. L. Rev. ，1997，58：73.

［14］金子宏. 日本税法［M］. 战宪斌，郑林根，等，译. 北京：法律出版社，2004.

［15］杨斌. 税收学［M］. 2 版，北京：科学出版社，2011.

［16］墨菲. 美国联邦税制［M］. 谢学智，译. 大连：东北财经大学出版社，2001.

［17］图若尼. 税法的起草与设计［M］. 2 卷，国际货币基金组织，国家税务总局政策法规司，译. 北京：中国税务出版社，2004.

［18］国家税务总局. 中国税务年鉴［M］. 北京：中国税务出版社，2012.

［19］翟继光. 美国税法典（精选本）［M］. 北京：经济管理出版社，2011.

［20］陈汝议，武梦佐. 日本国所得税法［M］. 北京：中国展望出版社，1984.

［21］徐放. 税收与美国社会［M］. 北京：中国税务出版社，2000.

［22］吉尔伯特·菲特，吉姆·里斯. 美国经济史［M］. 方秉铸，译. 沈阳：辽宁人民出版社，1981.

［23］约翰·康芒斯. 美国劳工史［M］. 1 卷，伦敦：麦克米伦公司，1918.

［24］郑幼锋. 美国联邦所得税变迁研究［M］. 北京：中国财政经济出版社，2006.

［25］西蒙·库兹涅茨. 国民收入：研究结果总结［M］. 北京：全国经济研究所，1946.

［26］斯坦利·恩格尔曼，罗伯特·高尔曼. 剑桥美国经济史：20 世纪［M］. 3 卷，高德步，译. 北京：中国人民大学出版社，2008.

［27］中国社会科学院社会学研究所. 中国城市家庭：五城市家庭调查报告及资料汇编［M］. 济南：山东人民出版社，1985.

［28］沈崇麟，杨善华. 当代中国城市家庭研究：七城市调查报告和资料汇编［M］. 北京：中国社会科学出版社，1995.

［29］沈崇麟，杨善华，李东山. 世纪之交的城乡家庭［M］. 北京：中国社会科学出版社，1999.

［30］李景汉. 定县社会概况调查［M］. 北京：中国人民大学出版社，1986.

［31］费孝通. 江村经济［M］. 北京：商务印书馆，2001.

［32］费孝通. 乡土中国［M］. 北京：生活·读书·新知三联书店，1985.

［33］沈崇麟，李东山，赵峰. 变迁中的城乡家庭［M］. 重庆：重庆大学出版社，2009.

［34］国家统计局城市社会经济调查司. 中国城市（镇）生活与价格年鉴（2012）［M］. 北京：中国统计出版社，2013.

［35］黄光国等. 面子：中国人的权力游戏［M］. 北京：中国人民大学出版社，2004.

[36]田海东.住房政策:国际借鉴和中国现实选择[M].北京:清华大学出版社,1998.

[37]马君,詹卉.美国个人所得税课税单位的演变及其对中国的启示[J].税务研究,2010(1):94-97.

[38]刘佐.个人收入调节初征[J].瞭望周刊,1985(5):9-19.

[39]江山.个人收入调节税征收状况剖析[J].瞭望周刊,1989(47):20-21.

[40]徐晓鹰.关于调整个人收入调节税起征点的建议[J].中国劳动科学,1990(7):9-10.

[41]朱青.个人所得税免征额初探[J].税务研究,2003(3):46-49.

[42]薛文谦.合理设计我国个人所得税免征额[J].涉外税务,2005(6):32-34.

[43]刘佐,李本贵.个人所得税税前扣除的国际比较[J].涉外税务,2005(8):49-55.

[44]汤贡亮,陈守中.个人所得税费用扣除标准调整的测算[J].税务研究,2005(9):48-52.

[45]潘明星.改革个人所得税免征额之我见[J].税务研究,2005(11):50-52.

[46]曹贺,赵莹.最低生活保障个人所得税费用扣除额计算方法探析[J].财会月刊(理论版),2006(2):56-58.

[47]钟馨.试述我国个人所得税费用扣除标准的合理性建议[J].改革与战略,2006(8):59-62.

[48]杨斌.论个人所得税工薪所得综合费用扣除的国际实践[J].涉外税务,2005(12):7-11.

[49]杨斌.论确定个人所得税工薪所得综合费用扣除标准的原则和方法[J].涉外税务,2006(1):9-15.

[50]杨斌.论中国式个人所得税征管模式[J].税务研究,2017(2):30-38.

[51]杨斌.综合分类个人所得税税率制度设计[J].税务研究,2016(2):30-37.

[52]杨斌.论中国政府特性和非对称型分税制加分益制财政体制[J].税务研究,2014(1):5-12.

[53]杨斌.我国收入分配状况的纠正:公共服务均等化还是税收调节——兼论改变经济全球化中生产要素流动的非对称性对纠正收入分配的作用[J].税务研究,2013(1):3-9.

[54]杨斌,宋小宁,潘梅.论个人所得税的指数化调整[J].税务研究,2012(8):

28 - 34.

[55]杨斌. 个人所得税对收入分配不公能起到有效的调节作用吗? [J]. 国际税收, 2012(6):5 - 9.

[56]杨斌, 宋春平. 两个协定范本关于所得征税权分配规则的比较[J]. 国际税收, 2011(8):48 - 52.

[57]杨斌. 论税收治理的现代性[J]. 税务研究, 2010(5):3 - 8.

[58]杨斌. 关于房地产税费改革方向和地方财政收入模式的论辩[J]. 税务研究, 2007(3):43 - 48.

[59]杨斌. 关于我国地方税体系存在依据的论辩[J]. 税务研究, 2006(5):32 - 38.

[60]杨斌. 对西方最优税收理论之实践价值的质疑[J]. 管理世界, 2005(8): 23 - 32.

[61]杨斌. 返还间接税:形成城乡统一的公共财政体制的必要步骤[J]. 税务研究, 2005(6):7 - 10.

[62]杨斌. 不能用西方最优税收理论指导我国的税制改革[J]. 国际税收, 2005(5):5 - 10.

[63]杨斌, 石建兴. 中国式个人所得税的制度设计[J]. 财政研究, 2004(7): 58 - 61.

[64]杨斌. 经济全球化的本质分析和治税策略选择(上)[J]. 国际税收, 2004(7): 5 - 9.

[65]杨斌. 经济全球化的本质分析和治税策略选择(下)[J]. 国际税收, 2004(8): 8 - 13.

[66]杨斌. 中西文化差异与税制改革:以增值税和个人所得税为例[J]. 税务研究, 2003(5):14 - 22.

[67]杨斌. 我国税收优惠政策的特殊性及其控制策略[J]. 中国财政, 2003(9): 14 - 16.

[68]杨斌. 西方模式个人所得税的不可行性和中国式个人所得税的制度设计[J]. 管理世界, 2002(7):11 - 23.

[69]杨斌, 邱慈孙. 后发达地区的税外收费改革和理财治税策略[J]. 税务研究, 2002(5):6 - 12.

[70]杨斌, 邱慈孙. 欠发达地区理财治税策略论[J]. 财贸经济, 2002(5):19 - 22.

[71]杨斌. 论选择税收征管模式的原则[J]. 税务与经济, 1999(4):13 - 16.

[72]杨斌. 论规范税收内涵:对税收本质的一个"国家分配论"说明[J]. 东南学术,1999(1):28－32.

[73]杨斌. 完善个人所得税制的两大核心问题[J]. 税务研究,1999(10):41－47.

[74]杨斌. 非对称型分税制:我国分税制的改革方向[J]. 中国经济问题,1999(2):8－16.

[75]杨斌. 完善我国税收制度和税制结构的总体设想[J]. 福建税务,1999(1):11－14.

[76]杨斌. 论合理科学的聚财之道和当前应采取的治税策略[J]. 国际税收,1999(6):4－10.

[77]杨斌. 论面向21世纪的中国税制(上)[J]. 国际税收,1999(1):20－24.

[78]杨斌. 论面向21世纪的中国税制(下)[J]. 国际税收,1999(2):19－23.

[79]杨斌,胡学勤. 我国政府税外收费的实证分析[J]. 福建税务,1998(8):4－8.

[80]杨斌. 宏观税收负担总水平的现状分析及策略选择[J]. 经济研究,1998(8):47－54.

[81]杨斌. 论完善我国个人所得税居民身份确定规则[J]. 国际税收,1997(7):33－34.

[82]杨斌,雷根强. 税收制度设计和实施的基本原则[J]. 福建税务,1995(4):9－10.

[83]杨斌. 个人所得税的国际比较[J]. 财贸经济,1991(6):38－43.

[84]杨斌. 税收公平和税制改革[J]. 当代财经,1991(1):40－43.

[85]汤贡亮,周仕雅. 从税基的视角完善个人所得税制[J]. 税务研究,2007(6):28－31.

[86]汤贡亮. 税制改革的重要一环:改革与完善个人所得税[J]. 中国税务,2004(4):1－1.

[87]马国强. 个人应税所得的性质、类型与税收型式[J]. 税务研究,2018(1):42－52.

[88]马国强. 论个人所得税模式转换[J]. 税务研究,2018(6).

[89]马国强. 经济发展水平、税收政策目标与税制结构模式[J]. 税务研究,2016(5):3－16.

[90]马国强. 税制结构基础理论研究[J]. 税务研究,2015(1):3－15.

[91]马国强. 论个人所得税基本模式[J]. 税务研究,2013(9):3－9.

[92]马国强.西方国家税收管理研究的发展演变[J].国际税收,2007(6):5-8.

[93]马国强,王椿元.收入再分配与税收调节[J].税务研究,2002(2):7-11.

[94]马国强.论税收管理的目标、框架与模式[J].税务研究,1999(12):3-8.

[95]马国强,付伯颖.加拿大工薪税的发展与演变[J].国际税收,1998(11):30-32.

[96]马国强.税收根据理论的比较研究[J].税务与经济,1996(3):8-11.

[97]沈玉平,叶颖颖,董根泰.以宪政原则为指导设计个人所得税费用扣除标准[J].税务研究,2008(9):29-31.

[98]杨卫华.我国个人所得税减除费用的性质与标准[J].中山大学学报(社会科学版),2009(4):195-200.

[99]陈庆海.我国工薪所得个人所得税费用扣除标准的评价及动态测算模型的构建[J].当代经济管理,2010(12):73-77.

[100]郭剑川.最低工资标准下的个税免征额区域化设计:以北京为例[J].统计教育,2010(4):21-26.

[101]郭剑川,刘黎明.个人所得税免征额调整的财政影响估算[J].统计教育,2009(8):18-22.

[102]洪飚,宋良荣.工薪所得个人所得税的费用扣除额测算[J].财会月刊,2012(9):68-71.

[103]李斌.建立个人所得税费用扣除体系的设想[J].税务研究,2004(11):36-38.

[104]高培勇.个税改革:还是要加快向综合与分类结合制转轨[J].税务研究,2008(1):30-33.

[105]贾康,梁季.我国个人所得税改革问题研究:兼论"起征点"问题合理解决的思路[J].财政研究,2010(4):2-13.

[106]李哲.刍议个人所得税免征额和费用扣除标准的改革[J].福建税务,2003(5):23-25.

[107]李炯.论提高个税起征点及其税制改革[J].中共浙江省委党校学报,2010(2):5-10.

[108]童丽丽,王志成.试论个人所得税费用减除标准的区域化和动态化[J].税务研究,2008(3):67-70.

[109]刘剑文.对个税工资薪金所得费用扣除标准和反思与展望:以人权保障为视

角[J].涉外税务,2009(1):33-37.

[110]马福军.个人所得税费用扣除应建立全国统一标准下的浮动机制[J].税务研究,2010(3):52-53.

[111]黄洪,严红梅.个人所得税工资、薪金所得费用扣除标准的实证研究[J].税务研究,2009(3):48-52.

[112]陈彦云.个税扣除标准就该统一[J].经济研究参考,2005(87):21.

[113]岳树民.我国个人所得税制改革中的公平问题[J].涉外税务,2004(7):10-13.

[114]毛亮,郝朝艳,平新乔,等.个税起征点的国际比较与提高起征点的效应估算[J].国际经济评论,2009(11):34-38.

[115]王鑫,吴斌珍.个人所得税起征点变化对居民消费的影响[J].世界经济,2011(8):66-86.

[116]刘怡,聂海峰,邢春冰.个人所得税费用扣除调整的劳动供给效应[J].财贸经济,2010(10):52-59.

[117]潘梅,宋小宁.工薪所得个人所得税负变化及提高费用扣除标准的福利效应[J].税务研究,2010(3):49-51.

[118]郝朝燕,梁爽,毛亮,等.关于个税起征点的研究[J].经济理论与经济管理,2011(2):59-68.

[119]白彦锋,许嫚嫚.个税免征额调整对政府税收收入和居民收入分配影响的研究[J].财贸经济,2011(11):66-73.

[120]曾毅,李伟,梁志武.中国家庭结构的现状、区域差异及变动趋势[J].中国人口科学,1992(2):1-12.

[121]曾毅,梁志武.中国80年代以来各类核心家庭户的变动趋势[J].中国人口科学,1993(3):3-8.

[122]王跃生.当代中国家庭结构变动分析[J].中国社会科学,2006(1):96-108.

[123]李银河.家庭结构与家庭关系的变迁:基于兰州的调查分析[J].甘肃社会科学,2011(1):6-12.

[124]王跃生.当代中国家庭结构变动比较[J].社会,2006(3):96-108.

[125]阮官寿.淑江区婚姻状况和家庭结构的演变[J].中国统计,2012(8):40-42.

[126]梁小红,王庆雄,杨培喜.广州市白领人群午餐现状调查[J].现代预防医学,

2012(2):296 - 298.

[127]魏炯,马秋菊,刘芳.上班族人群的午餐状况调查[J].中国卫生产业,2012(2):172.

[128]何静,李艳.论当前中国农村的人情消费[J].中国科技信息,2005(16):223.

[129]吴铁钧."面子"的定义及其功能的研究综述[J].心理科学,2004(4):927 - 930.

[130]牟善婷.逊克县城镇居民人情消费支出浅析[J].黑河学刊,2011(7):141 - 142.

[131]风笑天.第一代独生子女父母的家庭结构:全国五大城市的调查分析[J].社会科学研究,2009(2):104 - 110.

[132]焦建国,刘辉.个人所得税费用扣除标准的调整测算研究:基于北京数据的分析[J].经济研究参考,2011(32):45 - 52.

[133]中华人民共和国国史网.全国税政实施要则[EB/OL].http://www.hprc.org.cn/gsgl/dsnb/gsbn/1950n1/31r_1/200906/t20090603_2682.html.

[134]中国人大网.社会公众对个人所得税法修正案(草案)的意见[EB/OL].http://www.npc.gov.cn/huiyi/lfzt/grsdsfxz/2011 - 06/15/content_1659108.htm.

[135]郭一信.3 000元个税免征额是否合理?[N].21世纪经济报道,2011 - 5 - 4.

[136]刘彦广,赵琳琳,谢绮姗.逾八成职工盼免征额高于2 000元[N].广州日报,2005 - 9 - 28.

[137]王婷.个税免征额有望调至2 000元,纳税工薪阶层降为30%[N].中国证券报,2007 - 12 - 24.

[138]丁冰.个税免征额升至3 500元 提高更具前瞻性[N].中国证券报,2011 - 7 - 1.

[139]马守敏.个税修法:免征额与税率的玄机[N].人民法院报.2011 - 4 - 30.

[140]顾海兵,黎琴芳.个税免征额定多少合适[N].中国税务报,2007 - 3 - 28.

[141]刘克梅.人情消费当"适可而止"[N].中国纪检监察报,2013 - 3 - 10.

[142]华维.人情消费:百姓不能承受之重[N].人民日报,2010 - 1 - 19.

[143]陈仁泽.别让"人情消费"压弯农民的腰[N].人民日报,2009 - 2 - 22.

[144]李巍.如此礼尚往来值不值?[N].经济日报,2004 - 4 - 3.

［145］刘春芳."人情消费":不得不说的痛［N］.内蒙古日报,2013－6－20.

［146］易运和.个人收入调节税的开征与退出［N］.中国税务报,2009－12－25.

［147］郑新业.过去十年城镇收入不平等持续恶化［N］.第一财经日报,2012－1－30.

［148］胡朝辉.税改风声再掀个税免征额之争［N］.中国经营报,2003－11－21.

后　记

　　博士论文即将付梓,也是笔者人生的第一本专著,喜悦之情难以言表。回想当年,我抛家舍业、怀壮志雄心来厦门大学攻读博士研究生。当时,父母、妻子、老师、领导、同事、同学、朋友,有鼓励我的,有不理解我的,有佩服我的。然而,既然心还没有定下来,既然工作六年后的我依然有梦想和斗志,既然选择了远方,就应该坚定地走下去。因此,我可能比其他同学更珍惜这次机会,更有压力。事实上,这个来之不易的博士,我读的很认真,同时也很累。读博期间,家里琐事和学业负担时常会让我心情波动,但从没有打过退堂鼓。

　　谈到读博的收获。第一,对自己重新认识,对自己性格、能力、优缺点等肯定性、纠正性认识。什么更适合自己? 这与远大抱负、优劣职业选择无关。第二,读博让自己更多了一份淡定和安宁,少了一些焦躁。第三,往往只有达到临界点,才能看到真实的一面,读博提供了这样一个时刻。第四,差异往往是比较的结果,别人是自己的一面镜子,通过看镜子更能客观地评价自己。第五,博士导师杨斌教授身体力行的点拨,对我的影响是全方面的,甚至是终身的。第六,得到系统的学术训练,对如何申请课题、撰写学术论文有一些心得体会。第七,拓展了学术视野,对中国财政问题有了跟以前不一样的认识。第八,认识了一些朋友,建立了难忘的友谊。

　　谈到对自己读博的评价。从非读博本身来看,我想可以打到80分;从读博本身来看,我扪心自问了半天,应该是不及格,如果去掉性格等因素,应该算是勉强及格。

　　最后是感谢。感谢杨老师的影响。"论文可以慢点写,但不能抄袭,为你一生负责!""看实质,实质有变化吗?""用系统性思维考虑问题!""如果你是某某某,你该怎么解决?""这三年一定要多看书,不能让自己闲着!""不要拿着稿子念,脱稿讲""请举例子,只有举出例子,才能说明你彻底理解了""社会科学研究是需要有立场的!"等会继续提醒我、启发我。杨老师煮的咖啡、煲的汤、沏的茶,杨老师自掏腰包组织的"博饼",杨老师隔段时间带我们改善伙食,这些都至今难忘。感谢张大龙教授及爱人沈姨。张老师是我的财政学启蒙老师,鼓励并推荐我来厦门大学攻读博士。张老师在学习上、工作上、生活上给予我无私的关怀。"学习地咋样啊?""生活上有什么困难啊?""多跟杨老师学习。""工作定了吗?"等等,每次去张老师家,张老师和沈姨总会忙乎一上午,准备一桌丰盛的午餐。类似这样的关心和提醒至今犹在耳边。人的生命是短暂的,在有生之年能遇到张老师、杨老师,并得到他们的指点是一种幸运,一种福气。

感谢邓子基、张馨、雷根强、陈工、纪益成、林致远、林细细、龚敏、朱建平、刘榆、龙小宁、李木易、方匡南、邵宜航等老师的辛勤授课;感谢童锦治、王艺明、刘晔、黄寿峰等老师对我的帮助和指点;感谢李文溥、方颖等老师对我论文的指导;感谢陈松青、郑以成、漆亮亮、熊巍、吴立武、李成、宋春平、邱强等师兄、师姐的关心和帮助;感谢程侃、王好、林信达、蔡怡景、刘畅、冯翰伟、章政、郑曾明等的陪伴和帮助;感谢冷毅、王俊、李星、胡卓娟、牛倩、徐绿敏、卢亮、林阳衍、张祯波等的陪伴、帮助及鼓励。在这里祝大家身体健康,工作顺利。

最后感谢家人对我读博的谅解和支持。